NOMOSEXAMINATORIUM

Prof. Dr. Bernd Heinrich
Eberhard-Karls-Universität Tübingen

Prof. Dr. Tobias Reinbacher
Julius-Maximilians-Universität Würzburg

Examinatorium Strafprozessrecht

4. Auflage

Die Deutsche Nationalbibliothek verzeichnet diese Publikation in
der Deutschen Nationalbibliografie; detaillierte bibliografische
Daten sind im Internet über http://dnb.d-nb.de abrufbar.

ISBN 978-3-8487-7439-5 (Print)
ISBN 978-3-7489-1444-0 (ePDF)

4. Auflage 2024
© Nomos Verlagsgesellschaft, Baden-Baden 2024. Gesamtverantwortung für Druck
und Herstellung bei der Nomos Verlagsgesellschaft mbH & Co. KG. Alle Rechte, auch die
des Nachdrucks von Auszügen, der fotomechanischen Wiedergabe und der Übersetzung,
vorbehalten.

Vorwort StPO-Lehrbuch

Der vorliegende Band soll weder dazu dienen, sich eine Orientierung über das geltende Strafverfahrensrecht zu verschaffen, noch soll er vertiefte Kenntnisse der Hintergründe und Details in dieser Materie vermitteln. Er stellt vielmehr ein klassisches „Examensrepetitorium" dar, ausgerichtet auf die in den meisten Bundesländern im Rahmen der Ersten Juristischen Staatsprüfung übliche „strafprozessuale Zusatzfrage" am Ende einer strafrechtlichen Examensklausur. Wir haben dabei auf die Materialien (Fälle und Übersichten), die ursprünglich einmal Gegenstand des Examinatoriums der Humboldt-Universität zu Berlin waren, zurückgegriffen. Das Buch enthält damit das gesammelte Wissen dieses Kurses. Insoweit soll aber auch deutlich gemacht werden, dass „Repetitorium" von „repetieren" kommt und daher auf etwas aufbauen muss, was „wiederholt" werden kann. Daher können die folgenden Ausführungen die Grundvorlesung „Strafprozessrecht" ebenso wenig ersetzen wie die Einarbeitung in die Materie mittels eines „klassischen" Lehrbuchs. Für diejenigen, die sich aber vor dem Examen noch einmal einen komprimierten Überblick über die gesamte Materie in vertretbarer Zeit verschaffen möchten, kann dieses Buch eine wertvolle Hilfe sein. Da die wissenschaftliche Auseinandersetzung mit den geschilderten Problemen hierbei nicht im Mittelpunkt steht, wurde auf einen umfangreichen Fußnotenapparat und auf detaillierte Nachweise aus Rechtsprechung und Literatur verzichtet. Stattdessen verweisen wir auf Standardwerke, die den Streitstand ausführlich und unter Angabe der verschiedenen Meinungen darstellen. In den weiterführenden Hinweisen „zur Vertiefung" finden sich allerdings die zentralen Urteile und Aufsätze aus der Ausbildungsliteratur sowie einige Übungsfälle wieder. Hierbei haben wir regelmäßig auch auf die Online-Zeitschrift „Der Fall des Monats im Strafrecht" („famos") verwiesen, die kostenlos abrufbar ist (http://famos.jura.uni-wuerzburg.de) und die jeweiligen Entscheidungen studierendengerecht aufbereitet. Bei den im Strafprozessrecht – im Gegensatz zum materiellen Strafrecht – eher selteneren „Meinungsstreitigkeiten" haben wir uns auf die wichtigsten Hauptströmungen beschränkt (mehr brauchen die Studierenden in den Klausuren unseres Erachtens auch nicht zu „wissen"), dabei aber deutlich gekennzeichnet, welche Ansicht die Rechtsprechung (womit das vorliegende Buch auch für die Zweite Juristische Staatsprüfung von Nutzen sein dürfte) und welche Ansicht die „h.L." vertritt. Ausgerichtet auf unsere „Zielgruppe" wurden insgesamt 51 Problembereiche analysiert und im Überblick dargestellt, wobei am Ende jeweils eine „strafprozessuale Zusatzfrage" gestellt und beantwortet wird. Diese soll nicht nur zur Kontrolle des Verständnisses dienen, sondern vor allem den Erwartungshorizont in den Examensklausuren abstecken. Auch sollen die Beispiele, die teilweise an „Originalklausuren" angelehnt sind, Formulierungshilfen vorgeben, damit in etwa abgeschätzt werden kann, was und in welchem Umfang in den Klausuren verlangt wird. Denn wie bei den Konkurrenzen im materiellen Teil der Klausur gilt auch hier: Die zuletzt gelesenen Zeilen können für die Notengebung oft eine ausschlaggebende Wirkung haben. Eine brauchbare Erörterung der strafprozessualen Zusatzfrage hat schon manche ansonsten missglückte Klausur „über den Strich gerettet". Das Examinatorium wurde in der 1. Auflage im Jahr 2014 veröffentlicht. Aufgrund des großen Erfolges und der Notwendigkeit ständiger Aktualität eines Buches zur Examensvorbereitung erscheint es nun bereits in der 4. Auflage 2023. Dabei wurde das Grundkonzept beibehalten, an einigen Stellen wurden jedoch Ergänzungen vorgenommen. Zudem wurde das Werk aktualisiert und die Änderungen der StPO aus den letzten drei Jahren seit dem Erscheinen der 3. Auflage im Jahr 2020 wurden berücksichtigt. Das Werk hat jetzt den Stand Mitte 2023. Für die tatkräftige Mithilfe bei der 4. Auflage danken wir Frau Jacqueline Schneider (Tübingen) sowie Frau Anna Rappl und Frau Hannah Seligmann (Würzburg).

Tübingen und Würzburg, August 2023 *Prof. Dr. Bernd Heinrich*
Prof. Dr. Tobias Reinbacher

Inhalt

Abkürzungsverzeichnis		9
Literatur		13
Problem 1:	Ablauf des Strafverfahrens	15
Problem 2:	Das Vorverfahren/Ermittlungsverfahren	18
Problem 3:	Das Zwischenverfahren	23
Problem 4:	Das Hauptverfahren	27
Problem 5:	Die Prozessmaximen	32
Problem 6:	Gerichtsaufbau I – Überblick	40
Problem 7:	Gerichtsaufbau II – Die sachliche Zuständigkeit (in erster Instanz)	44
Problem 8:	Verfahrensbeteiligte I – Staatliche Beteiligte	47
Problem 9:	Verfahrensbeteiligte II – Sonstige Beteiligte	52
Problem 10:	Prozessvoraussetzungen	58
Problem 11:	Ausschließung und Ablehnungsgründe	63
Problem 12:	Prozessuale Zwangsmaßnahmen – Überblick	68
Problem 13:	Haftbefehl und Untersuchungshaft	72
Problem 14:	Durchsuchung	78
Problem 15:	Beschlagnahme	84
Problem 16:	Unterbringung zur Beobachtung und körperliche Untersuchung	90
Problem 17:	Molekulargenetische Untersuchungen und DNA-Analyse	97
Problem 18:	Überwachung der Telekommunikation	104
Problem 19:	Quellen-TKÜ und Online-Durchsuchung	109
Problem 20:	Einsatz technischer Mittel	114
Problem 21:	Verdeckte Ermittler	119
Problem 22:	Vorläufige Festnahme	125
Problem 23:	Rechtsschutz gegen Zwangsmaßnahmen	130
Problem 24:	Vernehmung des Beschuldigten/verbotene Vernehmungsmethoden	134
Problem 25:	Zeugnisverweigerungsrechte	140

Problem 26:	Beweisverwertungsverbote I – Überblick		146
Problem 27:	Beweisverwertungsverbote II – Beschuldigtenvernehmung		153
Problem 28:	Beweisverwertungsverbote III – Zeugnisverweigerungsrechte		159
Problem 29:	Beweisverwertungsverbote IV – Schutz der Intimsphäre		166
Problem 30:	Beweisverwertungsverbote V – Untersuchung von Personen		172
Problem 31:	Beweisverwertungsverbote VI – Hörfalle		177
Problem 32:	Beweisverwertungsverbote VII – Fernwirkung		183
Problem 33:	Beweisverwertungsverbote VIII – Ausforschung durch Privatpersonen		189
Problem 34:	Einstellung des Verfahrens aus Opportunitätsgründen		194
Problem 35:	Klageerzwingungsverfahren		199
Problem 36:	Beweismittel – Überblick		203
Problem 37:	Beweisantragsrecht und Ablehnung des Beweisantrages		207
Problem 38:	Unmittelbarkeitsgrundsatz		213
Problem 39:	Freie richterliche Beweiswürdigung		220
Problem 40:	Die Verständigung im Strafverfahren		224
Problem 41:	Das Urteil		231
Problem 42:	Rechtsbehelfe – Überblick		236
Problem 43:	Die Beschwerde		240
Problem 44:	Die Berufung		245
Problem 45:	Die Revision		251
Problem 46:	Die Revisionsgründe		257
Problem 47:	Das Strafbefehlsverfahren		261
Problem 48:	Die Privatklage		265
Problem 49:	Die Nebenklage		269
Problem 50:	Wiederaufnahme des Verfahrens		273
Problem 51:	Ne bis in idem		278

Stichwortverzeichnis 283

Abkürzungsverzeichnis

aA	andere Ansicht
Abs.	Absatz
aF	alte Fassung
AG	Amtsgericht
Alt.	Alternative
APR	Allgemeines Persönlichkeitsrecht
Art.	Artikel
BAK	Blutalkoholkonzentration
BayObLG	Bayerisches Oberlandesgericht
BeckRS	Beck online Rechtsprechung (Entscheidungssammlung, zitiert nach Jahrgang)
BerlVerfGH	Berliner Verfassungsgerichtshof
BGH	Bundesgerichtshof
BGHSt	Entscheidungen des Bundesgerichtshofes in Strafsachen (amtliche Sammlung)
BKA	Bundeskriminalamt
BKAG	Gesetz über das Bundeskriminalamt und die Zusammenarbeit des Bundes und der Länder in kriminalpolizeilichen Angelegenheiten
Bsp.	Beispiel
BVerfG	Bundesverfassungsgericht
BVerfGE	Entscheidungen des Bundesverfassungsgerichtes (amtliche Sammlung)
bzgl	bezüglich
bzw	beziehungsweise
DAR	Deutsches Autorecht (Zeitschrift, zitiert nach Jahrgang)
ders.	derselbe
dh	das heißt
dies.	dieselbe(n)
diesbzgl.	diesbezüglich
DNA	Deoxyribonucleic Acid
DNS	Desoxyribonukleinsäure
DNA-IFG	DNA-Identitätsfeststellungsgesetz
DRiG	Deutsches Richtergesetz
DRiZ	Deutsche Richterzeitung (Zeitschrift, zitiert nach Jahrgang)
EGGVG	Einführungsgesetz zum Gerichtsverfassungsgesetz
EGMR	Europäischer Gerichtshof für Menschenrechte
EMRK	Europäische Menschenrechtskonvention
evtl.	eventuell
f.; ff.	folgende
famos	Fall des Monats im Strafrecht (Online-Zeitschrift, zitiert nach Monat und Jahrgang, abrufbar unter: https://famos.jura.uni-wuerzburg.de/)
gem	gemäß
GG	Grundgesetz
ggf	gegebenenfalls
GPS	Global Positioning System
grds	grundsätzlich
GVG	Gerichtsverfassungsgesetz

hL	herrschende Lehre
hM	herrschende Meinung
Hs.	Halbsatz
iE	im Ergebnis
IGH	Internationaler Gerichtshof
IMSI	International-Mobile-Subscriber-Indentity
iHv	in Höhe von
insb	insbesondere
IP-Adresse	Internetprotokoll-Adresse
iSd	im Sinne des
iVm	in Verbindung mit
iwS	im weiteren Sinne
JA	Juristische Arbeitsblätter (Zeitschrift, zitiert nach Jahrgang)
JGG	Jugendgerichtsgesetz
JR	Juristische Rundschau (Zeitschrift, zitiert nach Jahrgang)
JURA	Juristische Ausbildung (Zeitschrift, zitiert nach Jahrgang)
JuS	Juristische Schulung (Zeitschrift, zitiert nach Jahrgang)
JVA	Justizvollzugsanstalt
JZ	Juristenzeitung (Zeitschrift, zitiert nach Jahrgang)
Kfz	Kraftfahrzeug
KG	Kammergericht
LG	Landgericht
Lit.	Literatur
mwN	mit weiteren Nachweisen
NJW	Neue juristische Wochenschrift (Zeitschrift, zitiert nach Jahrgang)
Nr.	Nummer
NOEP	Nichtöffentlich ermittelnde Polizeibeamte
NRW	Nordrhein-Westfalen
NStZ	Neue Zeitschrift für Strafrecht (Zeitschrift, zitiert nach Jahrgang)
NStZ-RR	Neue Zeitschrift für Strafrecht – Rechtsprechungsübersicht (Zeitschrift, zitiert nach Jahrgang)
NZWiSt	Neue Zeitschrift für Wirtschafts-, Steuer- und Unternehmensstrafrecht (Zeitschrift, zitiert nach Jahrgang)
OLG	Oberlandesgericht
OWiG	Gesetz über Ordnungswidrigkeiten
PC	Personal Computer
Pkw	Personenkraftwagen
RAF	Rote-Armee-Fraktion
Rn.	Randnummer
Rspr.	Rechtsprechung
S.	Satz; Seite
s.o.	siehe oben
sog	sogenannte/n
StA	Staatsanwaltschaft
StGB	Strafgesetzbuch

Abkürzungsverzeichnis

StPO	Strafprozessordnung
str.	streitig
StR	Strafkammer (verwendet bei Aktenzeichen von BGH-Entscheidungen)
st. Rspr.	ständige Rechtsprechung
StraFo	Strafverteidiger Forum (Zeitschrift, zitiert nach Jahrgang)
StV	Strafverteidiger (Zeitschrift, zitiert nach Jahrgang)
StVollzG	Strafvollzugsgesetz
TKG	Telekommunikationsgesetz
TV	Television
tvA	teilweise vertretene Ansicht
ua	unter anderem
U-Haft	Untersuchungshaft
usw	und so weiter
uU	unter Umständen
va	vor allem
Var.	Variante
VE	Verdeckte(r) Ermittler
VG	Verwaltungsgericht
vgl	vergleiche
V-Leute	Vertrauenspersonen der Polizei
V-Mann	Vertrauensmann der Polizei
VSG	Verfassungsschutzgesetz
VV	Verwaltungsvorschrift
VwGO	Verwaltungsgerichtsordnung
WÜK	Wiener Konsularrechtsübereinkommen
ZIS	Zeitschrift für internationale Strafrechtsdogmatik (Online-Zeitschrift, zitiert nach Jahrgang, abrufbar unter: www.zis-online.com)
ZJS	Zeitschrift für das Juristische Studium (Online-Zeitschrift, zitiert nach Jahrgang, abrufbar unter: http://www.zjs-online.com/)
zB	zum Beispiel

Literatur

I. Lehrbücher

Beulke, Werner / *Swoboda*, Sabine: Strafprozessrecht, 16. Aufl., Heidelberg 2022

Engländer, Armin: Examens-Repetitorium Strafprozessrecht, 11. Aufl., Heidelberg 2022

Haller, Klaus / *Conzen*, Klaus: Das Strafverfahren. Eine systematische Darstellung mit Originalakte und Fallbeispielen, 9. Aufl., Heidelberg 2021

Heger, Martin / *Pohlreich*, Erol: Strafprozessrecht, 2. Aufl., Stuttgart 2018

Hellmann, Uwe: Strafprozessrecht, 2. Aufl., Berlin u. a. 2005

Hussels, Martin, Strafprozessrecht – schnell erfasst, 4. Aufl., Heidelberg 2020

Kindhäuser, Urs / *Schumann*, Kay: Strafprozessrecht, 6. Aufl., Baden-Baden 2021

Klesczewski, Diethelm: Strafprozessrecht, 2. Aufl., München 2013

Kramer, Bernhard: Grundbegriffe des Strafverfahrensrechts. Ermittlung und Verfahren, 7. Aufl., Stuttgart u. a. 2009

Krey, Volker / *Heinrich*, Manfred: Deutsches Strafverfahrensrecht, 2. Aufl. Stuttgart 2018

Kühne, Hans Heiner: Strafprozessrecht. Eine systematische Darstellung des deutschen und europäischen Strafverfahrensrechts, 9. Aufl., Heidelberg 2015

Lesch, Heiko Hartmut: Strafprozeßrecht, 2. Aufl., Neuwied 2002

Murmann, Uwe: Prüfungswissen Strafprozessrecht, 5. Aufl., München 2022

Peters, Karl: Strafprozeßrecht, 4. Aufl., Heidelberg 1985

Pfeiffer, Gerd: Grundzüge des Strafverfahrensrechts, 3. Aufl., München 1998

Putzke, Holm / *Scheinfeld*, Jörg / *Putzke*, Christina: Strafprozessrecht, 9. Aufl., München 2022

Ranft, Otfried: Strafprozeßrecht, 3. Aufl., Stuttgart u. a. 2005

Rössner, Dieter / *Safferling,* Christoph: 30 Probleme aus dem Strafprozessrecht, 4. Aufl., München 2020

Roxin, Claus / *Achenbach*, Hans / *Jäger,* Christian / *Heinrich*, Manfred: Strafprozessrecht (Prüfe dein Wissen), 17. Aufl., München 2019

Roxin, Claus / *Schünemann*, Bernd: Strafverfahrensrecht, 30. Aufl., München 2022

Schlüchter, Ellen / *Duttge*, Gunnar: Strafprozeßrecht in aller Kürze, 3. Aufl., Thüngersheim u. a. 2004

Schroeder, Friedrich-Christian / *Verrel*, Torsten: Strafprozessrecht, 8. Aufl., München 2022

Volk, Klaus / *Engländer*, Armin: Grundkurs StPO, 10. Aufl., München 2021

Wolters, Gereon / *Gubitz*, Michael: Strafrecht im Assessorexamen, 9. Aufl., München 2021

II. Fallsammlungen

Hellmann, Uwe: Fallsammlung zum Strafprozessrecht, 3. Aufl., Berlin 2008

Mitsch, Wolfgang / *Ellbogen*, Klaus: Fälle zum Strafprozessrecht, 2. Aufl., München 2020

Schroeder, Friedrich-Christian / *Meindl*, Wolfhard: Fallrepetitorium zum Strafverfahrensrecht nach höchstrichterlichen Entscheidungen, 4. Aufl., Heidelberg 2004

Problem 1: Ablauf des Strafverfahrens

I. Allgemeines

Das Strafverfahren dient der Feststellung und Durchsetzung des staatlichen Strafanspruches im Einzelfall. Dabei bezweckt es die Erforschung der Wahrheit zur Herbeiführung von Gerechtigkeit, die Gewährleistung eines rechtsstaatlichen Verfahrens sowie die Schaffung von Rechtsfrieden durch eine abschließende Entscheidung. Es lässt sich in zwei Verfahrensabschnitte unterteilen. Zunächst wird im **Erkenntnisverfahren** durch staatsanwaltliche Ermittlung und richterliche Entscheidung überprüft, ob im konkreten Einzelfall ein Strafanspruch besteht. Ist dies der Fall, dh erkennt das Gericht auf eine Geld- oder Freiheitsstrafe, so schließt sich nach Rechtskraft des Urteils das **Vollstreckungsverfahren** an, in welchem die entsprechenden Strafen vollstreckt werden.

II. Das Erkenntnisverfahren

Das Erkenntnisverfahren untergliedert sich selbst wiederum in drei (bzw bei Einlegung von Rechtsmitteln sogar in vier) **verschiedene Verfahrensabschnitte**.

1. Das Vorverfahren: Das Erkenntnisverfahren beginnt mit dem Vorverfahren (§§ 160-177 StPO), welches unter der Herrschaft der Staatsanwaltschaft (StA) steht. Es dient der Ermittlung eines hinreichenden Tatverdachts gegen den **Beschuldigten** und endet mit der Erhebung der öffentlichen Klage (vgl zum Strafbefehlsverfahren Problem 47) oder der Einstellung des Verfahrens (vgl dazu Problem 2). Das Verfahren kann aus unterschiedlichen Gründen eingestellt werden. Als die wichtigsten Fälle sind das Fehlen eines hinreichenden Tatverdachts (§ 170 Abs. 2 StPO) oder die Einstellung aus Opportunitätsgründen (§§ 153 ff. StPO) zu nennen.

2. Das Zwischenverfahren: Im Falle der Erhebung der öffentlichen Klage durch die StA schließt sich das Zwischenverfahren (§§ 199-211 StPO) an. Nun wird der Beschuldigte als **Angeschuldigter** bezeichnet (§ 157 StPO). In diesem Verfahrensabschnitt befasst sich das für die Hauptverhandlung zuständige Gericht erstmalig mit der Anklage und überprüft ihre Zulassung zur Hauptverhandlung (vgl dazu Problem 3). Sofern auch nach seiner Auffassung nach den Ergebnissen des Vorverfahrens der Angeschuldigte einer Straftat hinreichend verdächtig erscheint, eröffnet das Gericht mittels eines Eröffnungsbeschlusses das Hauptverfahren (§ 203 StPO).

3. Das Hauptverfahren: Im Hauptverfahren (§§ 213-295 StPO) heißt der Angeschuldigte nun **Angeklagter** (§ 157 StPO). Die weitere Erkenntnisfindung erfolgt in einer (in der Regel) öffentlichen Hauptverhandlung. Das Hauptverfahren besteht dabei wiederum aus der Vorbereitung (§§ 213 ff. StPO) und der Durchführung (§§ 226 ff. StPO) der Hauptverhandlung. Ein Ende findet es entweder durch die Einstellung des Verfahrens (§§ 153 ff. StPO) oder durch ein Urteil (§ 260 StPO), welches einen Freispruch oder eine Verurteilung (aber auch eine Einstellung nach § 260 Abs. 3 StPO) beinhalten kann (vgl dazu Problem 4). Erfolgt ein Urteil, so spricht man vom **Abgeurteilten**, wird in diesem Urteil eine Strafe oder Maßregel ausgesprochen, so wird im späteren Vollstreckungsverfahren die Bezeichnung **Verurteilter** verwendet.

4. Das Rechtsmittelverfahren (fakultativ): Das Rechtsmittelverfahren, das entweder eine **Berufung** (§§ 312 ff. StPO) und/oder eine **Revision** (§§ 333 ff. StPO) zum Gegenstand hat, folgt nicht obligatorisch im Anschluss an das Hauptverfahren. Vielmehr hängt es von der rechtzeitigen und unter Beachtung der Zulässigkeitsvoraussetzungen erfolgten Einlegung des Rechtsmittels durch die StA oder den Angeklagten ab. Auch Nebenkläger dürfen Rechtsmittel einlegen (vgl dazu Problem 49). Wird kein Rechtsmittel eingelegt oder war die Einlegung nicht rechtzeitig oder sonst unzulässig, so wird das Urteil rechtskräftig. Ab dem **Eintritt der Rechtskraft** kann das **Vollstreckungsverfahren** (§§ 449 ff. StPO) eingeleitet werden. Nur in ganz eng umgrenzten Fällen ist trotz Rechtskraft eine **Wiederaufnahme** des Verfahrens möglich (vgl insb die §§ 359 ff. StPO), etwa wenn neue Beweismittel auftauchen, die zu einer anderen Entscheidung führen können (vgl zu den Rechtsmitteln die Probleme 42–46 und zur Wiederaufnahme Problem 50).

III. Das Vollstreckungsverfahren

7 Erkennt das Gericht im Strafurteil auf Geld- oder Freiheitsstrafe und wird dieses Urteil rechtskräftig, so folgt das Vollstreckungsverfahren (§§ 449 ff. StPO). Dieses liegt wiederum in den Händen der StA.

8 **1. Voraussetzungen:** Hierzu muss das Urteil erstens eine **Geld- oder Freiheitsstrafe** beinhalten. Bei Verwarnungen oder vergleichbaren Sanktionen (vgl insb die Sanktionen im Jugendstrafrecht bzw die §§ 59 ff. StGB) entfällt daher ein Vollstreckungsverfahren. Zweitens ist die **Rechtskraft** der Entscheidung (§ 449 StPO) erforderlich.

9 **2. Möglichkeiten des Aufschubs der Vollstreckung:** Die Vollstreckung von Freiheitsstrafen kann aufgeschoben werden, wenn besondere Gründe dies gebieten (§§ 455 ff. StPO). Diese können insb in der Person des Verurteilten liegen. So ist ein Strafaufschub zu gewähren, wenn der Verurteilte in Geisteskrankheit verfällt oder aufgrund einer anderen Krankheit durch den Vollzug der Freiheitsstrafe in Lebensgefahr geraten würde (§ 455 Abs. 1, 2 StPO). In sonstigen Krankheitsfällen kann ein Aufschub gewährt werden, wenn aufgrund der Krankheit des Verurteilten dessen Unterbringung in einer Strafanstalt nicht zu verantworten wäre (§ 455 Abs. 3 StPO). Zudem kann der Verurteilte auch einen Antrag auf Strafaufschub stellen, wenn ihm oder seiner Familie erhebliche, außerhalb des Strafzweckes liegende Nachteile drohen. Ein solcher Strafaufschub kann für maximal vier Monate gewährt werden (§ 456 StPO).

10 **3. Vollstreckung von Geldstrafen:** Hinsichtlich der Vollstreckung von Geldbeträgen verweist § 459 StPO grds auf die Justizbeitreibungsordnung, soweit die §§ 459 ff. StPO selbst nichts anderes bestimmen. Hier sind v. a. Fragen der Zahlungserleichterung oder der Entrichtung und Anrechnung von Teilbeträgen geregelt.

11 **4. Vollstreckung von Freiheitsstrafen:** Wurde der Angeklagte zu einer Freiheitsstrafe verurteilt, die nicht zur Bewährung ausgesetzt wurde, so muss er diese in einer Strafvollzugsanstalt verbüßen. Ist er bereits in Untersuchungshaft, so wird er von dort in die Haftanstalt überführt. Die §§ 450 ff. StPO regeln die Anrechnung der in der Untersuchungshaft verbrachten Zeit sowie die Modalitäten hinsichtlich der Entscheidung, ob der Rest einer verbüßten Freiheitsstrafe zur Bewährung ausgesetzt oder eine Strafaussetzung zur Bewährung widerrufen wird (vgl § 56 ff. StGB). So sind gem § 453 Abs. 1 S. 2 StPO zuvor die StA und der Angeklagte zu hören. Der **Strafvollzug** selbst ist im **StVollzG** geregelt. Sofern allerdings bereits landesrechtliche Regelungen im Hinblick auf den Strafvollzug bestehen (vgl Art. 74 Abs. 1 Nr. 1 GG), gehen diese dem StVollzG des Bundes vor. In § 2 StVollzG sind die Vollzugsziele bestimmt: Hiernach soll der Gefangene einerseits befähigt werden, künftig in sozialer Verantwortung ein

Problem 1: Ablauf des Strafverfahrens

Leben ohne Straftaten zu führen. Andererseits dient der Vollzug der Freiheitsstrafe aber auch dem Schutz der Allgemeinheit vor weiteren Straftaten.

Zur Vertiefung:

Rechtsprechung: BVerfGE 20, 45 – Überlange Verfahrensdauer (eine Untersuchungshaft von 5 Jahren trotz erheblicher Schwere des Tatvorwurfs ist mit dem GG unvereinbar); BGHSt 38, 214 – Belehrungspflicht (keine Wahrheitsermittlung um jeden Preis); BGHSt 45, 37 – Wiederaufnahme (Rechtskraft des Urteils als Regel und ihre Durchbrechung als Ausnahme).

Literatur/Aufsätze: *Bach*, Der Verdacht im Strafverfahren – abstrakt, JURA 2007, 12; *Huber*, Tatverdacht, JuS 2008, 21; *Kröpil*, Wichtige Grundzüge des Strafverfahrens, JuS 2015, 213; *Schmitt-Leonardy/Klarmann*, 13 strafprozessuale (Zusatz-)Fragen, JuS 2022, 210, 304.

Strafprozessuale Zusatzfrage:

Bei A wird die dem B abhandengekommene wertvolle Briefmarkensammlung entdeckt. Nach Anzeige wird gegen A ein Strafverfahren wegen Diebstahls gem § 242 Abs. 1 StGB eingeleitet und er wird zur polizeilichen Vernehmung geladen, wobei er in der schriftlichen Ladung als „Angeklagter" bezeichnet wird. A ist empört über diese Titulierung, da doch noch gar keine Anklage erhoben sei. Er fragt seinen Rechtsanwalt R, ob die Bezeichnung zutreffend sei und, falls nicht, ob sich daraus prozessuale Konsequenzen ergeben. Welche Auskunft wird R dem A erteilen?

Klausurmäßiger Lösungsvorschlag:

*Die Person, gegen welche ein Strafverfahren durchgeführt wird, wird **in der jeweiligen Verfahrenslage** jeweils anders bezeichnet. Während des Ermittlungsverfahrens, das bereits aufgrund eines Anfangsverdachts eingeleitet werden kann, heißt der mutmaßliche Täter **Beschuldigter**. Im anschließenden Zwischenverfahren lautet die korrekte Bezeichnung gem § 157 StPO hingegen **Angeschuldigter**. Sobald das Hauptverfahren eröffnet ist, wird der Angeschuldigte wiederum zum **Angeklagten**. Sofern der Angeklagte verurteilt wird und sich im Rahmen eines Rechtsmittelverfahrens dagegen richtet, spricht man vom **Beschwerdeführer**. Ist das eingelegte Rechtsmittel nicht erfolgreich, so beginnt das Vollstreckungsverfahren, in dem er nun **Verurteilter** heißt, vgl zB § 454 Abs. 1 StPO. Endet das Verfahren hingegen mit einem Freispruch oder einer Einstellung, so wird der allgemeinere Begriff des **Abgeurteilten** verwendet. Somit wird R dem A mitteilen, dass die von der Polizei gewählte Bezeichnung falsch ist, vielmehr müsste er als **Beschuldigter** zur Vernehmung geladen werden. Die Falschbezeichnung hat jedoch prozessual keine weiteren Konsequenzen, insb kann eine Revision nicht darauf gestützt werden.*

Problem 2: Das Vorverfahren/Ermittlungsverfahren

I. Allgemeines

1 Das Vorverfahren oder Ermittlungsverfahren bildet den ersten Abschnitt des Erkenntnisverfahrens und damit des gesamten Strafverfahrens. Sobald die StA Kenntnis von einer Straftat erlangt, ist sie verpflichtet, das Ermittlungsverfahren einzuleiten, sofern aufgrund tatsächlicher Anhaltspunkte ein **Anfangsverdacht** besteht (sog Legalitätsprinzip; vgl dazu Problem 5). Im Rahmen des Vorverfahrens ermittelt sie sodann, ob tatsächlich ein **hinreichender Tatverdacht** zur Erhebung einer öffentlichen Klage besteht. Ist dies nicht der Fall, so stellt sie das Strafverfahren mangels Tatverdachts ein (§ 170 Abs. 2 StPO). Die Person, gegen welche aufgrund eines Anfangsverdachts ermittelt wird, wird als „**Beschuldigter**" bezeichnet. Das Ermittlungsverfahren liegt vollständig und ausschließlich im Zuständigkeitsbereich der StA. Sie wird daher gewöhnlich auch als „Herrin des Vorverfahrens" bezeichnet. Allerdings ist zu beachten, dass die StA bei bestimmten Ermittlungsmaßnahmen (wie etwa bei Abhörmaßnahmen) vorab oder bei Gefahr im Verzug jedenfalls nachträglich eine richterliche Anordnung durch den sog „Ermittlungsrichter" einholen muss (§ 162 StPO). Dieser **Richtervorbehalt** bei einzelnen Maßnahmen ändert jedoch nichts am grds Charakter des Vorverfahrens als staatsanwaltschaftliches Ermittlungsverfahren.

Beachte: Es werden verschiedene **Arten und Grade des Verdachts** unterschieden: Anfangsverdacht, hinreichender Tatverdacht und dringender Tatverdacht.

Anfangsverdacht: Vorliegen konkreter tatsächlicher Anhaltspunkte, die nach der kriminalistischen Erfahrung die Begehung einer Straftat möglich erscheinen lassen; Beurteilungsspielraum der StA.

Hinreichender Tatverdacht: (einfache) Wahrscheinlichkeit, dass der Beschuldigte eine strafbare Handlung begangen hat und deswegen auch verurteilt wird; Beurteilung nach Abschluss der Ermittlungen.

Dringender Tatverdacht: Hohe Wahrscheinlichkeit, dass der Beschuldigte an der Tat beteiligt, also Täter oder Teilnehmer ist; Beurteilung nach dem gegenwärtigen Stand der Ermittlungen.

II. Einleitung des Ermittlungsverfahrens

2 Das Ermittlungsverfahren wird eingeleitet, sobald die StA Kenntnis von der Möglichkeit des Vorliegens eines strafbaren Verhaltens erlangt und sich aus dieser Kenntnis ein **Anfangsverdacht** gegen einen Beschuldigten ergibt. Das Ermittlungsverfahren kann dabei auf zwei verschiedene Arten in Gang gesetzt werden.

3 **1. Durch Strafanzeige oder Strafantrag:** Zunächst steht es jedem Bürger grds zu, eine **Strafanzeige** zu erstatten (§ 158 Abs. 1 StPO). Darunter ist die Mitteilung eines Sachverhalts gegenüber der StA, der Polizei oder einem Gericht zu verstehen, welcher Anlass zur Strafverfolgung gibt. Hierbei ist zu beachten, dass unter den Voraussetzungen des § 138 StGB bei bestimmten geplanten Verbrechen sogar eine Anzeigepflicht bestehen kann. Bei bewussten Falschanzeigen kann sich der Anzeigeerstatter hingegen selbst strafbar machen (vgl die §§ 145d, 164, 187 StGB). An die Form einer Strafanzeige werden keine besonderen Anforderungen gestellt, sie kann daher mündlich oder schriftlich übermittelt werden.

Problem 2: Das Vorverfahren/Ermittlungsverfahren

Daneben besteht die Möglichkeit, einen **Strafantrag** zu stellen. Hierbei gilt es, zwischen dem Strafantrag im weiteren und im engeren Sinne zu unterscheiden. Der Strafantrag **im weiteren Sinne** gem § 158 Abs. 1 StPO steht jedem Bürger offen und unterscheidet sich von der Strafanzeige nur dadurch, dass der Anzeigende über die bloße Übermittlung des Sachverhalts hinaus deutlich macht, dass er die Straftat auch tatsächlich verfolgt sehen möchte. Der Strafantrag **im engeren Sinne** ist hingegen Gegenstand der §§ 77 ff. StGB. Er bildet bei den sog Antragsdelikten eine echte Prozessvoraussetzung. Ohne Strafantrag des Antragsberechtigten kann bei „absoluten Antragsdelikten" das Hauptverfahren nicht eröffnet werden. In der Regel wird hier bei fehlendem Strafantrag schon gar kein Strafverfahren eingeleitet. Bei „relativen Antragsdelikten" besteht jedoch auch die Möglichkeit der Strafverfolgung von Amts wegen, wenn die StA ein öffentliches Interesse an der Strafverfolgung bejaht (vgl zB § 303c StGB). Antragsberechtigt sind beim Strafantrag im engeren Sinne nur bestimmte, in den §§ 77 ff. StGB näher bezeichnete Personen. In der Regel ist dies der durch die Straftat Verletzte (§ 77 Abs. 1 StGB). Die §§ 77 ff. StGB enthalten ferner Formvorschriften für einen solchen Strafantrag im engeren Sinne. Die Ermittlungsbehörde kann beim Verletzten ggf nachfragen, ob ein Antrag gestellt wird (vgl Nr. 6 RiStBV). Im Gegensatz zu den **Antragsdelikten** werden **Offizialdelikte**, bei welchen das Gesetz kein Antragserfordernis vorsieht, stets von Amts wegen verfolgt, so etwa der Mord gem § 211 StGB.

2. Von Amts wegen: Liegt (noch) keine Strafanzeige vor, erlangt die StA jedoch durch eigene Wahrnehmung oder durch Wahrnehmung der Polizei oder eines Gerichts Kenntnis von einer Straftat, so muss sie aufgrund des Legalitätsprinzips (vgl dazu Problem 5) grds **von Amts wegen** ermitteln (§§ 152 Abs. 2, 160 Abs. 1 Alt. 2 StPO). Bei Nichteinleitung eines Verfahrens kommt sogar eine Strafbarkeit wegen Strafvereitelung im Amt nach den §§ 258a, 13 StGB in Betracht. Dies ist zB der Fall, wenn die Polizei auf der Streifenfahrt strafrechtlich relevante Vorfälle beobachtet oder das Gericht während einer Vernehmung im Rahmen der Verhandlung entsprechende Tatsachen erfährt. Es besteht Einigkeit darüber, dass eine solche Pflicht jedenfalls dann besteht, wenn ein Polizist, Staatsanwalt oder Richter während der Dienstzeit Kenntnis von einer Straftat erlangt.

Ob eine solche Pflicht hingegen auch bei **außerdienstlicher Kenntnis** von der Straftat gilt, ist **umstritten** (vgl dazu die strafprozessuale Zusatzfrage). Da auch Polizisten, Staatsanwälten oder Richtern ein Recht auf Privatsphäre zustehen muss, lehnt **eine Ansicht** eine entsprechende Pflicht gänzlich ab. Die **hL** differenziert hingegen und nimmt bei „schweren Straftaten" eine aus dem Legalitätsprinzip folgende Pflicht zur Einleitung des Verfahrens an. Wann eine solche schwere Straftat vorliegt, wird indessen wiederum unterschiedlich beurteilt. So wird entweder auf die Unterscheidung zwischen Verbrechen und Vergehen abgestellt oder eine Pflicht bei den Katalogtaten des § 138 StGB angenommen. Der **BGH** stellt hingegen darauf ab, ob es sich um Straftaten handelt, die – wie Dauerdelikte, fortgesetzte oder auf ständige Wiederholung angelegte Handlungen – während der Dienstausübung fortwirken. Insoweit bedürfe es der Abwägung im Einzelfall, ob das öffentliche Interesse privaten Belangen vorgehe. Hierbei sei von entscheidender Bedeutung, „ob durch die Straftat Rechtsgüter der Allgemeinheit oder des Einzelnen betroffen sind, denen jeweils ein besonderes Gewicht zukommt". Dies könne auch außerhalb des Katalogs des § 138 StGB bei schweren Straftaten, wie zB schweren Körperverletzungen, erheblichen Straftaten gegen die Umwelt, Delikten mit hohem wirtschaftlichem Schaden oder besonderem Unrechtsgehalt, der Fall sein.

III. Der Anfangsverdacht

7 Voraussetzung der Einleitung des Ermittlungsverfahrens ist stets das Vorliegen eines **Anfangsverdachts**. Dieser besteht, wenn tatsächliche Anhaltspunkte (vgl § 152 Abs. 2 StPO) vorliegen, die nach den kriminalistischen Erfahrungen die Beteiligung des Betroffenen an einer verfolgbaren Straftat als möglich erscheinen lassen. Hierbei steht der StA allerdings ein Beurteilungsspielraum zu.

IV. Durchführung des Ermittlungsverfahrens

8 Die StA hat umfassend zu ermitteln, dh sowohl im Hinblick auf be- als auch auf entlastende Tatsachen. Sie wird daher häufig auch als „objektivste Behörde der Welt" bezeichnet. Hierzu stehen ihr verschiedene Ermittlungsmaßnahmen zur Verfügung, welche sie selbst oder – wie regelmäßig – unter Mithilfe der Polizei einsetzen kann:

9 **1. Vernehmung von Zeugen und Sachverständigen:** Die StA kann zunächst Zeugen und Sachverständige zur weiteren Ermittlung des Sachverhalts vernehmen. Auf eine entsprechende Ladung der StA hin sind diese verpflichtet, zu erscheinen und Angaben zu machen (§ 161a Abs. 1 S. 1 StPO).

10 **2. Beschuldigtenvernehmung:** Auch der Beschuldigte selbst muss spätestens vor Abschluss der Ermittlungen vernommen werden (§ 163a StPO), es sei denn, das Verfahren wird eingestellt oder es handelt sich um eine „einfache Sache". Auch er muss auf eine Ladung hin vor der StA erscheinen, ist aber im Gegensatz zu Zeugen und Sachverständigen nicht zur Aussage verpflichtet.

11 **3. Sonstige Ermittlungen:** Daneben stehen der StA weitere Maßnahmen zur Sachverhaltsermittlung zur Verfügung, wie beispielsweise Beschattungen, Überwachungsmaßnahmen usw Für diese Maßnahmen bedient sie sich in der Regel der Polizei.

12 **4. Einschaltung des Ermittlungsrichters:** Bei bestimmten Zwangsmaßnahmen, wie etwa dem Erlass eines Haftbefehls oder einer Durchsuchung, ist es gesetzlich vorgeschrieben, bereits im Vorverfahren einen Ermittlungsrichter einzuschalten. Darüber hinaus kann dies aber auch in anderen Fällen opportun sein. So können etwa Aussagen für die Hauptverhandlung gesichert werden, wenn die Vernehmung durch einen Richter erfolgt (vgl dazu Problem 28). Denn Protokolle einer richterlichen Vernehmung des Angeklagten können gem § 254 StPO verlesen werden. Auch bei Zeugen, Sachverständigen oder Mitbeschuldigten kann die Verlesung des Protokolls unter den Voraussetzungen des § 251 Abs. 2 StPO erfolgen und schließlich kann der Richter nach ständiger Rspr. selbst dann als **Zeuge vom Hörensagen** vernommen werden, wenn Zeugen in der Hauptverhandlung von einem Zeugnisverweigerungsrecht Gebrauch machen. Daher kann es, insb bei Bestehen von Zeugnisverweigerungsrechten, ein geschickter Schachzug sein, bereits im Vorverfahren eine Vernehmung durch den Richter vornehmen zu lassen. Schließlich steht auch die eidliche Vernehmung nur dem Richter zur Verfügung.

V. Abschluss

13 Das Ermittlungsverfahren kann auf zwei unterschiedliche Arten seinen Abschluss finden:

14 **1. Durch Erhebung der öffentlichen Klage:** Besteht nach Durchführung der Ermittlungen ein **hinreichender Tatverdacht** gegen den Beschuldigten, so muss die StA die öf-

Problem 2: Das Vorverfahren/Ermittlungsverfahren

fentliche Klage erheben (§ 170 Abs. 1 StPO). Dies geschieht im Regelfall mittels einer Anklageschrift (§ 170 Abs. 1 StPO). Im Anschluss daran beginnt das Zwischenverfahren (vgl dazu Problem 3). Weitere Möglichkeiten der Erhebung der öffentlichen Klage sind der Antrag auf Erlass eines Strafbefehls (§§ 407 ff. StPO) und der Antrag im beschleunigten Verfahren (§§ 417 ff. StPO).

2. **Durch Einstellung des Verfahrens:** Das Ermittlungsverfahren kann aber auch durch Einstellung abgeschlossen werden. Diese ist vorzunehmen, wenn kein hinreichender Tatverdacht ermittelt wurde bzw bei Privatklagedelikten (vgl dazu Problem 48) mangels eines öffentlichen Interesses auf den Privatklageweg verwiesen wird (§ 170 Abs. 2 StPO). Sie ist allerdings auch aus Opportunitätsgründen möglich (vgl die §§ 153 ff. StPO; vgl dazu Problem 34).

Zur Vertiefung:

Rechtsprechung: BGHSt 5, 225 – Polizeibeamter (grundsätzliche Mitteilungspflicht eines Kriminalpolizeibeamten bei Kenntniserlangung von Straftaten); BGHSt 38, 388 – Vergnügungsbar (Pflicht der StA und der Polizei zum Einschreiten bei außerdienstlicher Kenntniserlangung); BGHSt 59, 278 – Wirksamkeit eines Strafantrags (Strafantragsbefugnis eines Betreuers); BGHSt 62, 312 – Rechtsbeugung durch einen Staatsanwalt (Nichtbearbeitung von Ermittlungsverfahren); OLG Brandenburg NJW 2002, 693 – Hausfriedensbruch (Strafantragsberechtigung und deren Übertragung auf einen Vertreter); BGH NJW 2015, 3383 – Pflichtverteidiger-Fall (Antragsrecht des Beschuldigten hinsichtlich der Pflichtverteidigerbestellung im Vorverfahren), vgl *Holland/Wagner*, Pflichtverteidiger-Fall, famos 01/2016.

Literatur/Aufsätze: *Ambos*, Staatsanwaltschaftliche Kontrolle der Polizei, Verpolizeilichung des Ermittlungsverfahrens und organisierte Kriminalität, JURA 2003, 674; *Bach*, Der Verdacht im Strafverfahren – abstrakt, JURA 2007; *Bosch*, Der Strafantrag, JURA 2013, 368; *Böhme/Lahmann*, Strafantragsrecht, JuS 2016, 234; *Kröpil*, Verdacht und Beurteilungsspielraum mit begrenzter Überprüfbarkeit im Strafverfahren, JURA 2012, 833; *Meinecke*, Ermittlungsverfahren ohne Anhörung? – Zur Unzulässigkeit der „Überraschungsanklage", StV 2015, 325; *Mitsch*, Strafantragsdelikte, JA 2014, 1; *Soiné*, Erweiterte Zeugenpflichten gegenüber der Polizei im Ermittlungsverfahren, NStZ 2018, 141; *Scheinfeld/Willenbacher*, Anfangsverdacht bei Anzeige gegen Unbekannt, NJW 2019, 1357.

Strafprozessuale Zusatzfrage: (vgl *Rössner/Safferling*, 2. Problem mwN)

Staatsanwalt S verkehrt regelmäßig in seiner Freizeit in einer bestimmten Kneipe. Eines Abends belauscht er dort zufällig ein Gespräch am Nebentisch. Dort unterhalten sich A und B darüber, dass sie vor wenigen Tagen einen gemeinschaftlichen Raub begangen haben (§§ 249, 25 Abs. 2 StGB). S, der die beiden vom Sehen her kennt, will keinen Stress und zudem das Lokal auch weiterhin besuchen. Ist es zulässig, einfach nichts zu unternehmen, oder muss er ein Ermittlungsverfahren einleiten oder veranlassen?

Klausurmäßiger Lösungsvorschlag:

In den §§ 152 Abs. 2, 160 Abs. 1, 170 Abs. 1 StPO ist das Legalitätsprinzip verankert. Es besagt, dass grds eine Pflicht der StA zur Einleitung des Ermittlungsverfahrens besteht, wenn sie durch Strafanzeige, Strafantrag oder durch eigene Wahrnehmung

Kenntnis von einer Straftat erlangt. Fraglich ist allerdings, ob dies auch bei einer **außerdienstlichen Wahrnehmung** gilt.

19 a) Zunächst spricht § 160 Abs. 1 StPO für eine uneingeschränkte Pflicht zur Einleitung des Ermittlungsverfahrens, denn dort heißt es: „durch Strafanzeige oder auf anderem Wege". Diese weite Formulierung umfasst auch die private Kenntnisnahme. (Stichwort: „Einmal Staatsanwalt, immer Staatsanwalt").

20 b) Dagegen lässt sich jedoch anführen, dass sich die Vorschriften der StPO grds auf die Funktion als Staatsdiener beziehen und dass auch ein Staatsanwalt ein „Recht auf Privatsphäre" haben muss. Sein gesamtes Privatleben kann nicht durch dienstliche Pflichten überlagert werden. Aus diesem Grund könnte man eine Pflicht zum Einschreiten bei außerdienstlicher Kenntnisnahme auch gänzlich ablehnen.

21 c) Hiergegen spricht aber wiederum, dass es bei besonders schweren Straftaten als unbillig erscheint, wenn ein Staatsanwalt oder Polizist gar nicht handeln müsste. Dies widerspräche dem Auftrag des Staates zum Schutz der Rechtsgüter und zur Aufrechterhaltung der Rechtsordnung. Daher erscheint es vorzugswürdig, mit der hM die Pflicht von der Schwere der Straftat abhängig zu machen, so dass das berechtigte Interesse des Staatsanwalts auf der einen und das Schutzinteresse der Allgemeinheit auf der anderen Seite in ein angemessenes Verhältnis gesetzt werden können. Es fragt sich jedoch, nach welchen Kriterien hier zu differenzieren ist. Man könnte erstens fragen, ob es sich um ein Verbrechen oder um ein Vergehen handelt (§ 12 StGB), und nur bei Ersterem eine Pflicht annehmen. Es böte sich zweitens aber auch an, den Katalog des § 138 StGB zu berücksichtigen, welcher besonders schwerwiegende Straftaten aufzählt, bei denen die Nichtanzeige sogar strafbewehrt ist. Schließlich könnte drittens auch darauf abgestellt werden, ob durch die Straftat Rechtsgüter der Allgemeinheit oder des Einzelnen betroffen sind, denen jeweils ein besonderes Gewicht zukommt. Dies könnte dann auch außerhalb des Katalogs des § 138 StGB bei schweren Straftaten wie zB schweren Körperverletzungen, erheblichen Straftaten gegen die Umwelt, Delikten mit hohem wirtschaftlichem Schaden oder besonderem Unrechtsgehalt der Fall sein. Der zuletzt angeführte Streit muss jedoch nicht entschieden werden, da alle Auffassungen hier zum gleichen Ergebnis gelangen, denn der Raub ist ein Verbrechen, das auch in § 138 StGB genannt ist und dem ein besonderes Gewicht zukommt. Daher muss S, folgt man der hM, ein Verfahren einleiten.

Problem 3: Das Zwischenverfahren

I. Allgemeines

Entschließt sich die StA aufgrund eines hinreichenden Tatverdachts zur Erhebung der öffentlichen Klage, so leitet sie die Anklageschrift an das zuständige Gericht weiter. Damit beginnt der zweite Abschnitt des Erkenntnisverfahrens, das sog **Zwischenverfahren** (§§ 199-211 StPO). Der Sinn dieses Verfahrensabschnittes liegt darin, dass das Gericht als unabhängige zweite Instanz noch einmal überprüft, ob ein **hinreichender Tatverdacht** (§ 203 StPO) vorliegt, bevor eine Hauptverhandlung durchgeführt wird. Dies dient dem Schutz des **Angeschuldigten**, für den eine solche Hauptverhandlung mit schwerwiegenden persönlichen Nachteilen verbunden sein kann. Außerdem können hier bereits bzw noch einmal Beweisanträge gestellt oder Einwendungen vorgebracht werden (§ 201 StPO). Das Gericht untersucht im Zwischenverfahren, ob das Hauptverfahren aufgrund der von der StA übermittelten Anklageschrift zu eröffnen ist oder ob noch Änderungen anzubringen sind oder ob es das Verfahren einstellt. Es ist dabei an die Anträge der StA grds nicht gebunden (§ 206 StPO). Im Zwischenverfahren entscheidet nach § 199 Abs. 1 StPO das in der Hauptsache zuständige Gericht. Im beschleunigten Verfahren (§§ 417 ff. StPO) sowie im Strafbefehlsverfahren (§§ 407 ff. StPO) entfällt das Zwischenverfahren (vgl dazu Problem 47). Bei letzterem hängt die Eröffnung des Hauptverfahrens vielmehr vom Einspruch des Angeklagten ab.

II. Einleitung

Das Zwischenverfahren wird durch die Einreichung der Anklageschrift durch die StA beim zuständigen Gericht eingeleitet. Die Anklageschrift hat dabei die Anforderungen der §§ 199 f. StPO zu erfüllen. Ist die Anklageschrift fehlerhaft, so kann die StA diese Mängel noch durch eine Nachbesserung beseitigen. Geschieht dies nicht, so lehnt das Gericht die Eröffnung der Hauptverhandlung ab (§ 204 StPO).

III. Ablauf

Sofern die Anklageschrift korrekt beim zuständigen Gericht eingereicht wurde, wird sie daraufhin überprüft, ob das Hauptverfahren zu eröffnen oder das Verfahren einzustellen ist oder ob noch Änderungen an der Anklage vorzunehmen sind. Die Überprüfung im Zwischenverfahren ist nichtöffentlich. Auch Schöffen sind in dieser Phase noch nicht beteiligt. Neben der Überprüfung der Anklageschrift hat das Gericht weitere Formalitäten zu beachten. Zunächst ist die Anklageschrift dem Angeschuldigten zuzuleiten, damit er die Möglichkeit erhält, sich dazu zu äußern und ggf Beweisanträge zu stellen oder Einwendungen vorzubringen (§ 201 Abs. 1 S. 1 StPO). Stellt der Angeschuldigte Anträge oder bringt er Einwendungen vor, so entscheidet das Gericht über diese Anträge. Ein diesbzgl. Beschluss ist gem § 201 Abs. 2 S. 2 StPO unanfechtbar. Das Gericht kann auch selbst weitere **Beweiserhebungen anordnen**, wenn es diese für notwendig hält, um seine Entscheidung vorzubereiten (§ 202 S. 1 StPO) oder die Anklageschrift an die StA zur Nachermittlung **zurückschicken**. Des Weiteren muss das Gericht überprüfen, ob ein Fall der notwendigen Verteidigung (§ 140 StPO) vorliegt. Ist dies der Fall, so muss es dem Angeschuldigten nach der Zustellung der Anklageschrift und der Aufforderung gem § 201 StPO zur Erklärung über die Anklageschrift einen Verteidiger bestellen, sofern er noch unverteidigt ist, § 141 Abs. 2 Nr. 4 StPO.

IV. Abschluss

Das Zwischenverfahren kann auf verschiedene Weise seinen Abschluss finden. Es kann entweder durch die Eröffnung des Hauptverfahrens mit einem Eröffnungsbeschluss (§ 203 StPO) oder durch einen Ablehnungsbeschluss (§ 204 StPO) oder durch (vorläufige) Einstellung des Verfahrens nach den §§ 153 ff. StPO bzw gem § 205 StPO beendet werden.

1. Eröffnungsbeschluss: Ein Eröffnungsbeschluss für das Hauptverfahren ergeht, wenn nach den Ergebnissen des Verfahrens der Angeschuldigte aus Sicht des Gerichts einer Straftat **hinreichend verdächtig** erscheint (§ 203 StPO). Ein **hinreichender Tatverdacht** liegt nach der hM vor, wenn die Verurteilung des Angeschuldigten nach Auffassung des Gerichts bei vorläufiger Tatbewertung auf der Grundlage des Ermittlungsergebnisses in einer Hauptverhandlung **wahrscheinlich** ist. Da das Gericht nicht an den ursprünglichen Antrag der StA gebunden ist (§ 206 StPO), kann es im Eröffnungsbeschluss in den Grenzen der angeklagten Tat den Tatvorwurf abändern, dh den Sachverhalt rechtlich abweichend würdigen und den Anklagesatz umgestalten. Ferner ist das für die Hauptverhandlung zuständige Gericht zu benennen (§ 207 Abs. 1 StPO), wobei wiederum von der Einschätzung der StA abgewichen werden kann (vgl §§ 209, 209a StPO). Der Eröffnungsbeschluss ist unanfechtbar (§ 210 Abs. 1 StPO), so dass der Angeklagte sich gegen den Tatvorwurf in der Hauptverhandlung zur Wehr setzen muss. Es ist **streitig**, ob ein fehlender oder mangelhafter (und daher unwirksamer) Eröffnungsbeschluss nach Eröffnung des Hauptverfahrens noch korrigiert bzw nachgeholt werden darf (vgl dazu die strafprozessuale Zusatzfrage). Der **BGH** hält dies bis zur Vernehmung des Angeklagten für möglich, die **hL** lehnt nachträgliche Korrekturen ab und verlangt die Einstellung des Verfahrens. Bei leichten Fehlern bleibt der Eröffnungsbeschluss jedoch wirksam. Diese Fehler können nach ganz hM auch noch in der Hauptverhandlung beseitigt werden.

2. Ablehnungsbeschluss: Die Ablehnung der Eröffnung des Hauptverfahrens kann aus **rechtlichen** oder **tatsächlichen** Gründen erfolgen (§ 204 Abs. 1 StPO). Das Gericht erlässt einen Ablehnungsbeschluss, wenn das in der Anklageschrift bezeichnete Verhalten aus rechtlichen Gründen, zB wegen abweichender Subsumtion des Gerichts, keinen Straftatbestand erfüllt oder wenn Prozessvoraussetzungen fehlen (vgl dazu Problem 10) oder wenn das Gericht die Beweismittel nicht für ausreichend hält (dh die Wahrscheinlichkeit einer Verurteilung nicht besteht und daher kein hinreichender Tatverdacht vorliegt). Gegen den Ablehnungsbeschluss kann die StA wiederum eine sofortige Beschwerde einlegen (§ 210 Abs. 2 StPO).

3. (Vorläufige) Einstellung des Verfahrens: Wie die StA im Vorverfahren kann auch das Gericht im Zwischenverfahren das Verfahren aus Opportunitätsgründen nach Maßgabe der §§ 153 ff. StPO (vgl dazu Problem 34) einstellen. Hierzu müssen sowohl die StA als auch der Angeschuldigte ihre **Zustimmung** erklären. Zudem ist gem § 205 StPO das Verfahren vorläufig einzustellen, wenn für eine längere Zeit der Durchführung der Hauptverhandlung die Abwesenheit des Angeschuldigten oder ein sonstiges Verfahrenshindernis entgegensteht.

Problem 3: Das Zwischenverfahren

Zur Vertiefung:

Rechtsprechung: BVerfG AnwBl 2015, 711 – Verzögerungen im Zwischenverfahren (Beschleunigungsgrundsatz in Haftsachen im Zwischenverfahren); **BGHSt 23, 304** – Eröffnungsbeschluss I (Darlegungspflicht nach § 207 StPO bei Abweichung von der Anklageschrift); **BGHSt 29, 224** – Eröffnungsbeschluss II (Korrektur bis zur Vernehmung); **BGHSt 60, 248** – Schwerer Verfahrensfehler (Eröffnungsbeschluss in falscher Kammerbesetzung); **BGH StV 1996, 362** – Eröffnungsbeschluss III (Abgrenzung zwischen gravierenden und nicht gravierenden Mängeln des Eröffnungsbeschlusses); **BGH StV 2012, 451** – Eröffnungsbeschluss IV (Wirksamkeit ohne sämtliche Unterschriften); **BGH NStZ 2012, 583** – Formerfordernisse (schriftliche Niederlegung und Unterzeichnung eines Eröffnungsbeschlusses); **BGH NStZ 2018, 155** – Konkludente Eröffnung durch Verfahrensverbindung (Schriftlichkeitsgebot und Verfahrenshindernis).

Literatur/Aufsätze: *Eisenberg*, Kriterien der Eröffnung des strafprozessualen Hauptverfahrens, JZ 2011, 672; *Hombrecher*, Inhalt und Aufbau des Anklagesatzes, JA 2011, 57; *Mavany*, „Hidden champion" des Strafverfahrens – das Zwischenverfahren, JA 2015, 488; *Meyer-Goßner*, Zwischenverfahren im Zwischenverfahren?, StV 2002, 394; *Rieß*, Das Zwischen- oder Eröffnungsverfahren im Strafprozess, JURA 2002, 735; *Vormbaum*, Effektive Kontrolle oder überflüssige Schreibarbeit? Kritik des strafprozessualen Zwischenverfahrens und Möglichkeiten seiner Reform, ZIS 2015, 328.

Strafprozessuale Zusatzfrage: (vgl *Rössner/Safferling*, 11. Problem mwN)

Staatsanwalt S leitet das Ermittlungsverfahren gegen A, der eine schwere Körperverletzung gem § 226 Abs. 1 Nr. 1 StGB begangen haben soll. Da S einen hinreichenden Tatverdacht annimmt, erhebt er Anklage. Richter R stellt A die Anklage zu und lädt die Beteiligten unmittelbar zur Hauptverhandlung. Als der Verteidiger des A zu Beginn der Hauptverhandlung noch vor der Vernehmung des A das Fehlen eines wirksamen Eröffnungsbeschlusses rügt, erklärt R, diesen Beschluss nur vergessen zu haben und ihn nunmehr sofort nachholen zu wollen. Ist dies noch möglich?

Klausurmäßiger Lösungsvorschlag:

*1. Ein wirksamer Eröffnungsbeschluss ist eine Prozessvoraussetzung des Hauptverfahrens. Liegt er nicht vor, so muss das Verfahren **eingestellt** werden. Nach allgemeiner Ansicht dürfen Mängel des Eröffnungsbeschlusses aber noch bis zur Eröffnung der Hauptverhandlung **beseitigt** bzw der Beschluss selbst auch noch **nachgeholt** werden. Ob jedoch auch noch nach Eröffnung der Hauptverhandlung Korrekturen möglich sind, ist sehr fraglich.*

a) Man könnte der Auffassung sein, dass es bis zum Abschluss der ersten Instanz zulässig sein muss, den Eröffnungsbeschluss nachzuholen bzw zu korrigieren. Dafür spricht, dass es ebenso möglich ist, andere Prozesshindernisse nachträglich zu beseitigen, so etwa einen Strafantrag bei Antragsdelikten auch noch später zu stellen. Ferner kann die Funktion des Zwischenverfahrens, die Überprüfung der Anklage durch eine neutrale und von der StA unabhängige Instanz, auch im Hauptverfahren gewahrt werden.

3 Problem 3: Das Zwischenverfahren

12 b) Andererseits könnte man vertreten, dass der Schutz des Angeschuldigten es gerade gebietet, ein Zwischenverfahren ordnungsgemäß durchzuführen. Denn er soll nicht mit dem Hauptverfahren belastet werden, ohne dass eine neutrale Instanz den Anklagevorwurf zuvor überprüft hat. Dieser Schutz würde umgangen, wenn eine Korrektur auch noch später möglich wäre. Schließlich ist das Zwischenverfahren auch nichtöffentlich, während im Hauptverfahren die Öffentlichkeit zugelassen ist und auch die Schöffen an der Urteilsfindung mitwirken. Daher ist nach dieser Meinung das Verfahren gem § 260 Abs. 3 StPO einzustellen.

13 c) Die Rspr. schlägt einen vermittelnden Weg ein. Zwar muss der Angeschuldigte durch eine neutrale Instanz vor ungerechtfertigten Anklagen geschützt werden. Dies ist aber auch noch im Hauptverfahren möglich. Allerdings können Korrekturen nur bis zur Vernehmung des Angeklagten erfolgen, denn danach kann es an der notwendigen Unvoreingenommenheit des Gerichts fehlen. Da laut Sachverhalt die Vernehmung noch nicht erfolgt ist, könnte der Eröffnungsbeschluss noch nachgeholt werden.

14 d) Nach der zweiten Meinung kann der Beschluss selbst dann nicht nachgeholt werden, wenn der Angeklagte noch nicht vernommen wurde. Sie überzeugt aber nicht. Denn allein der Schutz des Angeklagten gebietet es hier nicht, eine Nachholbarkeit abzulehnen. Das Gericht kann weiterhin objektiv die Anklage der StA kontrollieren und damit die Funktion des Zwischenverfahrens wahren. Der Problematik der unterschiedlichen Besetzung des Gerichts im Zwischen- und Hauptverfahren kann dadurch begegnet werden, dass die Schöffen gem § 30 Abs. 2 GVG an der Entscheidung über die Eröffnung des Verfahrens nicht mitwirken.

15 2. Ergebnis: Eine Nachholung des Eröffnungsbeschlusses ist hier also noch möglich.

Problem 4: Das Hauptverfahren

I. Allgemeines

Im Rahmen des Hauptverfahrens wird die mündliche Verhandlung vor dem erkennenden Gericht durchgeführt. Der Tatverdächtige wird nun als **Angeklagter** bezeichnet. Die Hauptverhandlung ist für diesen besonders belastend, da sie regelmäßig öffentlich stattfindet. Daher sind besondere rechtsstaatliche Grundsätze zu beachten. Zudem entfalten viele der Maximen des Strafprozesses hier ihre besondere Bedeutung, wie etwa das Mündlichkeitsprinzip, der Unmittelbarkeitsgrundsatz, der Grundsatz der freien richterlichen Beweiswürdigung, die Unschuldsvermutung und das Fair-trial-Prinzip (vgl zu den Prozessmaximen Problem 5). Insbesondere das **Mündlichkeitsprinzip** (§ 261 StPO) und der **Öffentlichkeitsgrundsatz** (§ 169 Abs. 1 S. 1 GVG) spielen in der Hauptverhandlung eine entscheidende Rolle. So darf das Urteil nur auf Tatsachen beruhen, die in der Hauptverhandlung mündlich erörtert wurden, so dass sich sowohl das Gericht als auch die Öffentlichkeit ein direktes Bild vom Tathergang wie auch von der Schuld oder Unschuld des Angeklagten machen konnten. Auch Urkunden sind aus diesem Grund in der Regel zu verlesen (§ 249 Abs. 1 S. 1 StPO).

Der Grundsatz der Öffentlichkeit besagt ferner, dass in einer Hauptverhandlung Zuschauer grds zugelassen sind. **Einschränkungen** sind nur aus besonders wichtigen Gründen, wie etwa dem **Schutz der Intimsphäre** der Zeugen, zulässig (vgl §§ 169 S. 2, 170 ff. GVG). Auch **Verfahren gegen Jugendliche** finden regelmäßig unter Ausschluss der Öffentlichkeit statt (§ 48 Abs. 1 JGG). Abgesehen von einigen Ausnahmen (insb § 247 StPO) muss der Angeklagte grds während der gesamten Hauptverhandlung **anwesend** sein (§ 230 StPO). Das Hauptverfahren findet seinen Abschluss entweder durch ein Urteil (§ 260 Abs. 1 StPO), welches eine Verurteilung des Angeklagten, aber natürlich auch einen Freispruch beinhalten kann bzw bei bestehenden Zweifeln des Gerichts an der Strafbarkeit auch muss, oder durch eine Einstellung des Verfahrens (§§ 153 ff. StPO).

II. Vorbereitung

Das Gericht trifft vor der eigentlichen Hauptverhandlung und zur Ermöglichung derselben einige Vorbereitungsmaßnahmen, welche in der Regel dem Vorsitzenden obliegen (§§ 213 ff. StPO). Zunächst bestimmt das Gericht einen Verhandlungstermin (§ 213 Abs. 1 StPO). Zu diesem lädt es die Beteiligten (§ 214 Abs. 1 StPO) unter Beachtung der Ladungsfrist von mindestens einer Woche zwischen Zustellung der Ladung (§ 216 StPO) und dem Tag der Hauptverhandlung (§ 217 Abs. 1 StPO). Zudem ist dem Angeklagten der Eröffnungsbeschluss (vgl dazu Problem 3) zuzustellen. Unter Umständen muss das Gericht den Termin verlegen, wenn ein Verteidiger nicht erscheinen kann. Die zu ladenden Zeugen und Sachverständigen werden zwar bereits in der Anklageschrift bezeichnet, der StA steht daneben allerdings auch das Recht zur Ladung weiterer Personen zu (§ 214 Abs. 3 StPO). Diese durch die StA geladenen Zeugen und Sachverständigen sind dem Angeklagten rechtzeitig namhaft zu machen. Zudem kann auch der Angeklagte die Ladung von Zeugen und/oder Sachverständigen veranlassen (§§ 219 f. StPO). Über entsprechende Anträge entscheidet der/die Vorsitzende durch Verfügung (§ 219 Abs. 1 S. 2 StPO). Wichtig ist in diesem Verfahrensstadium ferner die Durchführung einzelner vorgezogener Maßnahmen zur Beweiserhebung. So kann das Gericht bereits jetzt Zeugen oder Sachverständige vernehmen, wenn diese aus besonderen Gründen, wie zB wegen schwerer Krankheit, an der Hauptverhandlung nicht teilnehmen können (§ 223 StPO). Das Gleiche gilt für eine richterliche Inaugenscheinnahme von Beweismitteln (§ 225 StPO).

III. Ablauf der Hauptverhandlung

Der Gang der Hauptverhandlung ist in den §§ 243 ff. StPO genau festgelegt.

1. **Aufruf zur Sache:** Die Hauptverhandlung beginnt mit dem Aufruf zur Sache sowie der Feststellung der Anwesenheit des Angeklagten, der Zeugen und der Sachverständigen (§ 243 Abs. 1 StPO). Nach ihrer Belehrung verlassen die Zeugen und Sachverständigen den Sitzungssaal (§ 243 Abs. 2 S. 1 StPO).

2. **Vernehmung des Angeklagten zur Person:** Nun erfolgt die Vernehmung des Angeklagten zur Person (§ 243 Abs. 2 S. 2 StPO). Hierbei tritt das **Problem** auf, welche Fragen bereits zu diesem Zeitpunkt gestellt werden dürfen. Nach der zutreffenden hM sind hier keine Fragen gestattet, die (wie etwa solche nach dem Vorleben oder den Vermögensverhältnissen) Einfluss auf die Urteilsfindung (insb bei der Strafzumessung) haben können, also der Sache selbst dienen.[1] Letzteres kommt in der Praxis jedoch sehr häufig vor. Problematisch ist dabei, dass die Vernehmung zur Sache erst später erfolgt und der Angeklagte vor dieser über sein Recht zu schweigen zu belehren ist (§ 243 Abs. 5 S. 1 StPO). Daher ist in der Rspr. anerkannt, dass bereits bei der Vernehmung zu den persönlichen Verhältnissen getätigte Aussagen nicht verwertet werden dürfen, wenn der Angeklagte sich später, nach Belehrung, entschließt, nicht auszusagen.[2]

3. **Verlesung des Anklagesatzes:** Daraufhin verliest der Staatsanwalt den Anklagesatz in der Form, den dieser durch den Eröffnungsbeschluss im Zwischenverfahren erhalten hat (§ 243 Abs. 3 StPO; vgl dazu Problem 3). Der Anklagesatz ist gem § 200 Abs. 1 S. 1 StPO derjenige Teil der Anklageschrift, in welchem der Angeklagte, die ihm zur Last gelegte Tat, Zeit und Ort ihrer Begehung, die gesetzlichen Merkmale der Straftat und die anzuwendenden Strafvorschriften zu bezeichnen sind.

4. **Vernehmung des Angeklagten zur Sache:** Sodann wird der Angeklagte auf sein Schweigerecht hingewiesen (§ 243 Abs. 5 S. 1 StPO) und zur Sache vernommen, soweit er zur Aussage bereit ist (§§ 243 Abs. 5 S. 2, 136 Abs. 2 StPO).

5. **Beweisaufnahme:** Als fünfter Schritt erfolgt die Beweisaufnahme (§§ 244 ff. StPO), welche oftmals das Herzstück der Hauptverhandlung ausmacht. Sie besteht in der Vernehmung von Zeugen und Sachverständigen durch den Vorsitzenden sowie im Verlesen von Urkunden und der Berücksichtigung sonstiger Beweismittel. Auch dem Staatsanwalt und der Verteidigung ist es gestattet, geeignete Fragen an Zeugen und Sachverständige zu stellen. Ungeeignete Fragen kann der Vorsitzende indes zurückweisen. In manchen Fällen bestehen **Zeugnisverweigerungsrechte** (vgl dazu Problem 26) oder **Beweiserhebungs-** oder **Beweisverwertungsverbote** (vgl dazu die Probleme 26-33). Die gesamte Beweisaufnahme steht unter dem Gebot der **Mündlichkeit** und **Öffentlichkeit** (s. o.). Zudem gebietet es das **Unmittelbarkeitsprinzip**, dass Zeugen in der Hauptverhandlung selbst zu vernehmen sind, so dass nicht einfach das Protokoll einer früheren Vernehmung verlesen werden darf (zu Ausnahmen vgl Problem 38). Daher gilt grds der Vorrang des Personalbeweises vor dem Urkundsbeweis. Zulässig ist aber auch die

---

1 Str., vgl dazu *Roxin/Schünemann*, § 25 Rn. 5
2 Vgl BayObLG JZ 1984, 440.

Vernehmung sog „**Zeugen vom Hörensagen**" (vgl dazu Problem 38). Denn auch bei deren Vernehmung handelt es sich um einen Personalbeweis, da sie Auskunft über ihre eigenen Wahrnehmungen geben. Allerdings muss das Gericht seine **Aufklärungspflicht** nach § 244 Abs. 2 StPO beachten. Diese gebietet es ggf, sich nicht nur auf die mittelbaren Zeugen vom Hörensagen zu verlassen, sondern nach Möglichkeit die unmittelbaren Zeugen selbst zu vernehmen. Es gilt daher im Hinblick auf die Einhaltung der richterlichen Aufklärungspflicht die Faustregel: Die Vernehmung des unmittelbaren Tatzeugen ist vorrangig vor der Vernehmung des Vernehmungsbeamten, diese wiederum vor der Protokollverlesung einer früheren Vernehmung.

6. Schlussvorträge und letztes Wort: Im Anschluss an die Beweisaufnahme halten sowohl die StA als auch die Verteidigung ihre Schlussvorträge und stellen ihre Anträge (§ 258 Abs. 1 StPO). Das letzte Wort gebührt daraufhin dem Angeklagten (§ 258 Abs. 2 Hs. 2 StPO). Wenn nach dem letzten Wort ein Wiedereintritt in die Beweisaufnahme erfolgt, muss dem Angeklagten erneut das letzte Wort erteilt werden. Ein Verstoß stellt einen Revisionsgrund dar (§ 337 StPO).

IV. Abschluss

Seinen Abschluss findet das Hauptverfahren entweder, sofern die StA und der Angeklagte zustimmen, in einer **Einstellung des Verfahrens** aus Opportunitätsgründen gem den §§ 153 ff. StPO (vgl dazu Problem 34) oder aber durch ein **Urteil** des Gerichts (§ 260 StPO). Die Urteilsfindung erfolgt durch geheime Beratung und Abstimmung der beteiligten Richter und Schöffen (vgl die §§ 43, 45 DRiG). Im Anschluss an die Beratung verliest der Vorsitzende das Urteil und teilt die Urteilsgründe mit. Hat die Beweisaufnahme ergeben, dass neben der ursprünglich angeklagten Tat im prozessualen Sinne auch eine Bestrafung wegen anderer Taten in Betracht kommt, so können diese im Wege der **Nachtragsanklage** (§ 266 StPO) einbezogen und mit abgeurteilt werden, sofern das Gericht auch für diese zuständig ist und der Angeklagte zustimmt. In diesem Fall ergeht ein entsprechender Beschluss des Gerichts.

Zur Vertiefung:

Rechtsprechung: BVerfGE 103, 44 – Filmaufnahmen (Zulässigkeit der Ton- und Videoaufnahmen am Rande der Hauptverhandlung); BGHSt 23, 224 – Konzentrationsmaxime (unzulässige Überschreitung der Frist des § 229 StPO); BGHSt 32, 215 – Tatidentität (Begriff der Tat im prozessualen Sinne); BGHSt 53, 108 – verdeckte Nachtragsanklage (Verhältnis von Nachtragsanklage und Verfahrensverbindung); BGHSt 54, 184 – Beweisaufnahme (§ 247 StPO: Augenscheinseinnahme in Abwesenheit des Angeklagten); BGHSt 55, 87 – Abwesenheit des Angeklagten (Anwesenheitspflicht des Angeklagten bei der Verhandlung über die Entlassung eines Zeugen); BGHSt 56, 109 – Verlesung des Anklagesatzes (keine Verlesung der Einzeltaten bei einer Vielzahl gleichartiger Einzeltaten); BGHSt 57, 88 – Anklageschrift (Mängel der Informationsfunktion sind unerheblich); BGHSt 59, 187 – Berufungshauptverhandlung (Abwesenheitsverhandlung gegen einen inhaftierten Angeklagten); BGHSt 60, 58 – Ausschluss der Öffentlichkeit (nicht-öffentliche Verhandlung über Ausschluss der Öffentlichkeit auf Antrag eines Zeugen); BGHSt 63, 23 – Öffentlichkeitsausschluss für die Schlussvorträge (einheitlicher Verfahrensbegriff); BGH NJW 2011, 3249 – Hauptverhandlung (Fortsetzung der Hauptverhandlung ohne den Angeklagten); BGH NStZ 2015, 102 – Beweisaufnahme (Ablehnung eines

Beweisantrages auf kommissarische Zeugenvernehmung); **BGH NStZ 2015, 104** – Abwesenheit des Angeklagten (Abwesenheitsverhandlung über Entlassung eines Zeugen); **BGH NStZ 2015, 181** – Abwesenheit des Angeklagten (Inaugenscheinnahme von Lichtbildern während des Ausschlusses des Angeklagten); **BGH NJW 2018, 414** – Letztes Wort des Angeklagten nach Wiedereintritt in die Verhandlung (Erörterung von Beweisanträgen nach dem letzten Wort des Angeklagten); **BGH NStZ 2019, 293** – Verlesung des Anklagesatzes (Hauptverhandlung nach Zurückverweisung durch das Revisionsgericht); **BGH NJW 2022, 1631** – Voraussetzungen des Wiedereintritts in die Hauptverhandlung (Ablehnung von Beweisanträgen nach dem letzten Wort des Angeklagten).

Literatur/Aufsätze: *Arnoldi*, Hauptverhandlungen in Zeiten von Sars-CoV-2/COVID-19, NStZ 2020, 313; *Kästner*, Aussetzen heißt nicht Unterbrechen, JuS 2003, 849; *Kuhn*, Zustellung im Strafprozess, JA 2011, 217; *Laue*, Die Hauptverhandlung ohne den Angeklagten, JA 2010, 294; *Mandla*, „Wesentliche Förderung" und „Verhandeln zur Sache" – Probleme des § 229 StPO, NStZ 2011, 1; *Metz*, Entfernung des Angeklagten nach § 247 StPO, NStZ 2017, 446; *Petri*, Die konsensuale Terminierung in Strafsachen – eine Quadratur des Kreises?, NJW 2018, 3344; *Schmitt*, Die Dokumentation der Hauptverhandlung, NStZ 2019, 1.

Literatur/Übungsfälle: *Fisch*, Eine Hauptverhandlung mit Hindernissen, JA 2004, 303.

Strafprozessuale Zusatzfrage: (Fall nach BGHSt 56, 109)

13 Staatsanwalt S leitet die Ermittlungen gegen A wegen insgesamt 1.400 immer gleichartig ausgeführter Einzeltaten des Betruges im Zusammenhang mit Werbeanzeigen. Um nicht mehrere Prozesstage allein für die Verlesung des Anklagesatzes zu benötigen, verliest S in der Hauptverhandlung nur die gleichartige Begehungsweise, die Gesamtzahl der Betrugstaten, den Gesamtschaden sowie den Tatzeitraum. Den Teil des Anklagesatzes, in dem er die Taten hinsichtlich Tatort, Tatzeit, Tatopfer und Einzelschaden detailliert beschreibt, verliest er hingegen nicht. Nach der Hauptverhandlung ergeht ein Urteil gegen A. Dieser sieht in der Vorgehensweise des S einen Verfahrensverstoß und fragt seinen Rechtsanwalt R um Rat. Wird R ihm raten, gegen das Urteil vorzugehen?

Klausurmäßiger Lösungsvorschlag:

14 *Zu prüfen ist, ob der Anklagesatz und dessen verkürzte Verlesung hier den Anforderungen der §§ 200 Abs. 1 S. 1, 243 Abs. 3 S. 1 StPO genügen.*

1. Ein Prozesshindernis liegt vor, wenn die Anklageschrift nach § 200 Abs. 1 S. 1 StPO unwirksam ist. Dies ist dann der Fall, wenn in der Anklageschrift selbst etwaige Mängel bezüglich der **Umgrenzungsfunktion** *der Anklage vorliegen. Deshalb kommt es nach Ansicht des Großen Senats des BGH auch in Fällen mit einer Vielzahl von gleichartigen Einzelfällen nicht in Betracht, auf die individualisierenden Merkmale der Einzeltaten im Anklagesatz selbst zu verzichten (und diese auf andere Teile der Anklageschrift zu verlagern). Der Anklagesatz muss die Einzeltaten auch in Fällen der in Rede stehenden Art so beschreiben, dass sie sich von anderen nach der Begehungsweise gleichartigen Taten der Tatserie abgrenzen lassen. Mängel, die lediglich die Informationsfunktion der Anklage betreffen, führen dagegen nicht zur Unwirksamkeit der An-*

klage.³ Vorliegend werden im Anklagesatz nicht nur die Gesamttat, sondern auch die Einzeltaten detailliert beschrieben und nach Zeit, Ort, Opfer und Einzelschaden konkretisiert. Es liegt daher betreffend des Anklagesatzes selbst weder ein Mangel im Hinblick auf die Umgrenzungs- noch die Informationsfunktion der Anklage vor. Eine unwirksame Anklage liegt somit nicht vor.

2. Fraglich ist aber, ob die verkürzte Verlesung des Anklagesatzes in der Hauptverhandlung gegen § 243 Abs. 3 S. 1 StPO verstößt. Grundsätzlich müssen die dem Angeklagten im Anklagesatz vorgeworfenen Taten in der Hauptverhandlung auch entsprechend ausführlich verlesen werden, zumal nur das Vorgetragene nach dem Grundsatz der Mündlichkeit als Grundlage des Urteils gelten kann. Liegen allerdings viele gleichförmige Taten oder Einzelakte vor, die durch eine gleichartige Begehungsweise gekennzeichnet sind, so besteht ein praktisches Bedürfnis, die Hauptverhandlung von der zeitaufwändigen Verlesung von Details der einzelnen Taten zu entlasten. Nach Auffassung des Großen Senats des BGH ist daher der Begriff des Verlesens in § 243 Abs. 3 S. 1 StPO teleologisch zu reduzieren. Die Voraussetzungen der Verlesung des Anklagesatzes gem § 243 Abs. 3 S. 1 StPO sind danach erfüllt, soweit der Teil des Anklagesatzes wörtlich vorgelesen wird, in welchem die gleichartige Tatausführung, welche die Merkmale des jeweiligen Straftatbestandes erfüllt, beschrieben und die Gesamtzahl der Taten, der Tatzeitraum und im Falle von Vermögensdelikten der Gesamtschaden bestimmt sind. Ein Verlesen weiterer konkreter Umstände der Einzeltaten ist hingegen nicht erforderlich. Angesichts dieser Rspr. wird R von einem Rechtsmittel abraten.

---

3 Vgl hierzu BGHSt 57, 88.

Problem 5: Die Prozessmaximen

I. Allgemeines

1 Die Prozessmaximen spielen eine gewichtige Rolle im Strafverfahren. Sie bestimmen, auf welche Art und Weise das Strafverfahren durchgeführt werden muss. Dabei handelt es sich regelmäßig um fundamentale Leitlinien, die in ihrem Zusammenwirken die Rechtsstaatlichkeit des Verfahrens garantieren. Sie finden sich verstreut in der StPO oder im GVG, teilweise aber auch unmittelbar im Grundgesetz oder in der EMRK.

II. Grundsätze der Einleitung des Strafverfahrens

2 **1. Das Offizialprinzip (§ 152 Abs. 1 StPO):** Das Offizialprinzip besagt, dass die Strafverfolgung (dh die Einleitung und Durchführung des Strafverfahrens) nur durch den Staat vorgenommen werden darf. Dieser hat den materiellen Strafanspruch von Amts wegen durchzusetzen. Mit diesem Prinzip korrespondiert das Anklagemonopol des Staates. Den **Gegensatz** zum Offizialprinzip bildet die im Zivilprozess geltende **Dispositionsmaxime**, wonach der Rechtsstreit von den Parteien beherrscht wird (Parteienprozess). Eine **Ausnahme** vom Offizialprinzip stellt allerdings die strafprozessuale (!) **Privatklage** gem § 374 StPO dar. Ferner bestehen zwei **Einschränkungen** des Prinzips der Ermittlung von Amts wegen. Bei reinen Antragsdelikten (zB § 123 Abs. 2 StGB) ist ein Strafantrag, bei Ermächtigungsdelikten (zB § 90 Abs. 4 StGB) eine Ermächtigung für die Strafverfolgung erforderlich. Bei relativen Antragsdelikten (zB § 230 Abs. 1 S. 1 StGB) kann eine Strafverfolgung jedoch auch bei Fehlen eines Strafantrages von Amts wegen erfolgen, sofern die StA ein öffentliches Interesse annimmt. Schreibt das Gesetz einen Strafantrag nicht vor, so ist dieser auch nicht erforderlich, das Verfahren kann also durchaus auch gegen den Willen des Verletzten durchgeführt werden (Offizialdelikte).

3 **2. Das Legalitätsprinzip (§§ 152 Abs. 2, 170 Abs. 1 StPO):** Das Legalitätsprinzip bringt den Verfolgungs- und Anklagezwang zum Ausdruck. Danach besteht eine Verpflichtung der StA, bei Vorliegen eines Anfangsverdachts Ermittlungen durchzuführen und eine entsprechende Klage zu erheben. Den **Gegensatz** zu diesem Prinzip stellt das ua im Ordnungswidrigkeitenrecht geltende **Opportunitätsprinzip** dar (§ 47 OWiG), wonach die Verfolgung im pflichtgemäßen Ermessen der Behörde liegt. Auch im Strafprozess findet sich jedoch eine Durchbrechung des Legalitätsprinzips, indem gem den §§ 153 ff. StPO eine Einstellung des Verfahrens aus Zweckmäßigkeitserwägungen möglich ist, so dass insofern auch hier zum Teil das Opportunitätsprinzip gilt (vgl hierzu Problem 34).

4 **3. Das Akkusationsprinzip (§ 151 StPO):** Nach dem Akkusationsprinzip (**Anklagegrundsatz**) ist die Eröffnung einer gerichtlichen Untersuchung durch die Erhebung einer öffentlichen Klage seitens einer vom Gericht unabhängigen Instanz (der StA) bedingt. Gegenstand des Urteils kann nur die in der Anklageschrift umschriebene Tat sein (sog prozessualer Tatbegriff). Den **Gegensatz** zu diesem Prinzip stellt das **Inquisitionsprinzip** dar, nach dem eine Personalunion von Ermittler, Ankläger und Richter besteht.

5 **4. Der Grundsatz des gesetzlichen Richters (Art. 101 GG):** Dieser in der Verfassung verankerte Grundsatz verlangt, dass objektive und generelle Regelungen hinsichtlich der (örtlichen, sachlichen und funktionellen) Zuständigkeit der Gerichte bestehen.

Problem 5: Die Prozessmaximen

Ausnahmegerichte (zB Ad-hoc-Standgerichte) sind somit unzulässig. Es muss von vornherein feststehen, welcher Richter für welches Verfahren zuständig ist.

III. Grundsätze der Durchführung des Verfahrens

1. Der Ermittlungsgrundsatz (§§ 155 Abs. 2, 160 Abs. 2, 244 Abs. 2 StPO): Dieser oft auch als **Untersuchungsgrundsatz** oder Instruktionsprinzip bezeichnete Grundsatz besagt, dass die Strafverfolgungsorgane die Pflicht haben, den Sachverhalt von Amts wegen umfassend aufzuklären. Nach dem Prinzip der materiellen Wahrheit ist dabei das wirkliche Geschehen zu erforschen. Den **Gegensatz** hierzu stellt die sog **Verhandlungsmaxime** im Zivilprozess dar. Dort sind nach dem Prinzip der formellen Wahrheit nur die von den Parteien unterbreiteten Tatsachen entscheidungserheblich.

2. Der Grundsatz des rechtlichen Gehörs (Art. 103 Abs. 1 GG): Nach dem Grundsatz des rechtlichen Gehörs muss dem Betroffenen die Gelegenheit gegeben werden, vor Gericht zu den erhobenen Vorwürfen Stellung zu nehmen. Als Ausprägung dieses Grundsatzes ist ua das Recht des letzten Wortes des Angeklagten (§ 258 Abs. 2 StPO) zu nennen. Der Grundsatz des rechtlichen Gehörs gilt aber nicht nur in der Hauptverhandlung, sondern in allen Verfahrensstadien. Er ist prozessual über die §§ 33a, 311a, 356a StPO abgesichert (vgl zur Pflicht zur Vernehmung des Beschuldigten im Vorverfahren Problem 2).

3. Das Beschleunigungsgebot (Art. 2 Abs. 1 GG iVm Art. 20 Abs. 3 GG, Art. 6 Abs. 1 S. 1 EMRK): Im Strafprozess gilt ferner ein Beschleunigungsgebot, welches aus dem Rechtsstaatsprinzip sowie aus Art. 6 Abs. 1 S. 1 EMRK herzuleiten ist. Das gesamte Strafverfahren inklusive Ermittlungsverfahren ist zügig durchzuführen, um die Belastungen der Betroffenen (zB durch die mündliche Verhandlung oder durch eine U-Haft) möglichst gering zu halten und dem Angeklagten rasch Klarheit über den gegen ihn erhobenen Strafvorwurf zu verschaffen. Als Ausprägung dieses Grundsatzes gilt die **Konzentrationsmaxime** für die Hauptverhandlung. Danach ist die Hauptverhandlung als Einheit zu sehen, weshalb auch die Dauer einer Unterbrechung (§§ 228 Abs. 1 S. 1 Alt. 2, 229 Abs. 1 StPO) entsprechend kurz gestaltet ist. Allerdings ist nach Ansicht der Rspr. eine überlange Verfahrensdauer in der Regel **kein Verfahrenshindernis**.[1] In der Vergangenheit wurde eine rechtsstaatswidrige Verzögerung vielmehr im Rahmen der Strafzumessung strafmildernd berücksichtigt (sog Strafzumessungslösung). Inzwischen ist sie nach Ansicht des **BGH** aber stattdessen auf die Vollstreckung der Strafe anzurechnen (sog **Vollstreckungslösung**). Dafür spricht, dass auf diese Weise im Hinblick auf die nun noch tatsächlich zu verbüßende Strafe auch das gesetzliche Mindestmaß der Strafe unterschritten werden kann. Der Umfang der als bereits vollstreckt geltenden Strafe kann nach Ansicht des BGH[2] auch Teil einer Verständigung sein (vgl allgemein zum „Deal" im Strafprozess Problem 40). Zu beachten ist schließlich, dass Verzögerungen, die der Sphäre des Angeklagten zuzurechnen, also insb durch Anträge seines Verteidigers bedingt sind, keinen Verstoß gegen das Beschleunigungsgebot darstellen.

4. Das Gebot eines fairen Strafverfahrens (Art. 20 Abs. 3 GG, Art. 6 Abs. 1 S. 1 EMRK): Daneben kommt in jüngerer Zeit, insb bedingt durch die Rspr. des

---

[1] Vgl aber BGHSt 46, 159: in außergewöhnlichen Fällen; insgesamt str., vgl dazu *Beulke/Swoboda*, Rn. 56, 443 mwN; *Heger/Pohlreich*, Rn. 217 ff.
[2] BGH wistra 2016, 198; vgl dazu *Mähler/Möller*, Kompensationsverständigungs-Fall, famos 9/2016.

EGMR, immer häufiger der Grundsatz des fairen Verfahrens (**Fair-trial-Prinzip**) zur Anwendung. Seine Herleitung ist bislang noch nicht vollständig geklärt. Man kann hierbei wiederum auf das Rechtsstaatsprinzip oder aber auf Art. 6 Abs. 1 S. 1 EMRK rekurrieren. Denkbar ist aber auch eine Begründung mittels einer Kombination aus den Art. 1 Abs. 1, 2 Abs. 2 S. 2, 20 Abs. 3, 101 Abs. 1 S. 2, 103 GG und Art. 6 Abs. 1 S. 1 EMRK. Ungeklärt ist auch die Reichweite des Grundsatzes. Der **EGMR** prüft bei einzelnen Verfahrensverstößen regelmäßig, ob bei einer Gesamtschau das Verfahren dadurch insgesamt unfair geworden ist.[3] Nach Ansicht des **BGH** begründet ein Verstoß gegen das Fair-trial-Prinzip jedenfalls „regelmäßig" kein Prozesshindernis.[4] Allerdings werden häufig Beweisverwertungsverbote auf das Gebot des fairen Verfahrens gestützt.

10 **5. Nemo-tenetur-Grundsatz:** Aus Art. 2 Abs. 1 GG iVm Art. 1 Abs. 1 GG leitet sich der Grundsatz der Selbstbelastungsfreiheit her, der auch als besondere Ausprägung des Fair-trial-Prinzips angesehen wird. Niemand darf gezwungen werden, sich selbst zu belasten (nemo tenetur se ipsum accusare). Der Grundsatz beinhaltet etwa das umfassende Recht des Beschuldigten/Angeklagten zu schweigen (vgl. §§ 136 Abs. 1 S. 2, 243 Abs. 5 S. 1 StPO). Daraus folgt auch, dass er nicht aktiv an seiner Überführung mitwirken muss. Zu beachten ist aber, dass den Beschuldigten dennoch eine Pflicht treffen kann, Ermittlungsmaßnahmen passiv zu dulden. Daher muss er nicht aktiv in ein Röhrchen blasen, kann aber zur Duldung einer Blutentnahme gezwungen werden.

11 Im Übrigen ist die Reichweite des Grundsatzes jedoch noch ungeklärt. Der **BGH** hat den Schutzgegenstand bislang in der Freiheit von Zwang zur Aussage oder zur Mitwirkung am Strafverfahren gesehen.[5] Die Freiheit von **Irrtum** sollte hingegen nicht in den Anwendungsbereich dieses Grundsatzes fallen. Dagegen hat der **EGMR**[6] festgestellt, dass das Recht zu schweigen und der Schutz vor Selbstbelastung zwar in erster Linie dazu dienten, den Beschuldigten gegen verbotenen Zwang der Behörden und die Erlangung von Beweisen durch unzulässigen Druck zu schützen, jedoch sei „der Anwendungsbereich des Rechts nicht auf Fälle beschränkt, in denen der Beschuldigte Zwang widerstehen musste". Der EGMR scheint also einen weiteren Anwendungsbereich des Grundsatzes anzunehmen, welcher grds auch die Täuschung umfasst. In einer späteren Entscheidung[7] ließ der **BGH** die Frage noch offen, ob er dem EGMR hier folgen würde, da dort ein Verdeckter Ermittler den Beschuldigten massiv zur Aussage gedrängt hatte, obgleich dieser mehrfach betont hatte, von seinem Schweigerecht Gebrauch machen zu wollen; darin lag ein Verstoß gegen den Nemo-tenetur-Grundsatz, ohne dass es auf die Täuschung ankam (vgl dazu die Probleme 31 und 33). Im Fall des Abhörens eines Gespräches zwischen dem Beschuldigten und seiner Ehefrau in der U-Haft hielt er die Täuschung des Beschuldigten (durch Zuweisung eines separaten Besuchsraums und Abwesenheit jeglicher Beamter) im Hinblick auf den Nemo-tenetur-Grundsatz sodann aber für „bedenklich" und bejahte letztlich einen Verstoß gegen das Fair-trial-Prinzip aufgrund der Gesamtumstände.[8]

---

3 Vgl etwa EGMR NJW 2010, 3145, 3147 ff. – Gäfgen II.
4 BGHSt 42, 191, 193; vgl aber Problem 10 zur rechtsstaatswidrigen Tatprovokation durch Lockspitzel.
5 BGHSt 42, 139.
6 EGMR StV 2003, 257 – Allan.
7 BGHSt 52, 11; vgl *Marxen/Bekier*, Hafturlaubs-Fall, famos 10/2007.
8 BGHSt 53, 294; vgl *Marxen/Rösing*, Besuchsraum-Fall, famos 9/2009.

Problem 5: Die Prozessmaximen

IV. Beweisgrundsätze

1. Der Ermittlungsgrundsatz (§ 244 Abs. 2 StPO): Der Ermittlungsgrundsatz wurde bereits unter III. 1. erläutert.

2. Der Grundsatz der Unmittelbarkeit (§§ 226, 250, 261 StPO): Der Grundsatz der Unmittelbarkeit verlangt, dass die entscheidungserheblichen Tatsachen im Rahmen der Beweiserhebung in der Hauptverhandlung direkt durch das Gericht festgestellt werden (vgl § 250 S. 2 StPO). **Durchbrechungen** dieses Grundsatzes finden sich in den §§ 251 ff. StPO. In der Praxis wird häufig auch auf „Zeugen vom Hörensagen" zurückgegriffen, die nur wiedergeben können, was ihnen ein anderer berichtet hat. Der Unmittelbarkeitsgrundsatz ist dadurch nicht verletzt. Das Gericht muss jedoch den Ermittlungsgrundsatz beachten (vgl zum Ganzen bereits Problem 4 III. 5. und ausführlich Problem 38).

3. Der Grundsatz der freien richterlichen Beweiswürdigung (§ 261 StPO): Nach dem Grundsatz der freien richterlichen Beweiswürdigung entscheidet das Gericht im Hinblick auf die zu beweisenden Tatsachen allein nach seiner aus dem Inbegriff der Verhandlung geschöpften Überzeugung. Somit ist eine Abkehr von strikten Beweisregeln im Strafverfahren zu erkennen. Drei **Einschränkungen** dieses Grundsatzes sind indessen zu beachten: erstens die Beweisverwertungsverbote, zweitens die gesetzlich normierten Ausnahmen (§ 190 StGB; § 274 StPO) und drittens die Wahrnehmung der prozessualen Rechte durch den Angeklagten, wie zB sein Schweigerecht. Denn daraus dürfen keine für ihn nachteiligen Konsequenzen gezogen werden.

4. Die Unschuldsvermutung und der Grundsatz „in dubio pro reo" (§ 261 StPO, Art. 6 Abs. 2 EMRK): Kann die Schuld des Angeklagten nicht zweifelsfrei bewiesen werden, so gilt die Vermutung seiner Unschuld. Daher muss das Gericht nach § 261 StPO von der Schuld überzeugt sein, wenn es den Angeklagten verurteilen will. Hegt es hingegen Zweifel an der Schuld, so muss es ihn freisprechen. Ferner muss es immer dann, wenn es einen Sachverhalt für nicht erwiesen hält, in dubio pro reo von der für den Angeklagten günstigeren Variante ausgehen. Dies gilt jedoch nicht für reine Rechtsfragen. Ferner ist zu beachten, dass der Grundsatz in dubio pro reo zwar bei Straf- und Schuldfragen Anwendung findet, nicht hingegen bei Verfahrensfehlern. Fraglich ist, ob der Zweifelssatz auch auf Prozessvoraussetzungen angewandt werden kann.[9] Dies wurde **früher** überwiegend verneint, wird **heute** aber teilweise unter Hinweis auf die fundamentale Bedeutung der Prozessvoraussetzungen für den Betroffenen angenommen. Der **BGH** differenziert zwischen den einzelnen Prozessvoraussetzungen und nimmt inzwischen zB eine Anwendbarkeit auf die Verjährung[10] oder die Verhandlungsfähigkeit[11] an.

V. Grundsätze der Form

1. Der Grundsatz der Öffentlichkeit (§ 169 S. 1 GVG, Art. 6 Abs. 1 S. 1, 2 EMRK): Grundsätzlich darf nach dem Grundsatz der Öffentlichkeit jedermann an der mündlichen Hauptverhandlung teilnehmen. Allerdings sind einzelne **Durchbrechungen** dieses Grundsatzes vorgesehen, wie zB zum Schutz der Privatsphäre in den §§ 169 S. 2, 170 ff. GVG oder im Jugendstrafrecht nach § 48 Abs. 1 JGG.

---

[9] Vgl dazu *Beulke/Swoboda*, Rn. 426 mwN.
[10] BGHSt 18, 274.
[11] BGH NStZ 1984, 520.

17 2. **Das Mündlichkeitsprinzip** (§ 261 StPO): Nach dem Mündlichkeitsprinzip muss der Prozessstoff in der Hauptverhandlung vollständig angesprochen werden. Das Urteil darf nur auf dem beruhen, was in der Hauptverhandlung mündlich erörtert wurde. Folge dieses Prinzips ist ua die Pflicht zur Verlesung von Urkunden in der Hauptverhandlung (§ 249 Abs. 1 S. 1 StPO). Den **Gegensatz** zu diesem Prinzip stellt das (geheime) schriftliche Verfahren dar. § 247a Abs. 1 StPO lässt auch die **Videovernehmung** eines Zeugen (als Ersatz für die Vernehmung unmittelbar im Verhandlungssaal) zu, soweit die dringende Gefahr eines schwerwiegenden Nachteils für das Wohl des Zeugen besteht, wenn er in Gegenwart der in der Hauptverhandlung Anwesenden vernommen wird. Zwar befindet der Zeuge sich in diesem Fall nicht im Gerichtssaal, sondern an einem anderen Ort. Gleichwohl sind die Grundsätze der Öffentlichkeit und der Mündlichkeit gewahrt, da die Aussage zeitgleich in Bild und Ton in das Sitzungszimmer übertragen wird. Somit können sich die Verfahrensbeteiligten ein Bild vom Zeugen machen und sich ggf durch Fragen in die Vernehmung einschalten. Allerdings lässt § 58a StPO auch die Aufzeichnung einer Vernehmung eines Zeugen zu, die dann später in die Hauptverhandlung eingeführt werden kann.

Zur Vertiefung:

18 Rechtsprechung: **EGMR NJW** 2010, 1045 – Gäfgen II (Fair-trial-Prinzip); **EGMR NStZ** 2015, 412 – Furcht (Beweisverwertungsverbot wegen unzulässiger Tatprovokation); **BVerfG NJW** 2001, 2707 – Bewährungsaussetzung (überlange Verfahrensdauer); **BGHSt 16,** 164 – Geständnis (keine Anwendung des „In-dubio"-Grundsatzes bei sonstigen Verfahrensfehlern); **BGHSt 18,** 274 – Tatzeitpunkt („In dubio pro reo" bei Fragen der Verjährung); **BGHSt 34,** 324 – Alibibeweis (Zulässigkeit der Wertung widersprüchlichen Verhaltens zeugnisverweigerungsberechtigter Personen); **BGHSt 35,** 137 – Verfahrensdauer (Strafmilderung bei überlanger Verfahrensdauer); **BGHSt 41,** 153 – Alibi (freie richterliche Beweiswürdigung); **BGHSt 42,** 139 – Hörfalle II (gezieltes Veranlassen eines Telefongespräches durch die Ermittlungsbehörden); **BGHSt 42,** 191 – Prozessabsprache (Verstoß gegen das Fair-trial-Prinzip kein Prozesshindernis); **BGHSt 45,** 321 – Texeira de Castro (Tatprovokation durch V-Mann als Verstoß gegen das Fair-trial-Prinzip); **BGHSt 46,** 159 – Verfahrensdauer (überlange Verfahrensdauer nur in Ausnahmefällen ein Verfahrenshindernis); **BGHSt 52,** 124 – Rechtsstaatswidrige Verfahrensverzögerung (Vollstreckungslösung); **BGHSt 53,** 294 – Ehegattengespräch (Verstoß gegen das Fair-trial-Prinzip bei Abhören von Ehegattengespräch in der U-Haft), vgl *Marxen/Rösing*, Besuchsraum-Fall, famos 9/2009; **BGHSt 54,** 184 – Beweisaufnahme (§ 247 StPO: Augenscheinseinnahme in Abwesenheit des Angeklagten); **BGHSt 55,** 87 – Abwesenheit des Angeklagten (Anwesenheitspflicht des Angeklagten bei der Verhandlung über die Entlassung eines Zeugen); **BGHSt 58,** 301 – Verteidigerkonsultations- und Schweigerecht (Fortführung der Vernehmung nach erfolglosem Versuch der Verteidigerkonsultation; Nachfragen bei Spontanäußerungen); Abwesenheit des Angeklagten (Anwesenheitspflicht des Angeklagten bei der Verhandlung über die Entlassung eines Zeugen); **BGH NStZ** 1984, 520 – Verhandlungsfähigkeit (in dubio pro reo); **BGH NStZ** 2001, 475 – Elektroinstallationen (Wahrheitserforschung durch das Gericht gemäß § 244 Abs. 2 StPO), vgl *Marxen/Pridik*, Stromschlag-Fall, famos 8/2001; **BGHSt 57,** 1 – Verfahrensverzögerung (keine Kompensation bei Verfahrensverzögerung im Ausland); **BGH NStZ** 2015, 476 – Unmittelbarkeitsgrundsatz (Verlesung ärztlicher Bescheinigungen); **BGH NJW** 2016, 1601 – Observationsprotokoll (Ver-

Problem 5: Die Prozessmaximen

lesung polizeilicher Observationsberichte in der Hauptverhandlung), vgl *Haefke/ Rabe*, Observationsprotokoll-Fall, famos 7/2016; **BGH NJW 2016, 3670** – Polizisteninterview (Verstoß gegen Unschuldsvermutung durch Fernsehberichterstattung); **BGH NJW 2018, 1986** – Selbstbelastungsfreiheit und Beweisverwertungsverbot (Verletzung der Aussagefreiheit durch die Verwertung von Angaben bei einer ärztlichen Untersuchung); **BGH wistra 2016, 198** – Verfahrensdauer (Kompensation überlanger Verfahrensdauer als Gegenstand einer Verständigung), vgl *Mähler/ Möller*, Kompensationsverständigungs-Fall, famos 9/2016; **BGH NJW 2022, 1826** – Verfahrensfairness und Vollstreckungsabschlag (Berliner Wettbüro-Mordfall); **BGH BeckRS 2021, 3211** – Öffentlichkeitsgrundsatz (Corona-Pandemie), vgl dazu *Arnold/Orth*, Lockdown-Fall, famos 04/2021; **OLG Hamburg, NStZ 2000, 311** – Geldwäsche (§ 137 StPO als Ausprägung des Fairness- und Rechtsstaatsprinzips).

Literatur/Aufsätze: *Ambos*, Zum heutigen Verständnis von Akkusationsprinzip und -verfahren aus historischer Sicht, JURA 2008, 586; *Beulke/Satzger*, Der fehlgeschlagene Deal und seine prozessualen Folgen, JuS 1997, 1074; *Blau*, Beweisverbote als rechtsstaatliche Begrenzung der Aufklärungspflicht im Strafprozeß, JURA 1993, 513; *Eicker*, Was der Grundsatz in dubio pro reo bedeutet (und was nicht), JA 2021, 330; *Geppert*, Das „fair-trial-Prinzip" nach Art. 6 Abs. 1 Satz 1 EMRK, JURA 1992, 597; *ders.*, Grundlegendes und Aktuelles zur Unschuldsvermutung des Art. 6 Abs. 2 EMRK, JURA 1993, 160; *ders.*, Amtsaufklärungspflicht (§ 244 Abs. 2 StPO) und Aufklärungsrüge im Strafprozess, JURA 2003, 255; *Greco/Caracas*, Internal investigations und Selbstbelastungsfreiheit, NStZ 2015, 7; *Hartmann/Apfel*, Das Grundrecht auf ein faires Strafverfahren, JURA 2008, 495; *B. Heinrich*, Rechtsstaatliche Mindestgarantien im Strafverfahren, JURA 2003, 167; *Huber*, Der Anklagegrundsatz, JuS 2008, 779; *ders.*, Grundwissen – Strafprozessrecht: Umgestaltung der Strafklage und Nachtragsklage, JuS 2011, 1076; *ders.*, Grundwissen – Strafprozessrecht: In dubio pro reo, JuS 2015, 596; *ders.*, Grundwissen – Strafprozessrecht: Opportunitätsprinzip, JuS 2021, 635; *Jahn*, Verfahrenshindernis wegen Verletzung des Rechts auf umfassende Verteidigung, JuS 2007, 1058; *Kargl/Sinner*, Der Öffentlichkeitsgrundsatz und das öffentliche Interesse in § 153a StPO, JURA 1998, 231; *Krehl/Eidam*, Die überlange Dauer von Strafverfahren, NStZ 2006, 1; *Knauer/Gaul*, Internal investigations und fair trial – Überlegungen zu einer Anwendung des Fairnessgedankens, NStZ 2013, 192; *Kudlich*, Der Öffentlichkeitsgrundsatz im Strafprozeß, JA 2000, 970; *Liebhart*, Das Beschleunigungsgebot in Strafsachen – Grundlagen und Auswirkungen, NStZ 2017, 254; *Nestler*, Strafverfahren zwischen Wirtschaftlichkeit und Legalitätsprinzip, JA 2012, 88; *Peglau*, Unschuldsvermutung (Art. 6 II EMRK) und Widerruf der Strafaussetzung zur Bewährung wegen noch nicht rechtskräftig abgeurteilter (neuer) Straftat, JA 2001, 244; *Ranft*, Verfahrensöffentlichkeit und „Medienöffentlichkeit" im Strafprozeß, JURA 1995, 573; *Schulenburg*, Legalitäts- und Opportunitätsprinzip im Strafverfahren, JuS 2004, 765; *Sinn/Maly*, Zu den strafprozessualen Folgen einer rechtsstaatswidrigen Tatprovokation – Zugleich Besprechung von EGMR, Urt. v. 23.10.2014 – 54648/09 (Furcht v. Germany), NStZ 2015, 379.

Strafprozessuale Zusatzfrage:

Gegen A wird ein Ermittlungsverfahren wegen Sachbeschädigung geführt, weil er die Hauswand des E mit Graffiti besprüht und E ihn dabei erwischt hat. A ist noch nicht

19

5 Problem 5: Die Prozessmaximen

vorbestraft und durch das Verfahren stark verunsichert. Daher möchte er dringend wissen, was möglicherweise auf ihn zukommen könnte und ob er tatsächlich mit einer Gerichtsverhandlung rechnen müsse. Er fragt den Rechtsanwalt R nach den Entscheidungsmöglichkeiten der StA in seinem Fall. Was wird R ihm mitteilen?

Klausurmäßiger Lösungsvorschlag:

20   1. Bei der *Sachbeschädigung (§ 303 StGB)* handelt es sich um ein **relatives Antragsdelikt**. Daher ist zunächst ein Strafantrag des Verletzten (§ 77 StGB), hier des Hauseigentümers E, erforderlich (§ 303c StGB), welcher laut Sachverhalt noch nicht gestellt wurde. Hierbei ist die Frist des § 77b StGB (drei Monate) zu beachten. Wird der Antrag innerhalb dieser Frist nicht gestellt, so könnte die StA aber auch ein öffentliches Interesse an der Strafverfolgung bejahen und ohne Strafantrag vorgehen. Die StA ist aufgrund des **Legalitätsprinzips** grds verpflichtet, ein Ermittlungsverfahren gegen A zu führen und gem § 170 Abs. 1 StPO eine **öffentliche Klage** zu erheben, wenn ein hinreichender Tatverdacht vorliegt. Wenn sich jedoch der Anfangsverdacht nicht zum hinreichenden Verdacht erhärtet, muss sie das Verfahren gem § 170 Abs. 2 StPO einstellen. Darauf kann sich A, der die Sachbeschädigung tatsächlich begangen hat, indessen nicht verlassen, da E ihn erwischt hat und ihn daher durch seine Aussage belasten wird.

21   2. Da es sich um ein Vergehen handelt, das vor dem AG verhandelt würde, kann die StA jedoch auch einen **Strafbefehl** gem § 407 Abs. 1 StPO beantragen, wenn sie ein Hauptverfahren nicht für erforderlich hält. Diese Möglichkeit wird in der Praxis bei leichten Vergehen sehr häufig gewählt. Der Strafbefehl darf nur auf bestimmte Rechtsfolgen abzielen. Hier kommt einzig eine Geldstrafe in Betracht. Diese liegt insofern nicht fern, als A nicht vorbestraft und ihm nur ein leichtes Vergehen vorzuwerfen ist.

22   3. Ferner besteht eine weitere Möglichkeit in der Verweisung des E auf den **Privatklageweg** gem §§ 374ff. StPO. Die Sachbeschädigung ist in § 374 Abs. 1 Nr. 6 StPO aufgeführt, so dass diese Option hier grds besteht. Sie kann aber nur dann gewählt werden, wenn es an einem öffentlichen Verfolgungsinteresse fehlt. Dies ist insb in Großstädten dann nicht zu erwarten, wenn Graffiti häufig vorkommen und die StA deshalb verstärkt dagegen vorgehen will. Dann liegt vielmehr eine Anklage, eher noch die Beantragung eines Strafbefehls, nahe.

23   4. Das Legalitätsprinzip wird allerdings in den Fällen der §§ 153ff. StPO durch das **Opportunitätsprinzip** durchbrochen. Hiernach besteht die Möglichkeit, ein Verfahren unter den dort genannten Voraussetzungen trotz eines hinreichenden Tatverdachts einzustellen. Im Einzelnen kann dies wegen geringer Schuld gem § 153 Abs. 1 StPO, nach Erfüllung von Auflagen oder Weisungen gem § 153a StPO, wegen unbedeutender Nebenstraftaten gem § 154 Abs. 1 StPO oder durch Beschränkung der Strafverfolgung auf einzelne Gesetzesverletzungen gem § 154a Abs. 1 StPO geschehen. Hier kommt lediglich eine Einstellung nach § 153 StPO oder nach § 153a StPO in Betracht. Eine Einstellung nach § 153 StPO wird aber wiederum nur dann erfolgen, wenn die Schuld des Täters als gering anzusehen ist und kein öffentliches Interesse an der Verfolgung besteht (welches sich von dem „besonderen öffentlichen Interesse" unterscheidet, das bei Fehlen eines Strafantrages hier bejaht werden müsste, um eine Verfolgung von Amts wegen durchführen zu können). Letzteres könnte hier indessen, wie ausgeführt, seitens der StA bejaht werden. Realistisch ist hingegen insb eine Einstellung nach § 153a StPO. Hiernach kann die StA mit Zustimmung des Gerichts und des Beschul-

digten vorläufig von der Erhebung der öffentlichen Klage absehen und dem Beschuldigten Auflagen und Weisungen erteilen, wenn diese geeignet sind, das öffentliche Interesse an der Strafverfolgung zu beseitigen, und die Schwere der Schuld nicht entgegensteht. Hier kommen zB die Zahlung eines Geldbetrages an eine gemeinnützige Einrichtung, die Ableistung gemeinnütziger Arbeit oder die Wiedergutmachung des Schadens (durch Beseitigung der Graffiti) in Betracht.

Problem 6: Gerichtsaufbau I – Überblick

I. Allgemeines

1 Der Grundsatz des gesetzlichen Richters (Art. 101 Abs. 1 S. 2 GG, § 16 S. 2 GVG) verlangt, dass der Staat im Vorhinein für jeden denkbaren Rechtsfall abstrakt regelt, welches Gericht in der jeweiligen Sache zu befinden hat. Entsprechende Regelungen dafür finden sich in der StPO und im GVG. Trotz dieser Regelungen sind Zuständigkeitsfragen allerdings nicht immer eindeutig, da das Gesetz vielfach an Prognosen, v. a. bzgl der voraussichtlichen Strafhöhe, oder Einschätzungen, etwa bei der besonderen Bedeutung des Falles (§§ 24 Abs. 1 Nr. 3, 74 Abs. 1 S. 2, 120 Abs. 2 Nr. 1 GVG), anknüpft. Bei einer Verbindung mehrerer Strafsachen ist nach den §§ 2 ff. StPO das Gericht der höheren Ordnung zuständig.

II. Arten der Zuständigkeit

2 **1. Sachliche Zuständigkeit:** Die sachliche Zuständigkeit regelt die Frage, welches Gericht (zB AG oder LG) und welcher Spruchkörper innerhalb eines Gerichts bei unterschiedlicher Strafgewalt (zB Einzelrichter oder Schöffengericht) für die Strafsache in erster Instanz zuständig sind. Die sachliche Zuständigkeit ist gem § 6 StPO in jeder Lage des Verfahrens von Amts wegen zu prüfen. Gemäß § 269 StPO darf sich ein Gericht nicht deshalb für unzuständig erklären, weil die Sache vor ein Gericht niederer Ordnung gehört (vgl dazu Problem 7).

3 **2. Örtliche Zuständigkeit:** Die örtliche Zuständigkeit legt hingegen fest, welches von mehreren sachlich zuständigen Gerichten nach örtlichen Gesichtspunkten zuständig ist (§§ 7 ff. StPO). Sie ist gem § 16 StPO nur bis zur Eröffnung des Hauptverfahrens von Amts wegen zu prüfen, nach diesem Zeitpunkt findet eine Überprüfung lediglich auf Einwand des Angeklagten statt. Eine Rüge ist allerdings nur bis zum Beginn der Vernehmung des Angeklagten zur Sache in der Hauptverhandlung möglich.

4 **3. Funktionelle Zuständigkeit:** Die nicht im Gesetz erwähnte funktionelle Zuständigkeit umfasst alle Zuständigkeitsprobleme, die nicht durch die Regeln der sachlichen oder örtlichen Zuständigkeit gelöst werden können. Dies sind zB die Rechtsmittelzuständigkeiten, die Zuständigkeitsverteilung zwischen verschiedenen Spruchkörpern mit gleicher Strafgewalt (zB allgemeine Strafkammer oder Wirtschaftsstrafkammer), die Aufgabenverteilung innerhalb der Spruchkörper (zB Verhandlungsleitung des Vorsitzenden, § 238 Abs. 1 StPO) und die Zuständigkeiten des Ermittlungsrichters.

III. Die sachliche Zuständigkeit in erster Instanz (vgl dazu Problem 7)

5 **1. Das Amtsgericht:** Nach § 24 Abs. 1 GVG ist grds das AG zuständig, soweit nicht eine Zuständigkeit des LG nach den §§ 74, 74a GVG oder des OLG nach § 120 GVG vorliegt (§ 24 Abs. 1 Nr. 1 GVG). Das LG ist zuständig, wenn a) eine höhere Strafe als vier Jahre Freiheitsstrafe oder b) die Unterbringung des Beschuldigten in einem psychiatrischen Krankenhaus, allein oder neben einer Strafe, oder in der Sicherungsverwahrung zu erwarten ist (§ 24 Abs. 1 Nr. 2 GVG) oder c) die StA wegen der besonderen Schutzbedürftigkeit von Verletzten, die als Zeugen in Betracht kommen, oder wegen des besonderen Umfangs bzw der Bedeutung der Sache Anklage vor dem LG erhebt (§ 24 Abs. 1 Nr. 3 GVG). Das Amtsgericht hat verschiedene Spruchkörper. Je nach Fallkonstellation können der **Strafrichter** als Einzelrichter (ein Berufsrichter,

Problem 6: Gerichtsaufbau I – Überblick

§ 25 GVG), das **Schöffengericht** (ein Berufsrichter, zwei Schöffen, § 29 Abs. 1 S. 1 GVG) oder das **erweiterte Schöffengericht** (zwei Berufsrichter, zwei Schöffen, § 29 Abs. 2 S. 2 GVG) zuständig sein.

2. **Das Landgericht:** Das LG ist in den Fällen der §§ 74, 74a GVG zuständig. Dies sind nach § 74 Abs. 1 GVG einmal die in § 24 Abs. 1 Nr. 2 GVG genannten Fälle (insb bei einer Straferwartung von mehr als vier Jahren), ferner die in § 74 Abs. 2 GVG aufgeführten Verbrechen und schließlich die in § 74a GVG genannten Straftaten. Es kann als **große Strafkammer** (drei Berufsrichter, zwei Schöffen, § 76 Abs. 1 S. 1 GVG, in einfachen Fällen zwei Berufsrichter, zwei Schöffen, § 76 Abs. 2 GVG), als **Schwurgericht** (§ 74 Abs. 2 GVG), als **Wirtschaftsstrafkammer** (§ 74c GVG) oder als **Staatsschutzkammer** (§ 74a GVG) zuständig sein.

3. **Das Oberlandesgericht (in Berlin: Kammergericht, KG):** Das OLG bzw das KG ist in den Fällen des § 120 Abs. 1, 2 GVG, also v. a. bei Staatsschutzdelikten, zuständig.

IV. Zuständigkeit in Rechtsmittelsachen bei Urteilen

1. **Erste Instanz AG (Strafrichter oder [erweitertes] Schöffengericht):** Sofern das AG die erste Instanz bildet, geht die Berufung (§§ 312, 313 StPO) zum LG. Zuständig ist in diesem Fall die kleine Strafkammer am LG, besetzt mit einem Berufsrichter und zwei Schöffen (§§ 74 Abs. 3, 76 Abs. 1 S. 1 GVG). Bei Berufungen gegen Urteile des erweiterten Schöffengerichts bedarf es eines zweiten Berufsrichters und ebenso zweier Schöffen (§ 76 Abs. 6 GVG). Revisionen gegen die Berufungsurteile des LG (§ 333 StPO) gehen zum OLG (§§ 121 Abs. 1 Nr. 1b GVG), welches dann mit drei Berufsrichtern besetzt ist (§ 122 Abs. 1 GVG). Zulässig ist aber statt der Einlegung einer Berufung auch eine Sprungrevision gem § 335 StPO, durch welche auch Revisionen gegen Urteile des AG direkt an das OLG gerichtet werden können.

2. **Erste Instanz LG:** Gegen Urteile des LG kann keine Berufung eingelegt werden. Für eine Revision gegen das erstinstanzliche Urteil des LG (§ 333 StPO) ist der BGH zuständig (§ 135 Abs. 1 GVG). Er entscheidet als Senat mit 5 Berufsrichtern, § 139 Abs. 1 GVG.

3. **Erste Instanz OLG:** Auch für Revisionen gegen erstinstanzliche Urteile des OLG (§ 333 StPO) ist der BGH als Senat mit 5 Berufsrichtern (§ 139 GVG) zuständig (§ 135 Abs. 1 GVG). Auch in diesen Fällen ist eine Berufung unzulässig.

V. Die örtliche Zuständigkeit („Gerichtsstand", §§ 7 ff. StPO)

Bei mehreren möglichen Gerichtsständen besteht ein **Wahlrecht** der StA. In Betracht kommen:

1. der Gerichtsstand des **Tatortes** (§ 7 StPO) – zum Begriff des Tatorts vgl § 9 StGB,

2. der Gerichtsstand des **Wohnsitzes** bzw **Aufenthaltsortes des Angeschuldigten** (§ 8 StPO),

3. der Gerichtsstand des **Ergreifungsortes** (§ 9 StPO) – v. a. bei Auslandstaten und Taten, bei denen der Tatort nicht feststeht – und

4. die **besonderen Gerichtsstände** (§§ 10 ff. StPO) – zu beachten ist hier insb der Gerichtsstand des Zusammenhangs, § 13 StPO.

VI. Rechtsfolge bei Verstößen

16 § 338 Nr. 4 StPO betrifft die **örtliche, sachliche** und besondere **funktionelle** Zuständigkeit des mit der Sache befassten Spruchkörpers (§§ 74 Abs. 2, 74a, 74c GVG). Im Rahmen der **sachlichen Zuständigkeit** ist zu unterscheiden, ob die Zuständigkeit eines Gerichts höherer oder niederer Ordnung von dem Mangel betroffen ist: Wäre anstelle des mit der Sache befassten Gerichts ein **höherrangiges Gericht** zuständig, ist dieser Mangel nach § 6 StPO in jeder Lage des Verfahrens von Amts wegen zu berücksichtigen. Entscheidet hingegen ein **Gericht höherer Ordnung** anstelle eines Gerichts niederer Ordnung, so ist diese fehlerhafte Übernahme wegen § 269 StPO unschädlich. Etwas anderes gilt jedoch **bei objektiv willkürlichen Verstößen** (Entscheidungen, die auf sachfremden oder anderen offensichtlich unhaltbaren Erwägungen beruhen), da bei einer willkürlichen Annahme der Zuständigkeit das Recht auf den gesetzlichen Richter nach Art. 101 Abs. 1 S. 2 GG verletzt ist. Will der Revisionsführer die **örtliche Zuständigkeit** rügen, ist § 16 StPO zu beachten: Hiernach prüft das Gericht seine örtliche Zuständigkeit bis zur Eröffnung des Hauptverfahrens von Amts wegen, danach spricht es seine Unzuständigkeit nur auf Einwand des Angeklagten aus. Dieser kann den Einwand jedoch nur bis zum Beginn seiner Vernehmung zur Sache in der Hauptverhandlung geltend machen. Wird der Einwand nach diesem Zeitpunkt geltend gemacht, ist der Angeklagte mit der Rüge **präkludiert**.

Zur Vertiefung:

17 Rechtsprechung: **BVerfGE** 9, 223 – Begünstigung (Zulässigkeit der „beweglichen Zuständigkeit"; **BVerfGE** 20, 336 – Trunkenheitsfahrt (Gerichtsstandsbestimmung durch den BGH); **BVerfGE** 22, 254 – Einzelrichter (Zulässigkeit der „beweglichen Zuständigkeit); **BGHSt** 43, 53 – Unterbezahlung (besondere Bedeutung des Falles; unzuständiges Gericht); **BGHSt** 44, 34 – Castor (besondere Bedeutung des Falles); **BGHSt** 46, 238 – Eggesin (Zuständigkeit des OLG); **BGHSt** 47,16 – Kindlicher Zeuge (Bedeutung des Falles).

Literatur/Aufsätze: *Arnold*, Bewegliche Zuständigkeit versus gesetzlicher Richter, ZIS 2008, 92; *Helm*, Grundzüge des Strafverfahrensrechts: Die örtliche und funktionelle Zuständigkeit sowie der Instanzenzug, JA 2007, 272.

Strafprozessuale Zusatzfrage: (Fall nach BVerfGE 9, 223)

18 A hat sich wegen einer Begünstigung strafbar gemacht. Da er als eine Person des öffentlichen Interesses anzusehen ist, erhebt die StA aufgrund der „besonderen Bedeutung des Falles" gem § 24 Abs. 1 Nr. 3 GVG die öffentliche Klage beim LG anstatt beim AG. A ist empört und meint, er sei seinem gesetzlichen Richter entzogen worden, so dass eine Verletzung des Art. 101 Abs. 1 S. 2 GG vorliege. Der Terminus „besondere Bedeutung" in § 24 Abs. 1 Nr. 3 GVG sei beliebig. Er ermögliche im konkreten Fall trotz geringer Straferwartung allein aufgrund seiner großen öffentlichen Bekanntheit ein Verfahren beim LG. Liegt ein Verstoß gegen Art. 101 S. 2 GG vor?

Klausurmäßiger Lösungsvorschlag:

19 *1. Zunächst ist fraglich, ob die Zuständigkeitsregel des § 24 Abs. 1 Nr. 3 GVG (sog „bewegliche Zuständigkeit") als solche gegen Art. 101 Abs. 1 S. 2 GG verstößt. Dies könnte man deshalb annehmen, weil auf diese Weise die StA uU selbst die Zuständig-*

keit bestimmen kann. Dagegen spricht aber, dass eine Kontrolle der Entscheidung der StA durch die Gerichte möglich ist (§ 209 StPO). Zudem bestehen keine unzulässigen Ermessensspielräume der StA, da nach einer Verwaltungsvorschrift (VV) der Länder die „besondere Bedeutung" des Verfahrens an bestimmten Kriterien fest gemacht werden muss. Der Begriff der **„besonderen Bedeutung"** ist auch nicht völlig unbestimmt, die StA muss ihn nur pflichtgemäß auslegen. Schließlich ist die StA einerseits an Recht und Gesetz, andererseits an das Legalitätsprinzip gebunden, so dass ihr Ermessen ohnehin begrenzt ist.

2. Weiter ist zu klären, ob die Zuweisung im Einzelfall sowie ein darauf gestütztes Urteil gegen Art. 101 S. 2 GG verstoßen. Dies ist nur dann der Fall, wenn die Zuteilung an das LG willkürlich erfolgt wäre. Die VV der Länder erwähnt als Kriterien für das Vorliegen einer „besonderen Bedeutung des Falles" das Ausmaß der Rechtsverletzung, die Auswirkungen der Straftat auf die Wirtschaft oder das Interesse der Öffentlichkeit an dem Einzelfall. Daher ist es nicht willkürlich, wenn die Zuständigkeit des LG wegen der Bekanntheit des A auf das große Interesse der Öffentlichkeit am Verfahren gestützt wird.

Problem 7: Gerichtsaufbau II – Die sachliche Zuständigkeit (in erster Instanz)

I. Das Amtsgericht (AG)

1 Nach § 24 Abs. 1 GVG besteht eine Regelzuständigkeit des AG, wenn keine der hier genannten Ausnahmen, dh die Zuständigkeit der Spruchkörper des LG (§§ 74, 74a GVG) oder des OLG (§ 120 GVG), eine Straferwartung über vier Jahre Freiheitsstrafe oder die besondere Bedeutung des Falles, eingreift. Das AG darf auch später im Urteil nicht auf eine höhere Strafe als vier Jahre Freiheitsstrafe erkennen (§ 24 Abs. 2 GVG).

2 **1. Der Strafrichter (ein Berufsrichter, § 25 GVG):** Der Strafrichter entscheidet über leichtere Kriminalität, wenn a) das AG sachlich zuständig ist **und** es sich b) um ein Vergehen (§ 12 Abs. 2 StGB) handelt, das entweder im Wege der Privatklage (§ 374 StPO; vgl dazu Problem 48) verfolgt werden kann oder bei dem keine höhere Strafe als Freiheitsstrafe von **zwei Jahren** zu erwarten ist. War eine Freiheitsstrafe unter zwei Jahren prognostiziert, kann der Amtsrichter dennoch eine Strafe bis zu vier Jahren verhängen, wenn sich im Prozess herausstellt, dass diese angemessen ist, denn die Strafgewalt des Amtsrichters geht genauso weit wie die des Schöffengerichts.

3 **2. Schöffengericht (ein Berufsrichter, zwei Schöffen, § 29 Abs. 1 GVG):** Das Schöffengericht entscheidet über mittlere Kriminalität, wenn a) das AG sachlich zuständig ist und b) keine Zuständigkeit des Strafrichters begründet ist (§ 28 GVG). Daher ist es insb bei Verbrechen und bei Vergehen mit einer Straferwartung von **über zwei Jahren bis zu vier Jahren** zuständig. Die Schöffen wirken lediglich bei Entscheidungen in der Hauptverhandlung mit (vgl § 30 Abs. 2 GVG).

4 **3. Erweitertes Schöffengericht (zwei Berufsrichter, zwei Schöffen, § 29 Abs. 2 GVG):** Das erweiterte Schöffengericht ist bei besonders umfangreichen Sachen zuständig. In der Regel wird dies auf Antrag der StA festgelegt.

II. Das Landgericht (LG)

5 Das LG ist in den Fällen der §§ 74, 74a GVG zuständig. Insbesondere ist dies a) bei zu erwartender Freiheitsstrafe von **über vier Jahren**, b) bei besonderer Bedeutung des Falles oder c) bei den in § 74 Abs. 2 GVG genannten Verbrechen der Fall.

6 **1. Große Strafkammer:** Die große Strafkammer besteht aus drei Berufsrichtern und zwei Schöffen (§ 76 Abs. 1 S. 1 GVG). In einfachen Fällen setzt sie sich jedoch nur aus zwei Berufsrichtern und zwei Schöffen zusammen (§ 76 Abs. 2 GVG). In der großen Strafkammer wirken die Schöffen lediglich bei Entscheidungen in der Hauptverhandlung mit (vgl § 76 Abs. 1 S. 2 GVG).

7 **2. Besondere Strafkammern:** Weiterhin können das **Schwurgericht** (für die in § 74 Abs. 2 GVG genannten Verbrechen), die **Wirtschaftsstrafkammer** (für die in § 74c GVG genannten Fälle) und die **Staatsschutzkammer** (für die in § 74a GVG genannten Fälle) zuständig sein. Diese sog „besonderen Strafkammern" werden mit gleicher Besetzung und Strafkompetenz wie die große Strafkammer tätig. Allerdings muss das Schwurgericht auch in einfacheren Fällen stets mit drei Berufsrichtern besetzt werden (§ 76 Abs. 2 GVG).

Problem 7: Gerichtsaufbau II – Die sachliche Zuständigkeit (in erster Instanz)

III. Das Oberlandesgericht (OLG; in Berlin: Kammergericht, KG)

In den Fällen des § 120 Abs. 1, 2 GVG (Staatsschutzdelikte ua) ist das OLG (bzw in Berlin: das KG) zuständig. Dessen Spruchkörper sind Senate, die grds mit fünf Berufsrichtern besetzt sind. In einfacheren Fällen ist die Besetzung mit drei Berufsrichtern gem § 122 Abs. 2 GVG ausreichend.

Zur Vertiefung:

Rechtsprechung: **BGHSt 44, 328** – Strafkammerbesetzung (willkürliche Besetzung einer Strafkammer mit zwei Richtern); **BGH NStZ 2008, 146** – Terroristische Vereinigung (Zuständigkeit des OLG bei Übernahme der Sache durch den Generalbundesanwalt); **BGH NStZ 2009, 404** – Verfahrensrüge (Verweisung der Strafkammer an das Schwurgericht); **OLG Düsseldorf NStZ-RR 2001, 222** – Straferwartung (Zuständigkeit des Strafrichters nach Annahme der Sache bis zur Straferwartung von 4 Jahren); **OLG Celle NStZ-RR 2012, 181** – Sofortige Beschwerde (Zuständigkeit des Schwurgerichts für Vollrausch).

Literatur/Aufsätze: *Ekardt*, Der Kampf um Schwurgerichte und reformiertes Strafverfahren im Vormärz, JURA 1998, 121; *Helm*, Grundzüge des Strafverfahrensrecht: Die sachliche Zuständigkeit, JA 2006, 389; *Huber*, Schwurgericht, JuS 2009, 406; *Radtke/Bechtoldt*, Bewegliche Zuständigkeiten (§ 29 II 1 GVG) und die Bedeutung der Rechtsfolgenerwartung (§ 25 Nr. 2 GVG), GA 2002, 586; *Rieß*, Vergessene Schwurgerichtszuständigkeiten, NStZ 2008, 546.

Strafprozessuale Zusatzfrage: (Fall nach BGHSt 44, 328)

Gegen A wird ein Hauptverfahren wegen eines schweren Raubes gem § 250 Abs. 2 StGB vor dem LG durchgeführt. Da der Sachverhalt relativ eindeutig und nicht sehr umfangreich ist, verhandelt das LG in einer Besetzung von zwei Berufsrichtern und zwei Schöffen. A wird zu einer Freiheitsstrafe von sechs Jahren verurteilt. Kann er eine Revision darauf stützen, dass das Gericht nicht vorschriftsmäßig besetzt war?

Klausurmäßiger Lösungsvorschlag:

1. *Gemäß § 338 Nr. 1 StPO liegt ein* **absoluter Revisionsgrund** *vor, wenn das Gericht* **nicht vorschriftsmäßig besetzt** *war. Fraglich ist daher, ob hier das richtige Gericht in der korrekten Besetzung verhandelt hat.*

2. *Grundsätzlich ist das LG zuständig, wenn eine Strafe von über vier Jahren zu erwarten ist, § 74 Abs. 1 GVG. Da A wegen eines schweren Raubes gem § 250 Abs. 2 StGB angeklagt war, bestand eine Straferwartung von mindestens fünf Jahren (gesetzlich vorgeschriebene Mindeststrafe!). Somit war das LG zuständig. Da der schwere Raub weder in § 74 Abs. 2 GVG noch in § 74a GVG genannt ist, war die Große Strafkammer des LG zuständig. Diese setzt sich grds aus drei Berufsrichtern und zwei Schöffen zusammen, § 76 Abs. 1 GVG. Sofern keine der in § 76 Abs. 2 S. 3 GVG aufgezählten Konstellationen einschlägig ist, hat sie das Verfahren mit nur zwei Berufsrichtern zu eröffnen (§ 76 Abs. 2 S. 4 GVG). Hier käme eine Besetzung mit drei Berufsrichtern und zwei Schöffen nach § 76 Abs. 2 S. 3 Nr. 3 GVG in Betracht, wenn nach dem Umfang oder der Schwierigkeit der Sache die Mitwirkung eines dritten Richters notwendig erscheint. Hinsichtlich der Beurteilung dieser Frage steht dem Gericht indes ein weiter Beurteilungsspielraum zu. Dieser ist erst überschritten, wenn die Be-*

setzung mit zwei Berufsrichtern völlig willkürlich und unnachvollziehbar erfolgt. In einem solchen Fall wäre ein Verstoß gegen § 76 Abs. 2 GVG anzunehmen. Allerdings ist der Sachverhalt hier relativ eindeutig und nicht besonders umfangreich (dies wird an quantitativen Maßstäben wie der Anzahl der Angeklagten, der Akten usw beurteilt), so dass eine Besetzung nach § 76 Abs. 2 S. 3 Nr. 3 GVG wegen einer etwaigen Komplexität des Sachverhalts nicht nötig erscheint. Jedenfalls hat die Strafkammer mangels objektiver Willkür ihren Beurteilungsspielraum nicht überschritten.

13 *3. A kann sich daher nicht auf eine Verletzung des § 76 Abs. 2 GVG berufen. Seine Revision wäre unbegründet.*

Problem 8: Verfahrensbeteiligte I – Staatliche Beteiligte

I. Allgemeines

Am gesamten Strafverfahren mit seinen verschiedenen Abschnitten (vgl dazu Problem 1) ist eine Vielzahl unterschiedlicher Personen bzw Behörden beteiligt. Je nach Stand des Verfahrens erfüllen sie verschiedene Funktionen, tragen teilweise unterschiedliche Bezeichnungen und haben andere Aufgaben und Verpflichtungen sowie ein unterschiedliches Gewicht. Im Vorverfahren hat die **StA** eine beherrschende Stellung als Leiterin („Herrin") des Ermittlungsverfahrens. Die Ermittlungstätigkeit wird dabei in der Regel von der **Polizei** – im Auftrag der StA – durchgeführt. Die Rolle des **Gerichts** gewinnt mit der zunehmenden Dauer des Strafverfahrens an Gewicht. Das Zwischen- und das Hauptverfahren liegen vollständig in seinen Händen. Im Vorverfahren kann aber auch der **Ermittlungsrichter** bereits eine besondere Bedeutung erlangen (vgl bereits Problem 2). Stellung und Rechte des **Beschuldigten, Angeschuldigten** bzw **Angeklagten** sowie seines Verteidigers sind im gesamten Strafverfahren von zentraler Bedeutung. Wichtig sind im Erkenntnisverfahren ferner die Beweispersonen wie **Zeugen** und **Sachverständige**. Schließlich spielen auch die **Verletzten** der Straftat im Verfahren eine wesentliche Rolle, zB im Ermittlungsverfahren als Strafantragsberechtigte oder im Hauptverfahren als Nebenklageberechtigte.

II. Die staatlichen Verfahrensbeteiligten

1. Die Staatsanwaltschaft: Die StA ist eine von den Gerichten unabhängige, hierarchisch aufgebaute Behörde, §§ 141 ff. GVG. Der einzelne Staatsanwalt ist nicht unabhängig, sondern an die dienstlichen Weisungen seines Vorgesetzten (idR ein Leitender Oberstaatsanwalt als Behördenleiter) gebunden, § 146 GVG. Dieser kann das Verfahren auch einem anderen Staatsanwalt übertragen (Substitutionsrecht, § 145 Abs. 1 Alt. 1 GVG) oder an sich ziehen (Devolutionsrecht, § 145 Abs. 1 Alt. 2 GVG). Die Funktion und die Aufgaben der StA unterscheiden sich in den einzelnen Verfahrensabschnitten. Sie erfährt von einer (möglichen) Straftat durch eine Strafanzeige seitens eines Verletzten oder eines Dritten, durch die Mitteilung seitens einer anderen Behörde (zB der Polizei) oder durch eigene Kenntnisnahme (zB bei einem Meineid in einem Strafprozess). Im **Vorverfahren** (Ermittlungsverfahren) ist sie die leitende Behörde und dazu verpflichtet, bei Vorliegen hinreichender Verdachtsmomente ein entsprechendes Verfahren einzuleiten (Legalitätsprinzip, §§ 152 Abs. 2, 160 Abs. 1 StPO). Hierbei muss sie als „objektivste Behörde der Welt" sowohl be- als auch entlastende Tatsachen ermitteln (§ 160 Abs. 2 StPO). Die Ermittlungen kann sie entweder selbst durchführen oder sich hierzu der Polizei bedienen. Grundsätzlich steht ihr eine Vielzahl an Ermittlungsmethoden zur Verfügung. Sie kann zB Zeugen oder Sachverständige befragen oder den Tatort in Augenschein nehmen. In manchen Fällen ist sie allerdings auf die Mitwirkung des **Ermittlungsrichters** angewiesen, so insb, wenn es um die Anordnung von Zwangsmaßnahmen geht, wie etwa der Durchsuchung (§§ 102 ff. StPO) oder der Anordnung von Untersuchungshaft (§§ 112 ff. StPO). Bei **Gefahr im Verzug** kann sie Zwangsmaßnahmen oftmals auch selbst anordnen, so zB gem § 105 Abs. 1 StPO die Durchsuchung. Ergibt sich ein hinreichender Tatverdacht, so erhebt sie Anklage oder stellt beim Gericht einen Antrag auf Erlass eines Strafbefehls (vgl dazu Problem 47). Liegt hingegen ein solcher Tatverdacht nicht vor, so stellt sie das Verfahren ein, § 170 Abs. 2 S. 1 StPO. Sie kann ferner das Verfahren auch aus Opportunitätsgründen einstellen (§§ 153 ff. StPO; vgl dazu Problem 34). Bei Anklageerhebung verfasst die StA die Anklageschrift.

3   Umstritten ist, ob und inwieweit die StA bzgl der Anklageerhebung an die **höchstrichterliche Rspr. gebunden** ist (vgl dazu die strafprozessuale Zusatzfrage). Dabei sind zwei Konstellationen zu unterscheiden. Lehnt die StA eine Anklage ab, da sie eine andere Rechtsauffassung als der BGH vertritt, welcher zu einer Bestrafung gelangen würde, so soll nach einer **tvA** eine Bindung entfallen, da die StA eine objektive und unabhängige (§ 150 GVG) Behörde ist. Der **BGH** nimmt jedoch zutreffend aufgrund des richterlichen Entscheidungsmonopols eine Bindung an die ständige höchstrichterliche Rspr. an. Eine wiederum **aA** differenziert danach, ob die Rspr. hinreichend gefestigt ist (Gewohnheitsrecht). Im umgekehrten Fall, in welchem die Rspr. im Gegensatz zur StA eine Strafbarkeit verneint, lehnt die hM eine Bindung der StA hingegen zu Recht ab, da nur durch eine Anklage den Gerichten überhaupt die Möglichkeit eröffnet wird, von ihrer bisherigen Rspr. abzuweichen.[1]

4   Ferner gehen die Meinungen darüber **auseinander**, ob ein Staatsanwalt wegen Besorgnis der **Befangenheit** abgelehnt werden kann (vgl hierzu *Rössner/Safferling*, 13. Problem mwN). Während nach Ansicht des **BGH** mangels ausdrücklicher Regelung eine solche Ablehnung nicht möglich ist, nimmt eine **tvA** ein Ablehnungsrecht jedenfalls im Ermittlungsverfahren analog den §§ 22 ff. StPO an, da die StA als „Herrin des Vorverfahrens" in diesem Verfahrensabschnitt eine dem Richter vergleichbare Stellung innehabe. Eine wiederum **aA** geht von einer umfassenden Ablehnungsmöglichkeit auch im Hauptverfahren aus, um dem Grundsatz des fairen Verfahrens gerecht zu werden.

5   Im **Zwischen- und Hauptverfahren** ist die StA Vertreterin der Anklage. In der Hauptverhandlung muss ein Sitzungsvertreter der StA während der gesamten mündlichen Verhandlung anwesend sein, wobei es sich aber nicht immer um denselben Staatsanwalt handeln muss. Er verliest zu Anfang der mündlichen Verhandlung den Anklagesatz und stellt am Ende den Schlussantrag. Das anschließende **Vollstreckungsverfahren** liegt sodann wieder in den Händen der StA.

6   **2. Das Gericht:** Zwar ist die StA „Herrin des Vorverfahrens", der Ermittlungsrichter (§ 162 StPO) hat aber auch im **Ermittlungsverfahren** eine wichtige Rolle, denn insb bei der Anordnung von Zwangsmaßnahmen ist oftmals ein richterlicher Beschluss erforderlich (vgl zB § 105 Abs. 1 S. 2 StPO für die Durchsuchung oder § 114 StPO für den Haftbefehl). Des Weiteren kann es opportun erscheinen, einen Ermittlungsrichter zur Beweissicherung einzuschalten, insb zur Vernehmung von Beschuldigten oder Zeugen, da zB richterliche Vernehmungen des Angeklagten im späteren Prozess verlesen werden dürfen (§ 254 StPO; vgl dazu Problem 38). Ähnliches gilt für die Verlesung von richterlichen Vernehmungen von Zeugen oder Sachverständigen (vgl § 251 Abs. 2 StPO). Im **Zwischenverfahren** überprüft das Gericht die Anklage und kann sie mit oder ohne Änderungen zulassen oder die Eröffnung des Hauptverfahrens ablehnen. Das **Hauptverfahren** selbst untersteht der alleinigen Autorität des Gerichts und wird vom Vorsitzenden geleitet.

7   **3. Die Polizei:** Die Polizei ist im Vorverfahren besonders wichtig. Grundsätzlich hat sie in Deutschland sowohl präventive als auch repressive Aufgaben, somit eine sog Doppelfunktion. Das Strafverfahren ist ausschließlich dem **repressiven** Bereich, dh der Verfolgung bereits begangener Straftaten, zuzuordnen. Maßgeblich für die repressive

---

1 Vgl dazu *Beulke/Swoboda*, Rn. 147 f. mwN.

Problem 8: Verfahrensbeteiligte I – Staatliche Beteiligte

Tätigkeit sind die Vorschriften der StPO und des GVG. Das präventiv ausgerichtete **Polizeirecht** dient hingegen der Verhinderung von Straftaten und der Abwehr von Gefahren. Es ist in den **Polizeigesetzen der Länder** geregelt (zB in Berlin im ASOG). Für die Überprüfung der repressiven Maßnahmen ist der ordentliche, für die präventiven Maßnahmen der öffentlich-rechtliche Rechtsweg zu beschreiten.

In diesem Zusammenhang ist **umstritten**, welcher Rechtsweg einzuschlagen ist, wenn Maßnahmen der Polizei **sowohl** repressiven als auch präventiven Zwecken dienen (vgl *Rössner/Safferling*, 9. Problem mwN). Während nach einer **tvA** für die Beurteilung diejenige Rechtsgrundlage zugrunde zu legen ist, nach welcher die Maßnahme am wahrscheinlichsten rechtmäßig ist, nimmt eine **aA** stets die Rechtsgrundlage an, die von der Polizei genannt wird. Nach der überzeugenden und sachgerechten **hM**[2] ist allerdings auf einen verständigen Betroffenen abzustellen und zu fragen, wo aus Ex-ante-Sicht der **Schwerpunkt der Maßnahme** liegt.

Aufgabe der Polizei im repressiven Bereich ist die Erforschung des Sachverhalts im **Vorverfahren** (§ 163 Abs. 1 StPO). Hierbei wird sie einerseits auf Weisung der StA tätig. Da die StA als leitende Ermittlungsbehörde weder über eigene Polizeikräfte noch über ausreichende Kapazitäten verfügt, wird sie oft die Ermittlungen nicht selbst durchführen, sondern kann sich hierzu der Behörden des allgemeinen Polizeidienstes bedienen (§ 161 Abs. 1 StPO). Je nach Dienstgrad ist hierbei zwischen den sog **Ermittlungspersonen** (§ 152 GVG) und den übrigen Polizeibeamten zu unterscheiden. Den Ermittlungspersonen räumt die StPO eine Reihe besonderer Befugnisse ein. Sie werden im Auftrag der StA tätig und haben dabei deren Anordnungen Folge zu leisten. Die übrigen Polizeibeamten sind ebenfalls verpflichtet, dem „Ersuchen" der StA nachzukommen (§ 161 Abs. 1 S. 2 StPO).

Andererseits kann und muss die Polizei auch von sich aus tätig werden, wenn sie – etwa durch Anzeige oder durch eigene Wahrnehmung – Kenntnis von einer Straftat erlangt. Sie hat sowohl das Recht als auch die Pflicht des ersten Zugriffs. Hierbei hat sie auch selbst alle Anordnungen zu treffen, welche keinen Aufschub dulden, um eine Verdunkelung des Sachverhalts zu verhindern. Die Polizei verfügt im Rahmen der Ermittlungstätigkeit über einige wichtige **Zwangsbefugnisse**, wie etwa das Recht zur vorläufigen Festnahme (§ 127 Abs. 2 StPO) – daneben haben Polizeibeamte, wie andere Bürger auch, das Festnahmerecht gem § 127 Abs. 1 StPO (vgl dazu Problem 23). Auch hat die Polizei das Recht zur Vornahme erkennungsdienstlicher Maßnahmen (§§ 81b, 163b Abs. 1 StPO) sowie zur Vernehmung von Beschuldigten, Zeugen und Sachverständigen (§ 163a Abs. 1, 4, 5 StPO). Manche Befugnisse stehen dabei nur den Ermittlungspersonen zu, so etwa die körperliche Untersuchung von Beschuldigten oder Zeugen (§§ 81a Abs. 2, 81c Abs. 5 StPO), die Beschlagnahme von Sachen (§ 98 Abs. 1 StPO) oder die Durchsuchung (§ 105 Abs. 1 StPO), jeweils als Eilkompetenz bei Gefahr im Verzug.

Zur Vertiefung:
Rechtsprechung: **BVerfGE 103, 142** – Durchsuchung (strenge Voraussetzungen für Gefahr im Verzug); **BVerfG NJW 2015, 2787** – Verfassungsbeschwerden (Ende der Eilzuständigkeit der Ermittlungsbehörden für Durchsuchungsanordnungen); **BVerwG NJW 1990, 2765** – Kriminalakten (Verwaltungsrechtsweg); **BGH NStZ-**

---
2 Dem folgt auch die verwaltungsgerichtliche Rspr., vgl BVerwG NJW 1990, 2765.

RR 2007, 242 – Betäubungsmittel (richterlicher Bereitschaftsdienst und Folgen aus dessen Nichteinrichtung); **BGH NStZ-RR 2011, 526** – Sprachunkundige Schöffen (vorschriftsmäßige Besetzung der Gerichte); **OLG Zweibrücken NStZ 2007, 420** – Anklageerhebung (Bindung der StA an höchstrichterliche Rspr.), vgl *Marxen/Stauß*, Mietkautions-Fall, famos 7/2007.

Literatur/Aufsätze: *Beining*, Die Weisung an den Staatsanwalt, ZJS 2015, 546; *Helm*, Die Schöffen im Strafprozess, JA 2006, 302; *Hütwohl*, Was ist eigentlich ... eine Ermittlungsperson der Staatsanwaltschaft?, JuS 2022, 495; *Kelker*, Die Rolle der Staatsanwaltschaft im Strafverfahren: Objektives Organ der Rechtspflege oder doch „parteiischer" Anwalt des Staates?, ZStW 118 (2006), 389; *Kretschmer*, Die Staatsanwaltschaft, JURA 2004, 452; *Metz*, Rangverhältnis der Staatsanwaltschaft zu ihren Ermittlungspersonen bei Gefahr im Verzug, NStZ 2012, 242; *Satzger*, Die Schöffen im Strafprozess, JURA 2011, 518; *Schenke*, Rechtsschutz gegen doppelfunktionale Maßnahmen der Polizei, NJW 2011, 2838.

Strafprozessuale Zusatzfrage: (vgl *Rössner/Safferling*, 9. Problem mwN)

12 Vermieter V verwendet die Kaution seines Mieters M entgegen § 551 Abs. 3 BGB zweckwidrig. Gleichwohl erklärt der zuständige Staatsanwalt S, keine Anklage erheben zu wollen, da er der Auffassung ist, der Untreuetatbestand des § 266 Abs. 1 StGB sei nicht erfüllt, da eine Vermögensbetreuungspflicht des Vermieters nicht bestehe. M ist empört, da sein Rechtsanwalt R ihm versichert, dass der BGH eine ganz andere Auffassung vertritt. Daher meint M, die Staatsanwaltschaft sei verpflichtet, in diesem Fall Anklage zu erheben, so dass er sich an den Generalstaatsanwalt wenden könne, damit dieser S zur Anklage anweist. Hat M Recht?

Klausurmäßiger Lösungsvorschlag:

13 *Fraglich ist, ob die StA hier entgegen ihrer Verpflichtung zur Anklageerhebung nach § 170 Abs. 1 StPO gehandelt hat. Dies wäre aber nur dann der Fall, wenn eine von der Meinung der StA abweichende höchstrichterliche Rspr. besteht und die StA an diese Rspr. gebunden wäre.*

14 *1. Tatsächlich bejaht der BGH eine Vermögensbetreuungspflicht des Vermieters, wenn es um die Anlagepflicht gem § 551 Abs. 3 BGB bzgl der Kaution des Mieters geht, so dass die StA abweichend von der höchstrichterlichen Rspr. zu handeln gedenkt.*

15 *2. Daher ist es fraglich, ob die StA an die höchstrichterliche Rspr. gebunden ist.*

16 *a) Man könnte einerseits eine **Bindung** der StA mit dem Argument **ablehnen**, dass diese mit der staatsanwaltlichen Unabhängigkeit gem § 150 GVG schwer zu vereinbaren ist. Der Staatsanwalt könne nicht zur Anklage einer Person gezwungen werden, die er für unschuldig hält, insb da die Verfolgung von Unschuldigen in § 344 StGB mit Strafe bedroht ist. Zudem ergebe sich ein widersprüchliches Verhalten, wenn der Staatsanwalt erst anklage, dann aber in der Hauptverhandlung seine gegenteilige Rechtsauffassung darlege und einen Freispruch beantrage.*

17 *b) Andererseits ließe sich aber auch eine **Bindung annehmen**. Hierfür streiten die verfassungsmäßige Gleichheit vor dem Gesetz, das richterliche Entscheidungsmonopol und die Einheitlichkeit der Rechtsanwendung. Denn ohne die Bindung der StA könnte eine Entscheidung durch die Gerichte – aufgrund einer fehlenden Anklage – verhindert werden. Die Strafverfolgung könne nicht von der Rechtsansicht des jeweils*

zuständigen Staatsanwalts abhängig sein. Dies könne ferner dazu führen, dass eine obergerichtliche Rspr. mangels Anklageerhebung praktisch nicht mehr durchgesetzt werden kann. Angesichts dieser gravierenden Konsequenzen sei von einer Bindung der StA an die höchstrichterliche Rspr. auszugehen.

c) Es ließe sich jedoch auch einschränkend vertreten, dass die Rspr. eine Bindungswirkung für die StA nur dann entfaltet, wenn sie **ausreichend gefestigt** ist. Für den vorliegenden Fall ist die Rspr. des BGH zur Frage der Vermögensbetreuungspflicht des Vermieters jedoch eindeutig und daher auch ausreichend gefestigt. Da somit auch das einschränkende Kriterium erfüllt ist, muss im konkreten Fall nicht entschieden werden, ob diese einschränkende Ansicht letztlich überzeugend ist.

3. Nur die erste Meinung käme hier zu dem Ergebnis, dass eine Bindung der StA abzulehnen ist. Sie verdient keinen Beifall, da die Entscheidungshoheit – auch aus Gründen der Gewaltenteilung – bei den Gerichten liegen muss. Damit ist davon auszugehen, dass die StA hier an die Rspr. des BGH gebunden war. Dementsprechend kann die Generalstaatsanwaltschaft die StA gem § 146 StPO anweisen, Anklage zu erheben.

Problem 9: Verfahrensbeteiligte II – Sonstige Beteiligte

I. Der Beschuldigte/Angeschuldigte/Angeklagte

1 Die Ermittlungstätigkeit im Vorverfahren richtet sich gegen den Beschuldigten. Mit dieser Stellung als Beschuldigter sind entscheidende Rechtspositionen verbunden, wie etwa das Recht, die Aussage zu verweigern (§ 136 Abs. 1 S. 2 StPO), aber auch erhebliche Pflichten zur Duldung von Zwangsmaßnahmen, wie etwa die U-Haft nach den §§ 112 ff. StPO. Daher ist es besonders wichtig zu klären, unter welchen Voraussetzungen die **Beschuldigteneigenschaft** entsteht. Dies ist **umstritten** (vgl. *Rössner/Safferling*, 1. Problem). Insbesondere die **ältere Rspr.** forderte einen gezielten Willensakt der StA (als Herrin des Vorverfahrens), so dass als Beschuldigter nur derjenige angesehen wurde, gegen den seitens der StA gezielt ein Strafverfahren betrieben wurde. Nach **aA** ist die Beschuldigteneigenschaft hingegen nicht nach dem Willen der StA, sondern objektiv zu bestimmen, insb um einen Missbrauch, dh eine Vorenthaltung der Rechte durch Verweigerung der Beschuldigtenstellung, zu verhindern. Danach ist derjenige Beschuldigter, gegen den aus der Sicht eines objektiven Beobachters ein Anfangsverdacht besteht. Nach Ansicht des **BGH** sind beide Kriterien zu kombinieren. Daher bedarf es einerseits eines Willensaktes der StA, der allerdings nach außen erkennbar (also objektiviert und überprüfbar) sein muss, sowie andererseits eines objektiven Anfangsverdachts. Wird also ein förmliches Strafverfahren eingeleitet oder eine Person seitens der StA ausdrücklich als Beschuldigter bezeichnet, weil ein entsprechender Verdacht vorliegt, so ist die Beschuldigtenstellung erreicht. Dies kann auch konkludent geschehen, indem Maßnahmen angeordnet werden, die nur gegen Beschuldigte ergriffen werden dürfen. Dann ist es aber auch offensichtlich, dass ein objektiver Tatverdacht besteht. Problematisch bleiben dagegen diejenigen Fälle, in denen zunächst weder eine ausdrückliche noch eine konkludente Erklärung der StA vorliegt. Den Strafverfolgungsbehörden kommt nach der Rspr. ein Beurteilungsspielraum zu. Sie dürfen die Beschuldigtenstellung jedoch **nicht willkürlich** vorenthalten, damit die Beschuldigtenrechte nicht umgangen werden. Um einem Missbrauch vorzubeugen, kommt daher sowohl dem objektiven Bestehen als auch dem Grad des Anfangsverdachts entscheidende Bedeutung zu.

2 Die Beschuldigteneigenschaft ist unter diesen Prämissen noch nicht erreicht bei **Spontanäußerungen** (= Äußerungen des Täters ohne vorherige Aufforderung oder Befragung durch Behörde) und bei einer **informatorischen Befragung** (= Befragung von Personen, gegen die noch kein konkreter Verdacht besteht, um sich Bild von Tatort und Tathergang zu machen). Hier fehlt es sowohl an einem objektiven Anfangsverdacht gegen die konkrete Person als auch an einem entsprechenden expliziten oder impliziten Willensakt der Strafverfolgungsbehörde.

3 Sobald die informatorische Befragung aber in eine **Vernehmung** umschlägt, ist der Befragte als Beschuldigter zu behandeln und ihm stehen besondere Schutzrechte zu. Er muss sofort über seine Rechte **belehrt** werden (§ 136 Abs. 1 StPO). Dazu gehört ua das **Recht zu schweigen** und in jeder Phase des Verfahrens einen **Verteidiger** hinzuzuziehen (§ 136 Abs. 1 S. 2 StPO). Der Beschuldigte ist nicht verpflichtet, an seiner Überführung aktiv mitzuwirken (Grundsatz **nemo tenetur se ipsum accusare**; vgl zur Vernehmung des Beschuldigten Problem 24).

4 Wurde der Beschuldigte zunächst zu Unrecht als Zeuge vernommen, obgleich tatsächlich bereits ein hinreichender Tatverdacht vorlag, so ist eine „**qualifizierte Belehrung**"

dahin gehend vorzunehmen, dass seine früheren (ohne Belehrung getätigten) Aussagen nicht verwertbar sind. Im Zwischenverfahren trägt der Verdächtige den Namen **Angeschuldigter** (§ 157 StPO). Hier steht es ihm zB bereits zu, Beweisanträge zu stellen und Einwendungen vorzubringen (§ 201 StPO).

Im Hauptverfahren wird er als **Angeklagter** bezeichnet (§ 157 StPO). Auch hier bleibt das Recht zu schweigen bestehen. Aufgrund des **Nemo-tenetur-Grundsatzes** dürfen aus dem Schweigen des Angeklagten keinerlei negative Schlüsse gezogen werden, selbst wenn der Angeklagte nur zu einem von **mehreren** Tatvorwürfen schweigt. Nur wenn der Angeklagte hinsichtlich **eines** Tatvorwurfs in Teilaspekten an der Sachverhaltsaufklärung mitwirkt (sich also zum Beweismittel macht), aber dann in Bezug auf andere Fragen die Aussage verweigert, liegt ein **Teilschweigen** vor, das nach der Rspr. des BGH als Beweisanzeichen verwertet werden darf (vgl dazu Problem 39). Eine Pflicht zum Erscheinen hat der Verdächtige nur vor der StA oder dem Gericht (grds nicht vor der Polizei; vgl aber § 163 Abs. 3 S. 1 StPO: Zeugen müssen auf Ladung der Ermittlungspersonen erscheinen, sofern der Ladung ein Ermittlungsauftrag der StA zugrunde liegt). Leistet er einer entsprechenden Aufforderung nicht Folge, kann er auch zwangsweise vorgeführt werden (§§ 133 ff. StPO).

II. Die Verteidigung

Der Verteidiger ist entgegen einer **tvA** (sog Parteiinteressenvertretertheorie) nicht nur einseitiger Vertreter des Beschuldigten, sondern ein unabhängiges **Organ der Rechtspflege**, vgl § 1 BRAO.[1] Insoweit wird der Verteidiger auch im öffentlichen Interesse tätig. Er kann daher auch gegen den Willen des Beschuldigten handeln und ist selbst zur Wahrheit verpflichtet. Hieraus ergibt sich ein besonderes Spannungsverhältnis, denn grds steht der Verteidiger – als Gegenpart zur StA – auf der Seite des Beschuldigten. Interessant ist in diesem Zusammenhang die Frage nach einer möglichen Strafbarkeit des Verteidigers wegen einer **Strafvereitelung** gem § 258 StGB. Eine solche kommt nur in Betracht, wenn der Verteidiger prozessual unzulässige Maßnahmen ergreift. Eine ihm bekannte Schuld des Verdächtigen darf er aber wegen seiner Verschwiegenheitspflicht nicht offenbaren. Es ist in diesem Zusammenhang darauf hinzuweisen, dass der Verteidiger neben § 258 StGB auch die Strafvorschriften der §§ 138 (vgl aber § 139 Abs. 3 S. 2), 203 Abs. 1 Nr. 3 StGB und §§ 153, 154, 26, 27 StGB zu beachten hat.

Grundsätzlich steht es dem Beschuldigten frei, sich zu jedem Zeitpunkt des Verfahrens eines Verteidigers zu bedienen. Unter den Voraussetzungen des § **140 StPO** (insb bei Verfahren vor dem OLG, LG oder dem Schöffengericht oder beim Vorwurf eines Verbrechens) ist ein Verteidiger zwingend vorgeschrieben, so dass dem Betreffenden auch ein sog „Pflichtverteidiger" zu bestellen ist, sofern er noch keinen Wahlverteidiger hat (§ 141 Abs. 1 S. 1 StPO). Zu den wichtigsten Rechten der Verteidigung zählen das Recht zur **Akteneinsicht** (§ 147 StPO), das Recht zum **freien Verkehr** mit dem Mandanten (§ 148 StPO), sowie das Recht zur **Anwesenheit** in der Hauptverhandlung und bei Vernehmungen des Beschuldigten und von Zeugen im Vorverfahren inklusive Erklärungs- und Fragerecht (§ 168c Abs. 1, 2 StPO). Der Verteidiger ist über den Termin der Vernehmung zu informieren (§ 168c Abs. 5 StPO). Ein Verstoß gegen diese Informationspflicht kann ein **Verwertungsverbot** hinsichtlich der Aussage nach sich ziehen.[2]

---

[1] Sog Organtheorie, ausführlich dazu *Beulke/Swoboda*, Rn. 227; *Heger/Pohlreich*, Rn. 145 ff.
[2] BGH NStZ 2003, 671.

Dieses scheidet aber trotz Nicht-Information des Verteidigers aus, wenn dem Beschuldigten das Recht, einen Verteidiger hinzuzuziehen, bekannt war und er dennoch ohne dessen Anwesenheit aussagt.[3]

III. Die Beweispersonen

8   Zu den Beweispersonen gehören Zeugen (§§ 48 ff. StPO) und Sachverständige (§§ 72 ff. StPO).

9   **Zeugen** haben **drei Grundpflichten**: Sie müssen grds erscheinen, aussagen und, wenn gefordert, ihre Aussage auch beeiden. Die §§ 52 ff. StPO regeln die **Zeugnisverweigerungsrechte** (vgl dazu Problem 25). Ein solches Recht, überhaupt nicht aussagen zu müssen, steht insb den Verlobten, Ehegatten, Lebenspartnern und Verwandten des Beschuldigten sowie den Berufsgeheimnisträgern zu. Davon zu unterscheiden ist das jedermann betreffende Recht eines Zeugen zur **Verweigerung der Aussage** bzgl **einzelner Fragen**, wenn er durch die Beantwortung derselben sich selbst oder einen Angehörigen belasten würde (§ 55 StPO).

10 **Sachverständige** werden vom Gericht bestellt. Auch sie haben grds die Pflicht, ein Gutachten zu erstellen. § 76 StPO verweist bzgl der **Gutachtenverweigerungsrechte** auf die Zeugnisverweigerungsrechte nach den §§ 52 ff. StPO.

IV. Die Verletzten

11 Wer durch eine Straftat in seinen Rechten beeinträchtigt wurde, ist im Strafprozess (anders als im Zivilprozess) grds nur Zeuge, denn die Strafverfolgung wird von Seiten des Staates betrieben. Dennoch kommen dem Verletzten wichtige Funktionen und Rechte zu. So ist bei Antragsdelikten im Sinne des § 77 StGB die Strafverfolgung von seinem Antrag abhängig, so dass sie oftmals erst auf sein Betreiben hin in Gang kommt. Neben dem formellen Strafantrag kommen bei sonstigen Delikten die Strafanzeige oder ein Strafantrag im weiteren Sinne (§ 158 StPO) durch den Betroffenen in Betracht (vgl dazu Problem 2). Bestimmte Delikte können vom Verletzten im Wege der **Privatklage** verfolgt werden (§ 374 StPO; vgl dazu Problem 48). Des Weiteren kann der Verletzte gem den §§ 172 ff. StPO ein **Klageerzwingungsverfahren** betreiben, wenn die StA das Verfahren eingestellt hat (vgl dazu Problem 35). Zudem steht ihm bei bestimmten Straftaten das Recht zu, sich der Klage als **Nebenkläger** anzuschließen (§§ 395 ff. StPO; vgl dazu Problem 49). Schließlich bieten die §§ 403 ff. StPO die Möglichkeit, im (in der Praxis leider sehr selten durchgeführten) sog **Adhäsionsverfahren** bereits im Strafprozess zivilrechtliche Entschädigungsansprüche geltend zu machen.

Zur Vertiefung:

12 Rechtsprechung: BVerfGE 34, 293 – Verteidigerausschluss (Verteidiger als „Organ der Rechtspflege"); **BGHSt 50, 282** – Vereidigung (Vereidigung eines Zeugen nach der Gesetzesänderung nur auf ausdrücklichen Antrag eines Verfahrensbeteiligten); **BGHSt 51, 81** – Vereidigung (Anwesenheit des Angeklagten); **BGHSt 53, 112** – Qualifizierte Belehrung (Verwertbarkeit früherer Aussagen bei unterbliebener qualifizierter Belehrung); **BGHSt 53, 191** – Vernehmung ohne Verteidiger II (Verwertbarkeit der Aussage bei unterbliebener Benachrichtigung nach § 168c Abs. 1, 5 StPO);

---

3 BGHSt 53, 191.

Problem 9: Verfahrensbeteiligte II – Sonstige Beteiligte

BGHSt 55, 153 – Kronzeuge (Tatopfer als atypischer „Kronzeuge" in fremder Sache, § 46b StPO); **BGHSt 60, 38** – Pflichtverteidigung im Ermittlungsverfahren wegen Mordverdachts (Notwendige Verteidigung des aufgrund eines Haftbefehls ergriffenen Beschuldigten vor seiner verantwortlichen Vernehmung); **BGHSt 65, 129** – Bestellung eines zweiten Pflichtverteidigers; **BGH NStZ 2003, 671** – Vernehmung ohne Verteidiger I (Verwertbarkeit der Aussage bei unterbliebener Benachrichtigung nach § 168c Abs. 1, 5 StPO); **BGH NStZ 2006, 715** – Zeugenvereidigung (Vereidigung in Abwesenheit des Angeklagten); **BGH NStZ 2008, 48** – Beschuldigteneigenschaft (zur Abgrenzung zwischen einer informatorischen Zeugenbefragung und einer Beschuldigtenvernehmung); **BGH NStZ 2009, 702** – Spontanäußerung (qualifizierte Belehrung nach Spontanäußerung); **BGH NStZ 2015, 47** – Verteidiger in der Revisionshauptverhandlung (Recht des Angeklagten auf Verteidigung aus Art. 6 III c EMRK), vgl *Buttler/de la Chevallerie*, Verhinderter-Verteidiger-Fall, famos 12/2014; **BGH NStZ 2015, 103** – Entfernung des Angeklagten während der Zeugenvernehmung (Erforderlichkeit einer substantiierten Begründung, § 247 S. 1 StPO); **BGH NStZ 2015, 104** – Abwesenheitsverhandlung über Entlassung eines Zeugen (Entlassung eines Zeugen als wesentlicher Teil der Hauptverhandlung, § 338 Nr. 5 StPO); **BGH NStZ 2015, 181** – Inaugenscheinnahme von Lichtbildern während des Ausschlusses des Angeklagten (Abwesenheit in einem wesentlichen Teil der Hauptverhandlung, § 338 Nr. 5 StPO); **BGH NStZ 2015, 291** – Begründung der Beschuldigteneigenschaft (Maßnahmen der Strafverfolgungsbehörde zur Vertiefung einer bestehenden Verdachtshypothese); **BGH NStZ 2019, 227** – Verwertbarkeit von im Zusammenhang mit einer rechtsfehlerhaften Durchsuchung erlangten Beweisen (qualifizierte Belehrung); **BGH NStZ 2019, 539** – Pflicht zur Begründung der Beschuldigteneigenschaft, vgl *Hassis/Wernado*, Endlich Beschuldigter-Fall, famos 09/2019; **BGH NJW 2022, 2126** – Notwendige Verteidigung und unterbliebene Pflichtverteidigerbestellung (keine Unverwertbarkeit der Beschuldigtenvernehmung).

Literatur/Aufsätze: *Bosch*, Die Rechtsstellung des Strafverteidigers, JURA 2012, 938; *Feser*, Die Zeugenvereidigung im Strafprozess, § 59 I StPO, JuS 2008, 229; *Gubitz*, Der Anwalt als Strafverteidiger im Ermittlungsverfahren, JA 2007, 210; *ders.*, Der Anwalt als Strafverteidiger im Zwischenverfahren, JA 2007, 369; *ders.*, Der Anwalt als Strafverteidiger, JA 2008, 52; *Gubitz/Bock*, Letztes Wort und Schlussvortrag des Angeklagten – ein Fallstrick mit Konsequenzen für die Revision, JA 2009, 136; *Heger*, Die Rolle des Opfers im Strafverfahren, JA 2007, 244; *Hoven*, Die Vernehmung des Beschuldigten – Klausurschwerpunkte in der strafrechtlichen Assessorklausur, JA 2013, 368; *Huber*, Schweigerecht des Beschuldigten, JuS 2007, 711; *Kropp*, Das Opfer im Strafverfahren, JA 2002, 328; *Kudlich*, Vereidigung eines Zeugen, JA 2006, 494; *Kudlich/Oberhof*, Das Abschlussplädoyer des Strafverteidigers, JA 2006, 463; *Küpper/Mosbacher*, Anwesenheitsrechte bei der richterlichen Vernehmung des Mitbeschuldigten, JuS 1998, 690; *Langkeit*, Strafverteidigung in der Praxis – Grundstrategien am Beispiel eines Wirtschaftsstrafverfahrens, JURA 1999, 69; *Laue*, Die Hauptverhandlung ohne den Angeklagten, JA 2010, 294; *Lehmann*, Die notwendige Verteidigung (§ 140 StPO), JuS 2004, 492; *Quentmeier*, Geständnis, Schweigerecht und Schweigen des Beschuldigten, JA 1996, 215; *Satzger*, Anwesenheitspflicht des Verteidigers in der Revisionshauptverhandlung, JURA 2015, 541; *Schneider*, Grundprobleme des Rechts der Akteneinsicht des Strafverteidigers, JURA 1995, 337; *Schork*, Die Stellung des Opfers im Strafverfahren, JURA 2003, 304.

Strafprozessuale Zusatzfrage:

A ist wegen versuchten Totschlags an seiner Frau B angeklagt. Um B eine Konfrontation mit dem Angeklagten in der Hauptverhandlung zu ersparen (die bei ihr möglicherweise zu psychischen Schäden führen könnte) ordnet das Gericht an, dass A während der Zeugenvernehmung den Sitzungssaal zu verlassen hat. Nach Abschluss der Vernehmung von B entscheidet der Vorsitzende, sie nicht zu vereidigen. B verlässt daraufhin den Sitzungssaal. A wird hereingerufen und über den wesentlichen Inhalt der Vernehmung sowie die Nichtvereidigung unterrichtet. Da weder A noch sein Verteidiger widersprechen, wird B in allseitigem Einverständnis entlassen. A wird aufgrund der Aussagen verurteilt. Er fragt seinen Rechtsanwalt R, ob die Entscheidung über die Nicht-Vereidigung der B in seiner Abwesenheit erfolgen durfte. Hat unter diesem Aspekt eine in zulässiger Weise eingelegte Revision Aussicht auf Erfolg?

Klausurmäßiger Lösungsvorschlag:

Eine Revision hat Erfolg, wenn sie zulässig und begründet ist. Die Zulässigkeit einer Revision richtet sich nach den §§ 333, 335 StPO, die Begründetheit nach den §§ 337, 338 StPO.

1. Die Zulässigkeit der Revision ist laut Sachverhalt zu unterstellen.

2. Die Revision ist begründet, wenn A geltend machen kann, dass seine Verurteilung auf einer Verletzung des Gesetzes beruht, § 337 StPO. Man unterscheidet dabei **Sach- und Verfahrensrügen.**

a) Hier könnte A möglicherweise wegen eines Verstoßes gegen § 230 Abs. 1 StPO einen Verfahrensfehler geltend machen, auf dem das Urteil gem § 338 Nr. 5 StPO als beruhend anzusehen ist. Ein absoluter Revisionsgrund liegt vor, wenn die Hauptverhandlung in Abwesenheit einer Person stattgefunden hat, deren Anwesenheit das Gesetz vorschreibt. § 230 Abs. 1 StPO schreibt die **Anwesenheit** *des Angeklagten vor. Es sind jedoch auch Einschränkungen dieses Grundsatzes in der StPO vorgesehen. Hier könnte nach § 247 S. 2 Alt. 2 StPO die Abwesenheit des Angeklagten aufgrund zu befürchtender schwerer gesundheitlicher Schäden der Zeugin B zulässig gewesen sein, sodass kein Verstoß gegen § 230 Abs. 1 StPO vorläge.*

b) Problematisch erscheint hier aber, dass B nicht nur vernommen wurde, sondern zugleich in Abwesenheit des A über die Frage ihrer **Vereidigung** *entschieden wurde. § 247 StPO spricht hingegen nur von einer Entfernung des Angeklagten „während der Vernehmung". Die Vereidigung der Zeugen ist nach § 59 Abs. 2 S. 1 StPO aber gerade kein Teil der „Vernehmung". Somit wäre der Anwendungsbereich des § 247 S. 2 Alt. 2 StPO dem Wortlaut nach nicht eröffnet, sodass ein Verstoß zu bejahen wäre.*

c) Der BGH interpretiert die absoluten Revisionsgründe jedoch zunehmend einschränkend und nimmt einen solchen im Falle des § 338 Nr. 5 StPO nur noch dann an, wenn sich das Ausbleiben des Angeklagten auf einen wesentlichen Teil der Hauptverhandlung bezieht und seine Verfahrensstellung sich dadurch verschlechtert haben kann. Da es heute keine Regelvereidigung mehr gibt, handelt es sich bei der Frage, ob ein Zeuge vereidigt werden soll, nach Ansicht des BGH nicht um einen wesentlichen Verfahrens-

Problem 9: Verfahrensbeteiligte II – Sonstige Beteiligte

teil. Dies gilt zumindest dann, wenn hinsichtlich der Frage der Vereidigung zwischen den Beteiligten kein Streit besteht.

3. Somit hat die Revision hier keine Aussicht auf Erfolg.

Problem 10: Prozessvoraussetzungen

I. Allgemeines

1 Die Prozessvoraussetzungen bilden die für ein Sachurteil (= Urteil in der Sache selbst; vgl Problem 41) notwendigen Bedingungen. Man unterscheidet positive und negative Prozessvoraussetzungen. Erstere müssen vorliegen, Letztere dürfen gerade nicht vorliegen. Sind diese Kriterien nicht erfüllt, besteht ein **Verfahrenshindernis**. Dabei sind die Prozessvoraussetzungen in jedem Stadium des Verfahrens von Amts wegen zu prüfen. Hierbei kann das sog Freibeweisverfahren angewandt werden, dh das Gericht ist nicht auf die förmlichen Beweismittel der StPO beschränkt, sondern kann beispielsweise auch telefonische und schriftliche Auskünfte einholen. Ein besonderes **Problem** bereitet die Frage, ob der Zweifelssatz „in dubio pro reo" auch auf das Vorliegen oder Nichtvorliegen von Prozessvoraussetzungen angewandt werden kann (vgl dazu Problem 5).

II. Die wichtigsten positiven Prozessvoraussetzungen

2 Die wichtigsten positiven Prozessvoraussetzungen, die **vorliegen müssen**, sind:

3 **1. Deutsche Gerichtsbarkeit:** Ist der Anwendungsbereich des deutschen Strafrechts im transnationalen Bereich gem den §§ 3 ff. StGB nicht eröffnet, so begründet dies ein Verfahrenshindernis.

4 **2. Rechtsweg:** Zudem muss es sich überhaupt um eine Strafsache handeln (§ 13 GVG).

5 **3. Sachliche und örtliche Zuständigkeit des Gerichts:** Das Gericht muss auch sachlich und örtlich zuständig sein (vgl dazu Problem 6 und Problem 7).

6 **4. Strafmündigkeit:** Erst ab dem Alter von 14 Jahren ist ein Beschuldigter gem § 19 StGB schuldfähig und strafmündig. Vor diesem Zeitpunkt darf gegen ihn kein Strafverfahren geführt werden.

7 **5. Verhandlungsfähigkeit:** Ein Beschuldigter ist nur dann verhandlungsfähig, wenn er in der Lage ist, seine Interessen inner- und außerhalb der Verhandlung vernünftig wahrzunehmen, eine Verteidigung in verständlicher und verständiger Weise zu führen und Prozesserklärungen abzugeben und entgegenzunehmen. Nach der Rspr. gilt hierfür der Zweifelssatz „in dubio pro reo" (vgl dazu Problem 5).

8 **6. Wirksamer Strafantrag:** Fehlt der Strafantrag (iSd §§ 77 ff. StGB) bei einem absoluten Antragsdelikt, so stellt dies ebenfalls ein Verfahrenshindernis dar. Bei relativen Antragsdelikten kann der Strafantrag hingegen durch die Bejahung des öffentlichen Interesses seitens der StA ersetzt werden (vgl dazu die strafprozessuale Zusatzfrage zu Problem 5). Aber auch hier ist eine entsprechende Erklärung der StA Prozessvoraussetzung und darf nicht fehlen.

9 **7. Wirksamer Eröffnungsbeschluss:** Ein wirksamer Eröffnungsbeschluss bildet eine weitere Prozessvoraussetzung. **Streitig** ist jedoch, ob schwere Mängel, die zur Unwirksamkeit desselben führen, noch nachträglich im Hauptverfahren geheilt werden können bzw ob ein fehlender Eröffnungsbeschluss nachgeholt werden kann (vgl dazu Problem 3 und *Rössner/Safferling*, 11. Problem mwN). Nach der Ansicht des **BGH** kann dies bis zur Vernehmung des Angeklagten geschehen, die hL lehnt hingegen nachträgliche Korrekturen ab und verlangt die Einstellung des Verfahrens. Leichte Mängel, welche die Wirksamkeit unberührt lassen, können jedoch nach ganz hM nachträglich geheilt werden.

8. Wirksame Anklage: Ähnliches gilt für die Anklage. Dabei ist zu unterscheiden, ob der Mangel die Umgrenzungsfunktion der Anklage (dh die genaue Bezeichnung des angeklagten Sachverhalts) oder nur deren Informationsfunktion (dh insb die rechtliche Würdigung des angeklagten Sachverhalts) betrifft (vgl dazu Problem 4). Während Mängel bzgl der Informationsfunktion nach Auffassung des **BGH** auch noch im Hauptverfahren geheilt werden können, führen Mängel in Bezug auf die Umgrenzungsfunktion zur Unwirksamkeit der Anklage. Ob eine Heilung auch dann noch möglich ist, ist wiederum **streitig**.[1] Die hM lässt eine entsprechende Korrektur in der Hauptverhandlung zu und nimmt erst dann ein Verfahrenshindernis an, wenn der Mangel auch in dieser noch unentdeckt bleibt.

III. Die wichtigsten negativen Prozessvoraussetzungen

Die wichtigsten negativen Voraussetzungen, die bei Prozessbeginn **nicht vorliegen** dürfen, sind:

1. Keine anderweitige Rechtshängigkeit: Das Verfahren darf nicht bereits bei einem anderen Gericht rechtshängig sein. Ab wann Rechtshängigkeit vorliegt, ist jedoch **streitig**. Nach Ansicht des **BGH** tritt sie mit dem Erlass des Eröffnungsbeschlusses ein, nach **aA** bereits mit dem Einreichen der Anklageschrift.[2]

2. Keine entgegenstehende Rechtskraft: Die Tat im prozessualen Sinne darf noch nicht abgeurteilt sein, da ansonsten ein Strafklageverbrauch eintritt. Einer erneuten Verurteilung steht das Verbot des „ne bis in idem" gem Art. 103 Abs. 3 GG entgegen (vgl dazu Problem 51).

3. Keine Verjährung: Auch die Verjährung nach den §§ 78 ff. StGB begründet ein Verfahrenshindernis. Nach Auffassung des **BGH** ist auch hier der Zweifelssatz „in dubio pro reo" anwendbar (vgl dazu Problem 5).

4. Kein Tod des Angeklagten: Es ist allgemein anerkannt, dass der Tod des Angeklagten ein Prozesshindernis darstellt. **Streitig** ist jedoch, ob in diesem Fall auch eine förmliche Einstellung erfolgen muss. Während die ältere Rspr. Annahm, dass das Verfahren von allein endet, lehnt der **BGH** diesen Automatismus nun ab.[3]

IV. Streitige Fälle

1. Tatprovokation durch einen Lockspitzel („agent provocateur"): Der Einsatz eines sog agent provocateur wirft zwei Fragen auf: Zum einen ist zu klären, wann der Einsatz des Lockspitzels unzulässig ist, zum anderen, was die Rechtsfolge eines unzulässigen Einsatzes ist (vgl *Rössner/Safferling*, 4. Problem mwN). Die Grenze des zulässigen Einsatzes eines Lockspitzels (vgl § 163 Abs. 1 S. 2 StPO) ist dort überschritten, wo Lockspitzel gegenüber bislang nicht tatgeneigten Personen agieren oder die Einwirkung der Tatprovokation besonders intensiv ist. Ausreichend ist auch, wenn durch die Tatprovokation die Bereitschaft des Täters geweckt wurde, eine Tat mit einem erheblichen höheren Unrechtsgehalt zu begehen.[4] Umstritten ist aber insb die Rechtsfolge eines unzulässigen Lockspitzeleinsatzes. Nach **einer in der Lit. verbreiteten Ansicht** liegt in diesem Fall ein **Verfahrenshindernis** vor, da der Staat selbst den Strafanspruch zum

---

1 Vgl dazu *Beulke/Swoboda*, Rn. 441 mwN.
2 Vgl dazu *Beulke/Swoboda*, Rn. 433 mwN.
3 BGHSt 45, 108, 113 ff.; vgl dazu *Beulke/Swoboda*, Rn. 442 mwN.
4 Vgl BGH NStZ 2023, 243 zur sog „Aufstiftung".

Entstehen gebracht habe. Nach aA ist bereits materiellrechtlich ein **Strafausschließungsgrund** anzunehmen, so dass der Strafanspruch selbst gar nicht entsteht und das Verfahren nach § 170 Abs. 2 StPO einzustellen ist. Der **BGH** wollte die staatliche Tatprovokation bislang lediglich als Strafmilderungsgrund auf **Strafzumessungsebene** berücksichtigen. Dieser Strafzumessungslösung hat der **EGMR** indes eine Absage erteilt.[5] Er stellte fest, dass in einer unzulässigen Tatprovokation ein unheilbarer Verstoß gegen den Fair-trial-Grundsatz aus Art. 6 Abs. 1 S. 1 EMRK zu sehen ist. Damit das Verfahren fair ist, müssen alle durch Provokation gewonnenen Beweise ausgeschlossen werden oder ein Verfahren mit vergleichbaren Ergebnissen angewendet werden. Erhebliche Milderung der Strafe genügt nicht als Kompensation. Nachdem das **BVerfG** zwischenzeitlich die Strafzumessungslösung des BGH (nochmals) gebilligt hatte,[6] kam es zu einer erneuten Verurteilung Deutschlands durch den **EGMR**,[7] der einer Strafmilderung wiederum eine ausreichende Kompensationswirkung absprach. Aus diesem Grund geht nun auch der 1. Senat des **BGH** zu Recht davon aus, dass im Falle einer rechtsstaatswidrigen Tatprovokation stets ein **Verfahrenshindernis** besteht. Für die Berücksichtigung der Tatprovokation im Rahmen eines Beweisverwertungsverbotes oder der Strafzumessung sei kein Raum mehr.[8]

17 **2. Begrenzte Lebenserwartung des Angeklagten:** Im Fall Honecker nahm der BerlVerfGH[9] ein Verfahrenshindernis an, weil abzusehen war, dass der Angeklagte das Ende des Verfahrens nicht mehr erleben würde. Die Annahme eines Verfahrenshindernisses wird in diesen Fällen jedoch teilweise mit dem Argument abgelehnt, dass die Allgemeinheit ein Interesse an der Aufklärung und Aburteilung der Straftat habe. Gefährdet hingegen das Strafverfahren selbst das Leben des Angeklagten, so besteht nach allgemeiner Auffassung ein Verfahrenshindernis.[10]

18 **3. Überlange Verfahrensdauer:** Eine überlange Verfahrensdauer stellt einen Verstoß gegen Art. 6 Abs. 1 S. 1 EMRK und Art. 2 Abs. 1 GG iVm Art. 20 Abs. 3 GG dar. In Extremfällen bei ganz erheblichen Verstößen gegen das Beschleunigungsgebot (vgl dazu Problem 5) kann ein Verfahrenshindernis vorliegen. Dies setzt voraus, dass wegen des Ausmaßes der Verzögerung und den damit verbundenen Belastungen des Beschuldigten ein anerkennenswertes Strafverfolgungsinteresse nicht mehr vorhanden ist. Im Allgemeinen lehnt der BGH ein solches jedoch ab und kompensiert den Verfahrensverstoß, in dem ein Teil der Strafe bereits als verbüßt gilt (**Vollstreckungslösung**).

V. Folgen des Fehlens von Prozessvoraussetzungen

19 Teilweise können fehlende oder mangelhafte Prozessvoraussetzungen **nachträglich korrigiert** werden. In diesem Fall ist das Verfahren bis zur Korrektur (nur) vorübergehend einzustellen (§ 205 StPO analog). Die Korrektur wird im Vorverfahren durch die StA und im Zwischen- und Hauptverfahren durch das Gericht durchgeführt. Können die Hindernisse nicht beseitigt werden, so erfolgt eine endgültige Einstellung. Diese wird im Vorverfahren durch die StA gem § 170 Abs. 2 StPO, im Zwischenverfahren durch Ablehnung der Eröffnung des Hauptverfahrens gem § 204 StPO und im Hauptverfah-

---

5 EGMR NStZ 1999, 47 – Teixeira de Castro; NJW 2015, 3631 – Furcht.
6 BVerfG NJW 2015, 1083.
7 EGMR NJW 2021, 3515 – Akbay.
8 BGH NStZ 2023, 243.
9 NJW 1993, 515.
10 BVerfG NJW 2002, 51.

ren vor Beginn der Hauptverhandlung durch Beschluss gem § 206a StPO vorgenommen. Während der Hauptverhandlung ist dies nur durch Prozessurteil (§ 260 Abs. 3 StPO) möglich.

Zur Vertiefung:

Rechtsprechung: **EGMR NStZ 2015, 412** – Furcht (Verstoß gegen Fair-trial-Prinzip bei Tatprovokation); **EGMR NJW 2021, 3515** – Akbay (Verstoß gegen Fair-trial-Prinzip bei Tatprovokation); **BVerfG NJW 2002, 51** – Lebensgefährdung (Einstellung des Strafverfahrens, wenn dieses zu einer Lebensgefährdung des Angeklagten führen würde); **BVerfG NJW 2015, 1083** – Verurteilung trotz rechtsstaatswidriger Tatprovokation (Verfahrenseinstellung nur in extremen Ausnahmefällen); **BGHSt 18, 274** – Verjährung (Geltung des Grundsatzes „in dubio pro reo" für die Ermittlung der Verjährung der Tat); **BGHSt 24, 239** – Verfahrensdauer I (überlange Verfahrensdauer ist bei der Strafzumessung zu berücksichtigen); **BGHSt 29, 224** – Eröffnungsbeschluss (Nachholung des Eröffnungsbeschlusses ist bis zur Vernehmung des Angeklagten möglich); **BGHSt 32, 345** – Lockspitzel I (Tatprovokation durch den Staat kein Prozesshindernis, lediglich ein Strafmilderungsgrund); **BGHSt 45, 108** – Tod des Angeklagten (Notwendigkeit der Verfahrenseinstellung bei Tod des Angeklagten); **BGHSt 52, 124** – Verfahrensdauer II (überlange Verfahrensdauer ist bei der Strafvollstreckung zu berücksichtigen); **BGHSt 57, 1** – Schlägerei (Verfahrensverzögerung im Ausland); **BGHSt 60, 238** – Lockspitzel II (kein Verfahrenshindernis); **BGHSt 60, 276** – Lockspitzel III (rechtsstaatswidrige Tatprovokation als nicht behebbares Verfahrenshindernis), vgl *Kolke/Ellerbrok*, Staatliche Einflussnahme-Fall, famos 10/2015; **BGH StV 1999, 206** – Überlange Verfahrensdauer (kein Prozesshindernis, lediglich ein Strafmilderungsgrund); **BGH NStZ 2016, 232** – Lockspitzel III („unvertretbar übergewichtige" Einwirkung im Verhältnis zum Anfangsverdacht); **BGH NStZ 2018, 355** – Lockspitzel IV (stimulierende Einwirkung von einiger Erheblichkeit, Gesamtabwägung); **BGH NStZ 2023, 243** – Lockspitzel V (Verfahrenshindernis bei rechtsstaatswidriger Tatprovokation), vgl *Arndt/Laterveer*, Verdeckter-Provokateur-Fall, famos 04/2022; **BerlVerfGH NJW 1993, 515** – Honecker (zwingende Aufhebung der Untersuchungshaft zum Schutz der Menschenwürde).

Literatur/Aufsätze: *Krenberger*, Das Verfahrenshindernis der entgegenstehenden Rechtskraft im Bußgeld- und Strafrecht, DAR 2017, 192; *Liebhart*, Das Beschleunigungsgebot in Strafsachen – Grundlagen und Auswirkungen, NStZ 2017, 254; *Meglalu*, Die konventionswidrige Tatprovokation und ihre Folgen, JA 2018, 342; *Meyer-Goßner*, Sind Verfahrenshindernisse von Amts wegen zu beachten?, NStZ 2003, 169; *Mürbe*, Fallen und Fehler bei der Behandlung der strafprozessualen Prozessvoraussetzungen, JA 1997, 321; *ders.*, Kompensationswidrige Tatprovokation (Einsatz sog Lockspitzel), JURA 2015, 660; *Satzger*, Die Verjährung im Strafrecht, JURA 2012, 433; *Sinn/Maly*, Zu den strafprozessualen Folgen einer rechtsstaatswidrigen Tatprovokation, NStZ 2015, 379.

Strafprozessuale Zusatzfrage: (Fall nach BGHSt 57, 1)

A ist in Österreich in eine Schlägerei verwickelt, in deren Folge B auf einem Auge erblindet, weshalb gegen A strafrechtlich ermittelt wird. Die österreichischen Behörden führen das Verfahren jedoch sehr zögerlich durch, so dass die Aufklärung des Sachverhalts neun Monate dauert. Danach wird das Verfahren an die deutschen Behörden übergeben. In Deutschland ergeht ein Urteil gegen A, in dem eine Freiheitsstrafe verhängt wird. A möchte von Rechtsanwalt R wissen, ob nicht aufgrund der überlangen Verfahrensdauer ein Prozesshindernis vorliege. Sei dies nicht der Fall, so müsse die Dauer des Verfahrens doch wenigstens auf der Strafzumessungsebene zu berücksichtigen sein. Welche Auskunft wird ihm R erteilen?

Klausurmäßiger Lösungsvorschlag:

22 *Eine überlange Verfahrensdauer stellt einerseits einen Verstoß gegen Art. 6 Abs. 1 S. 1 EMRK, andererseits gegen Art. 2 Abs. 1 GG iVm Art. 20 Abs. 3 GG dar. Es ist jedoch fraglich, wie sich ein solcher Verstoß auf das Verfahren oder die Strafe des Beschuldigten auswirkt. Erfährt er durch den Staat eine rechtsstaatswidrige Behandlung, so muss dies im Verhältnis zu dem von ihm begangenen Unrecht kompensiert werden. Während jedenfalls in Extremfällen bei einer erheblichen rechtsstaatswidrigen Verfahrensverzögerung ein Prozesshindernis vorliegen kann, hat der BGH eine solche in der Vergangenheit lediglich bei der Strafzumessung berücksichtigt. Neuerdings ist er jedoch zu einer Vollstreckungslösung übergegangen. Hiernach wird in einem solchen Fall im Urteil festgestellt, dass aufgrund einer Verletzung des aus Art. 2 Abs. 1 GG iVm Art. 20 Abs. 3 GG abgeleiteten Beschleunigungsgrundsatzes und des Art. 6 Abs. 1 S. 1 EMRK die verhängte Strafe bereits teilweise als vollstreckt gilt. Neun Monate erscheinen noch nicht als ein Extremfall, das Verfahren muss also nicht eingestellt werden. Nach der neueren Rspr. wäre auch nicht die Strafzumessung, sondern primär die Strafvollstreckung zu reduzieren. Das Gericht verhängt insoweit eine tat- und schuldangemessene Strafe, erklärt aber gleichzeitig einen Teil dieser Strafe für bereits vollstreckt. Problematisch ist hier jedoch, dass die Verzögerung des Verfahrens nicht in Deutschland, sondern maßgeblich in Österreich erfolgte. Der BGH lehnte in diesem Fall eine Anrechnung auf die Vollstreckung der Strafe ab. Denn wenn eine Verfahrensverzögerung durch Anrechnung auf die Vollstreckung der Strafe kompensiert werden soll, so müsse dies der Bundesrepublik Deutschland auch zurechenbar sein. Für diese Ansicht spricht, dass Individualbeschwerden vor dem EGMR nach Art. 35 EMRK zurückgewiesen werden, wenn die Verstöße gegen die EMRK dem Konventionsstaat nicht zurechenbar sind. Da die deutschen Behörden auf die Verfahrensverzögerung hier gar keinen Einfluss hatten, weil sie das Verfahren erst nach deren Eintritt übernommen haben, muss die überlange Dauer somit auch nicht im Rahmen der Strafvollstreckung berücksichtigt werden. Daher wird R dem A die Auskunft erteilen, dass weder ein Verfahrenshindernis vorliegt noch eine geringere Strafe zu erwarten ist. Selbst auf eine Anrechnung auf die Vollstreckung seiner Strafe darf A hier nicht hoffen.*

Problem 11: Ausschließung und Ablehnungsgründe

I. Allgemeines

Die prozessuale Mitwirkung von Richtern, die parteiisch oder sonst in irgendeiner Weise befangen sind, gefährdet die wahre und gerechte Urteilsfindung. Das Gesetz sieht daher vor, dass Personen, bei denen eine Gefahr der Voreingenommenheit besteht, nicht als Richter tätig werden dürfen. Dabei ist zwischen der Ausschließung von Richtern kraft Gesetzes (§§ 22, 23 StPO) und der Richterablehnung auf Antrag (§ 24 StPO) zu differenzieren. Diese Regelungen gelten auch für Schöffen (§ 31 Abs. 1 StPO).

II. Ausschließung von Richtern kraft Gesetzes, §§ 22, 23 StPO

1. Fallgruppen: Hinsichtlich der gesetzlichen Ausschließung von Richtern sind drei Fallgruppen zu unterscheiden:

a) **Eigene Betroffenheit:** Zunächst bildet die Betroffenheit des Richters selbst einen Ausschließungsgrund. Gemäß § 22 Nr. 1 StPO ist dies der Fall, wenn der Richter selbst **unmittelbares** Opfer der Straftat war. Eine lediglich **mittelbare** Betroffenheit genügt nicht. Diese liegt etwa vor, wenn der Richter Mitglied einer verletzten juristischen Person ist.

b) **Persönliches Näheverhältnis:** Ferner ist ein Richter gem. § 22 Nr. 2, 3 StPO auszuschließen, wenn ein persönliches Näheverhältnis, namentlich eine enge familiäre Beziehung zum Beschuldigten oder Verletzten, besteht.

c) **Berufliche Voreingenommenheit:** Zudem führt eine berufliche Voreingenommenheit zur Ausschließung gem. § 22 Nr. 4, 5 StPO und § 23 StPO. Dies ist der Fall, wenn der Richter bereits in einem früheren Stadium mit „der Sache" befasst war, sei es als Richter (§ 23 StPO), als Zeuge oder Sachverständiger (§ 22 Nr. 5 StPO), als Polizeibeamter, Staatsanwalt, Anwalt des Verletzten oder Verteidiger (§ 22 Nr. 4 StPO). Der Begriff „Sache" ist weit auszulegen und umfasst das gesamte Verfahren. Die Tatsache, dass der Richter als Ermittlungsrichter tätig war bzw im Zwischenverfahren die Anklage zugelassen und das Hauptverfahren eröffnet hat, stellt allerdings genauso wenig eine berufliche Voreingenommenheit dar wie die Mitwirkung in abgetrennten Verfahren.[1]

2. Geltendmachung: Die Ausschließung des Richters greift bereits unmittelbar kraft Gesetzes ein und ist von Amts wegen vorzunehmen. Sie kann jedoch auch gem. § 24 Abs. 1 StPO geltend gemacht werden.

3. Rechtsfolge eines Verstoßes: Ein Verstoß gegen die genannten Ausschließungsgründe bildet einen absoluten Revisionsgrund nach § 338 Nr. 2 StPO.

III. Ablehnung eines Richters wegen Besorgnis der Befangenheit, § 24 Abs. 1 Alt. 2, Abs. 2 StPO

1. Ablehnungsgrund Befangenheit: Für eine Ablehnung wegen der Besorgnis der Befangenheit muss zunächst ein Grund vorliegen, der geeignet ist, Misstrauen gegen die Unparteilichkeit des Richters hervorzurufen. Dieser ist anzunehmen, wenn ein durchschnittlicher Beobachter in der Rolle des Angeklagten bei verständiger Würdigung der

---

[1] Vgl *Beulke/Swoboda*, Rn. 110, 127.

Umstände den Verdacht hegen würde, es bestehe eine Voreingenommenheit. Es gilt mithin eine objektivierte Empfängerperspektive, so dass es unerheblich ist, ob der Richter tatsächlich befangen ist.[2] Beispiele sind in der Regel Spannungen zwischen dem Richter und dem Beschuldigten, im Ausnahmefall auch zwischen dem Richter und dem Verteidiger. Nach Ansicht des BVerfG können sogar Äußerungen des betreffenden Richters in einer Fachzeitschrift in Bezug auf die konkret betroffene Partei eine Ablehnung wegen Befangenheit gem § 24 Abs. 2 StPO begründen.[3] Dies gilt aber nicht bei abstrakten Äußerungen ohne konkreten Bezug zum Verfahren.[4]

9 **Umstritten** ist, ob auch die Mitwirkung an Vorentscheidungen, die nicht als Ausschließungsgrund in den §§ 22, 23 StPO genannt sind (zB Erlass eines Haftbefehls als Ermittlungsrichter), eine Besorgnis der Befangenheit begründen.[5] Der **BGH** lehnt dies mit dem Argument ab, dass ein vernünftiger Angeklagter (jenseits der §§ 22, 23 StPO) damit rechnen könne, dass auch ein vorbefasster Richter seine Pflichten gewissenhaft erfülle. In der **Lit.** wird hingegen teilweise die Möglichkeit einer Ablehnung nach § 24 StPO angenommen. Dies wird damit begründet, dass die §§ 22, 23 StPO nur gesteigerte Ablehnungsgründe seien, es aber auch jenseits der dort genannten Fälle psychologisch nur schwer möglich sei, die Eindrücke im Verfahren strikt zu trennen.

10 **2. Geltendmachung:** Der Ausschluss des Richters tritt hier gerade **nicht** kraft Gesetzes ein, sondern setzt einen entsprechenden Antrag, ein sog Ablehnungsgesuch, voraus. Dieser Antrag ist bei dem Gericht, dem der Richter angehört, anzubringen (§ 26 Abs. 1 S. 1 StPO).

11 **3. Ablehnungsberechtigung:** Ablehnungsberechtigt sind neben dem Beschuldigten auch die StA und die Privatkläger (§ 24 Abs. 3 S. 1 StPO) sowie die Nebenkläger (§ 397 Abs. 1 S. 3 StPO). Zeugen und der Verteidiger selbst sind hingegen nicht berechtigt, ein Ablehnungsgesuch anzubringen.

12 **4. Ablehnungsfrist:** Bei der Ablehnung ist im Gegensatz zur Ausschließung eines Richters eine Ablehnungsfrist zu beachten. Sie reicht gem § 25 Abs. 1 S. 1 StPO bis zum Beginn der Vernehmung des ersten Angeklagten zur Sache, wenn der Ablehnungsgrund bis dahin bekannt ist. Ist die Besetzung des Gerichts nach § 222a Abs. 1 S. 2 StPO schon vor Beginn der Hauptverhandlung mitgeteilt worden, muss der Antrag **unverzüglich nach Bekanntwerden** des Ablehnungsgrundes angebracht werden (§ 25 Abs. 1 S. 2 StPO).

13 **5. Verfahren:** Das Ablehnungsgesuch ist bei dem Gericht, dem der Richter angehört, anzubringen, § 26 Abs. 1 S. 1 Hs. 1 StPO. Das Gericht kann dem Antragsteller aufgeben, ein in der Hauptverhandlung angebrachtes Ablehnungsgesuch innerhalb einer angemessenen Frist schriftlich zu begründen, § 26 Abs. 1 S. 2 StPO. Im Ablehnungsverfahren sind der Ablehnungsgrund und in den Fällen des § 25 Abs. 1 S. 2 und Abs. 2 StPO die Voraussetzungen des rechtzeitigen Vorbringens glaubhaft zu machen (§ 26 Abs. 2 StPO). Für die Entscheidung ist das Gericht zuständig, dem der abgelehnte Richter angehört, aber natürlich ohne dessen Mitwirkung (§ 27 Abs. 1 StPO). Einzelfälle regeln § 27 Abs. 2 StPO (keine Mitwirkung der Schöffen) und § 27 Abs. 3 StPO (Ablehnung des Amtsrichters). Für die Ablehnung eines Schöffen gilt § 31 StPO. Der

---

2 BGHSt 24, 336.
3 BVerfG NJW 1996, 3333.
4 Vgl *Heger/Pohlreich*, Rn. 129 f.
5 Vgl dazu *Beulke/Swoboda*, Rn. 116 mwN.

Problem 11: Ausschließung und Ablehnungsgründe

Richter hat zwar kein Selbstablehnungsrecht, allerdings hat er eine Anzeigepflicht nach § 30 StPO.

6. Rechtsmittel: Das Rechtsmittel gegen die Ablehnung des Ablehnungsgesuchs ist die sofortige Beschwerde beim erkennenden Richter. Gemäß § 28 Abs. 2 S. 2 StPO kann der Beschluss aber nur zusammen mit dem Urteil angefochten werden.

7. Rechtsfolge bei Verstoß: Ein Verstoß stellt einen absoluten Revisionsgrund nach § 338 Nr. 2 StPO dar.

IV. Ablehnung eines Staatsanwalts

Die StPO enthält für einen möglicherweise befangenen Staatsanwalt keine Regelung.[6] Eine analoge Anwendung der §§ 22 ff. StPO wird mangels planwidriger Regelungslücke überwiegend abgelehnt. Denn der Gesetzgeber hat in Kenntnis der Problematik bei Änderungen der §§ 22 ff. StPO keine Regelung für den befangenen Staatsanwalt geschaffen. Ein strafprozessuales Recht auf Ablehnung eines Staatsanwalts ist somit nicht vorhanden. Daher kann nur beim Dienstvorgesetzten auf eine Ablösung des Staatsanwalts im Rahmen des dienstbehördlichen Weisungsrechts gem den §§ 145, 146 GVG (Devolutions- und Substitutionsrecht) hingewirkt werden. Grundsätzlich liegen die Voraussetzungen für das Vorliegen von Befangenheit bei einem Staatsanwalt höher als beim zur Entscheidung der Rechtssache berufenen Richter. Jedoch legen insb enge persönliche Beziehungen des Staatsanwalts zum Verletzten nahe, dass eine sachgerechte Aufgabenerfüllung nicht mehr gewährleistet ist. An einen Befangenheitsgrund ist auch beim sog „Zeugenstaatsanwalt" zu denken. Bedenken bzgl der Objektivität bestehen v. a., wenn der Staatsanwalt im Schlussplädoyer seine eigene Aussage würdigen muss. Die Ablehnung ist ferner begründet, wenn sich der Verdacht aufdrängt, der Staatsanwalt handle ausschließlich zulasten oder zugunsten des Beschuldigten und sei zu einer objektiven Würdigung des Ergebnisses der Ermittlungen nicht mehr bereit. Erfolgt keine Ersetzung des Staatsanwalts, so stellt sich die Frage, ob diese sich prozessual durchsetzen lässt. Nach hM ist ein solches Verfahren mangels Regelung innerhalb derselben Instanz nicht möglich, es ist der Umweg über das **Revisionsrecht** einzuschlagen: In der weiteren Mitwirkung des zu Recht abgelehnten Staatsanwalts ist ein Revisionsgrund iSd § 337 StPO zu sehen.

Zur Vertiefung:

Rechtsprechung: BVerfG NJW 1996, 3333 – Fachpublikation (Befangenheit eines Richters); **RGSt 37, 414** – Schöffe (Befangenheit von OHG- und KG-Gesellschaftern); **BGHSt 1, 34** – Ehefrau (objektive Empfängerperspektive bei Befangenheit); **BGHSt 1, 298** – Prokurist (nur unmittelbare Verletzung als Ausschließungsgrund); **BGHSt 9, 233** – Beweiserhebung (keine Befangenheit bei vorheriger Mitwirkung des Richters bei der Beweiserhebung); **BGHSt 21, 85** – Zeugenstaatsanwalt (Befangenheit des Staatsanwalts); **BGHSt 21, 142** – Revision I (keine Befangenheit bei vorheriger Mitwirkung am Revisionsverfahren); **BGHSt 24, 336** – Revision II (keine Befangenheit bei vorheriger Mitwirkung am Revisionsverfahren; tatsächliche Befangenheit nicht erforderlich, Verdacht reicht aus); **BGHSt 43, 16** – Schöffe (Befangenheit bei Mitgliedschaft in derselben Gesellschaft); **BGH NStZ 2006, 646** – Parteispendenskandal (keine Befangenheit bei Mitgliedschaft im anderen Landesver-

---

6 Vgl zu diesem Problem *Heger/Pohlreich*, Rn. 137.

band derselben politischen Partei); **BGH NStZ 2010, 342** – Ergänzende Belehrung (keine Befangenheit bei – unzutreffender – Belehrung des Zeugen, er könne im Falle der Auskunftsverweigerung in dem gegen ihn gerichteten Verfahren Probleme bekommen); **BGH NStZ 2010, 401** – Begründung (Verwerfung eines Ablehnungsgesuchs wegen Unzulässigkeit gemäß § 26a Abs. 1 Nr. 2 StPO bei völlig ungeeigneter Begründung); **BGH NStZ-RR 2012, 211** – Besorgnis der Befangenheit (Vorsitzender erweckte den Eindruck, er ziehe eine schnelle Prozesserledigung einer sachgemäßen Aufklärung vor); **BGH NJW 2014, 2372** – Besorgnis der Befangenheit nach Haftbefehl (nicht tragfähige Erwägungen für das Vorliegen des Haftgrunds der Fluchtgefahr als besonderer Umstand); **BGH NStZ 2014, 663** – Ablehnung eines Sachverständigen wegen Besorgnis der Befangenheit (revisionsgerichtlicher Prüfungsmaßstab); **BGH NStZ 2015, 46** – Besorgnis der Befangenheit (Abgabe eines sachlich ungerechtfertigten Werturteils über den Angeklagten bei Vorbefassung mit der Sache); **BGH NStZ 2015, 175** – Spruchkörperbesetzung bei Entscheidung über Ablehnungsgesuch (Verstoß gegen den verfassungsrechtlichen Grundsatz des gesetzlichen Richters); **BGH NStZ 2019, 223** – Besorgnis der Befangenheit bei separaten Gesprächen mit einzelnen Angeklagten (außerordentliche Zurückhaltung; umfassende und unverzügliche Transparenz; Recht auf ein faires und rechtsstaatliches Verfahren); **BGH NStZ 2019, 234** – Vernehmung des Sitzungsvertreters der Staatsanwaltschaft als Zeugen (unzulässige weitere Mitwirkung des Staatsanwalts am weiteren Verfahren: unlösbarer Zusammenhang zwischen Zeugenaussage und nachfolgender Mitwirkung); **BGH NStZ 2019, 353** – Ausschließung von der Ausübung des Richteramtes (Begriff der Sache: enger Sachzusammenhang, Identität auch bei mehreren prozessualen Taten möglich); **BGH NStZ 2020, 180** – Staatsanwaltschaflicher Sitzungsvertreter als Zeuge (unlösbarer Zusammenhang zwischen der Zeugenaussage und der nachfolgenden Mitwirkung an der Hauptverhandlung; relativer Revisionsgrund nach § 337 StPO); **BGH NStZ 2023, 53** – Befangenheit bei Schöffen (gleiche Maßgaben für Unvoreingenommenheit wie bei Berufsrichtern).

Literatur/Aufsätze: *Bosch*, Sachliche und persönliche Unabhängigkeit von Gerichtspersonen, JURA 2015, 56; *Fahl*, Der Frankfurter „Mohren"-Beschluß, JA 1998, 187; *Fischer/Kudlich*, Ausschluss und Ablehnung von Richtern im Strafverfahren, JA 2020, 641; *Fromm*, Aktuelles zur Besorgnis der Befangenheit des Richters im Strafprozess, NJOZ 2015, 1; *Harrendorf/Lager*, Besorgnis der Befangenheit aufgrund Erörterung im Strafverfahren gem. § 257b StPO?, StV 2019, 428; *Jahn*, Befangenheit eines Richters bei Mitwirkung an Prozessberichterstattung in der Boulevardpresse (Fall Wildmoser), JuS 2006, 1034; *ders.*, Strafprozessrecht: Richterablehnung wegen „ergänzender Belehrung", JuS 2010, 270; *Kudlich*, Ablehnung eines Richters, JuS 2004, 834; *ders.*, Besorgnis der Befangenheit, JA 2006, 411; *Piper*, Die Ablehnung des befangenen Schöffen in der Fallbearbeitung, JuS 2022, 1109; *Quarch*, Das deutsche Recht der richterlichen Befangenheit, JA 2005, 450; *Sommer*, Befangenheit und tätige Reue, NStZ 2014, 615.

Literatur/Übungsfälle: *E. Müller*, Der befangene Staatsanwalt, JuS 1989, 311.

Strafprozessuale Zusatzfrage: (vgl *Rössner/Safferling*, 13. Problem mwN)

18   Gegen A wird ein Strafverfahren wegen Betruges bei Onlineauktionen auf eBay durchgeführt. In der Hauptverhandlung nimmt S als Staatsanwalt teil. Wie sich herausstellt, ist S als Ersteigernder selbst Opfer von A geworden und wurde daher im selben

Problem 11: Ausschließung und Ablehnungsgründe

Verfahren als Zeuge gehört. Nun möchte A wissen, ob es eine Möglichkeit gibt, S im Hinblick auf das Verfahren wegen Befangenheit abzulehnen.

Klausurmäßiger Lösungsvorschlag:

*Die Frage der **Ablehnung eines Staatsanwalts** ist in der StPO nicht geregelt. Die §§ 22 ff. StPO können nicht unmittelbar angewendet werden, da die dort enthaltenen Ausschließungsgründe allein für den Richter formuliert sind. Man könnte nun erwägen, die §§ 22 ff. StPO analog anzuwenden, da auch der Staatsanwalt eine wichtige staatliche Funktion im Strafverfahren ausübt und über Rechte, wie etwa im Hinblick auf die Einstellung des Verfahrens nach den §§ 153 ff. StPO, verfügt. Dann könnte eine Ablehnungsmöglichkeit bestehen, wenn der Staatsanwalt*

a) *durch eine Straftat selbst verletzt ist (§ 22 Nr. 1 StPO analog),*

b) *mit dem Beschuldigten verheiratet oder verwandt ist (§ 22 Nr. 2, Nr. 3 StPO analog),*

c) *früher in der Sache Verteidiger war (§ 22 Nr. 4 Var. 1 StPO analog) oder*

d) *wenn er in der Sache als Zeuge vernommen wird (§ 22 Nr. 5 StPO analog).*

Eine solche Analogie ist jedoch mangels planwidriger Regelungslücke abzulehnen. Der Gesetzgeber hat trotz mehrmaliger Änderungen der §§ 22 ff. StPO keine Regelung über die Befangenheit von Staatsanwälten getroffen, obwohl ihm das Problem bekannt war. Daher kann nur beim Dienstvorgesetzten auf eine Ablösung des Staatsanwalts im Rahmen des dienstbehördlichen Weisungsrechts gem den §§ 145, 146 GVG hingewirkt werden.

Besonderheiten bestehen allerdings dann, wenn der Staatsanwalt im selben Verfahren bereits als Zeuge aufgetreten ist.[7] Hier muss es aus Gründen der Verfahrensfairness (Art. 6 Abs. 1 S. 1 EMRK) einen Unterschied machen, wenn die Tätigkeit als Staatsanwalt direkt beeinflusst wird. Dies ist etwa der Fall, wenn er sich in seinem Schlussplädoyer auf seine eigene Zeugenaussage berufen will. In diesem – für den Angeklagten unzumutbaren – Fall muss der Staatsanwalt ersetzt werden, damit ein anderer Staatsanwalt seine Aussage objektiv würdigen kann. Ein solcher Fall liegt hier vor. S war Opfer der Straftat und wurde im selben Verfahren als Zeuge vernommen, in dem er als Sitzungsvertreter der StA auftritt. Er muss daher jedenfalls betreffend der Würdigung seiner eigenen Aussage ersetzt werden.

Bzgl der prozessualen Durchsetzung ist der Angeklagte jedoch auch in diesem Fall auf das dienstbehördliche Weisungsrecht des Dienstvorgesetzen gem den §§ 145, 146 GVG beschränkt. Bleibt eine Ersetzung des S aus, so kann dies prozessual nur im Wege der Revision gem § 337 StPO geltend gemacht werden.

---

7 Sog „Zeugenstaatsanwalt", BGHSt 21, 85.

Problem 12: Prozessuale Zwangsmaßnahmen – Überblick

I. Allgemeines

Strafprozessuale Zwangsmaßnahmen beinhalten regelmäßig Grundrechtseingriffe. Sie sind daher nur dann zulässig, wenn eine entsprechende **Ermächtigungsgrundlage** vorgesehen, die durchgeführte Maßnahme auch durch diese Ermächtigungsgrundlage gedeckt und der Eingriff insgesamt verhältnismäßig ist. Bei einer Kumulation mehrerer Maßnahmen, von denen jede für sich genommen zulässig ist, muss eine zusätzliche Verhältnismäßigkeitsprüfung erfolgen. Grundsätzlich kann für leichtere Zwangsmaßnahmen auf die allgemeine Ermächtigungsnorm der §§ 161 Abs. 1, 163 Abs. 1 StPO zurückgegriffen werden (sog Ermittlungsgeneralklausel). Bei erheblicheren Grundrechtseingriffen muss jedoch eine spezielle Ermächtigungsnorm vorliegen. Im folgenden Überblick sind die besonders examensrelevanten Vorschriften aufgeführt.

II. Überblick über die wichtigsten Zwangsmittel

1. **Untersuchungshaft** (§§ 112 ff. StPO): vgl dazu Problem 13.

2. **Durchsuchung** (§§ 102 ff. StPO): vgl dazu Problem 14.

3. **Beschlagnahme** (Sicherstellung; §§ 94 ff. StPO): vgl dazu Problem 15.

4. **Unterbringung zur Beobachtung des Beschuldigten** (§ 81 StPO): Diese Maßnahme umfasst die Verbringung in ein öffentliches psychiatrisches Krankenhaus und die dortige Beobachtung zur Vorbereitung eines Gutachtens über den psychischen Zustand des Beschuldigten für maximal 6 Wochen (§ 81 Abs. 5 StPO). Hierfür bedarf es einer Anordnung durch den **Richter**, vgl dazu Problem 16.

5. **Körperliche Untersuchung, Blutprobe** (§ 81a StPO): vgl dazu Problem 16.

6. **Lichtbilder und Fingerabdrücke** (§ 81b StPO): Umfasst sind die Aufnahme von Lichtbildern und die Abnahme von Fingerabdrücken auch gegen den Willen des Beschuldigten. Die Maßnahme verfolgt zwei unterschiedliche Ziele: a) Einerseits dient sie erkennungsdienstlichen Zwecken und ist insofern präventiv, so dass der Rechtsweg vor dem VG eröffnet ist (§ 40 Abs. 1 S. 1 VwGO); b) andererseits hilft sie bei der Durchführung des Strafverfahrens und besitzt insoweit repressiven Charakter, so dass sich der Rechtsweg analog § 98 Abs. 2 S. 2 StPO bestimmt. § 81b StPO erlaubt auch die zwangsweise Veränderung der Haar- und Barttracht für eine Gegenüberstellung, vgl dazu Problem 16.

7. **Untersuchung von Dritten** (§ 81c StPO): Sofern Dritte als Zeugen in Betracht kommen, sind zwangsweise Untersuchungen nur unter sehr engen Voraussetzungen zulässig. Zu beachten ist v. a. das Untersuchungsverweigerungsrecht nach § 81c StPO bei zeugnisverweigerungsberechtigten Personen. Zulässig ist die Anordnung nur zur Auffindung von Spuren und Tatfolgen **am** (dh gerade nicht im) **Körper** des Zeugen. Möglich ist jedoch die Blutprobenentnahme (§ 81c Abs. 2 StPO) zu den hier genannten Zwecken (vgl dazu Problem 16).

8. **DNA-Analyse zur Identitätsfeststellung im laufenden Verfahren** (§§ 81e, 81f StPO) und für künftige Verfahren und Speicherung von DNA–Identifizierungsmustern (§ 81g StPO): Diese Maßnahmen umfassen die molekulargenetische Untersuchung (den sog „genetischen Fingerabdruck"), dh die Frage, ob die am Tatort aufgefundenen Spuren (Haare, Speichel, Sperma, Hautpartikel usw) vom Beschuldigten stammen. Hierzu ist

die Entnahme von Körperzellen des Beschuldigten nach § 81a StPO erforderlich, die zwangsweise durchgesetzt werden kann.

9. **DNA-Reihenuntersuchung (§ 81h StPO)**: Nach § 81h StPO sind auch sog **DNA-Reihenuntersuchungen** möglich. Hiernach dürfen bei Straftaten gegen das Leben, die körperliche Unversehrtheit, die persönliche Freiheit oder die sexuelle Selbstbestimmung Personen, die bestimmte, auf den Täter vermutlich zutreffende Prüfungsmerkmale erfüllen, mit ihrer schriftlichen Einwilligung, ebenfalls Körperzellen entnommen und untersucht werden. Vor der Novellierung im Jahr 2017 erlaubte der DNA-Abgleich **nur die Feststellung**, ob das Spurenmaterial der Anlassstat von einer am Reihengentest **teilnehmenden Person** stammt. Ein „Beinahetreffer" (dh die teilweise Übereinstimmung zwischen Teilnehmer und Spur) durfte als Anknüpfung für weitere Ermittlungen im Verwandtschaftsumfeld des Betroffenen hingegen nicht verwendet werden.[1] Durch die Erweiterung des § 81h Abs. 1 StPO um den Passus „oder von ihren Verwandten in gerader Linie oder in der Seitenlinie bis zum dritten Grad stammt" steht nunmehr aber fest, dass aus dem DNA-Abgleich künftig auch solche Erkenntnisse verwertet werden dürfen, die auf ein nahes Verwandtschaftsverhältnis zwischen dem Spurenverursacher und dem Probengeber hindeuten (vgl hierzu Problem 17).

10. **Rasterfahndung (§§ 98a, 98b StPO)**: Bei bestimmten (schweren) Katalogtaten, dürfen personenbezogene Daten, die bei anderen Stellen (Behörden) für andere Zwecke erhoben und gespeichert wurden, nach bestimmten Kriterien abgeglichen werden.

11. **Überwachung des Fernmeldeverkehrs (§§ 100a-100b StPO)**: Diese Normen enthalten die Befugnis zur Überwachung und Aufzeichnung der Telekommunikation des Beschuldigten (und somit zwangsläufig auch der Gesprächspartner) oder Dritten, die dessen Gespräche in Empfang nehmen oder weitergeben (oder ihren Anschluss zur Verfügung stellen). Zulässig ist dies allerdings nur bei Verdacht des Vorliegens einer der in den Vorschriften genannten (schweren) Straftaten („Katalogtaten"). Erfasst ist jede Form der Nachrichtenkommunikation, daher sind auch die Erstellung von Bewegungsprofilen von Handy-Benutzern und das Lesen von E-Mails während des Sendevorganges erfasst (nach der Versendung ist eine Beschlagnahme nach den §§ 94, 99 StPO möglich). Nicht zulässig ist dagegen die Überwachung der Kommunikation des Beschuldigten mit seinem Verteidiger (str.; vgl hierzu Problem 18).

Es bedarf dafür einer Anordnung durch den **Richter**, bei Gefahr im Verzug durch die StA (§ 100e StPO). Verkehrsdaten können nach § 100g StPO erhoben werden. Die Zulässigkeit der Verwendung von IMSI-Catchern bei Handys richtet sich nach § 100i StPO. **Zufallsfunde** bzgl anderer Straftaten dürfen nur verwertet werden, wenn es sich auch um Katalogtaten handelt (§§ 479 Abs. 2 S. 1, 161 Abs. 3 StPO, vgl dazu Problem 18).

12. **Einsatz technischer Mittel (§§ 100c-100f, 100h StPO)**: Hiernach sind zB Aufnahmen von Gesprächen mittels Tonbändern und Abhörvorrichtungen zulässig (vgl dazu Problem 20).

13. **Einsatz Verdeckter Ermittler (§§ 110a ff. StPO)**: Hierbei geht es um den Einsatz von Polizeibeamten, die unter einer auf Dauer angelegten, veränderten Identität („Legende") auftreten, um zur Aufdeckung von (bestimmten) Straftaten beizutragen (vgl dazu Problem 21).

---

1 Vgl BVerfG BeckRS 2015, 48649; BGH NJW 2013, 1827.

Problem 12: Prozessuale Zwangsmaßnahmen – Überblick

16   14. **Kontrollstellen (§ 111 StPO):** Bei bestimmten (schweren) Katalogtaten können Straßenkontrollen errichtet werden, die jedermann dazu verpflichten, Identitätsfeststellungen und Durchsuchungen zu dulden.

17   15. **Vorläufige Festnahme (§§ 127, 127b StPO):** § 127 Abs. 1 S. 1 StPO enthält das „Jedermann"-Festnahmerecht. In § 127 Abs. 2 sowie in § 127b StPO ist das Festnahmerecht für die StA und die Polizei geregelt. Nach der Festnahme muss der Festgenommene gem § 128 StPO dem Richter vorgeführt werden (vgl dazu Problem 22).

18   16. **Ausschreibung zur Fahndung (§§ 131 ff. StPO):** Von den §§ 131 ff. StPO wird die Fahndung nach dem Beschuldigten zum Zwecke der Festnahme bei Vorliegen eines Haft- oder Unterbringungsbefehls gedeckt, die nach § 131 Abs. 3 StPO bei schweren Straftaten auch öffentlich, zB per TV, erfolgen kann. Nach § 131a StPO ist auch die Fahndung zur Aufenthaltsermittlung des Beschuldigten oder eines Zeugen zulässig.

19   17. **Identitätsfeststellung (§§ 163b, 163c StPO):** Ferner ist die Feststellung der Identität zu Zwecken der Strafverfolgung durch StA und Polizei sowohl beim Verdächtigen (§ 163b Abs. 1 S. 1 StPO) als auch bei Unbeteiligten (§ 163b Abs. 2 StPO) zulässig. Die Dauer der Freiheitsentziehung zur Identitätsfeststellung richtet sich nach § 163c StPO.

20   18. **Schleppnetzfahndung (§ 163d StPO):** Bei den hier genannten (schweren) Katalogtaten dürfen Daten bestimmter Personen sowie von Umständen, die für die Aufklärung der Straftat oder für die Ergreifung des Täters von Bedeutung sein können und sich aus Grenzkontrollen oder Kontrollstellen (vgl hierzu oben Rn. 16) ergeben, nach bestimmten Kriterien gespeichert werden.

21   19. **Längerfristige Observation (§ 163f StPO):** Zudem besteht die Möglichkeit einer planmäßig angelegten Beobachtung des Beschuldigten oder auch eines Dritten (§ 163f Abs. 1 S. 3 StPO), die länger als 24 Stunden andauern oder an mehreren Tagen stattfinden soll. Dafür müssen zunächst tatsächliche Anhaltspunkte für eine Straftat von erheblicher Bedeutung vorliegen. Ferner muss die Erforschung des Sachverhalts oder die Ermittlung des Aufenthaltsortes des Täters auf andere Weise „erheblich weniger Erfolg versprechend" oder „wesentlich erschwert" sein. Die Maßnahme darf schließlich nur durch das Gericht, bei Gefahr im Verzug auch durch die StA bzw durch ihre Ermittlungspersonen (§ 152 GVG) angeordnet werden (§ 163f Abs. 3 StPO).

Zur Vertiefung:

22   **Rechtsprechung: EGMR NJW 2006, 3117** – Jalloh (Brechmitteleinsatz zum Auffinden von Betäubungsmitteln im Körper); **BGHSt 33, 347** – Strafverteidiger (Telefonüberwachung von Verteidigergesprächen); **BGHSt 38, 320** – DNA-Analyse (Beweiswert einer DNA-Analyse); **BGHSt 41, 64** – V-Mann (Dauerhaftigkeit der Identitätsänderung); **BGHSt 46, 277** – GPS (Unzulässigkeit einer Totalüberwachung); **BGH NJW 2013, 1827** – Beinahetreffer (Verwertbarkeit von Teilübereinstimmung beim Massengentest).

Literatur/Aufsätze: *v. Heintschel-Heinegg*, Keine Erzwingungshaft gegen ehemalige RAF-Mitglieder – Zum Auskunftsverweigerungsrecht nach § 55 StPO, JA 2008, 823; *Martensen*, Strafprozessuale Ermittlungen im Lichte des Vorbehalts des Gesetzes, JuS 1999, 433; *Nitz*, Verdeckte Ermittlung als polizeitaktische Maßnahme bei der Strafverfolgung, JA 1999, 418; *Ruhmannseder*, Die Neuregelung der strafprozessualen verdeckten Ermittlungsmaßnahmen, JA 2009, 57; *Singelnstein*, Möglichkeiten und Grenzen neuerer strafprozessualer Ermittlungsmaßnahmen – Telekommunikation, Web 2.0, Datenbeschlagnahme, polizeiliche Datenverarbeitung & Co, NStZ 2012, 593; *Westhoff*, Verfahren, Voraussetzungen und Zuständigkeiten einer Unterbringung nach § 126a StPO, §§ 63, 64 StGB, JA 1997, 50; *Wittig*, Schleppnetzfahndung, Rasterfahndung und Datenabgleich, JuS 1997, 961.

Literatur/Übungsfälle: *Keiser*, Immer Ärger mit E-Mails, JA 2001, 662; *Werle*, Strafprozessuale Zwangsmaßnahmen, JuS 1993, 935.

Strafprozessuale Zusatzfrage:

Polizist P ist Ermittlungsperson der StA. Er weiß um die gewichtige Bedeutung der Grundrechte und auch, dass es deswegen spezielle Ermächtigungsgrundlagen für die in die Grundrechte des Einzelnen eingreifenden Zwangsmaßnahmen gibt. Allerdings ist er verunsichert, warum denn diese ganzen Rechtsgrundlagen in der StPO aufgeführt sind, wenn es doch eine polizeiliche Generalklausel gibt, auf die er sich stützen könnte. Er meint, er müsse sich doch gar nicht erst die Mühe machen, die passende spezielle Ermächtigungsgrundlage zu suchen, da sein Handeln doch ohnehin von §§ 161 Abs. 1, 163 Abs. 1 StPO gedeckt sei. Was verkennt P bei seiner Überlegung?

Klausurmäßiger Lösungsvorschlag:

*Die prozessualen Zwangsmaßnahmen geben der StA und ihren Ermittlungspersonen die Möglichkeit, in die Grundrechte der betroffenen Personen einzugreifen. Dabei ist stets der Grundsatz der Verhältnismäßigkeit zu wahren. Hauptsächlich dienen die Zwangsmaßnahmen zur Ermittlung des Sachverhalts und der Gewinnung von Beweisen sowie zur Sicherung derselben. Sie unterstützen somit mittelbar die Durchführbarkeit des Strafverfahrens. Zwar hat P Recht mit seiner Überlegung, dass in den §§ 161 Abs. 1, 163 Abs. 1 StPO eine **Generalklausel** vorgesehen ist, die zur Durchführung gesetzlich nicht geregelter Maßnahmen ermächtigt. Allerdings muss er zunächst genau untersuchen, ob es für die von ihm durchzuführende Zwangsmaßnahme eine spezielle Rechtsgrundlage in der StPO gibt. Die Generalklausel kann nämlich nur als Ermächtigungsgrundlage herangezogen werden, wenn der Grundrechtseingriff nicht durch spezielle Normen abschließend geregelt ist. Sofern die geplante Maßnahme nicht speziell geregelt ist, kann dennoch nicht ohne Weiteres auf die Generalklausel zurückgegriffen werden. Vielmehr muss die Intensität des Grundrechtseingriffs berücksichtigt werden. Bei einer Maßnahme, die in ihrer Intensität den einzeln geregelten Zwangsmaßnahmen vergleichbar ist, muss der Parlamentsvorbehalt beachtet werden. Danach bedürfen Grundrechtseingriffe, je intensiver sie sind, einer umso genaueren eigenständigen Regelung von Tatbestand und Rechtsfolge in einem Gesetz. Das bedeutet, dass polizeiliche Maßnahmen, die schwerwiegende Grundrechtseingriffe beinhalten, spezielle Ermächtigungsgrundlagen erfordern. Somit muss P die Intensität jeder einzelnen Maßnahme prüfen und kann sich nicht pauschal auf die Generalklausel gem den §§ 161 Abs. 1, 163 Abs. 1 StPO stützen. Im Übrigen ist zu beachten, dass bei Vorliegen einer abschließenden Spezialregelung Fälle, die „knapp daneben" liegen, aber von der Ermächtigungsgrundlage nicht gedeckt sind, ebenfalls nicht via Generalklausel durchgeführt werden dürfen.*

Problem 13: Haftbefehl und Untersuchungshaft

I. Allgemeines

1 Ein – für Praxis und Examen – besonders wichtiges und auch besonders einschneidendes Zwangsmittel bildet die Untersuchungshaft („U-Haft" – §§ 112 ff. StPO). Sie kann sowohl während des Vorverfahrens (vgl dazu Problem 2) als auch nach der Anklageerhebung durch das Gericht auf Antrag der StA schriftlich (durch einen Haftbefehl) angeordnet werden, wenn ein dringender Tatverdacht gegen den Beschuldigten besteht und einer der in den §§ 112 Abs. 2, 112a Abs. 1 StPO vorgesehenen Haftgründe erfüllt ist. Die Anordnung dieser Zwangsmaßnahme ist besonders problematisch, denn eine Inhaftierung ist sehr belastend für den Betroffenen – die Freiheitsentziehung ist die schärfste Maßnahme, die dem Staat zur Verfügung steht. Daher kann sie grds nur verhängt werden, wenn die Schuld rechtskräftig festgestellt ist. Es kann allerdings notwendig sein, einen Beschuldigten schon vorher in Haft zu nehmen, um ein Strafverfahren überhaupt durchführen zu können. Die Freiheitsrechte des Beschuldigten und das Strafverfolgungsinteresse des Staates sind also in einen Ausgleich zu bringen. Daher kommt eine U-Haft gegenüber einer noch nicht rechtskräftig verurteilten Person nur in bestimmten Ausnahmefällen in Betracht. Ziel der U-Haft ist vornehmlich die Sicherung des Verfahrens und damit der effektiven Strafrechtspflege. Bei **Flucht** oder **Fluchtgefahr** geht es um die Sicherstellung der Anwesenheit des Beschuldigten bzw um die Sicherung der Vollstreckung eines möglichen Urteils, bei **Verdunkelungsgefahr** hingegen um die Sicherung von Beweismitteln zur ordnungsgemäßen Tatsachenermittlung. Bei **besonders schweren Verbrechen** scheint nach dem Wortlaut des § 112 Abs. 3 StPO schon der Verdacht der Begehung einer der genannten Straftaten für die Verhängung der U-Haft auszureichen. Nach ganz hM muss hier jedoch hinzukommen, dass das Vorliegen eines Haftgrundes nach Absatz 2 nicht ausgeschlossen ist. Bei bestimmten Straftaten sieht das Gesetz ferner einen Haftgrund bei **Wiederholungsgefahr** vor (§ 112a StPO). Ziel ist in diesem besonderen Fall die Sicherung der Allgemeinheit vor weiteren Straftaten. Der Erlass des Haftbefehls ist an formelle und materielle Voraussetzungen gebunden.

II. Die formellen Voraussetzungen des Haftbefehls

2 Zuständig für den Erlass eines Haftbefehls ist vor Erhebung der öffentlichen Klage der Ermittlungsrichter am AG, in dessen Bezirk ein Gerichtsstand begründet ist oder in dem der Beschuldigte sich aufhält (§ 125 Abs. 1 StPO). Nach Erhebung der Anklage ist das Gericht der Hauptsache zuständig (§ 125 Abs. 2 StPO). Der Haftbefehl ergeht auf Antrag der StA und ist stets schriftlich abzufassen. Dabei sind anzuführen: der Beschuldigte, die Tat, der Zeitpunkt und der Ort ihrer Begehung, die gesetzlichen Merkmale der Straftat und die anzuwendenden Strafvorschriften, der Haftgrund sowie schließlich die Tatsachen, aus denen sich der dringende Tatverdacht und der Haftgrund ergeben, soweit nicht dadurch die Sicherheit des Staates gefährdet wird (§ 114 Abs. 2 StPO).

III. Die materiellen Voraussetzungen des Haftbefehls

3 **1. Dringender Tatverdacht:** Zunächst muss gegen den Beschuldigten oder Angeschuldigten ein dringender Tatverdacht bestehen (§ 112 Abs. 1 S. 1 StPO). Ein solcher ist

nur dann anzunehmen, wenn eine **hohe Wahrscheinlichkeit** dahin gehend besteht, dass der Beschuldigte auch tatsächlich Täter der ihm zur Last gelegten Tat ist.

2. **Haftgründe:** Des Weiteren muss einer der im Gesetz abschließend genannten Haftgründe vorliegen (§§ 112 Abs. 2, 112a Abs. 1 StPO).

a) **Flucht oder Fluchtgefahr:** Der Haftgrund „Flucht" ist erfüllt, wenn aufgrund bestimmter Tatsachen festgestellt ist, dass der Betreffende flüchtig ist oder sich verborgen hält. Auch bzgl der „Fluchtgefahr" müssen konkrete Anhaltspunkte dafür vorliegen, dass tatsächlich die Gefahr besteht, der Beschuldigte werde sich durch Flucht dem Strafverfahren entziehen. Das Gericht hat sämtliche ihm bekannten Umstände zu würdigen und in die Beurteilung mit einzubeziehen. Maßgebliche Indizien können zB familiäre Bindungen, ein fester Arbeitsplatz, besondere Beziehungen ins Ausland (evtl. auch Staatsbürgerschaft) und die finanzielle Lage sein. Es ist jeweils eine Einzelfallbetrachtung anzustellen. Eine hohe Straferwartung genügt für sich allein genommen noch nicht für die Annahme einer Fluchtgefahr.[1] Ebenso wenig ist ein Selbstmordversuch ausreichend, um eine solche Annahme zu stützen.

b) **Verdunkelungsgefahr:** § 112 Abs. 2 Nr. 3 StPO zählt die Voraussetzungen der Verdunkelungsgefahr auf, wobei wiederum konkrete Tatsachen eine solche Gefahr begründen müssen. Verdunkelungsgefahr liegt vor, wenn der dringende Verdacht besteht, der Beschuldigte werde

(1) Beweismittel vernichten, verändern, beiseite schaffen, unterdrücken oder fälschen oder

(2) auf Mitbeschuldigte, Zeugen oder Sachverständige in unlauterer Weise einwirken oder

(3) andere zu solchem Verhalten veranlassen

und wenn deshalb die Gefahr droht, dass die Ermittlung der Wahrheit erschwert wird.

c) **Verdacht eines Schwerstverbrechens:** Nach dem Wortlaut des § 112 Abs. 3 StPO kann U-Haft in Anbetracht der zu erwartenden Rechtsfolgen auch dann verhängt werden, wenn der Beschuldigte verdächtig ist, eine der dort aufgezählten Katalogtaten begangen zu haben. Zu diesen Taten gehören insb Mord und Totschlag oder schwere Körperverletzung. Dieser Haftgrund ist aber im Hinblick auf den schweren Eingriff in die Freiheitsrechte des noch nicht rechtskräftig verurteilten (!) Beschuldigten äußerst bedenklich. Daher ist die Norm **verfassungskonform** dahingehend **auszulegen**, dass ein Haftgrund iSd § 112 Abs. 2 StPO immerhin nicht ausgeschlossen sein darf, da ansonsten die U-Haft den Charakter einer reinen Verdachtsstrafe erhielte.[2]

d) **Wiederholungsgefahr:** § 112a StPO normiert den besonderen Haftgrund der Wiederholungsgefahr zum Schutz der Allgemeinheit vor weiteren erheblichen Straftaten des Beschuldigten. Der Haftgrund ist **subsidiär** zu § 112 Abs. 2 (vgl § 112a Abs. 2 StPO). Anlasstaten nach § 112a Abs. 1 Nr. 1 StPO sind insb bestimmte Sexualdelikte. Durch das 40. StrÄndG vom 22.3.2007 wurden in § 112a Abs. 1 Nr. 1 StPO auch die Tatbestände des qualifizierten Stalkings (§ 238 Abs. 2, 3 StGB) aufgenommen. In § 112a Abs. 1 Nr. 2 StPO finden sich ferner eine Reihe weiterer mittelschwerer Straftaten, wie etwa qualifizierte Körperverletzungs- (§§ 224-227 StGB) oder Raubdelikte (§§ 249-255 StGB). Anders als bei § 112a Abs. 1 Nr. 1 StPO ist die Wiederholungsge-

---

[1] OLG Köln StV 1995, 419.
[2] BVerfGE 19, 342, 350.

fahr hier aber nicht bereits durch die erste Begehung der Tat indiziert, sondern es ist eine wiederholte und fortgesetzte Begehung erforderlich. Bei beiden Alternativen müssen wiederum bestimmte Tatsachen den Verdacht der Wiederholung stützen. In den Fällen des § 112a Abs. 1 Nr. 2 StPO ist zusätzlich eine Straferwartung von mehr als einem Jahr notwendig.

9   3. **Verhältnismäßigkeit:** Da die Freiheitsentziehung einen besonders schweren Grundrechtseingriff darstellt, ist der Verhältnismäßigkeitsgrundsatz schon von Verfassungs wegen streng zu beachten. § 112 Abs. 1 S. 2 StPO hält den Verhältnismäßigkeitsgrundsatz aber noch einmal explizit fest und konkretisiert diesen: Die U-Haft darf nicht angeordnet werden, wenn sie zur Bedeutung der Sache und der zu erwartenden Strafe oder Maßregel der Besserung und Sicherung außer Verhältnis steht. Eine weitere Konkretisierung findet sich in § 113 StPO für die Haftgründe der Verdunkelungs- und der Fluchtgefahr.

IV. Rechtsschutz

10   Dem Betroffenen stehen grds zwei verschiedene Möglichkeiten des Rechtsschutzes gegen den Haftbefehl zur Verfügung: die Haftbeschwerde (§§ 304 ff. StPO) und der Antrag auf Haftprüfung (§ 117 Abs. 1 StPO), wobei nur die Haftbeschwerde gem §§ 304 ff. StPO als Rechtsmittel Devolutiveffekt hat. Nach sechsmonatiger U-Haft erfolgt durch das zuständige OLG eine Haftprüfung von Amts wegen (§ 121 StPO, vgl dazu Problem 23).

V. Vollzug

11   Die Regelung des Vollzugs der U-Haft ist inzwischen in die Landeskompetenz übergegangen, vgl Art. 74 Abs. 1 Nr. 1 GG. Die Länder haben entsprechende Regelungen erlassen. Die aufgrund des Zwecks der Untersuchungshaft erforderlichen Beschränkungen bestimmen sich jedoch weiterhin nach § 119 StPO.[3]

---

3   BGH NJW 2012, 1158.

VI. Prüfungsschema

> I. Formell
> 1. Schriftlicher Haftbefehl, § 114 Abs. 1 StPO, unter Beachtung der Vorgaben des § 114 Abs. 2 StPO
> 2. Anordnungsbefugnis: Richter bei dem AG, in dessen Bezirk ein Gerichtsstand begründet ist oder der Beschuldigte sich aufhält, § 125 StPO
>
> II. Materiell
> 1. Dringender Tatverdacht
> 2. Haftgrund
>   a) Konkreter Haftgrund gemäß § 112 Abs. 2: Flucht, Fluchtgefahr, Verdunkelungsgefahr
>   b) Katalogtat iSv § 112 Abs. 3 StPO und Haftgrund nach Abs. 2 nicht ausgeschlossen
>   c) Wiederholungsgefahr bei bestimmten Delikten gemäß § 112a StPO (subsidiär)
> 3. Verhältnismäßigkeit

Zur Vertiefung:

Rechtsprechung: **BVerfGE 19, 342** – Wencker (verfassungskonforme Auslegung der Haftgründe entgegen dem ausdrücklichen Wortlaut); **BVerfG StV 2014, 35** – Haftfortdauerentscheidung (Beachtung des Beschleunigungsgrundsatzes); **BVerfG NJW 2018, 2948** – Aufrechterhaltung der Untersuchungshaft wegen Überlastung des Gerichts (Gerichtsüberlastung allein ist kein Grund zur Aufrechterhaltung); **BVerfG NJW 2019, 915** – Verstoß gegen Beschleunigungsgrundsatz (zu den Anforderungen an die Verhandlungsdichte bei fortdauernder Untersuchungshaft); **BGH NStZ 2010, 445** – RAF III (kein Haftbefehl bei fehlender Flucht-, Verdunkelungs- oder Wiederholungsgefahr), vgl *Marxen/Wölk*, Verena Becker-Fall, famos 3/2010; **BGH NJW 2012, 1158** – BGH-Ermittlungsrichter (Beschränkungen in der U-Haft); **OLG Köln StV 1995, 419** – Fluchtgefahr (hohe Straferwartung genügt nicht für Fluchtgefahr); **OLG Köln NJW 1996, 1686** – Ehestreit (Voraussetzungen des Haftbefehls); **LG Hamburg StV 2000, 373** – Verdunkelungsgefahr (keine Verdunkelungsgefahr bei der vollständigen Beweissicherung).

Literatur/Aufsätze: *Bosch*, Grundzüge der Untersuchungshaft, JURA 2017, 43; *Graf*, Die Untersuchungshaft, JA 2012, 262; *v. Heintschel-Heinegg*, Untersuchungshaft und Beschleunigungsgebot, JA 2007, 821; *Huber*, Aus der Praxis: Der Richter des nächsten Amtsgerichts oder: Ostern hinter Gittern, JuS 2006, 322; *ders.*, Grundwissen – Strafprozessrecht: Die Anordnung der Untersuchungshaft, JuS 2009, 994; *Humberg*, Der Haftgrund der Wiederholungsgefahr gemäß § 112a StPO, JURA 2005, 376; *Knauer/Reinbacher*, Zur Erweiterung der Untersuchungshaftgründe gemäß § 112a Abs. 1 Nr. 1 StPO durch das Gesetz zur Strafbarkeit beharrlicher Nachstellungen, StV 2008, 377; *Kropp*, Der Haftbefehl nach § 230 StPO, JA 1998, 328; *ders.*, Der Untersuchungshaftbefehl, JA 2001, 797; *Lind*, Der Haftgrund der Fluchtgefahr nach § 112 II Nr. 2 StPO in der Praxis: Zur rechtstatsächlichen Überprüfung von Fluchtprognosen, StV 2019, 118; *Mayer/Hunsmann*, Leitlinien für die verfassungsrechtlich gebotene Begründungstiefe in Untersuchungshaftsachen, NStZ 2015, 325; *Melzer*, Der Untersuchungshaftbefehlantrag in Klausur und Praxis, JA

2009, 213; *Schlothauer*, Die audio-visuelle Haftprüfung, StV 2014, 55; *Ullenboom*, Untersuchungs- oder Sitzungshaftbefehl? – Die Sicherstellung der Anwesenheit eines im EU-Ausland befindlichen Angeklagten in der Hauptverhandlung, NJW 2018, 2671; *Wieneck*, Der Haftgrund der Wiederholungsgefahr, NStZ 2019, 702.
Literatur/Übungsfälle: *Hellmann*, Haftbefehle in Sachen G und K?, JuS 1999, 264.

Strafprozessuale Zusatzfrage:[4]

14 Der an sich ruhige Pensionär A gerät in letzter Zeit immer häufiger mit seiner Ehefrau B, mit der er bislang in geordneten Verhältnissen an einem festen Wohnsitz lebt, in Streit, bis er sie schließlich nach einer verbalen Auseinandersetzung tätlich angreift und sogar versucht, sie zu erschlagen. Reumütig und verzweifelt räumt A die Tat gegenüber der Polizei vollumfänglich ein. Der zuständige Staatsanwalt beantragt daraufhin unter Hinweis auf die Schwere der Tat einen Haftbefehl gegen A. Dieser wird schriftlich vom Ermittlungsrichter im Amtsgerichtsbezirk des entsprechenden Gerichtsstandes unter Beachtung der Formerfordernisse erlassen. War diese Anordnung rechtmäßig? Wie kann sich der inzwischen in U-Haft befindliche A dagegen wehren?

Klausurmäßiger Lösungsvorschlag:

A. Frage 1:

15 *Die Anordnung war rechtmäßig, wenn die formellen und materiellen* **Voraussetzungen des Haftbefehls** *und seiner Anordnung eingehalten wurden.*

I. Formelle Rechtmäßigkeit

16 *Der Haftbefehl wurde hier schriftlich (§ 114 Abs. 1 StPO) auf Antrag des Staatsanwalts unter Beachtung der Formvorschriften (§ 114 Abs. 2 StPO) vom nach § 125 Abs. 1 StPO zuständigen Richter erlassen und war daher formell rechtmäßig.*

II. Materielle Rechtmäßigkeit

17 *1. Materiell ist zunächst ein dringender Tatverdacht erforderlich, § 112 Abs. 1 S. 1 StPO. Ein solcher liegt vor, wenn nach dem jeweiligen Ermittlungsstand eine hohe Wahrscheinlichkeit besteht, dass der Beschuldigte die ihm zur Last gelegte Tat auch tatsächlich begangen hat. Der Verdachtsgrad ist damit höher als beim hinreichenden Tatverdacht. Hier ist A vollumfänglich geständig, so dass an seiner Schuld kaum Zweifel bestehen und ein dringender Tatverdacht vorliegt.*

18 *2. Zudem muss einer der in § 112 Abs. 2 und 3 StPO abschließend genannten Haftgründe vorliegen.*

19 *a) Nach dem Wortlaut des § 112 Abs. 3 StPO genügt alleine das abstrakte Vorliegen einer dort aufgezählten Tat zur Annahme eines Haftgrundes. A ist des in § 112 Abs. 3 StPO genannten versuchten Totschlags dringend tatverdächtig. Somit wäre die Anordnung an sich rechtmäßig. Bei dem besonders gravierenden Eingriff des Freiheitsentzuges ist die Verhältnismäßigkeit zwischen den betroffenen Freiheitsrechten des Beschuldigten und dem Strafverfolgungsinteresse des Staates indes streng zu beachten. Der eigentliche Zweck der Untersuchungshaft, die Sicherung des Verfahrens, muss bei dieser Verhältnismäßigkeitsprüfung stets beachtet werden. Wären keinerlei weitere Haftgründe zu prüfen, sondern genügte allein das Vorliegen einer Straftat nach § 112 Abs. 3*

---

4 Fall nach OLG Köln NJW 1996, 1686.

StPO, so würde die Untersuchungshaft zu einer reinen Verdachtsstrafe, ohne dass es auf die Verfahrenssicherung ankäme. Dies wäre ein unverhältnismäßiger und daher **verfassungswidriger** Eingriff in die Grundrechte des A. Bei der somit gebotenen verfassungskonformen Auslegung der Vorschrift ist der Erlass eines Haftbefehls daher nicht unbeschränkt zulässig. Vielmehr müssen auch bei § 112 Abs. 3 StPO Umstände vorliegen, welche die Gefahr begründen, dass ohne Festnahme des Beschuldigten die alsbaldige Aufklärung und Ahndung der Tat gefährdet sein könnte. Ausreichen kann hier schon die zwar nicht mit Tatsachen belegbare, aber nach den Umständen nicht auszuschließende Flucht- oder Verdunkelungsgefahr nach § 112 Abs. 2 StPO oder eine Wiederholungsgefahr.

b) A ist nicht flüchtig. Eine **Fluchtgefahr** muss auf der Grundlage bestimmter Tatsachen festgestellt werden können. Die Höhe der zu erwartenden Strafe begründet für sich allein noch keine Fluchtgefahr. Entscheidend ist, ob bei Würdigung aller Umstände konkrete Anhaltspunkte vorliegen, die eine Flucht als naheliegend erscheinen lassen. A hat einen festen Wohnsitz und bezieht eine staatliche Pension. Über Auslandsbeziehungen ist nichts bekannt. Auch die Höhe einer zu erwartenden Strafe streitet hier nicht unbedingt für eine Fluchtgefahr, da die Strafe für die nur versuchte Tat gem § 23 Abs. 2 StGB nach § 49 StGB gemildert werden kann. Mithin erscheint eine Flucht sogar fernliegend und ist auszuschließen.

c) Für eine **Verdunklungsgefahr** bestehen keinerlei Anhaltspunkte.

d) Es könnte jedoch eine **Wiederholungsgefahr** gem § 112a Abs. 1 StPO in Betracht kommen. Allerdings hat A eine seiner Persönlichkeitsstruktur gänzlich zuwiderlaufende Tat begangen und bereut diese sehr. Auch dieser Haftgrund ist daher nicht einschlägig. Mangels Haftgrundes war der Erlass des Haftbefehls daher materiell rechtswidrig.

III. Ergebnis: Der Haftbefehl war rechtswidrig.

B. Frage 2:

A kann gegen den Haftbefehl bzw gegen den Vollzug der U-Haft entweder eine Haftbeschwerde nach den §§ 304 ff. StPO einlegen oder eine Haftprüfung nach § 117 Abs. 1 StPO beantragen, wobei zu beachten ist, dass die Einlegung der Beschwerde neben dem Antrag auf Haftprüfung unzulässig ist, § 117 Abs. 2 S. 1 StPO.

Problem 14: Durchsuchung

I. Allgemeines und Systematik

1 Die Durchsuchung, geregelt in den §§ 102-108, 110 StPO, stellt eine **strafprozessuale Zwangsmaßnahme** (vgl dazu Problem 12) dar. Dabei sind die Durchsuchung beim Verdächtigen (§ 102 StPO) und die Durchsuchung bei anderen Personen (§ 103 StPO) zu unterscheiden. Da sie regelmäßig mit einem erheblichen Grundrechtseingriff verbunden sind, ist in beiden Fällen als ungeschriebene Voraussetzung die **Verhältnismäßigkeit** der Maßnahme besonders zu beachten. Die Durchsuchung ist grds „offen" durchzuführen, dh heimliche Maßnahmen sind unzulässig (vgl zur umstrittenen, da regelmäßig ohne Kenntnis des Betroffenen durchgeführten Online-Durchsuchung Problem 19). Dies kommt dadurch zum Ausdruck, dass der Inhaber der durchsuchten Räume der Durchsuchung stets beiwohnen darf und für den Fall, dass er abwesend ist, sein Vertreter oder ein erwachsener Angehöriger, Hausgenosse oder Nachbar hinzuzuziehen **ist** (§ 106 Abs. 1 StPO). Bei anderen Personen als dem Beschuldigten (§ 103 StPO) ist die Durchsuchung im Übrigen vorher bekannt zu machen (§ 106 Abs. 2 StPO).

II. Begriff

2 Unter einer Durchsuchung versteht man das gezielte Suchen nach Personen, Beweismitteln oder Gegenständen, die als Einziehungs- oder Verfallsobjekte (vgl die Verweisung in § 111b Abs. 2 StPO) in Betracht kommen. Das Objekt einer Durchsuchung können Wohnungen, andere Räumlichkeiten, bewegliche Sachen oder auch Personen sein.

III. Durchsuchung beim Verdächtigen (§ 102 StPO)

3 Eine Durchsuchung darf in Bezug auf den Verdächtigen sowohl zum Zweck seiner **Ergreifung** (Ergreifungsdurchsuchung) als auch zur **Beweissicherung** (Ermittlungsdurchsuchung) durchgeführt werden. Dagegen ist eine Durchsuchung, die lediglich der Ausforschung dient,[1] unzulässig. Die Durchsuchung kann sich auf seine **Wohnung** oder andere Räume, seine **Sachen** sowie seine **Person** erstrecken. Durchsuchungsobjekt sind dabei diejenigen beweglichen Sachen, die dem Verdächtigen „gehören". Das bedeutet in diesem Zusammenhang allerdings nur, dass die Sachen wenigstens in seinem (Mit-)Gewahrsam stehen müssen, das Eigentum ist hingegen unerheblich. Im Hinblick auf die Durchsuchung der Person ist sowohl die Durchsuchung **am Körper** (worunter auch die „natürlichen" Körperöffnungen, zB die Mundhöhle fallen) als auch der sich am Körper befindlichen **Kleidung** zulässig. Nicht erfasst ist die Durchsuchung **im Körper** (hier gelten die strengeren Vorschriften über die körperliche Untersuchung, §§ 81a ff. StPO; vgl dazu Problem 16). Zulässig ist die Durchsuchung bereits dann, wenn die **Vermutung** besteht, dass sie zur Auffindung des Verdächtigen oder von Beweismitteln (oder von Einziehungs- und Verfallsobjekten) führt.

---

[1] Dh, wenn ihr kein Anfangsverdacht zugrunde liegt oder keine konkrete Aussicht auf das Auffinden von Beweisen besteht; vgl LG Bremen StV 2002, 536.

IV. Durchsuchung bei anderen Personen (§ 103 StPO)

Bei anderen Personen ist das Ziel der Durchsuchung beschränkt auf die Durchsuchung zur **Ergreifung des Beschuldigten** (beschränkte Ergreifungsdurchsuchung) und die Durchsuchung zum Auffinden **bestimmter Gegenstände und Spuren** (beschränkte Ermittlungsdurchsuchung). Erfasst ist in § 103 StPO ausdrücklich nur die **Durchsuchung von Räumlichkeiten**. Fraglich ist daher, ob auch **Personendurchsuchungen** zulässig sind (vgl dazu *Beulke/Swoboda*, Rn. 401). Die **hM** bejaht dies aufgrund eines Erst-Recht-Schlusses zu § 81c StPO: Wenn bei anderen Personen sogar die weitergehende körperliche Untersuchung zulässig sei, so müsse erst recht die mildere Maßnahme der Durchsuchung am Körper gestattet sein. § 103 StPO erfasst daher etwa auch die Durchsuchung der Kleidung des Dritten. Weitergehende Maßnahmen, also die Durchsuchung **am** nackten Körper, müssen auf § 81c StPO gestützt werden (vgl dazu Problem 16). Diese erfasst, wie beim Beschuldigten, auch die „natürlichen Körperöffnungen", nicht aber Untersuchungen **im** Körper. Weitere Voraussetzung ist aber, dass **konkrete Tatsachen** (im Unterschied zur Durchsuchung des Verdächtigen, bei der bloße Vermutungen ausreichen) vorliegen, aus denen zu schließen ist, dass die Durchsuchung zur Auffindung des Beschuldigten oder des gesuchten Gegenstandes in den Räumlichkeiten der betreffenden Person führt. Die bloße „Aussicht", beweisrelevantes Material zu finden, genügt also nicht. § 103 Abs. 1 S. 2 StPO erlaubt im Rahmen der Aufklärung von Straftaten nach den §§ 89a, c Abs. 1-4, 129a, b StGB (zB Terrorismus) ferner die Durchsuchung eines gesamten Gebäudes, sofern aufgrund von Tatsachen anzunehmen ist, dass der Beschuldigte sich in diesem Gebäude aufhält. Unter einem Gebäude ist eine räumlich abgegrenzte, selbstständige bauliche Einheit zu verstehen, die mehrere Wohnungen oder sonstige Räumlichkeiten umfassen kann.

V. Durchsuchungsverbote

Die §§ 102 ff. StPO enthalten keine den §§ 52 ff., 97 StPO entsprechenden Durchsuchungsverbote. Daher ist auch eine Durchsuchung bei zeugnisverweigerungsberechtigten Personen zulässig. Allerdings ist eine Durchsuchung nach erkennbar **beschlagnahmefreien Gegenständen** (§ 97 StPO) unzulässig. Die **nächtliche Hausdurchsuchung** (von 21 bis 6 Uhr, vgl § 104 Abs. 3 StPO) ist nur unter den Voraussetzungen des § 104 Abs. 1 StPO gestattet, somit unter anderem nur bei Verfolgung auf frischer Tat oder bei Gefahr im Verzug oder wenn es sich um die Wiederergreifung eines entwichenen Gefangenen handelt.

VI. Zufallsfunde (§ 108 StPO)

Sofern bei der Durchsuchung Gegenstände gefunden werden, die zwar in keiner Beziehung zu der Untersuchung stehen, aber auf eine andere Tat hindeuten (**Zufallsfunde**), können diese einstweilen in Beschlag genommen werden (§ 108 Abs. 1 S. 1 StPO). Dies gilt allerdings nicht, wenn ein Beschlagnahmeverbot bzgl der gefundenen Sache besteht oder wenn die Beamten gezielt nach den Gegenständen gesucht haben, um sie dann als Zufallsfunde auszugeben. Letztere Ausnahme dient dazu, eine Umgehung der Regelung des § 108 StPO zu vermeiden. Hier gelten ferner Einschränkungen bei Journalisten, soweit sich das Zeugnisverweigerungsrecht nach § 53 Abs. 1 S. 1 Nr. 5 StPO auf den Gegenstand erstreckt (§ 108 Abs. 3 StPO).

VII. Verfahren (§ 105 StPO)

7   Zuständig für die Anordnung einer Durchsuchung ist grds der **Ermittlungsrichter** (§ 105 Abs. 1 StPO). Bei Gefahr im Verzug sind auch die **StA** und ihre Ermittlungspersonen (§ 152 GVG) zur Anordnung befugt. Die Ermittlungspersonen der StA sind allerdings nur zuständig, soweit es sich **nicht** um eine Durchsuchung nach § 103 Abs. 1 S. 2 StPO bzgl terroristischer Straftaten handelt (§ 105 Abs. 1 S. 2 StPO). An die Annahme einer **Gefahr im Verzug** sind **strenge** Anforderungen zu stellen.[2] Daher müssen auch tatsächlich Versuche unternommen werden, den Richter zu erreichen. Die Gerichte müssen im Hinblick auf Art. 13 Abs. 1 GG sicherstellen, dass ein Richter auch zur Nachtzeit erreicht werden kann. Dazu müssen sie ggf einen Notdienst einrichten.[3] Nur wenn die **zeitliche Verzögerung** zu einem Beweismittelverlust führen würde, kann die Eilkompetenz in Anspruch genommen werden. Durchsuchungsanordnungen unter Inanspruchnahme der Eilkompetenz müssen vor oder jedenfalls unmittelbar nach der Durchsuchung in den Ermittlungsakten in justiziabler Weise **dokumentiert** werden. Der Beschluss selbst muss **ausreichend bestimmt** sein, also insb die zu durchsuchenden Räumlichkeiten genau angeben und tritt spätestens mit Ablauf eines halben Jahres außer Kraft, wenn er bis dahin nicht umgesetzt wurde.

VIII. Verwertungsverbot bei Verstoß gegen den Richtervorbehalt

8   Es ist **streitig**, ob aus dem **Verstoß gegen den Richtervorbehalt** ein Verwertungsverbot erwächst.[4] Während die **Rspr.** dies früher ablehnte, erkennt sie mittlerweile in verschiedenen Fällen ein Verwertungsverbot an, so etwa bei **bewusster oder willkürlicher Missachtung oder grober Verkennung** des Richtervorbehalts.[5] Im Übrigen kommt es auf eine umfassende Interessenabwägung an, bei der ein **hypothetischer Ersatzeingriff**, also die Möglichkeit einer hypothetisch rechtmäßigen Beweiserlangung, grds zu berücksichtigen ist,[6] außer im Fall einer groben Missachtung des Richtervorbehalts.[7] Das OLG Hamm[8] nahm ferner ein Verwertungsverbot wegen Umgehung der richterlichen Anordnung an, weil zur Nachtzeit kein richterlicher Notdienst eingerichtet war. Hierin war ein organisatorischer Mangel zu sehen, weil Ermittlungsmaßnahmen zur Nachtzeit in diesem LG-Bezirk häufig vorkommen. Fraglich ist ferner, ob hinsichtlich des Verwertungsverbots die sog „**Widerspruchslösung**" (vgl dazu Problem 26) des BGH gilt.[9]

Zur Vertiefung:

9   **Rechtsprechung:** BVerfGE 96, 44 – Praxisräume (Verfallsdatum des Durchsuchungsbeschlusses); BVerfGE 103, 142 – Durchsuchung (strenge Voraussetzungen für Gefahr im Verzug); BVerfGE 139, 245 – Eilkompetenz bei Durchsuchungen (Ende der Eilzuständigkeit der Staatsanwaltschaft nach Befassung des Ermittlungsrichters); BVerfG NJW 2019, 2385 – „VW-Dieselskandal" (Durchsuchung von Kanzleiräumen und Sicherstellung von Unterlagen bzgl des „VW-Dieselskandals"); BVerfG

---

[2] BVerfGE 103, 142, 150 ff.
[3] BVerfGE 103, 142, 155 f.
[4] Vgl dazu *Beulke/Swoboda*, Rn. 404 mwN.
[5] BGHSt 51, 285.
[6] BGH NStZ 2016, 551.
[7] BGH StV 2016, 539.
[8] NStZ 2010, 165.
[9] Offen gelassen in BGHSt 51, 285.

Problem 14: Durchsuchung

NJW 2019, 1428 – Richterlicher Bereitschaftsdienst (zu den Anforderungen an die Ausgestaltung des richterlichen Bereitschaftsdienstes bei nächtlicher Wohnungsdurchsuchung); **BVerfG NJW 2019, 3633** – Durchsuchung einer Wohnung in einem gegen einen Dritten gerichteten Ermittlungsverfahren (Befugnis zur Durchsuchung beim Beschuldigten auch bei Mitbenutzung oder Mitgewahrsam unverdächtiger Personen); **BVerfG NStZ 2019, 351** – Verhältnismäßigkeit einer Wohnungsdurchsuchung (Vorrang grundrechtsschonender Ermittlungshandlungen); **BGHSt 51, 285** – Wohnungsdurchsuchung (Beweisverwertungsverbot bei grober Verkennung des Richtervorbehalts); **BGHSt 61, 266** – Richtervorbehalt bei Durchsuchung (Grenzen der Widerspruchslösung); **BGH NJW 2018, 2279** – Verwertung von Durchsuchungsbefunden (Widerspruchsobliegenheit); **BGH StV 2002, 62** – Nichtverdächtiger („konkrete Tatsachen" iSd § 103 StPO); **BGH StV 2016, 539** – Eilkompetenz (keine Einbeziehung der hypothetisch rechtmäßigen Beweiserlangung bei willkürlicher Umgehung des Richtervorbehalts); **BGH NStZ-RR 2019, 94** – Wohnungsdurchsuchung (Beweisverwertungsverbot wegen Verletzung des Richtervorbehalts); **OLG Celle NStZ 1998, 87** – Mundhöhle (gewaltsames Öffnen der Mundhöhle); **OLG Hamm StV 2007, 69** – Lampenladen (offensichtliche Rechtswidrigkeit der polizeilichen Anordnung und Beweisverwertungsverbot); **OLG Hamm NStZ 2010, 165** – richterlicher Notdienst (Verwertungsverbot wegen Umgehung des Richtervorbehalts); **OLG Düsseldorf StV 2017, 12** – Wohnungsdurchsuchung (Fernwirkung des Beweisverwertungsverbots); **OLG Koblenz NStZ-RR 2021, 144** – Wohnungsdurchsuchung (grobe Verkennung des Richtervorbehalts); **LG Bremen StV 2002, 536** – Kindstötung (Untersuchung zu Ausforschungszwecken ist unzulässig); **LG Fulda NStZ 2019, 47** – Mündliche Anordnung einer Wohnungsdurchsuchung (mündliche Anordnung nur im Ausnahmefall; Dokumentationsbedürftigkeit).

Literatur/Aufsätze: *Baier*, Dokumentation der richterlichen Durchsuchungsanordnung, JA 2005, 572; *Daleman/Heuchemer*, Verwertungsverbot für die Beweisergebnisse rechtswidriger Hausdurchsuchungen?, JA 2003, 430; *Huber*, Grundwissen – Strafprozessrecht: Durchsuchung, JuS 2013, 408; *Jahn*, Zur Konkretisierung und Begründung des Verdachts zur Rechtfertigung einer Wohnungsdurchsuchung, JuS 2006, 946; *ders.*, Unzulässigkeit von „Durchsuchungshaft", JuS 2008, 649; *ders.*, Strafprozessrecht: Verstoß gegen Richtervorbehalt, JuS 2010, 83; *Jahn/Eckhardt*, Überprüfung nichtrichterlich angeordneter abgeschlossener Durchsuchungen, JA 1999, 748; *Kassing*, Die Verwertbarkeit von Beweisen bei Verstoß gegen § 105 I 1 StPO, JuS 2004, 675; *Kraatz*, Die Gebäudedurchsuchung, JA 2012, 510; *Kraatz*, Die Gebäudedurchsuchung, JA 2012, 510; *Kropp*, Der Durchsuchungs- und Beschlagnahmebeschluss, JA 2003, 688; *Ladiges*, Stillschweigende Durchsuchungsanordnungen im Strafverfahren, NStZ 2014, 609, 259; *Lepsius*, Die Unverletzlichkeit der Wohnung bei Gefahr in Verzug, JURA 2002, 259; *Ostendorf/Brüning*, Die gerichtliche Überprüfbarkeit der Voraussetzungen von „Gefahr in Verzug", JuS 2001, 1063; *Rabe von Kühlewein*, Neue Regeln für Wohnungsdurchsuchungen, NStZ 2015, 618; *Sachs*, Wohnungsdurchsuchung ohne richterliche Anordnung, JuS 2005, 742; *Schroeder*, Die Durchsuchung im Strafprozess, JuS 2004, 858; *Sommermeyer*, Die materiellen und formellen Voraussetzungen der strafprozessualen Hausdurchsuchung, JURA 1992, 449; *Walther*, Die strafprozessuale Hausdurchsetzung, JA 2010, 32.

Problem 14: Durchsuchung

Strafprozessuale Zusatzfrage:[10]

10 Dem Inhaber eines Lampenladens E werden zwei teure Lampen gestohlen. Als er dies am Montagmorgen bei Betreten seines Geschäfts feststellt, ruft er sogleich die Polizei und teilt ihr mit, er habe den Praktikanten A in Verdacht. A wird sofort vernommen, leugnet jedoch die Tat und wird mit auf die Wache genommen. Da eine Durchsuchung der Wohnung des A durchgeführt werden soll, ruft Polizist P den zuständigen Staatsanwalt S an. S verspricht, sich sogleich um eine richterliche Anordnung zu kümmern. P durchsucht die Wohnung jedoch ohne richterliche Anordnung, da er mit der baldigen Freilassung von A rechnet und Angst hat, dieser werde Beweismittel beseitigen, dh er ordnet die Durchsuchung (zumindest konkludent) selbst an. Er findet die Lampen auch tatsächlich. A wird insb aufgrund dieser Beweislage wegen Diebstahls verurteilt, obwohl er der Verwertung der Beweise widerspricht. Durften die Beweise verwertet werden?

Klausurmäßiger Lösungsvorschlag:

11 Fraglich ist, ob die Beweisgewinnung rechtswidrig war und deswegen ein Beweisverwertungsverbot besteht.

I. Die **Rechtmäßigkeit der Durchsuchung** richtet sich nach den §§ 102 ff. StPO.

12 1. Fraglich ist hier bereits die **formelle** Rechtmäßigkeit der Durchsuchung. Zuständig für die Anordnung einer Durchsuchung ist der Richter (§ 105 Abs. 1 StPO), bei Gefahr im Verzug auch die StA und ihre Ermittlungspersonen (§ 152 GVG). P war also nur bei **Gefahr im Verzug** zuständig. Diese liegt vor, wenn konkrete Tatsachen den Verdacht nahe legen, dass ein sofortiges Tätigwerden erforderlich ist, um einen Beweismittelverlust zu verhindern und eine richterliche Anordnung nicht mehr rechtzeitig eingeholt werden kann. An die Annahme einer Gefahr im Verzug sind strenge Anforderungen zu stellen. Aus der Begründung durch die Ermittlungsperson muss erkennbar sein, dass versucht wurde, den Richter zu erreichen. Ein solches ernsthaftes Bemühen ist hier nicht erkennbar. Auch sind keine Tatsachen ersichtlich, die andeuten, dass ein Aufschieben der Durchsuchung bis zum Erlass einer richterlichen Anordnung den Ermittlungserfolg hätte gefährden können. P kann sich ferner nicht darauf stützen, dass er befürchtete, A hätte im Falle seiner Entlassung Beweismittel beiseiteschaffen können. Vielmehr hätte P nämlich eine ermittlungsrichterliche Entscheidung über eine Durchsuchungsanordnung an einem normalen Werktag (Montag), zudem vormittags, bei einem in wenigen Sätzen darstellbaren Tatverdacht in kurzer Zeit erlangen können. Zudem hätte ein Beweismittelverlust nach Entlassung des A dadurch verhindert werden können, dass Beamte sich zum Wohnort des Beschuldigten begeben hätten, um vor Ort bis zu der richterlichen Durchsuchungsentscheidung ein etwaiges Fortschaffen der gesuchten Beweismittel zu verhindern.

13 Somit ist die sofortige Durchsuchung nicht nur fehlerhaft, sondern darüber hinaus sogar objektiv willkürlich.

14 2. Mithin lag ein Verstoß gegen § 105 StPO vor.

15 II. Fraglich ist, ob aus der **Rechtswidrigkeit der Beweiserhebung** ein **Beweisverwertungsverbot** folgt. Die §§ 102 ff. StPO enthalten diesbzgl. keine ausdrückliche Regelung. Ob verfahrensfehlerhaft erlangte Beweismittel verwertbar sind, ist daher nach

---

10 Fall nach OLG Hamm StV 2007, 69.

*den Umständen des Einzelfalls, insb nach der Art des Verbots und des Gewichts des Verstoßes unter **Abwägung** der widerstreitenden Interessen zu entscheiden (vgl zur Abwägungslehre Problem 26). Hier spricht der besonders schwere Verfahrensverstoß unter Berücksichtigung der Tatsache, dass die Täterschaft des A alles andere als klar war und es sich um kein schweres Delikt handelte, für eine Unverwertbarkeit der Beweise. Auch wenn man annähme, dass ein Richter den Durchsuchungsbefehl sicher erlassen hätte, kann dies unter dem Aspekt des sog **hypothetischen Ersatzeingriffes** den Verfahrensfehler nicht „heilen", denn bei **Willkür** der Behörde liegt stets ein Verwertungsverbot vor.*

III. Ergebnis: Die Beweise sind nicht verwertbar.

Problem 15: Beschlagnahme

I. Allgemeines

1 Die Beschlagnahme von Gegenständen gehört zu den strafprozessualen Zwangsmitteln. Auch sie ist regelmäßig mit einem Grundrechtseingriff verbunden, weswegen wiederum der **Verhältnismäßigkeitsgrundsatz** zu beachten ist. Im Hinblick auf den mit der Beschlagnahme verbundenen **Zweck** sind zwei Grundformen zu unterscheiden: Eine Beschlagnahme kann erstens zur Sicherstellung von **Beweismitteln** erfolgen. Hierdurch soll ein Beweisverlust verhindert und die Durchführung des Strafverfahrens gesichert werden (**beweissichernde Beschlagnahme**, §§ 94 ff. StPO). Zweitens kann eine Beschlagnahme zur Sicherstellung von **Verfalls- und Einziehungsgegenständen** durchgeführt werden. Hierdurch sollen Gegenstände, die möglicherweise im Urteil eingezogen werden können (vgl §§ 73 ff. StGB), vor dem „Verschwinden" bewahrt werden (**vollstreckungssichernde Beschlagnahme**, §§ 111b ff. StPO). Ferner gilt eine **Sonderregelung** für die Sicherstellung deutscher **Führerscheine** (§ 94 Abs. 3 StPO). Obwohl hier systematisch eher § 111b StPO einschlägig wäre (der Führerschein wird nach § 69 Abs. 3 S. 2 StGB „eingezogen"), gelten über § 94 Abs. 3 StPO die Vorschriften des § 94 StPO, da es beim Führerschein allein auf die tatsächliche Sicherstellung der Urkunde und nicht, wie bei den §§ 111b ff. StPO, auf die Verhinderung einer rechtsgeschäftlichen Verfügung ankommt.

II. Sicherstellung von Beweismitteln (§§ 94 ff. StPO)

2 **1. Freiwilligkeit:** Im Rahmen der Beschlagnahme gem den §§ 94 ff. StPO sind die Fälle freiwilliger und unfreiwilliger Herausgabe der zu beschlagnahmenden Gegenstände zu unterscheiden.

3 a) **Formlose Sicherstellung (§ 94 Abs. 1 StPO):** Befindet sich ein Gegenstand im Gewahrsam einer Person, die bereit ist, diesen freiwillig herauszugeben, so kann der Gegenstand formlos sichergestellt werden. Hierbei handelt es sich um einen **Realakt**, der von allen Strafverfolgungsbeamten vorgenommen werden darf.

4 b) **Förmliche Beschlagnahme (§ 94 Abs. 2 StPO):** Befindet sich ein Gegenstand im Gewahrsam einer Person, die **nicht** bereit ist, diesen freiwillig herauszugeben, so bedarf es einer förmlichen Beschlagnahme. Hier wird der Gegenstand durch eine ausdrückliche Anordnung gesichert, dh er wird zB weggenommen oder versiegelt. Die Beschlagnahme bedarf grds der Anordnung durch den Richter oder (bei Gefahr im Verzug) durch die StA oder deren Ermittlungspersonen (§ 98 Abs. 1 S. 1 StPO). Eine **Sonderregelung** in Form eines ausschließlichen Richtervorbehalts gilt für die **Presse** zB bzgl der Beschlagnahme in Redaktionsräumen (§ 98 Abs. 1 S. 2 StPO). In § 95 Abs. 1 StPO ist eine Herausgabepflicht des Gewahrsamsinhabers vorgesehen, der nicht Beschuldigter ist (Selbstbelastungsfreiheit). Im Falle der Weigerung des Betroffenen können Ordnungs- und Zwangsmittel verhängt werden, § 95 Abs. 2 StPO. Der im Juli 2021 eingeführte § 95a Abs. 1 StPO bietet inzwischen die Möglichkeit, die Beschlagnahme dem Beschuldigten gegenüber vorerst zu verheimlichen, sofern sich der beschlagnahmte Gegenstand im Gewahrsam eines Dritten befindet und es der Untersuchungszweck gebietet (sog „heimliche Beschlagnahme"). Diese Rückstellung der Benachrichtigung unterliegt einem Richtervorbehalt (§ 95a Abs. 2 S. 1 StPO) und ist auf höchstens sechs Monate – mit Verlängerungsmöglichkeit um jeweils weitere drei Monate – zu befristen (§ 95a Abs. 2 S. 2, 3 StPO).

Problem 15: Beschlagnahme

2. Beschlagnahmeverbote: Nicht jeder Gegenstand darf beschlagnahmt werden. Von der Beschlagnahme ausgenommen sind:

a) Behördenakten oder andere in amtlicher Verwahrung befindliche Schriftstücke (§ 96 StPO): Gemäß § 96 StPO sind Behördenakten oder andere in amtlicher Verwahrung befindliche Schriftstücke von der Beschlagnahme ausgenommen, sofern eine **Sperrerklärung** seitens der obersten Dienstbehörde vorliegt. Diese Sperrerklärung ist nur zulässig, wenn das Bekanntwerden des Inhalts dieser Akten dem Wohl des Bundes oder eines deutschen Bundeslandes einen Nachteil bereiten würde. Ein „in camera-Verfahren", bei dem allein das Gericht die Beweismittel einsehen darf, ist nicht zulässig.

b) Gegenstände im Gewahrsam eines Zeugnisverweigerungsberechtigten (§ 97 StPO): Mit § 97 StPO wird an die Zeugnisverweigerungsrechte (§§ 52, 53, 53a StPO) angeknüpft. Danach dürfen Gegenstände, die sich im Gewahrsam eines Zeugnisverweigerungsberechtigten befinden, nicht beschlagnahmt werden. Der Zweck dieser Regelung besteht darin, eine Umgehung der §§ 52 ff. StPO zu verhindern. Geschützt sind schriftliche Mitteilungen, Aufzeichnungen des Verweigerungsberechtigten (zB des Verteidigers) und andere Gegenstände (zB ärztliche Untersuchungsbefunde).

Nach der **Rspr.**[1] und der **hL** sollen über den Wortlaut des § 97 Abs. 2 S. 1 StPO hinaus auch Schreiben des Verteidigers an den Angeklagten (die sich im Gewahrsam des Angeklagten befinden) beschlagnahmefrei sein.[2] Als Argument wird § 148 StPO angeführt, der den freien schriftlichen und mündlichen Verkehr zwischen dem Verteidiger und dem Beschuldigtem grds voraussetzt. Allerdings privilegiert § 97 StPO nur das Verhältnis zwischen dem Beschuldigten und dem Zeugnisverweigerungsberechtigten. Daher besteht nach Ansicht des **BGH**[3] keine Beschlagnahmefreiheit in Bezug auf Straftaten, in welchen der Verteidiger selbst der Beschuldigte ist, da § 148 StPO nur für die Zwecke der Verteidigung gelte. Dies führt zB dazu, dass Straftaten, die der Verteidiger nur bei Gelegenheit der Verteidigung begeht, nicht erfasst sind (vgl dazu die strafprozessuale Zusatzfrage).

Eine besondere Rolle spielt § 97 StPO darüber hinaus in Wirtschaftsstrafverfahren, wenn Unterlagen aus einer sog „internen Untersuchung" beschlagnahmt werden. Hierbei handelt es sich in der Regel um Interviewprotokolle, die Anwälte eines Unternehmens im Gespräch mit dessen Mitarbeitern zur Aufklärung etwaiger Verstöße angefertigt haben. In Strafverfahren gegenüber individuell beschuldigten Mitarbeitern hält die **Rspr.** diese Unterlagen überwiegend für beschlagnahmefähig, da für § 97 Abs. 1 Nr. 3 StPO angenommen wird, dass – über den Wortlaut hinaus und entsprechend den anderen Tatbestandsalternativen – nur solche Gegenstände beschlagnahmefrei sind, die dem Vertrauensverhältnis zwischen Anwalt und Mandant entstammen.[4]

Ein Beschlagnahmeverbot entfällt ferner nach § 97 Abs. 2 S. 2 StPO, wenn der zur Verweigerung des Zeugnisses Berechtigte einer Teilnahme am Hauptdelikt oder einer Datenhehlerei, Begünstigung, Strafvereitelung oder Hehlerei verdächtig ist oder wenn es sich bei den zu beschlagnahmenden Gegenständen um Deliktsgegenstände handelt, also solche, die durch die Tat hervorgebracht wurden (zB Falschgeld), zur Begehung einer Straftat gebraucht (zB Fahrzeug) oder bestimmt sind oder aus ihr herrühren. Für

---

1 BGHSt 31, 16.
2 Vgl dazu *Beulke/Swoboda*, Rn. 385, 234 mwN.
3 BGHSt 53, 257, vgl *Marxen/Sponholz*, Haftraum-Fall, famos 8/2009.
4 Vgl BGH StV 2019, 164 Rn. 15; BVerfG NJW 2018, 2385 Rn. 79 ff.

den Verteidiger war dies in der Vergangenheit **streitig**.⁵ Der **BGH**⁶ bejahte unter Berufung auf § 97 Abs. 2 S. 2 StPO die Möglichkeit einer Beschlagnahme. Inzwischen ist eine etwaige Gegenmeinung aufgrund des neu eingefügten § 160a Abs. 4 StPO wohl als obsolet anzusehen.

c) **Sonderfälle:** Wenn verfassungsrechtliche Gründe entgegenstehen, kann ausnahmsweise eine Beschlagnahmefreiheit angenommen werden. Beispielsweise liegt ein Verstoß gegen das Verhältnismäßigkeitsprinzip oder das Allgemeine Persönlichkeitsrecht vor, wenn Tagebücher mit intimen Aufzeichnungen oder Aufzeichnungen des Beschuldigten, die er zur Vorbereitung seiner Verteidigung angefertigt hat, beschlagnahmt werden.

III. Sicherstellung von Verfalls- und Einziehungsgegenständen (§ 111b StPO)

Für die Sicherstellung von Einziehungsgegenständen gem § 111b StPO gelten keine Besonderheiten.

IV. Besondere Formen der Beschlagnahme

1. **Führerschein:** Bei der Beschlagnahme eines Führerscheins muss differenziert werden. Der Führerschein als Dokument kann beschlagnahmt werden (§ 94 Abs. 3 StPO), während die **Fahrerlaubnis** als behördliche Berechtigung nur vorläufig durch den Richter entzogen werden kann (§ 111a StPO). Die endgültige Entziehung erfolgt gem § 69 Abs. 3 S. 2 StGB erst im Urteil. Die vorläufige Entziehung durch den Richter wirkt zugleich als Anordnung oder Bestätigung der Beschlagnahme des Führerscheins (§ 111a Abs. 3 StPO).

2. **Postbeschlagnahme:** Für die Postbeschlagnahme ist die Sonderregelung in § **99 StPO** zu beachten. Sie gilt jedoch nur, soweit sich die zu beschlagnahmende Post im Postbetrieb, dh im Gewahrsam der Post befindet. Wenn das nicht der Fall ist, gelten die allgemeinen Regelungen der §§ 94 ff. StPO. Die Anordnung und die Durchführung der Postbeschlagnahme sind in § 100 StPO geregelt. Umstritten ist die Frage der „Beschlagnahme" von **E-Mails**.⁷ Während für den Sende- und Abrufvorgang § 100a StPO gilt (vgl dazu Problem 18), fällt nach neuerer Rspr. des **BGH** die Sicherstellung von E-Mails, die sich beim Empfänger oder noch beim Provider befinden, unter die §§ 94, 99 StPO,⁸ dh es ist nicht das Fernmeldegeheimnis, sondern das Postgeheimnis (Art. 10 Abs. 1 GG) betroffen. Dies ist indessen **streitig**, da § 100a StPO höhere Anforderungen an die Überwachung der Telekommunikation stellt.

V. Rechtsfolgen

Gelangt ein Gegenstand durch eine Sicherstellung (gleich welcher Art) in staatliche Obhut, so liegt ein **öffentlich-rechtliches Verwahrungsverhältnis** vor. Es besteht folglich ein strafrechtlicher Schutz nach § 133 StGB. Wird der Gegenstand mittels einer förmlichen Beschlagnahme sichergestellt, so tritt zudem **Verstrickung** ein. Hier wird ein strafrechtlicher Schutz über § 136 StGB gewährt.

---

5 Vgl dazu *Beulke/Swoboda*, Rn. 386, 234.
6 BGHSt 31, 16.
7 Vgl dazu *Beulke/Swoboda*, Rn. 392 mwN.
8 BGH NStZ 2009, 397.

Problem 15: Beschlagnahme

Zur Vertiefung:

Rechtsprechung: **BVerfG NJW 2009, 2431** – E-Mail (Beschlagnahme von E-Mails); **BVerfGE 115, 166** – Telefonverbindungsdaten (Beschlagnahme von Telefonverbindungsdaten), vgl *Marxen/Jones/Schubert/Pridik*, Verbindungsdaten-Fall, famos 4/2006; **BVerfG NJW 2011, 1863** – Sicherstellung und Beschlagnahme (Unterlagen einer Rundfunkredaktion); **BVerfG NJW 2015, 3430** – Durchsuchung bei Medienorganen (Reichweite des Beschlagnahmeschutzes nach § 97 Abs. 5 S. 1 StPO), vgl *Janik/Rebbig*, Berliner Morgenpost-Fall, famos 02/2016; **BVerfG NJW 2018, 2385** – „VW-Dieselskandal" (Durchsuchung von Kanzleiräumen und Sicherstellung von Unterlagen bzgl des „VW-Dieselskandals"); **BGHSt 22, 385** – Führerschein (Beschlagnahme bei Gefahr weiterer Trunkenheitsfahrten); **BGHSt 31, 16** – Verteidigerunterlagen (Verteidigerunterlagen sind auch bei Besitz des Beschuldigten beschlagnahmefrei, aber Geltung des § 97 Abs. 2 S. 3 StPO); **BGHSt 38, 237** – RAF II (Beschlagnahme von Behördenakten); **BGHSt 43, 300** – Patientendaten (keine Umgehung der Beschlagnahmeverbote durch Trennung von Verfahren); **BGHSt 44, 46** – Aufzeichnungen (Beschlagnahmefreiheit persönlicher Aufzeichnungen zur Verteidigung); **BGHSt 53, 257** – Verteidigerpost (Zulässigkeit der Beschlagnahme von Schreiben des beschuldigten Verteidigers an seinen Mandanten), vgl *Marxen/Sponholz*, Haftraum-Fall, famos 8/2009; **BGH NStZ 2009, 397** – E-Mail (Beschlagnahme von E-Mails); **BGH NJW 2010, 1297** – E-Mail-Beschlagnahme (Verstoß gegen das Übermaßverbot); **BGH NJW 2018, 3261** – Beschlagnahmevereitelung durch Strafverteidiger (keine Erstreckung des Beschlagnahmeverbots auf „verfängliche Geschäftsunterlagen"); **BGH NStZ-RR 2019, 280** – Keine Auskunft über retrograde Postdaten (keine Verpflichtung von Postdienstleistern aus § 94 bzw § 99 StPO (analog) zur Erteilung von Auskünften über bereits weitergeleitete Postsendungen); **LG München NStZ 2001, 612** – Verteidigermitteilungen (Beschlagnahmeverbot auch bei Gewahrsam des Angeklagten).

Literatur/Aufsätze: *Becker/Baser-Dogan*, Zwischen Telekommunikationsüberwachung und heimlicher Beschlagnahme – Neues zum Zugriff auf beim Provider gespeicherte E-Mails, StV 2022, 459; *Burhoff*, Zurückstellung der Benachrichtigung von der Beschlagnahme – „heimliche Beschlagnahme" (§ 95a StPO), StRR 2021, 6; *Dann*, Durchsuchung und Beschlagnahme in der Anwaltskanzlei, NJW 2015, 2609; *Gallus/Zeyher*, § 95a StPO als „Rettungsanker" für die heimliche Beschlagnahme von E-Mails beim Provider?, NStZ 2022, 462; *Klein*, Offen und (deshalb) einfach – Zur Sicherstellung und Beschlagnahme von E-Mails beim Provider, NJW 2009, 2996; *Kropp*, Der Durchsuchungs- und Beschlagnahmebeschluss, JA 2003, 688; *Momsen*, Volkswagen, Jones Day und interne Ermittlungen – Zur Zukunft strafrechtlicher Vertretung von Unternehmen in Deutschland, NJW 2018, 2362; *Oesterle*, Das Gewahrsamserfordernis des § 97 Abs. 2 S. 1 StPO: Eine einfachgesetzliche Begründung eines gewahrsamsunabhängigen Beschlagnahmeverbots für anwaltliche Unterlagen, StV 2016, 118; *Satzger*, Reichweite des Beschlagnahmeverbots, JA 1998, 632; *Schneider*, Die strafprozessuale Beschlagnahmefreiheit von Verteidigungsunterlagen des sich selbst verteidigenden Beschuldigten, JURA 1999, 411; *Zimmermann*, Der strafprozessuale Zugriff auf E-Mails, JA 2014, 321; *Vassilaki*, Heimliche Beschlagnahme von digital gespeicherten Informationen, MMR 2022, 103.

Problem 15: Beschlagnahme

Strafprozessuale Zusatzfrage:[9]

Gegen den Strafverteidiger V wird ermittelt, weil der Verdacht besteht, er helfe seinem Mandanten A bei der Beeinflussung von Zeugen. Wegen des Verdachts der Strafvereitelung wird ordnungsgemäß richterlich angeordnet, die Zelle des A, der sich in Haft befindet, nach Beweisen gegen V zu durchsuchen und diese sicherzustellen. Bei dieser Durchsuchung wird ein Brief mit Äußerungen von V in Bezug auf den im Verfahren vorsitzenden Richter R gefunden und beschlagnahmt, in welchem V den R als „faul und unfähig" bezeichnet. Aufgrund dieser Aussagen wird V wegen Beleidigung angeklagt, wobei der Brief aus der Zelle gegen ihn verwendet werden soll. V hält die Beschlagnahme des Briefes für rechtswidrig. Hat er Recht?

Klausurmäßiger Lösungsvorschlag:

Fraglich ist, ob der Brief des V, der die beleidigenden Äußerungen gegenüber R enthält, beschlagnahmt werden darf.

I. Bei A wurden eine Durchsuchung und eine anschließende Beschlagnahme gem den §§ 103 Abs. 1, 105, 94 Abs. 2, 98 StPO durchgeführt. Gegen die Rechtmäßigkeit der Durchsuchung und die formelle Rechtmäßigkeit der Beschlagnahme bestehen keine Bedenken.

*II. Jedoch könnte die **Beschlagnahme materiell** rechtswidrig gewesen sein, da der Brief von V wegen eines Inhalts mitgenommen wurde, um den es bei der Anordnung der Durchsuchung nicht ging. Ermittelt wurde wegen Strafvereitelung, im Brief wurde jedoch eine Beleidigung ausgesprochen. § 108 Abs. 1 StPO ermächtigt indes auch zur Erhebung von **Zufallsfunden**, so dass insoweit kein Verstoß vorliegt.*

*III. Allerdings könnte das Dokument gem **§ 97 Abs. 1 Nr. 1 StPO einem Beschlagnahmeverbot** unterliegen.*

1. Bei dem Brief handelt es sich um eine schriftliche Mitteilung zwischen dem Beschuldigten und einem gem § 53 Abs. 1 Nr. 2 StPO Zeugnisverweigerungsberechtigten. Ausweislich des Wortlauts des § 97 Abs. 2 S. 1 StPO muss sich die Mitteilung zwar im Gewahrsam des Zeugnisverweigerungsberechtigten befinden. Um jedoch das Vertrauensverhältnis zwischen dem Mandanten und dem Verteidiger gem § 148 StPO wirksam schützen zu können, ist der Anwendungsbereich der Norm über deren Wortlaut hinaus zu erweitern und erfasst auch Fälle, in denen sich die Mitteilung im Gewahrsam des Mandanten befindet.

Die §§ 97, 148 StPO sind jedoch auf den Fall zugeschnitten und begrenzt, in welchem der Verteidiger als zeugnisverweigerungsberechtige Person auftritt. Schon der Wortlaut des § 97 StPO ist auf dieses Rollenverhältnis beschränkt. Ferner ist es der Zweck des § 97 StPO, die §§ 53 ff. StPO vor einer Umgehung zu schützen. Wird also gegen den Verteidiger ermittelt, besteht kein Beschlagnahmeverbot. So liegt der Fall auch hier.

*2. Es könnte sich jedoch ein Beschlagnahmeverbot aus dem geschützten **Verteidiger-Mandanten-Verhältnis** gem § 148 StPO ergeben. Hierfür spräche, dass diese Bestimmung dem Beschuldigten ein Recht auf ungehinderte Korrespondenz mit seinem Verteidiger gewährt. Auch diese Vorschrift kann zwar die Voraussetzungen des § 97 StPO im oben beschriebenen Umfang erweitern, sich jedoch nicht von der grundsätzlichen*

---

[9] Fall nach BGHSt 53, 257; vgl *Marxen/Sponholz*, Haftraum-Fall, famos 8/2009.

ratio des § 97 StPO lösen. Zudem geht auch § 148 StPO vom Verteidiger-Mandanten-Verhältnis aus und will dieses, nicht aber den Verteidiger schützen, wenn gegen ihn selbst ermittelt wird. Hier ging es jedoch nicht um ein Verfahren gegen A, sondern gegen V.

3. Damit bestand kein Beschlagnahmeverbot. 25

IV. Ergebnis: Die Beschlagnahme des Briefes war rechtmäßig. V irrt sich also. 26

Problem 16: Unterbringung zur Beobachtung und körperliche Untersuchung

I. Allgemeines

1 Die Unterbringung zur Beobachtung (§ 81 StPO) und die verschiedenen Formen der körperlichen Untersuchungen (§§ 81a-81h StPO) stellen **strafprozessuale Zwangsmaßnahmen** (vgl dazu Problem 12) dar und sind daher wiederum mit Grundrechtseingriffen verbunden. Daher ist stets der **Verhältnismäßigkeitsgrundsatz** – als ungeschriebene Voraussetzung – zu beachten. Wie bei allen Zwangsmitteln gilt auch bei den körperlichen Untersuchungen, dass der Beschuldigte nach dem **Nemo-tenetur-Grundsatz** keine Pflicht zur aktiven Mitwirkung, sondern lediglich zur **passiven Duldung** der Maßnahme hat.

2 Diese Duldungspflicht gilt selbst dann, wenn das Dulden für den Betroffenen einen schwereren Eingriff darstellt als die aktive Mitwirkung, so zB bei der Duldung einer Blutentnahme statt aktiv „ins Röhrchen zu pusten". Wie auch bei der Durchsuchung (§§ 102 ff. StPO; vgl dazu Problem 14) gelten unterschiedliche Anforderungen, je nachdem ob die Untersuchung beim Beschuldigten (§§ 81a, 81b StPO) oder bei Dritten (§ 81c StPO) stattfindet. Es kommen unterschiedliche Maßnahmen in Betracht: die Unterbringung des Beschuldigten zur Beobachtung in einem psychiatrischen Krankenhaus (§ 81 StPO), die körperliche Untersuchung des Beschuldigten (§ 81a StPO), die Aufnahme von Lichtbildern und Entnahme von Fingerabdrücken (§ 81b StPO), die Untersuchung Dritter (§ 81c StPO), molekulargenetische Untersuchungen (§§ 81e, 81f StPO; vgl dazu Problem 17) sowie die DNA-Identitätsfeststellung (§ 81g StPO) und die DNA-Reihenuntersuchung (§ 81h StPO; vgl dazu Problem 17).

II. Die einzelnen Maßnahmen

3 **1. Unterbringung zur Beobachtung (§ 81 StPO):** Zur Vorbereitung eines Gutachtens über den psychischen Zustand des Beschuldigten kann dieser gem § 81 StPO in einem psychiatrischen Krankenhaus untergebracht werden.

4 a) **Anordnungsbefugnis:** Die Anordnung einer solchen Unterbringung erfolgt allein durch das Gericht (§ 81 Abs. 2, 3 StPO).

5 b) **Voraussetzungen:** Die Unterbringung kann nur angeordnet werden, wenn
(1) der Betroffene Beschuldigter ist,
(2) ein **dringender** Tatverdacht gegen ihn vorliegt,
(3) die Unterbringung dem Zweck der Vorbereitung eines Gutachtens dient,
(4) die Anhörung eines Sachverständigen und des Verteidigers erfolgt sind,
(5) der Grundsatz der Verhältnismäßigkeit gewahrt wird (hier ist insb die Schwere des Eingriffs mit der Bedeutung der Sache und der zu erwartenden Strafe abzuwägen, § 81 Abs. 2 S. 2 StPO) und
(6) die Dauer von sechs Wochen nicht überschritten wird (§ 81 Abs. 5 StPO).

6 c) **Zulässige Maßnahmen:** Die Unterbringung umfasst nur das Festhalten und die Beobachtung, weitergehende körperliche Untersuchungen richten sich nach § 81a StPO.

7 **2. Körperliche Untersuchung des Beschuldigten, Blutprobe (§ 81a StPO):** Eine körperliche Untersuchung nach § 81a Abs. 1 StPO ist von der Durchsuchung nach

Problem 16: Unterbringung zur Beobachtung und körperliche Untersuchung

§ 102 StPO (vgl dazu Problem 14) abzugrenzen. Eine körperliche Untersuchung liegt vor, wenn **im Körper** nach Gegenständen gesucht wird, während eine Durchsuchung angenommen wird, wenn **am Körper** bzw in zugänglichen natürlichen Körperöffnungen (zB Mund, Scheide, After) nach Gegenständen gesucht wird. Als Hauptanwendungsfälle des § 81a Abs. 1 StPO sind die Entnahme von Blutproben oder die Suche nach verschluckten Gegenständen zu nennen. Besonders **umstritten** ist hierbei die Zulässigkeit der Verabreichung von Brechmitteln. Dabei ist von § 81a Abs. 1 StPO nicht nur die Blutentnahme als solche gedeckt, sondern auch das zwangsweise Verbringen des Beschuldigten zum nächsten geeigneten und erreichbaren Arzt oder Krankenhaus.

a) Anordnungsbefugnis: Eine körperliche Untersuchung kann grds nur das Gericht anordnen, bei Gefahr im Verzug ist aber auch die Anordnung durch die StA und ihre Ermittlungspersonen zulässig (§ 81a Abs. 2 S. 1 StPO). Die Entnahme einer Blutprobe bedarf abweichend hiervon keiner richterlichen Anordnung, wenn bestimmte Tatsachen den Verdacht begründen, dass eine Straftat nach § 315a Abs. 1 Nr. 1, Abs. 2 und 3, § 315c Abs. 1 Nr. 1a, Abs. 2 und 3 oder § 316 StGB begangen worden ist (§ 81a Abs. 2 S. 2 StPO).

b) Voraussetzungen: Die Zwangsmaßnahme darf nur angeordnet werden (vgl zu den entsprechenden Beweisverwertungsverboten bei Verstößen Problem 30), wenn

(1) sie gegen den Beschuldigten gerichtet ist,
(2) die körperliche Untersuchung dem in § 81a Abs. 1 S. 1 StPO genannten legitimen Zweck dient, nämlich der Feststellung von Tatsachen, „die für das Verfahren von Bedeutung sind",
(3) kein Nachteil für die Gesundheit zu befürchten ist,
(4) die Blutprobe und andere körperliche Eingriffe von einem Arzt durchgeführt werden sollen (vgl ferner § 81d StPO) – Eingriffe durch andere Personen sind unzulässig, es sei denn, der Beschuldigte willigt nach Belehrung in diese Eingriffe ein, und
(5) der Grundsatz der Verhältnismäßigkeit gewahrt wird.

c) Zulässige Maßnahmen: Zulässige Maßnahmen sind zB die Blutentnahme und das Auspumpen des Magens. Nach der **Rspr.**[1] sind auch das Festhalten zur körperlichen Untersuchung und die zwangsweise Durchsetzung umfasst, da die Anordnung der Untersuchung sonst zwecklos wäre. Jedenfalls legen § 81a Abs. 1 S. 2 StPO und § 81c Abs. 2 S. 2 StPO fest, dass die Entnahme von Blutproben und andere körperliche Eingriffe nur von einem Arzt vorgenommen werden dürfen. Ist allerdings die Untersuchung darüber hinaus geeignet, das Schamgefühl des Betroffenen zu verletzen, so muss der Arzt gleichen Geschlechts wie die untersuchte Person sein bzw es muss einem entsprechenden Wunsch des Untersuchten entsprochen werden, die Untersuchung einer Person eines bestimmten Geschlechts zu übertragen (§ 81d Abs. 1 S. 1, 2 StPO). **Probleme** bestehen insb bei:

aa) Verabreichung von Brechmitteln: Hier kann zB ein Nachteil für die Gesundheit bestehen. Zudem wird durch den Zwang zur aktiven Mitwirkung teilweise ein Verstoß gegen den **Nemo-tenetur-Grundsatz**, gegen die Menschenwürde oder das Recht auf körperliche Unversehrtheit angenommen.[2] Nach sehr umstrittener **aA**[3] soll die Brechmittelverabreichung zulässig sein, da sie gegenüber dem Auspumpen des Magens ein

---

[1] Vgl BayObLG NJW 1964, 459, 460.
[2] OLG Frankfurt NJW 1997, 1647.
[3] KG StV 2002, 122, vgl *Marxen/von Berg*, Brechmittel-Fall, famos 4/2002.

milderes Mittel darstelle. Der **EGMR**[4] nahm hingegen einen Verstoß gegen die **Art. 3, 6 EMRK** an. Auch der **BGH**[5] hat inzwischen eine Rechtfertigung des Brechmitteleinsatzes nach § 81a StPO abgelehnt (vgl dazu auch die strafprozessuale Zusatzfrage).

12 bb) **Gegenüberstellung mit Zeugen:** Eine Gegenüberstellung des Beschuldigten mit Zeugen wird teilweise als eine von § 58 Abs. 2 StPO umfasste Maßnahme angesehen (dem Verteidiger steht dabei ein Anwesenheitsrecht zu, § 58 Abs. 2 S. 2 StPO). Hat der Beschuldigte keinen Verteidiger, so ist er darauf hinzuweisen, dass er in den Fällen des § 140 StPO die Bestellung eines Pflichtverteidigers nach Maßgabe der §§ 141 Abs. 1, 142 Abs. 1 StPO beantragen kann, § 58 Abs. 2 S. 5 StPO. Dagegen wird angeführt, dass § 58 Abs. 2 StPO sich nur auf den umgekehrten Fall, der Gegenüberstellung von Zeugen mit dem Beschuldigten (oder anderen Zeugen) bezieht. Daher greifen andere entweder auf § 81a Abs. 1 StPO oder auf § 81b Abs. 1 StPO als Ermächtigungsgrundlage zurück. Schließlich wird die Zulässigkeit der Gegenüberstellung auch gänzlich abgelehnt, da die StPO keine entsprechende Ermächtigungsgrundlage vorsehe.

13 cc) **Veränderung von Haar- und Barttracht:** Nach Ansicht des **BVerfG** wird eine Veränderung der Haar- und Barttracht, etwa für eine Gegenüberstellung, von § 81a Abs. 1 StPO erfasst.[6] Eine **aA** greift zur Legitimierung des Eingriffs auf § 81b Abs. 1 StPO zurück.

14 **3. Lichtbilder und Fingerabdrücke (§ 81b StPO):** Die Zulässigkeit der Aufnahme von Lichtbildern und der Abnahme von Fingerabdrücken auch gegen den Willen des Beschuldigten regelt § 81b StPO. Die Vorschrift dient sowohl repressiven (Durchführung des Strafverfahrens, 1. Alt.) als auch präventiven (erkennungsdienstliche Behandlung, 2. Alt.) Zwecken. Dies wirkt sich unter anderem auf den Rechtsschutz aus: Gegen repressive Maßnahmen muss der Betroffene analog § 98 Abs. 2 S. 2 StPO vor den ordentlichen Gerichten vorgehen, während bzgl der präventiven Maßnahmen der Verwaltungsgerichtsweg gem § 40 Abs. 1 S. 1 VwGO eröffnet ist.

15 a) **Anordnungsbefugnis:** Repressive Maßnahmen nach § 81b StPO können im Ermittlungsverfahren durch die StA oder ihre Ermittlungsbeamten und nach Anklageerhebung durch das Gericht angeordnet werden.

16 b) **Voraussetzungen:** Eine solche Anordnung ist zulässig, wenn
(1) sie gegen den Beschuldigten gerichtet ist,
(2) dem Zweck der Durchführung des Strafverfahrens oder des Erkennungsdienstes dient und
(3) der Grundsatz der Verhältnismäßigkeit („notwendig") gewahrt ist.

17 c) **Zulässige Maßnahmen:** Wie bei § 81a StPO ist die Anwendung unmittelbaren Zwanges zur Durchsetzung der Maßnahmen mit umfasst. Wie oben erwähnt, ist **streitig**, ob die Veränderung von Haar- und Barttracht unter § 81b Abs. 1 StPO oder unter § 81a Abs. 1 StPO fällt.

18 **4. Untersuchung von Dritten (§ 81c StPO):** Bei anderen Personen als dem Beschuldigten dürfen zwangsweise (dh ohne ihre Einwilligung stattfindende) körperliche Untersuchungen nur unter engen Voraussetzungen durchgeführt werden. Im Rahmen dieser

---
4 NJW 2006, 3117 – Jalloh.
5 NJW 2010, 2595.
6 Vgl BVerfGE 47, 239.

Maßnahme ist umstritten, ob sie auch dann durchgeführt werden darf, wenn der Betroffene mangels Aussagefähigkeit nicht als Zeuge in Betracht kommt, wie zB Kleinkinder.[7] Während eine **tvA** auch in einem solchen Fall eine körperliche Untersuchung für zulässig hält, soweit es allein an der Aussagefähigkeit der Person fehlt, da diese immerhin hypothetisch zeugnisfähig sei, geht der **BGH** mit dem Wortlaut von einer Unzulässigkeit der Untersuchung nach § 81c Abs. 1 StPO aus.

a) **Anordnungsbefugnis:** Die Untersuchung kann grds nur vom Gericht, bei Gefahr im Verzug aber auch von der StA und ihren Ermittlungspersonen, angeordnet werden (§ 81c Abs. 5 Abs. 1 StPO).

b) **Voraussetzungen:** Eine solche Anordnung muss

(1) gegen Dritte, die als Zeugen in Betracht kommen, gerichtet werden (sog Zeugengrundsatz). Zu beachten ist § 81c Abs. 3 S. 1 StPO, wonach Zeugen, die ein Zeugnisverweigerungsrecht nach § 52 StPO haben, auch ein Untersuchungsverweigerungsrecht zusteht. Über dieses Recht muss der Dritte eigenständig **belehrt werden**,

(2) allein dem Zweck des Auffindens von Spuren und Tatfolgen **am** (dh **nicht im**) Körper des Zeugen dienen (sog Spurengrundsatz) – Spuren sind dabei Veränderungen am Körper, die Rückschlüsse auf den Täter und die Tatausführung zulassen,

(3) ggf die Voraussetzungen der **Ausnahme nach § 81c Abs. 2 StPO** erfüllen,

(4) vorsehen, dass Blutproben und andere Untersuchungen nur vom Arzt durchgeführt werden (vgl ferner § 81d StPO) und

(5) den Grundsatz der Verhältnismäßigkeit wahren.

c) **Zulässige Maßnahmen:** Anordnungen nach § 81c StPO ermächtigen nur zu körperlichen Eingriffen **am Körper**. **Unzulässig** sind daher Eingriffe **im Körper** (zB Magenauspumpen). Vielmehr ist nur die Untersuchung der Körperoberfläche und der natürlichen Körperöffnungen zulässig. Hierbei ermächtigt § 81c StPO zu etwas weiter gehenden Maßnahmen als § 103 StPO (vgl dazu Problem 14). So erlaubt § 103 Abs. 1 StPO die Durchsuchung der Kleidung, § 81c StPO die Untersuchung des Körpers und der natürlichen Körperöffnungen. Nach § 81c Abs. 2 StPO sind allerdings – ohne Einwilligung – auch Untersuchungen zur Feststellung der Abstammung sowie die Entnahme von Blutproben unter den hier genannten Voraussetzungen und zu den hier genannten Zwecken zulässig.

Zur Vertiefung:

Rechtsprechung: **EGMR NJW 2006, 3117** – Jalloh (Brechmitteleinsatz verstößt gegen die EMRK); **BVerfGE 47, 239** – Zwangsweiser Haarschnitt (§ 81a StPO als Ermächtigungsgrundlage); **BVerfG NJW 2010, 2864** – Richtervorbehalt (Umfang richterlicher Überprüfung von Gefahr im Verzug gemäß §§ 81a, 105 Abs. 1 StPO); **BVerfG StraFo 2011, 145** – Blutentnahme ohne richterliche Anordnung (kein Verwertungsverbot bei Nicht-Einrichtung eines richterlichen Bereitschaftsdienstes); **BGHSt 55, 121** – Brechmittel (keine Rechtfertigung nach § 81a StPO), vgl *Stempel/Heinken*, Brechmittel-Fall, famos 2/2011; **BGH NJW 2012, 2453** – Brechmitteleinsatz (Vorhersehbarkeit der Todesfolge); **BayObLG NJW 1964, 459** – Blutentnahme (§ 81a StPO deckt auch das Verbringen und die zwangsweise Durchsetzung); **OLG**

---
[7] Vgl *Mitsch/Ellbogen*, S. 24 f. mwN.

Problem 16: Unterbringung zur Beobachtung und körperliche Untersuchung

Frankfurt NJW 1997, 1647 – Brechmittel (Verstoß gegen die Menschenwürde und den Nemo-tenetur-Grundsatz); **OLG Dresden NJW 2001, 3643** – Blutentnahme (zwangsweise Verbringung ins Krankenhaus); **KG StV 2002, 122** – Brechmittel (Zulässigkeit nach § 81a StPO), vgl *Marxen/von Berg*, Brechmittel-Fall, famos 4/2002; **OLG Hamburg NJW 2008, 2597** – Blutentnahme (Gefahr im Verzug, Anordnung durch Polizeibeamte); **OLG Bamberg NJW 2009, 2146** – Richtervorbehalt (Verwertungsverbot nur bei gezielter und willkürlicher Umgehung); **KG NStZ-RR 2015, 25** – Blutentnahme (Anforderungen an die Einwilligungsfähigkeit); **LG Limburg NStZ 2018, 622** – Blutentnahme (Richtervorbehalt, Gefahr im Verzug).

Literatur/Aufsätze: *Kraft*, Die Blutentnahme nach § 81a StPO, JuS 2011, 591; *Waszczynski*, Rechtsschutzmöglichkeiten gegen erkennungsdienstliche Maßnahmen unter besonderer Berücksichtigung der Rechtsnatur des § 81 b Alt. 2 StPO, JA 2013, 60.

Literatur/Übungsfälle: *Bosch*, Die körperliche Untersuchung des Beschuldigten (§ 81a StPO), JURA 2014, 50; *Eisenberg*, Zum Verfahren der Unterbringung zur Beobachtung (§ 81 StPO) betreffend die Frage der Verhandlungsfähigkeit im Stadium der Hauptverhandlung – Zugleich Besprechung der Beschlüsse des LG Augsburg vom 3.2.2014 und des OLG München vom 5.3.2014, NStZ 2015, 433; *Fahl*, Schlau hilft, JuS 2001, 47; *Goldkamp*, Wahllichtbildvorlage und Wahlgegenüberstellung im Verkehrsrecht, NZV 2019, 217; *Graulich*, Strafverfolgungsvorsorge, NVwZ 2014, 685; *Kraft*, Die Blutentnahme nach § 81a StPO, JuS 2011, 591; *Peglau*, Richtervorbehalt bei Blutprobenentnahme – Anforderungen des BVerfG, NJW 2010, 2850; *Rogall*, Das Notwehrrecht des Polizeibeamten, JuS 1992, 551; *Stam*, Die partielle Abschaffung des Richtervorbehalts bei Blutprobenentnahmen nach § 81 a II 2 StPO – Abschied von einem prozessualen Stolperstein, NZV 2018, 155; *Waszcynski*, Rechtsschutzmöglichkeiten gegen erkennungsdienstliche Maßnahmen unter besonderer Berücksichtigung der Rechtsnatur des § 81b Alt. 2 StPO, JA 2013, 60.

Strafprozessuale Zusatzfrage:[8]

Die Polizei beobachtet A beim Handel mit Betäubungsmitteln und nimmt ihn daraufhin fest. Bei der Festnahme verschluckt A die Drogen, die er in Plastikpäckchen in seinem Mund aufbewahrt hat. Der zuständige Staatsanwalt ordnet daher die Verabreichung von Brechmitteln durch einen Arzt an. Da A sich weigert, werden ihm die Mittel zwangsweise per Sonde eingeflößt und A erbricht einen Beutel mit Kokain. Die StA beabsichtigt, diesen Beweis in der Hauptverhandlung zu verwerten. Ist die Beweisgewinnung auf diese Art und Weise rechtmäßig oder verstoßen Beweisgewinnung und Beweisverwertung gegen die EMRK?

Klausurmäßiger Lösungsvorschlag:

Zu prüfen ist zunächst, ob die Beweisgewinnung rechtmäßig war.

1. Eine **rechtswidrige Beweisgewinnung** könnte aufgrund der **zwangsweisen Brechmittelverabreichung** gegeben sein.

a) Als **Ermächtigungsgrundlage** für dieses Vorgehen kommt § 81a StPO in Betracht, der die einfache körperliche Untersuchung regelt. Nach § 81a Abs. 1 S. 2 StPO dürfen

---

8 Fall nach EGMR NJW 2006, 3117 – Jalloh.

körperliche Eingriffe, wie zB die Entnahme von Blut erfolgen. Da jedoch der Fall des Brechmitteleinsatzes hier nicht ausdrücklich genannt wird, könnte die Anwendung des § 81a Abs. 1 S. 2 StPO abzulehnen sein. Dafür spräche auch, dass es hier um eine Sicherstellung von Beweismitteln und nicht um eine Untersuchung des Körpers geht. Andererseits erwähnt § 81a Abs. 1 S. 1 StPO neben der Blutentnahme „andere körperliche Eingriffe", welche die Entnahme des Mageninhalts, die der Blutentnahme nicht gänzlich unvergleichbar ist, durchaus erfassen können. In der Rspr. wird teilweise vorgebracht, dass hierin vom Prinzip her auch ein milderes Mittel gegenüber dem Auspumpen des Magens liegen kann.

b) Die Brechmittelvergabe wäre aber dann rechtswidrig, wenn sie einen Verstoß gegen die EMRK beinhaltet. Die zwangsweise Verabreichung eines Brechmittels kann eine **unmenschliche und erniedrigende Behandlung** iSd **Art. 3 EMRK** darstellen, wenn die Misshandlung ein **Mindestmaß an Schwere** erreicht. Eine unmenschliche Behandlung setzt jedenfalls voraus, dass körperliche Verletzungen oder intensive physische oder psychische Leiden verursacht wurden. Erniedrigend ist eine Behandlung, wenn sie in den Opfern Gefühle der Angst, Beklemmung oder Unterlegenheit erweckt, die geeignet sind, sie zu demütigen und zu erniedrigen und möglicherweise ihren körperlichen oder moralischen Widerstand zu brechen. Der **EGMR** bejahte vorliegend einen Verstoß gegen Art. 3 EMRK, weil es sich um kein schweres Delikt handelte und ungeklärt sei, ob der Brechmitteleinsatz und das damit verbundene Vorgehen der Behörde schwere gesundheitliche Folgen haben könnten. Die Vorgehensweise (Festhalten und zwangsweises Einführen der Magensonde) lassen größere psychische und physische Qualen des A vermuten. Zudem hätte auf ein natürliches Ausscheiden der Drogen als milderes Mittel gewartet werden können.

2. Ferner könnte ein Verstoß gegen **Art. 6 EMRK** vorliegen.

a) Zunächst kommt ein Verstoß gegen das Fair-trial-Prinzip in Betracht. Der EGMR prüft unter diesem Gesichtspunkt, ob das Verfahren insgesamt (dh einschließlich der Beweiserhebung und Beweisverwertung) noch fair war. Entscheidend ist eine Gesamtabwägung, bei der sich das öffentliche Interesse an der Verfolgung der Straftat und der Bestrafung des Täters und das Interesse des Einzelnen, dass Belastungsmaterial rechtmäßig erlangt wird, gegenüberstehen. Hier spricht bei einer Gesamtabwägung viel für die Annahme eines insgesamt unfairen Verfahrens, da einerseits ein besonders schwerer Eingriff vorliegt und es sich andererseits nicht um ein schweres Delikt handelte.

b) Ferner kann sich eine Verletzung des Art. 6 EMRK auch aus einem Verstoß gegen den **Nemo-tenetur-Grundsatz** ergeben, nach dem der Beschuldigte nicht aktiv an der Zwangsmaßnahme mitwirken muss, sondern ihn nur eine **passive** Duldungspflicht trifft. Dagegen spricht, dass A das Brechmittel nicht selbst schluckte. Zudem ist zweifelhaft, ob das Recht, sich nicht selbst belasten zu müssen, sich auch auf Beweismaterial erstreckt, das vom Beschuldigten durch Zwang gewonnen werden kann, aber unabhängig von seinem Willen vorhanden ist. Für die Annahme eines Verstoßes gegen den Nemo-tenetur-Grundsatz lässt sich jedoch anführen, dass A durch die Art und Schwere des Brechmitteleinsatzes hier sehr wohl zu einer aktiven Mitwirkung gezwungen wird. Denn er hat nicht nur die Entnahme von Körpersubstanzen zu dulden, sondern muss durch das Erbrechen auch unfreiwillig daran mitwirken.

31 *3. Ergebnis:* Daher ist davon auszugehen, dass die Beweisgewinnung unzulässig war und das Verfahren dadurch auch insgesamt unfair geworden ist, so dass auch ein Verstoß gegen Art. 6 EMRK vorliegt.

Problem 17: Molekulargenetische Untersuchungen und DNA-Analyse

I. Allgemeines

Vor Einführung der §§ 81e ff. StPO war umstritten, ob § 81a StPO auch eine Untersuchung genetischen Materials umfasst. Heute ist durch die Regelung in den §§ 81e ff. StPO klargestellt, dass solche Untersuchungen grds möglich sind. Hierbei lassen sich zwei Stadien unterscheiden: molekulargenetische Untersuchungen im laufenden Strafverfahren (§§ 81e, 81f StPO) und solche im Hinblick auf zukünftige Verfahren (§ 81g StPO). Die Durchführung freiwilliger DNA-Reihenuntersuchungen wird von § 81h StPO gestattet.

II. Molekulargenetische Untersuchungen in laufenden Verfahren (§§ 81e, 81f StPO)

Unter einer Maßnahme nach den §§ 81e-81f StPO ist eine molekulargenetische Untersuchung der in jeder menschlichen Zelle enthaltenen Desoxyribonukleinsäure (DNS, englisch: DNA) zu verstehen. Mit diesem „genetischen Fingerabdruck" kann zB festgestellt werden, ob das am Tatort aufgefundene Körpermaterial (Haare, Speichel, Sperma, Hautpartikel usw) vom Beschuldigten stammt. Das hierzu verwendete Material kann auf unterschiedliche Art und Weise erlangt worden sein. Gemäß § 81e Abs. 1 S. 1 StPO kann zunächst das dem Beschuldigten bereits zuvor nach § 81a Abs. 1 StPO entnommene Material verwendet werden. Gleiches gilt für das Material, das bei einer Untersuchung Dritter nach § 81c Abs. 1 StPO erlangt wurde. Die Entnahme kann aber auch eigens zu diesem Zweck erfolgen. Hierzu ist dann die Duldung der Entnahme von Körperzellen seitens des Beschuldigten nach § 81a Abs. 1 StPO erforderlich, die allerdings auch zwangsweise durchgesetzt werden kann (vgl dazu Problem 16). Sind die Proben bereits vorhanden, dh schon vorher zu anderen Zwecken entnommen worden, so dürfen diese in anderen Strafverfahren nur dann verwendet werden, wenn diese bereits **„anhängig"** sind (§ 81a Abs. 3 StPO). Nicht mehr benötigte Proben sind unverzüglich zu vernichten (§ 81 Abs. 3 Hs. 2 StPO). Gemäß § 81e Abs. 2 S. 1 StPO können nach Abs. 1 zulässige Untersuchungen auch an aufgefundenem, sichergestelltem oder beschlagnahmtem Material durchgeführt werden. Ist dabei unbekannt, von welcher Person das Spurenmaterial stammt, dürfen zusätzlich Feststellungen über die Augen-, Haar- und Hautfarbe sowie das Alter der Person getroffen werden, § 81e Abs. 2 S. 2 StPO.

1. Anordnungsbefugnis: Hat die betroffene Person nicht schriftlich eingewilligt, so liegt die Anordnungsbefugnis für die entsprechenden Maßnahmen beim Gericht, bei Gefahr im Verzug auch bei der StA und ihren Ermittlungspersonen (§ 81f Abs. 1 S. 1 StPO).

2. Voraussetzungen: Molekulargenetische Untersuchungen dürfen nur angeordnet werden (vgl zu den entsprechenden Beweisverwertungsverboten bei Verstößen Problem 30), wenn

a) das Material vom Beschuldigten stammt und gem § 81a StPO rechtmäßig erlangt wurde oder von einem Dritten stammt und gem § 81c StPO gewonnen wurde oder wenn es sich um anonymes Material handelt (§ 81e Abs. 2 StPO),

b) bereits vorhandenes Material nur in zum Zeitpunkt der Erlangung bereits anhängigen Verfahren verwendet wird,

c) die Maßnahme der Feststellung des DNA-Identifizierungsmusters, der Abstammung und des Geschlechts der Person dient und diese Feststellungen mit Vergleichsmaterial abgeglichen werden, soweit dies zur Erforschung des Sachverhalts erforderlich ist,

d) die Durchführung durch Sachverständige gewährleistet ist (vgl dazu § 81f Abs. 2 StPO) und

e) der Grundsatz der Verhältnismäßigkeit gewahrt wird.

III. DNA-Reihenuntersuchung (§ 81h StPO)

5   DNA-Reihenuntersuchungen, bei denen ein großer Personenkreis aufgefordert wird, Körperzellen abzugeben, sind in § 81h StPO geregelt. Hiernach dürfen bei den genannten schweren Straftaten den Personen, die bestimmte auf den Täter vermutlich zutreffende Merkmale erfüllen (sog Prüfungsmerkmale), mit ihrer schriftlichen Einwilligung Körperzellen entnommen, diese Proben zur Feststellung des DNA-Identifizierungsmusters und des Geschlechts untersucht und die gewonnene DNA mit der DNA des Spurenmaterials verglichen werden (§ 81h Abs. 1 StPO). Vor der Novellierung im Jahr 2017 erlaubte § 81h StPO **nur** die **Feststellung**, ob das Spurenmaterial der Anlasstat von einer an der Reihenuntersuchung **teilnehmenden Person** stammt. Ein „Beinahetreffer" (dh die teilweise Übereinstimmung zwischen Teilnehmer und Spur) durfte als Anknüpfung für weitere Ermittlungen im Verwandtschaftsumfeld des Betroffenen hingegen nicht verwendet werden.[1] Durch die Erweiterung des § 81h Abs. 1 StPO um den Passus „oder von ihren Verwandten in gerader Linie oder in der Seitenlinie bis zum dritten Grad stammt" steht nunmehr aber fest, dass aus dem DNA-Abgleich künftig auch Erkenntnisse als Spurensatz verwertet werden dürfen, die aufgrund der teilweisen Übereinstimmung auf ein nahes Verwandtschaftsverhältnis zwischen dem Spurenverursacher und dem Probengeber hindeuten.[2] Neben der **schriftlichen Einwilligung** der Betroffenen ist auch eine **schriftliche gerichtliche Anordnung** erforderlich (sog doppelte Absicherung), vgl § 81h Abs. 1 S. 1, Abs. 2 S. 1, Abs. 4 S. 1 StPO. Somit betrifft § 81h StPO nur die **freiwilligen** DNA-Reihenuntersuchungen.

6   Eine Einwilligung ist als **unwirksam** anzusehen, wenn dem Betroffenen aufgrund einer Zwangslage keine wirkliche Wahlfreiheit verbleibt. Eine solche **Zwangslage** ist bei DNA-Reihenuntersuchungen denkbar, soweit potenzielle Teilnehmer der Untersuchung damit rechnen müssten, gerade durch die Nichtteilnahme den Verdacht auf sich zu lenken. Demnach kann eine Einwilligung in diesem Fall nur wirksam sein, wenn die Verweigerung für sich genommen keinen Verdacht begründet.[3] Wenn eine **Einwilligung versagt** wird, dürfen hieraus keine negativen Schlüsse gezogen werden.[4] In diesem Fall ist aber str., ob eine **zwangsweise** Anordnung eines Massengentests möglich ist. Während dies teilweise mit Blick auf die strengen Voraussetzungen des § 81h StPO und den Verhältnismäßigkeitsgrundsatz verneint wird, nimmt der BGH[5] an, dass eine DNA-Analyse nach §§ 81a, 81e, 81f StPO dann angeordnet werden darf, wenn **weitere verdachtsbegründende Tatsachen** vorliegen, etwa sich der Kreis der Verdächtigen durch die Abgabe einer Vielzahl freiwilliger Speichelproben verdichtet hat. Die Anordnung

---

1 Vgl BVerfG BeckRS 2015, 48649; BGH NJW 2013, 1827.
2 BT-Drs. 18/11277, S. 20.
3 BT-Drs. 18/11277, S. 21.
4 LG Regensburg StraFo 2003, 131.
5 BGHSt 49, 56, 60.

Problem 17: Molekulargenetische Untersuchungen und DNA-Analyse

kann auch auf § 81c Abs. 2 S. 1, § 81e Abs. 1 S. 1 StPO gestützt werden, wenn Anhaltspunkte bestehen, dass die Inanspruchnahme konkret beweisgeeigneter Personen zu einem Beweiserfolg führen kann.[6]

IV. DNA-Analyse im Hinblick auf zukünftige Verfahren (§ 81g StPO)

Gemäß § 81g Abs. 1 StPO können dem Beschuldigten auch in einem anhängigen Strafverfahren, welches eine Straftat von erheblicher Bedeutung oder gegen die sexuelle Selbstbestimmung oder die wiederholte Begehung sonstiger Straftaten zum Gegenstand hat, zum Zwecke der Identitätsfeststellung für künftige Strafverfahren Körperzellen entnommen werden, um ein DNA-Identifizierungsmuster zu erstellen. Dies ist zulässig, wenn eine Wiederholungsgefahr hinsichtlich einer schweren Straftat besteht. Zu beachten ist wiederum der Verhältnismäßigkeitsgrundsatz.

Zur Vertiefung:

Rechtsprechung: BVerfGE BeckRS 2015, 48649 – Verwertbarkeit von Beinahetreffern bei DNA-Reihenuntersuchungen (keine Regelung von „Beinahetreffern" in 81h Abs. 1 StPO); **BGHSt 37, 157** – Mord (gewonnenes DNA-Material nur als ergänzendes Beweismittel zulässig); **BGHSt 38, 320** – Vergewaltigung (Anforderungen an eine DNA-Analyse); **BGHSt 49, 56** – Speichelprobe (Verweigerung der freiwilligen DNA-Analyse ist kein Indiz zur Begründung des Tatverdachts; jedoch im Einzelfall bei DNA-Reihenuntersuchungen); **BGHSt 58, 84** – DNA-Reihenuntersuchung (Zulässigkeit der Feststellung und Verwendung von Teilübereinstimmungen), vgl. *Fayt/Kulbach*, Gentest-Fall, famos 4/2013; **BGH NStZ 2016, 111** – Verwendungsbeschränkungen von DNA-Identifizierungsmustern (Verwertung einer DNA-Analyse trotz verfahrensfehlerhaft herangezogener Speichelprobe); **BGH NJW 2015, 2594** – Verwertung einer DNA-Analyse trotz verfahrensfehlerhaft herangezogener Speichelprobe (Reichweite der Verwendungsregelung des § 81a Abs. 3 Hs. 1 StPO).

Literatur/Aufsätze: *Bosch*, DNA-Analyse zu repressiven und präventiven Zwecken im Strafverfahren, JURA 2020, 41; *Busch*, Verwertbarkeit von „Beinahetreffern" aus DNA-Reihenuntersuchungen, NJW 2013, 1771; *Gronke/Gronke*, Nutzen und Limitierungen der erweiterten DNA-Analyse im strafrechtlichen Ermittlungsverfahren, NStZ 2021, 141; *Koriath*, Ist das DNA-Fingerprinting ein legitimes Beweismittel?, JA 1993, 270; *Neuser*, Die „Straftat von erheblicher Bedeutung" als Anordnungsvoraussetzung im Rahmen des § 81g Abs. 1 StPO, JURA 2003, 461; *Mansdörfer*, Die Erstellung genetischer Phantombilder auf Basis der sog erweiterten DNA-Analyse, jM 2021, 432; *Pommer*, Die DNA-Analyse im Strafprozess – Problemfelder der §§ 81e ff., JA 2007, 621; *Saliger/Ademi*, Der Massengentest nach § 81h StPO, JuS 2008, 193; *Schneider*, DNA-Analyse und Strafverfahren de lege ferenda, NStZ 2018, 692; *Swoboda*, Grenzen der Informationsgewinnung aus DNA-Identifikationsmustern bei molekulargenetischen Reihentests nach § 81h StPO, StV 2013, 461.

Strafprozessuale Zusatzfrage:

Die junge Frau O wird während einer Party in einem Wohnheim für Studierende vergewaltigt. Bei dieser Party waren ausschließlich Bewohner des Wohnheims anwesend. O

---

6 LG Frankenthal NStZ-RR 2000, 146; LG Mannheim NStZ-RR 2004, 301.

17 Problem 17: Molekulargenetische Untersuchungen und DNA-Analyse

kann sich im Rahmen des Ermittlungsverfahrens zwar nicht mehr an das Gesicht des Täters erinnern, ihr blieben jedoch seine braunen Haare und seine ungefähre Körpergröße in Erinnerung (ca. 170-185 cm). Zudem konnte bei dem Opfer DNA-Material sichergestellt werden. Daraufhin ordnet der zuständige Ermittlungsrichter E auf Antrag der StA die Entnahme von Körperzellen zur Feststellung des DNA-Identifizierungsmusters bei den 20 männlichen Bewohnern des Wohnheims an, die Träger der beschriebenen Merkmale sind, unter der Voraussetzung, dass diese schriftlich einwilligen. An der Reihenuntersuchung nehmen jedoch nur 17 Personen freiwillig teil – mit jeweils negativem Ausgang. Die StA und E überlegen nun, ob eine zwangsweise Entnahme von Körperzellen bei den drei verbleibenden Personen und die Untersuchung zur Bestimmung des DNA-Identifizierungsmusters gem den §§ 81a, 81e StPO möglich ist.

Abwandlung:
Anders als im Grundfall wird O auf dem Nachhauseweg in einem mittelgroßen Ort im Freien vergewaltigt, wobei der Täter A sie von hinten anspringt und zu Boden wirft, so dass sie ihn nicht näher beschreiben kann. Da wiederum bei O DNA-Spuren gesichert werden können und die Ermittler von einer örtlichen Verwurzelung des Täters ausgehen, ordnet der zuständige Ermittlungsrichter E auf Antrag der StA eine DNA-Reihenuntersuchung bei sämtlichen Männern im Alter zwischen 18 und 40 Jahren an, die in dem Ort wohnen. Die Betroffenen werden dabei zwar ansonsten ordnungsgemäß belehrt, es wird jedoch gezielt nicht darüber aufgeklärt, dass das Ergebnis auch als Spurenansatz für Ermittlungen gegen Angehörige verwendet werden kann (§ 81h Abs. 4 S. 2 Nr. 3 StPO), weil die Ermittler hoffen, dass auf diese Weise der Täter auch über Verwandte ermittelt werden könnte, welche sonst vielleicht nicht am Test teilnehmen würden. Daraufhin lassen über 2.000 männliche Bewohner einen DNA-Test durchführen. A selbst verweigert den Test. Durch den Test wird ein „Beinahe-Treffer" beim Vater V des A erzielt, der auf eine Verwandtschaft hindeutet. A wird daraufhin seitens der StA offiziell zum Beschuldigten erklärt und E ordnet eine zwangsweise Blutentnahme an, woraufhin die so gewonnene Probe molekulargenetisch untersucht wird. Beim Abgleich mit dem Spurenmaterial wird eine Übereinstimmung festgestellt. Darf das Ergebnis dieses Abgleichs als Beweismittel gegen A verwertet werden?

Klausurmäßiger Lösungsvorschlag:

I. *Grundfall:*

1. Für ein zwangsweises Vorgehen nach den §§ 81a, 81e StPO müsste es sich bei den drei Personen um **Beschuldigte** *handeln (eine zwangsweise Durchführung einer Reihenuntersuchung nach § 81h StPO ist grds nicht möglich, sperrt aber ein Vorgehen nach § 81a StPO nicht). Die* **Beschuldigteneigenschaft** *erfordert (1.) einen* **Anfangsverdacht** *gem § 152 Abs. 1 StPO und (2.) einen erkennbaren Willensakt der Behörde.*

a) *Man könnte zunächst daran denken, dass* **alle 20 männlichen Personen** *bereits Beschuldigte waren. Es ist grds möglich, dass mehrere Personen gleichzeitig als Beschuldigte behandelt werden, auch wenn iE nur eine Person der Täter gewesen sein kann. Ob allein die Tatsache, dass die betreffenden Männer die gesuchten Merkmale aufweisen, für den nötigen Anfangsverdacht ausreicht, ist jedoch zweifelhaft, zumal dadurch das Erfordernis der Einwilligung nach § 81a Abs. 1, Abs. 4 StPO leicht umgangen*

Problem 17: Molekulargenetische Untersuchungen und DNA-Analyse

werden könnte. Jedenfalls hat die StA sie aber gar nicht als solche behandelt, sondern ist nach § 81h Abs. 1 StPO vorgegangen.

b) Anders könnte dies aber im Hinblick auf die **drei Personen** zu beurteilen sein, die sich der DNA-Reihenuntersuchung entzogen haben. Wann ein Tatverdacht begründet werden kann, wenn sich einzelne Personen weigern, an einer Reihenuntersuchung teilzunehmen, ist umstritten. So ließe sich annehmen, dass schon aus der Kombination aus der Zugehörigkeit zur gesuchten Personengruppe und der Verweigerung der Mitwirkung an der DNA-Reihenuntersuchung ein Anfangsverdacht erwächst. Dagegen sprechen jedoch gewichtige Gründe. Aus der Ausgestaltung des § 81h StPO als eine Maßnahme auf der Basis **freiwilliger Mitwirkung der Betroffenen** (vgl den Wortlaut des § 81h Abs. 1 S. 1 StPO: „mit ihrer schriftlichen Einwilligung") folgt, dass **allein die Testverweigerung** für sich genommen noch **keinen** Anfangsverdacht begründen kann, da es sich dabei um eine strafprozessual zulässige Handlung der Betroffenen handelt. Ein anderes Ergebnis würde den **Nemo-tenetur-Grundsatz** unterlaufen. Denn von der Freiwilligkeit der Mitwirkung an der Reihenuntersuchung bliebe nichts mehr übrig, wenn der Betreffende wüsste, dass die Nicht-Erteilung der Einwilligung dazu führt, dass er zum Beschuldigten wird. Die Verweigerung der Einwilligung ist daher **verdachtsneutral**.

c) Die Begründung eines Tatverdachts muss vielmehr auf **andere Erwägungen** gestützt werden und ist eine **Frage des Einzelfalles**. Können andere verdachtsbegründende Kriterien angeführt werden (zB fehlendes Alibi, Verstrickung in Widersprüche etc.), so kann der Verweigernde durchaus zum Beschuldigten werden. In diesem Sinne ist auch die Tatsache, dass **der Kreis der** grds **Verdächtigen sich durch die Abgabe einer Vielzahl freiwilliger Speichelproben stark verdichtet hat**, ein zu berücksichtigendes Kriterium. Bleibt zB nur noch eine Person übrig, so dass gar kein anderer als Täter in Betracht kommt, so ist es zulässig, mit dieser insoweit **neuen Verdachtslage** die Beschuldigteneigenschaft zu begründen (aA vertretbar). In unserem Fall handelte es sich jedoch immer noch um drei Personen. Hier mag man darüber streiten, ob eine **hinreichend verdichtete Verdachtslage** vorlag. Dagegen könnte sprechen, dass A, wie ausgeführt, nicht verpflichtet ist, an seiner Überführung mitzuwirken (Nemo-tenetur-Grundsatz) und dass aus der Ausübung prozessualer Rechte keine negativen Schlüsse gezogen werden dürfen. Insofern ließe sich annehmen, dass die Weigerung des A an der Teilnahme mittelbar gegen ihn verwendet wird. Dafür spricht jedoch, dass es sich bei den Tatverdächtigen insoweit um eine „geschlossene Gruppe" handelte, weil auf der Party nur eine bestimmte Anzahl von Personen anwesend war, einzig die Bewohner des Wohnheims in Betracht kamen und mit den drei Verweigernden nur noch eine sehr kleine Anzahl an Personen übrig blieb. Insofern folgt die Beschuldigteneigenschaft also **nicht** daraus, dass die Einwilligung verweigert wurde, was, wie ausgeführt, unzulässig wäre, sondern aus dem Umstand, dass die drei Personen die Tätermerkmale aufweisen und der Kreis der Verdächtigen sich durch das Ausscheiden der anderen Personen nun stark verengt hat.

2. Ergebnis: Der Ermittlungsrichter kann folglich eine zwangsweise Untersuchung nach den §§ 81a, 81e StPO anordnen.

Problem 17: Molekulargenetische Untersuchungen und DNA-Analyse

Abwandlung:

15 1. Das Ergebnis der DNA-Untersuchung dürfte gegen A nicht verwertet werden, wenn ein Verwertungsverbot bestand. Die §§ 81a ff. StPO enthalten keine geschriebenen Beweisverwertungsverbote.

16 2. Möglicherweise ergibt sich aber ein **ungeschriebenes Beweisverwertungsverbot** aus einer fehlerhaften Beweisgewinnung. Auch hier stellt sich insofern die Frage, ob A als Beschuldigter behandelt und einer Zwangsmaßnahme unterzogen werden durfte.

17 a) Der **Tatverdacht** gegen A resultierte hier ebenfalls nicht aus seiner Verweigerung der Teilnahme an der DNA-Reihenuntersuchung, denn allein aus dieser dürfen keine negativen Schlüsse gezogen werden. Er wurde vielmehr auf das Ergebnis der DNA-Untersuchung bei V gestützt, bei der sich ein „Beinahe-Treffer" ergeben hatte. Fraglich ist jedoch, ob diese Untersuchung rechtmäßig war. Daran lässt sich zum einen deshalb zweifeln, weil die Betroffenen nach § 81h Abs. 4 StPO ausreichend schriftlich **belehrt** werden müssen. Dabei muss nicht nur darüber aufgeklärt werden, dass die Maßnahme ohne Einwilligung nicht durchgeführt werden darf, sondern es muss auch auf den Verwendungszweck (Abs. 4 Nr. 1), das Gebot der unverzüglichen Vernichtung (Abs. 4 Nr. 1), den Abgleich auf ein Verwandtschaftsverhältnis (Abs. 4 Nr. 2), die Verwendung des Ergebnisses zulasten der jeweils betroffenen Person oder mit ihr in gerader Linie oder in der Seitenlinie bis zum dritten Grad verwandter Personen (Abs. 4 Nr. 3) und die fehlende Speicherung für künftige Strafverfahren (Abs. 4 Nr. 4) hingewiesen werden. Die schriftliche Belehrung nach § 81h Abs. 4 StPO soll hierbei sicherstellen, dass die Mitwirkung an der DNA-Reihenuntersuchung auf einer **freien Entscheidung der betroffenen Person** beruht und diese nicht lediglich einem psychischen Druck nachgibt. Im Hinblick auf § 81h Abs. 4 S. 2 Nr. 2 und 3 StPO soll auch gewährleistet werden, **dass sie die möglichen Folgen ihrer Teilnahme an der DNA-Reihenuntersuchung auch für mit ihr verwandte Personen abschätzen kann**. Eine solche Belehrung ist hier – zielgerichtet – nicht erfolgt, was für sich genommen bereits einen **Verfahrensfehler** darstellt.

18 b) Zum anderen ist eine Maßnahme nach § 81h Abs. 1 StPO nur mit **schriftlicher Einwilligung** zulässig. Eine solche liegt seitens des V hier zwar vor, jedoch könnte diese aufgrund der fehlenden Belehrung mängelbehaftet und daher unwirksam sein. Im Grunde hängen diese beiden Fragen zusammen. Die genannten Belehrungsmängel wirken sich nämlich auch auf die Einwilligung aus. Zwar könnte man annehmen, dass der Irrtum über die Verwendbarkeit der Proben zulasten von Verwandten nicht das durch den Eingriff betroffene Rechtsgut selbst berührt und die Einwilligung daher wirksam erteilt wurde. Dagegen spricht aber, dass hier eine **gezielte Täuschung** vorlag. Das gesetzgeberische Ziel der umfassenden Aufklärung auch über die explizit im Gesetz aufgenommenen Umstände wurde hier **willkürlich** ausgehebelt. Die Situation ist vergleichbar mit der gezielt ausgelassenen Belehrung über ein Zeugnisverweigerungsrecht aus § 52 StPO (vgl auch § 81c Abs. 3 S. 1 StPO). Wegen dieses willkürlichen Vorgehens ist iE ein Beweisverwertungsverbot hinsichtlich des „Beinahe-Treffers" anzunehmen.

19 c) Nun stellt sich die Frage, ob aus diesem rechtswidrigen Vorgehen und dem Beweisverwertungsverbot hinsichtlich des „Beinahe-Treffers" selbst auch ein Verbot erwächst, A als Beschuldigten zu behandeln und auf diese Erkenntnis eine Zwangsmaßnahme verbunden mit einem erheblichen Grundrechtseingriff zu stützen. Dies ist eine Frage, die sich dem BGH in ähnlicher Form bereits in der inzwischen überholten Ent-

Problem 17: Molekulargenetische Untersuchungen und DNA-Analyse

scheidung zu den Beinahe-Treffern stellte.[7] *Da seinerzeit ein Abgleich auf Familienverhältnisse im Gesetz noch nicht vorgesehen war, entschied der BGH, dass dieses Ergebnis auch nicht zur Begründung eines Inkulpationsverdachts herangezogen und gegenüber dem ermittelten Verwandten auch keine Zwangsmaßnahmen hätten angeordnet werden dürfen. Die Situation hat sich zwar insofern geändert, als der Gesetzgeber aus ebendiesem Grund auch das Überprüfen der Verwandtschaft zugelassen hat. Dennoch muss das Beweisverwertungsverbot hier auch auf die Begründung des Inkulpationsverdachts und die Anordnung der Zwangsmaßnahme durchschlagen, unabhängig davon, ob man dies mit dem* **willkürlichen Vorgehen** *oder damit begründet, dass mit einem Verwertungsverbot belastete Beweise jedenfalls nicht zur* **Grundlage für Zwangsmaßnahmen** *gemacht werden dürfen (Frühwirkung). Folglich wäre auch die auf § 81a Abs. 1 StPO gestützte Blutentnahme bei A rechtswidrig. In der Abwandlung kann die Begründung des Anfangsverdachts auch nicht auf andere Gründe gestützt werden, da anders als im Grundfall kein geschlossener Kreis an Merkmalsträgern vorlag und der Verdacht sich noch nicht hinreichend verdichtet hatte.*

d) Zuletzt ist noch zu klären, ob aus diesem Verfahrensfehler, dh der Behandlung des A als Beschuldigter, ein **Beweisverwertungsverbot** *folgt. Da ein solches in diesem Fall gesetzlich nicht normiert ist, ist eine Einzelfallabwägung erforderlich (vgl dazu Problem 26). Gegen ein Beweisverwertungsverbot könnte zwar sprechen, dass die Ermittlung der materiellen Wahrheit das oberste Ziel des Strafprozesses ist und diese nur im Ausnahmefall zurückzustehen hat. Hier handelte es sich immerhin um eine schwere Straftat (Vergewaltigung). Für ein Verwertungsverbot spricht jedoch, dass hier* **willkürlich** *und zielgerichtet das gesetzlich normierte Belehrungsgebot umgangen und nur so der Anfangsverdacht gegen A begründet wurde.*

3. Ergebnis: Das Ergebnis in Form der Übereinstimmung zwischen dem Spurenmaterial und dem DNA-Material des A kann nicht als Beweismittel verwertet werden.

---

7 BGHSt 58, 84.

Problem 18: Überwachung der Telekommunikation

I. Allgemeines

1 Eine weitere **strafprozessuale Zwangsmaßnahme** (vgl dazu Problem 12) stellt die in § 100a StPO (Voraussetzungen) und § 100e StPO (Verfahren) geregelte **Überwachung der Telekommunikation** dar. Da auch diese Maßnahme regelmäßig mit einem Grundrechtseingriff verbunden ist, muss wiederum die **Verhältnismäßigkeit** als ungeschriebenes Merkmal besonders beachtet werden. § 100a StPO gewährt nicht nur einen Eingriff in das durch Art. 10 Abs. 1 GG geschützte Fernmeldegeheimnis des Beschuldigten, sondern auch in die Privatsphäre unbeteiligter Dritter (insb der Gesprächspartner). Maßnahmen nach § 100a StPO umfassen sowohl die **Überwachung** der Telekommunikation als auch die **Aufzeichnung** der Gespräche durch die Ermittlungsbehörden, so dass die hierdurch gewonnenen Erkenntnisse zu Beweiszwecken verwendet werden können. Dabei ist der Anwendungsbereich des § 100a StPO nicht nur auf die herkömmlichen Formen des Telefonierens und Fernschreibens beschränkt, sondern umfasst **jegliche Art der Nachrichtenübermittlung**, zB auch in Form von SMS oder E-Mail (zum Begriff der Telekommunikation vgl § 3 Nr. 59 TKG).

II. Voraussetzungen der Überwachung der Telekommunikation (§§ 100a, 100e StPO)

2 Für die rechtmäßige Durchführung einer Maßnahme gem §§ 100a, 100e StPO müssen folgende Voraussetzungen erfüllt sein:

3 **1. Anordnungsbefugnis:** Für die Anordnung der Überwachungsmaßnahme ist nach § 100e Abs. 1 S. 1 StPO der Richter, bei Gefahr im Verzug auch die StA zuständig, § 100e Abs. 1 S. 2 StPO. Die Anordnung tritt allerdings in letzterem Fall außer Kraft, wenn nicht innerhalb von **drei Tagen** eine richterliche Bestätigung ergeht (§ 100e Abs. 1 S. 3 StPO). Die Höchstdauer der Maßnahme beträgt **drei Monate**, kann aber verlängert werden (§ 100e Abs. 1 S. 4, S. 5 StPO). Die betroffen Personen sind von der Überwachung nachträglich zu **benachrichtigen** (§ 101 Abs. 5 S. 1 StPO).

4 **2. Vorliegen eines einfachen Tatverdachts:** Gegen den Betroffenen muss der Verdacht vorliegen, als Täter oder Teilnehmer an einer versuchten oder vollendeten Katalogtat oder einer darauf gerichteten Vorbereitungshandlung beteiligt gewesen zu sein, wobei der Verdacht durch eine hinreichend gesicherte Tatsachenbasis ein gewisses Maß an Konkretisierung erreicht haben muss.

5 **3. Katalogtaten:** Die Anordnung der Telefonüberwachung ist nur bei einem Verdacht hinsichtlich einer der im Katalog des § 100a Abs. 2 StPO aufgeführten schweren Straftaten zulässig (§ 100a Abs. 1 S. 1 Nr. 1 StPO).

6 **4. Schwere der Tat auch im Einzelfall:** Zudem muss die Tat auch im konkreten Einzelfall schwer wiegen (§ 100a Abs. 1 Nr. 2 StPO).

7 **5. Subsidiaritätsgrundsatz:** Nach dem Subsidiaritätsgrundsatz des § 100a Abs. 1 Nr. 3 StPO kommt die Anordnung der Telefonüberwachung nur dann in Betracht, „wenn die Erforschung des Sachverhalts oder die Ermittlung des Aufenthaltsortes des Beschuldigten auf andere Weise wesentlich erschwert oder aussichtslos wäre".

8 **6. Kernbereichsschutz:** Es dürfen keine tatsächlichen Anhaltspunkte für die Annahme vorliegen, dass durch die Maßnahme allein Erkenntnisse aus dem Kernbereich privater Lebensgestaltung erlangt werden, § 100d Abs. 1 StPO. Ein **explizites Verwertungsver-**

bot enthält § 100d Abs. 2 S. 1 StPO: Hiernach dürfen Erkenntnisse aus dem Kernbereich privater Lebensgestaltung, die durch eine Maßnahme nach § 100a StPO erlangt wurden, nicht verwertet werden.

7. Verhältnismäßigkeit: Wie stets bei den Zwangsmaßnahmen ist auch hier der Verhältnismäßigkeitsgrundsatz zu beachten.

8. Betroffene Personen: Die Anordnung richtet sich in erster Linie gegen den Tatverdächtigen. Darüber hinaus kann die Telefonüberwachung auch gegen Dritte angeordnet werden, wenn der Verdacht besteht, dass diese für den Beschuldigten als **Nachrichtenmittler** fungieren (vgl § 100a Abs. 3 StPO; hier ist auch näher umschrieben, wann eine solche Nachrichtenmittlerfunktion vorliegt).

III. Sonderprobleme

1. Zufallsfunde: Anlässlich einer Telefonüberwachung erlangte Informationen bzgl anderer Taten dürfen nach den **§§ 479 Abs. 2 S. 1, 161 Abs. 3 StPO** nur verwertet werden, wenn es sich hierbei ebenfalls um eine der genannten Katalogtaten handelt. Dem liegt der Gedanke des hypothetischen Ersatzeingriffs zugrunde. Problematisch ist, ob allein das Vorliegen einer Katalogtat ausreicht (sog abstrakte Betrachtung) oder ob darüber hinaus auch die sonstigen Voraussetzungen des § 100a StPO hypothetisch für das anhängige Verfahren zu prüfen sind (sog konkrete Betrachtung), weil ein hypothetischer Ersatzeingriff voraussetze, dass die Maßnahme insgesamt rechtmäßig gewesen wäre. Der BGH hat dies noch offen gelassen.[1]

2. Verteidiger als „Nachrichtenmittler": Problematisch ist der Fall des Strafverteidigers als Nachrichtenmittler (vgl dazu *Beulke/Swoboda*, Rn. 385, 234 f.mwN). Nach einer **tvA** dürfen dessen Gespräche mit dem Beschuldigten nicht überwacht werden, da ansonsten die in § 148 StPO enthaltene Garantie des unüberwachten mündlichen Verkehrs zwischen dem Verteidiger und dem Beschuldigten umgangen würde. Nach Ansicht des **BGH** ist dies zwar im Grundsatz zutreffend, davon sei jedoch dann eine Ausnahme zu machen, wenn der Verteidiger **selbst** der Beteiligung an einer Katalogtat verdächtig ist, dh es genügt nicht, wenn nur der Mandant einer Katalogtat beschuldigt wird (vgl § 138a Abs. 1 Nr. 1 StPO).

3. Hörfalle: Keine Überwachung im Sinne des § 100a StPO liegt vor, wenn ein Anschlussbenutzer der Polizei das Mithören eines Telefongesprächs (sei es mittels einen Zweithörers oder eines Raumlautsprechers) gestattet, ohne dass der Gesprächspartner davon Kenntnis hat. In diesen Fällen gilt das Fernmeldegeheimnis nämlich nicht (vgl dazu Problem 31).

4. Abrufen von E-Mails (str.): Beim Abrufen von E-Mails muss wie folgt differenziert werden (vgl dazu Problem 15): Während des **Sende- oder Abrufvorganges** ist § 100a StPO einschlägig, die Sicherstellung von E-Mails, die sich beim Empfänger oder noch beim Provider befinden, fällt nach neuerer Rspr. hingegen unter die Beschlagnahmevorschriften der §§ 94, 99 StPO.[2]

5. IMSI-Catcher bei Handys: Gemäß § 100i Abs. 1 StPO dürfen auch sog International-Mobile-Subscriber-Identity-Catcher (IMSI-Catcher) eingesetzt werden, mithilfe derer die Geräte- und Kartennummer (§ 100i Abs. 1 Nr. 1 StPO) sowie der Standort eines

---
1 Vgl BGHSt 58, 32, 49.
2 BGH NStZ 2009, 397.

Handys (§ 100i Abs. 1 Nr. 2 StPO) ermittelt werden können. Nach BVerfG NJW 2007, 351 ist hierdurch nicht Art. 10 Abs. 1 GG einschlägig, sondern es sind allenfalls das Recht auf informationelle Selbstbestimmung und die allgemeine Handlungsfreiheit (Art. 1 Abs. 1, 2 Abs. 1 GG) betroffen.

16 6. **Versenden einer stillen SMS:** Eine weitere Methode, den Standort eines Beschuldigten über sein Handy zu ermitteln, ist die sog „stille SMS". Darunter versteht man das Versenden (einer Vielzahl) von Kurzmitteilungen an das Handy des Beschuldigten, die eine Rückmeldung des Mobiltelefons bei der nächsten Funkzelle auslösen, jedoch im Nachrichteneingang des Handys nicht angezeigt werden. Auf diese Weise kann ein Bewegungsprofil erstellt werden, weil die Ermittler dadurch wissen, in welcher Funkzelle der Beschuldigte sich jeweils gerade aufhält. Die Ermächtigungsgrundlage für das Versenden derartiger stiller SMS ist streitig. Nach Ansicht des BGH ist sie in § 100i Abs. 1 Nr. 2 StPO zu finden.³ Zuvor wurde in der Praxis § 100a iVm den §§ 161 Abs. 1 S. 1, 163 Abs. 1 StPO herangezogen. Andere Stimmen stellten direkt auf § 100a StPO oder auf § 100h Abs. 1 S. 1 Nr. 2 StPO ab.

17 7. **Auskunftspflicht der Telekommunikationsbetreiber:** Gemäß § 100a Abs. 4 S. 1 StPO müssen die Telekommunikationsbetreiber den Ermittlungsbehörden die Maßnahmen nach § 100a StPO ermöglichen und die erforderlichen Auskünfte erteilen. Die Erhebung von **Verkehrsdaten** (die nicht den Inhalt der Telekommunikation, sondern die Telefonnummern und die Zeiten des Gesprächs betreffen) erfolgt nun gem § **100g StPO**. § 100g Abs. 1 S. 1 StPO aF war nach BVerfGE 125, 260 **verfassungswidrig**, soweit er sich auf § 113a TKG (sog **Vorratsdatenspeicherung**) bezog.⁴

Zur Vertiefung:

18 **Rechtsprechung: EugH NJW 2014, 2169** – Vorratsdatenspeicherung (Ungültigkeit der RL 2006/24/EG); **BVerfGE 125, 260** – Vorratsdatenspeicherung (Verfassungswidrigkeit der §§ 113a, b TKG, 100g StPO); **BVerfGE 130, 151** – Bestandsdatenspeicherung (Teilweise Verfassungswidrigkeit des § 113 TKG); **BVerfG NJW 2006, 976** – Bargatzky (strafprozessualer Zugriff auf Telekommunikationsverbindungsdaten); **BVerfG NJW 2007, 351** – Handy (Art. 10 GG bei der Standortermittlung von Handys nicht betroffen); **BVerfG NJW 2009, 1405** – Rasterfahndung (Abfrage von Kreditkartendateien); **BVerfG NJW 2009, 2431** – E-Mail (Beschlagnahme von E-Mails); **BVerfG NJW 2012, 833** – Verdeckte Ermittlungsmaßnahmen (Verfassungsmäßigkeit); **BVerfG NJW 2019, 584** – IP-Adressen (zu den Mitwirkungs- und Vorhaltungspflichten eines Telekommunikationsdienstleistungsanbieters im Rahmen einer Telekommunikationsüberwachung gem. § 100a StPO); **BGHSt 33, 347** – Fluchthelfer (Verteidiger als Nachrichtenmittler); **BGHSt 39, 335** – Hörfalle (Mithören mit Zustimmung des Anschlussinhabers ist keine Überwachung); **BGHSt 51, 1** – Abhörkette (Zufallsfunde im Rahmen einer Telefonüberwachung bei Dritten); **BGHSt 53, 64** – Zufallsfunde (Verwertbarkeit von Zufallsfunden bei Änderung der Anordnungsvoraussetzungen); **BGHSt 53, 294** – akustische Gesprächsüberwachung (Überwachung von Angehörigenbesuchen in der U-Haft), vgl *Marxen/Rösing*, Besuchsraum-Fall, famos 9/2009; **BGH NStZ 1997, 247** – Mailbox (Anwendungsbereich erfasst auch andere Formen der Nachrichtenübermittlung); **BGH StV 2001, 214** – Handyüberwachung (Erstellung von Bewegungsprofilen); **BGH NJW 2003,**

---

3 BGH NStZ 2018, 611; vgl dazu *Maihöfer/Wingenfeld*, „Stille SMS"-Fall, famos 12/2018.
4 Vgl auch EuGH NJW 2014, 2169 zur Ungültigkeit der RL 2006/24/EG.

234 – Handyfehlbedienung (Verwertbarkeit eines Raumgesprächs nach Handy-Fehlbedienung); **BGH NStZ 2009**, 397 – E-Mail (Beschlagnahme von E-Mails); **BGH StV 2017**, 434 – TKÜ-Maßnahmen (Anforderungen an den erforderlichen Tatverdacht); **BGH NStZ 2018**, 550 – Hintergrundgeräusche bei der TKÜ (Verwertung aufgezeichneter Hintergrundgeräusche und -gespräche); **BGH NJW 2018**, 2809 – „Stille SMS" (Rechtsgrundlage für das Versenden sog. „stiller SMS" durch die Ermittlungsbehörden ist § 100i I Nr. 2 StPO), vgl dazu *Maihöfer/Wingenfeld*, „Stille SMS"-Fall, famos 12/2018; **LG Hanau NJW 1999**, 3647 – E-Mail (Beschlagnahme einer E-Mail); **LG Hildesheim JA 2009**, 72 – Handy-Dieb (Keine Anwendung des § 100g Abs. 1 S. 1 Nr. 2 StPO auf Handys).

Literatur/Aufsätze: *Becker/Meinicke*, Die sog. Quellen-TKÜ und die StPO – Von einer „herrschenden Meinung" und ihrer fragwürdigen Entstehung, StV 2011, 50; *Beulke*, Die Überwachung des Fernsprechanschlusses eines Verteidigers, JURA 1986, 646; *Böhme/Röske*, Überwachung der Telekommunikation gemäß § 100a StPO bei fortgesetzt begangenen Straftaten – Eine Untersuchung am Beispiel des § 298 StGB, NStZ 2014, 69; *Freiling/Rückert/Safferling*, Quellen-TKÜ und Online-Durchsuchung als neue Maßnahmen für die Strafverfolgung: Rechtliche und technische Herausforderungen, JR 2018, 9; *Jahn*, Der strafprozessuale Zugriff auf Telekommunikationsverbindungsdaten, JuS 2006, 491; *ders.*, Heimliches Abhören im Besuchsraum einer Justizvollzugsanstalt, JuS 2009, 861; *Kudlich*, Der heimliche Zugriff auf Daten einer Mailbox – ein Fall der Überwachung des Fernmeldeverkehrs?, JuS 1998, 209; *ders.*, Strafprozessuale Probleme des Internet, JA 2000, 227; *ders.*, Persönlichkeitsschutz für einen Handy-Dieb – keine Auskunft über Telekommunikation mit einem gestohlenen Handy, JA 2009, 72; *Reinbacher/Werkmeister*, Zufallsfunde im Strafverfahren, ZStW 130 (2018), 1104; *Roggan*, Der Schutz des Kernbereichs privater Lebensgestaltung bei strafprozessualer Telekommunikationsüberwachung, StV 2011, 762; *ders.*, Die „Technikoffenheit" von strafprozessualen Ermittlungsbefugnissen und ihre Grenzen, NJW 2015, 1995; *Rüscher*, Alexa, Siri und Google als digitale Spione im Auftrag der Ermittlungsbehörden?, NStZ 2018, 687; *Sankol*, Strafprozessuale Zwangsmaßnahmen und Telekommunikation – Der Regelungsgehalt der §§ 100a ff. StPO, JuS 2006, 698; *Singelnstein*, Möglichkeiten und Grenzen neuer strafprozessualer Ermittlungsmaßnahmen – Telekommunikation, Web 2.0, Datenbeschlagnahme, polizeiliche Datenverarbeitung & Co, NStZ 2012, 593.

Literatur/Übungsfälle: *Keiser*, Immer Ärger mit E-Mails, JA 2001, 662.

Strafprozessuale Zusatzfrage:[5]

B steht im Verdacht, mit Heroin zu handeln. Daher wird durch eine richterliche Anordnung, die sich später jedoch wegen eines formalen Fehlers als rechtswidrig herausstellt, sein Telefonverkehr überwacht. B telefoniert mit C und spricht dabei über einen bevorstehenden Drogendeal. Daraufhin ergeht auch gegen C eine richterliche Anordnung zur Überwachung des Telefonverkehrs. Diese genügt nun den Anforderungen an eine rechtmäßige Telefonüberwachung. C spricht nun wiederum am Telefon mit A über einen bevorstehenden Drogendeal. Im Prozess gegen A soll nun dieses zweite aufgezeichnete Telefonat verwertet werden. Ist die Verwertung rechtmäßig?

---

5 Fall nach BGHSt 51, 1.

Problem 18: Überwachung der Telekommunikation

Klausurmäßiger Lösungsvorschlag:

Einer Verwertung des Gesprächs könnte ein Beweisverwertungsverbot entgegenstehen.

I. Möglich ist hier ein **Verstoß gegen** die **§§ 479 Abs. 2 S. 1, 161 Abs. 3 StPO**. Diese betreffen die Verwertung von Aufzeichnungen in Strafverfahren gegen Dritte, dh solche, gegen die e Telefonüberwachung nicht angeordnet wurde (Zufallsfund). Liegen dessen Voraussetzungen nicht vor, so besteht ein **geschriebenes Beweisverwertungsverbot**.

1. Hier wurde die Telefonüberwachung nicht gegenüber A, sondern gegenüber C angeordnet, so dass es sich grds um einen Fall der **§§ 479 Abs. 2 S. 1, § 161 Abs. 3 StPO** handelt. Hiernach dürfen die Aufzeichnungen in Verfahren gegen Dritte nur zur Aufklärung einer der in § 100a Abs. 2 StPO genannten Straftaten verwertet werden (Gedanke des „hypothetischen Ersatzeingriffs"). In Betracht kommt hier eine Straftat nach § 100a Abs. 2 Nr. 7 StPO, da A mit Betäubungsmitteln handelte. Auch vom Vorliegen der weiteren Voraussetzungen des § 100a StPO bei hypothetischer Prüfung in Bezug auf A ist im vorliegenden Fall auszugehen, so dass es auf einen Streitentscheid hier nicht ankommt.

2. Die Anordnung der Telekommunikationsüberwachung müsste **rechtmäßig** gewesen sein. Der BGH hat entschieden, dass im Hinblick auf die Grundsätze eines rechtsstaatlichen Verfahrens die aus einer Überwachung der Telekommunikation gewonnenen Erkenntnisse nicht als Beweismittel verwendet werden dürfen, wenn **wesentliche** sachliche Voraussetzungen für die Anordnung der Maßnahme fehlten. Dies gilt auch für die Verwertbarkeit von **Zufallserkenntnissen**. Zwar lagen die formellen und materiellen Voraussetzungen einer ordnungsgemäßen Telefonüberwachung von C an sich vor. Problematisch ist aber, dass der Verdacht gegen ihn seinerseits auf einem Zufallsfund beruhte, dem keine rechtmäßige Abhörmaßnahme zugrunde lag. Es fragt sich daher, ob die Rechtswidrigkeit der ursprünglichen Überwachung des Telefons von B Auswirkungen auf die Rechtmäßigkeit der zweiten Telefonüberwachung hat.

a) Nach der „**fruit–of-the-poisonous-tree-doctrine**" besteht hier ein Beweisverwertungsverbot aufgrund der Fernwirkung des früheren Fehlers. Die Rechtsstaatlichkeit des Verfahrens setze voraus, dass das gesamte Verfahren rechtmäßig war.

b) Es lässt sich jedoch auch vertreten, dass ein Verfahrensfehler, der ein Beweisverwertungsverbot für ein ganz bestimmtes Beweismittel bewirkt, nicht ohne Weiteres dazu führen dürfe, dass das gesamte Strafverfahren „lahmgelegt" wird, so dass eine Fernwirkung von Beweisverwertungsverboten insgesamt abzulehnen sei. Dafür spricht, dass sonst bei langen Ketten von Beweisermittlungen, zB von Abhörmaßnahmen, eine Vielzahl von Maßnahmen, die aufeinander aufbauen, geprüft werden müsste, was das Verfahren erheblich in die Länge ziehen würde.

c) Man könnte jedoch die Fernwirkung auch von einer Abwägung im Einzelfall abhängig machen. Dann wären das Gewicht des Verfahrensverstoßes und die Schwere der aufzuklärenden Tat gegeneinander abzuwägen. Im vorliegenden Fall wäre eine Fernwirkung dann ebenfalls abzulehnen, da die aufzuklärende Tat, der Handel mit Heroin, besonders schwer wog.

II. Die zuerst genannte „Fruit-of-the-poisonous tree-doctrine" ist abzulehnen, da sie zu statisch ist und das Verfahren zu stark behindert (vgl dazu Problem 32). Nach den beiden anderen Ansichten liegt kein Verwertungsverbot vor. Die Verwertung ist daher möglich.

Problem 19: Quellen-TKÜ und Online-Durchsuchung

I. Allgemeines

Mit dem Gesetz zur effektiveren und praxistauglicheren Ausgestaltung des Strafverfahrens (BGBl. I 2017, S. 3202) wurde sowohl eine gesetzliche Grundlage für die sog Quellen-TKÜ als auch für die Online-Durchsuchung geschaffen. Die **Quellen-TKÜ** gem § 100a Abs. 1 S. 2, 3 StPO soll der modernen Technik insofern gerecht werden, als sie eine Lösung für das Problem bereithält, dass Kommunikation über Smartphones, insb bei der Verwendung von Messenger-Diensten, zunehmend verschlüsselt wird. Sie ermöglicht es, Informationen auch bei verschlüsselter Kommunikation gewissermaßen an der „Quelle" auszulesen. Dazu wird eine Software auf das Gerät des Betroffenen aufgespielt, um die Kommunikationsinhalte vor bzw nach der Verschlüsselung im Rahmen der laufenden Kommunikation abzufangen. Andernfalls könnten die Ermittler bei der herkömmlichen TKÜ nur an verschlüsselte Daten gelangen, die unbrauchbar sind oder unter großem Aufwand entschlüsselt werden müssen. Insofern wird die Quellen-TKÜ auch als „kleine Online-Durchsuchung" bezeichnet. Bei der **Online-Durchsuchung** geht es hingegen um die Möglichkeit, auf die Festplatte des Computers eines potenziellen Straftäters mithilfe einer während der Internet-Nutzung installierten Software, eines sog „**Staatstrojaners**", zuzugreifen. Ähnlich den sonst auch von Straftätern verwendeten Programmen soll dieser die auf der Festplatte gespeicherten Daten ohne Wissen des Computernutzers an die Behörde übermitteln. Zwar könnten die StA oder die Polizei auch im Rahmen einer gewöhnlichen Hausdurchsuchung bzw Beschlagnahme des PCs an die darauf abgelegten Daten gelangen. Der Vorteil der Online-Durchsuchung liegt aber darin, dass sie **heimlich** und über einen längeren Zeitraum, anstatt nur punktuell erfolgen kann. Die Zulässigkeit war vor der Reform des Jahres 2017 umstritten. Der BGH[1] entschied, dass die StPO seinerzeit keine ausreichende Ermächtigungsgrundlage für die Online-Durchsuchung vorsah. Wegen des besonders schweren Grundrechtseingriffs, insb in das **Recht auf Gewährleistung der Vertraulichkeit und Integrität informationstechnischer Systeme** als Ausdruck des **Allgemeinen Persönlichkeitsrechts** aus Art. 2 Abs. 1 GG iVm Art. 1 Abs. 1 GG, war eine den Grundrechtsanforderungen standhaltende Ermächtigungsgrundlage erforderlich. Für das Strafverfahrensrecht wurde mit § 100b StPO eine solche gesetzliche Grundlage für die Online-Durchsuchung nun geschaffen. Es bleibt abzuwarten, ob diese neue Regelung einer verfassungsrechtlichen Überprüfung durch das BVerfG standhalten wird.

II. Die Quellen-TKÜ

Die Rechtsgrundlage zur Durchführung der Quellen-TKÜ findet sich nun in § 100a Abs. 1 S. 2 StPO bzgl gerade stattfindender und in § 100a Abs. 1 S. 3 StPO bzgl bereits abgeschlossener Kommunikation (sog „kleine Online-Durchsuchung"). Die Anordnungsvoraussetzungen sind identisch mit denen der herkömmlichen TKÜ (siehe dazu Problem 18).

III. Die Online-Durchsuchung

§ 100b StPO ist durch das Gesetz zur effektiveren und praxistauglicheren Ausgestaltung des Strafverfahrens mit Wirkung zum 24.8.2017 umgestaltet worden und enthält

---

[1] BGHSt 51, 211.

jetzt die Ermächtigungsgrundlage für die Online-Durchsuchung. Das Verfahren ist auch hier in § 100e StPO geregelt, der Kernbereichsschutz in § 100d StPO. Genau wie bei der Quellen-TKÜ wird im Rahmen der Online-Durchsuchung heimlich eine Software auf dem Gerät des Betroffenen installiert; allerdings mit dem Unterschied, dass hier alle auf der Festplatte befindlichen Daten ausgelesen werden können.

4   1. **Anordnungsbefugnis und Verfahren:** Gemäß § 100e Abs. 2 S. 1 StPO dürfen Maßnahmen nach § 100b StPO **nur auf Antrag der StA durch die in § 74a Abs. 4 GVG genannte Kammer des Landgerichts** angeordnet werden, in dessen Bezirk die StA ihren Sitz hat. Bei Gefahr im Verzug kann diese Anordnung aber auch durch den **Vorsitzenden** getroffen werden, § 100e Abs. 2 S. 2 StPO. Die Anordnung ergeht schriftlich (§ 100e Abs. 3 S. 1 StPO) und ist grds auf höchstens einen Monat zu befristen (§ 100e Abs. 2 S. 4 StPO; allerdings ist eine Fristverlängerung bis zu sechs Monaten möglich, vgl § 100e Abs. 2 S. 5, 6 StPO). Eine Spezialvorschrift für **Zufallsfunde** findet sich für die Online-Durchsuchung in § 100e Abs. 6 StPO.

5   2. **Vorliegen eines einfachen Tatverdachts:** Die Online-Durchsuchung ist nur bei **Verdacht** einer in § 100b Abs. 2 StPO genannten Katalogtat zulässig, wobei der Verdacht durch eine hinreichend gesicherte Tatsachenbasis bereits ein gewisses Maß an Konkretisierung erreicht haben muss.

6   3. **Katalogtaten:** Die Anordnung der Online-Durchsuchung ist nur bei einem Verdacht hinsichtlich einer der im Katalog des § 100b Abs. 2 StPO aufgeführten besonders schweren Straftaten zulässig (§ 100b Abs. 1 Nr. 1 StPO). Der Katalog ist enger als derjenige des § 100a Abs. 2 StPO.

7   4. **Schwere der Tat auch im Einzelfall:** Auch bei der Online-Durchsuchung muss die Tat auch im konkreten Einzelfall schwer wiegen (§ 100b Abs. 1 Nr. 2 StPO).

8   5. **Subsidiaritätsgrundsatz:** Nach dem auch in § 100b Abs. 1 Nr. 3 StPO festgehaltenen Subsidiaritätsgrundsatz kommt die Anordnung der Online-Durchsuchung nur dann in Betracht, „wenn die Erforschung des Sachverhalts oder die Ermittlung des Aufenthaltsortes des Beschuldigten auf andere Weise wesentlich erschwert oder aussichtslos wäre".

9   6. **Kernbereichsschutz und Schutz des Zeugnisverweigerungsrechts:** Liegen tatsächliche Anhaltspunkte für die Annahme vor, dass durch die Maßnahme allein Erkenntnisse aus dem Kernbereich privater Lebensgestaltung (**Intimsphäre**) erlangt würden, ist die Maßnahme unzulässig (§ 100d Abs. 1 StPO). Das **explizite Verwertungsverbot** gem § 100d Abs. 2 S. 1 StPO gilt auch hier. § 100d Abs. 3 StPO regelt eine weitere Besonderheit der Online-Durchsuchung: Bei Maßnahmen nach § 100b StPO ist, soweit möglich, bereits technisch sicherzustellen, dass Daten, die den Kernbereich privater Lebensgestaltung betreffen, erst gar **nicht erhoben** werden (S. 1). Erkenntnisse, die (dennoch) durch Maßnahmen nach § 100b StPO erlangt wurden und den Kernbereich privater Lebensgestaltung betreffen, sind **unverzüglich zu löschen** oder von der StA dem anordnenden Gericht zur Entscheidung über die Verwertbarkeit und Löschung der Daten vorzulegen (S. 2). Zu beachten ist ferner die Regelung in § 100d Abs. 5 S. 1 StPO, die zum Schutz von **Zeugnisverweigerungsberechtigten** § 100d Abs. 2 S. 1 StPO für entsprechend anwendbar erklärt (vgl aber die Einschränkungen nach § 100d Abs. 5 S. 2 StPO).

10 7. **Verhältnismäßigkeit:** Die Maßnahme muss wiederum insgesamt **verhältnismäßig** sein.

Problem 19: Quellen-TKÜ und Online-Durchsuchung

8. Betroffene Personen: Die Online-Durchsuchung darf sich zudem grds nur gegen den **Beschuldigten** richten (§ 100b Abs. 3 S. 1 StPO). Ein Eingriff in informationstechnische Systeme **Dritter** ist aber zulässig, wenn aufgrund bestimmter Tatsachen anzunehmen ist, dass der Beschuldigte informationstechnische Systeme der anderen Person benutzt und die Durchführung des Eingriffs beim Beschuldigten allein nicht zur Erforschung des Sachverhalts oder zur Ermittlung des Aufenthaltsortes eines Mitbeschuldigten führen wird (§ 100b Abs. 3 S. 2 StPO). Die Maßnahme darf schließlich auch durchgeführt werden, wenn andere Personen unvermeidbar hiervon betroffen sind (§ 100b Abs. 3 S. 3 StPO).

Zur Vertiefung:

Rechtsprechung: BVerfGE 120, 274 – VSG NRW (Verfassungswidrigkeit des § 5 VSG NRW); **BVerfG NJW 2016, 1781** – BKAG (teilweise Verfassungswidrigkeit des § 20k BKAG); **BGHSt 51, 211** – Online-Durchsuchung (Unzulässigkeit einer Online-Durchsuchung), vgl *Marxen/von Denkowski*, Bundestrojaner-Fall, famos 3/2007; **BGH NJW 2021, 1252** – TKÜ (Zugriff auf „ruhende" E-Mails).

Literatur/Aufsätze: *Bantlin*, Grundrechtsschutz bei Telekommunikationsüberwachung und Online-Durchsuchung, JuS 2019, 669; *Becker*, Grundrechtliche Grenzen staatlicher Überwachung zur Gefahrenabwehr, NVwZ 2015, 1335; *Blechschmitt*, Zur Einführung von Quellen-TKÜ und Online-Durchsuchung, StraFo 2017, 361; *Deiters/Albrecht*, Anm. zum Urteil des BVerfG vom 27.2.2008, ZJS 2008, 319; *Derin/Golla*, Der Staat als Manipulant und Saboteur der IT-Sicherheit? – Die Zulässigkeit von Begleitmaßnahmen zu „Online- Durchsuchung" und Quellen-TKÜ, NJW 2019, 1111; *Großmann*, Telekommunikationsüberwachung und Online-Durchsuchung: Voraussetzungen und Beweisverbote, JA 2019, 241; *Heim*, Verdeckter Zugriff auf ruhende E-Mails, NJW-Spezial 2021, 56; *Hinz*, Onlinedurchsuchungen, JURA 2009, 141; *Jahn*, Online-Durchsuchungen von Computern, JuS 2007, 279; *Kudlich*, Unzulässigkeit einer Online-Durchsuchung, JA 2007, 391; *Roggan*, Die „Technikoffenheit" von strafprozessualen Ermittlungsbefugnissen und ihre Grenzen, NJW 2015, 1995; *ders.*, Die strafprozessuale Quellen-TKÜ und Online-Durchsuchung: Elektronische Überwachungsmaßnahmen mit Risiken für den Beschuldigten und die Allgemeinheit, StV 2017, 821; *Rüscher*, Alexa, Siri und Google als digitale Spione im Auftrag der Ermittlungsbehörden?, NStZ 2018, 687; *Soiné*, Die strafprozessuale Online-Durchsuchung, NStZ 2018, 497; *Zerbes/El-Ghazi*, Zugriff auf Computer: Von der gegenständlichen zur virtuellen Durchsuchung, NStZ 2015, 425.

Strafprozessuale Zusatzfrage:

A steht im Verdacht, zusammen mit anderen eine terroristische Vereinigung gegründet zu haben, welche schwere Straftaten plant. Nach den bisherigen Ermittlungen geht die StA davon aus, dass sich wesentliche Informationen bzgl der Vereinigung auf dem PC von A befinden. Dabei vermuten die Ermittler, dass nicht nur beweiserhebliche Dateien auf dem PC gespeichert sind, sondern A auch Messenger Dienste wie Skype oder WhatsApp auf diesem Laptop benutzt. Welche Ermittlungsmethoden stehen den Ermittlern zur Verfügung, um an alle ermittlungsrelevanten Informationen zu gelangen und welche ermittlungstaktischen Vor- bzw Nachteile sind zu beachten?

Problem 19: Quellen-TKÜ und Online-Durchsuchung

Klausurmäßiger Lösungsvorschlag:

14 Hinsichtlich der Vorgehensweise ist zwischen den auf dem Laptop gespeicherten und den Informationen, die während der laufenden Verwendung der Messenger-Dienste kreiert werden, zu differenzieren.

15 I. Der Zugriff auf die auf dem Laptop des A **gespeicherten Informationen** müsste von einer gesetzlichen **Ermächtigungsgrundlage** gedeckt sein, da hierdurch in das Recht auf informationelle Selbstbestimmung bzw in das Grundrecht auf Gewährleistung der Vertraulichkeit und Integrität informationstechnischer Systeme eingegriffen wird (Art. 2 Abs. 1, 1 Abs. 1 GG).

16 1. Zunächst könnte die Maßnahme auf die **§§ 102ff., 110 Abs. 3 StPO** gestützt werden, wonach bei einer Durchsuchung der Sachen des Beschuldigten auch seine „Papiere" durchsucht werden können. Nach § 110 Abs. 3 StPO sind davon auch externe elektronische Speichermedien erfasst, auf die vom PC des Beschuldigten aus zugegriffen werden kann, also etwa in einer Cloud oder dem Server eines E-Mail-Providers gespeicherte Daten. Problematisch bei einem derartigen Vorgehen ist allerdings, dass ein offener Zugriff erfolgen muss und damit A und gegebenenfalls weitere Mitglieder der terroristischen Vereinigung in Bezug auf die laufenden Ermittlungen vorgewarnt würden und dadurch gegebenenfalls eine weitergehende Aufklärung erschwert werden könnte.

17 2. Zu denken wäre ferner an eine Online-Durchsuchung gem § **100b StPO**. Der Verdacht der Mitgliedschaft in einer terroristischen Vereinigung stellt eine taugliche Katalogtat iSd § 100b Abs. 2 StPO dar und dürfte aufgrund der Planung gravierender Taten auch im Einzelfall schwer wiegen (§ 100b Abs. 1 Nr. 2 StPO). Zwar könnten die Daten, wie gesehen, auch über die §§ 102ff., 110 Abs. 3 StPO sichergestellt werden, allerdings nur auf offenem Wege, was zu einer Behinderung der Ermittlungen führen könnte. Kommen mildere Mittel nicht in Betracht, so genügt die Maßnahme dem Subsidiaritätsgrundsatz und auch dem Verhältnismäßigkeitsgrundsatz. Insofern könnte im Rahmen der Online-Durchsuchung auf die auf dem Laptop gespeicherten Informationen zugegriffen werden.

18 II. Auch der Zugriff auf die Informationen, die über die laufenden Online-Messenger Dienste ausgetauscht werden, bedarf einer Ermächtigungsgrundlage.

19 1. Hier ist zunächst wiederum an die **§§ 102ff., 110 Abs. 3 StPO** zu denken. Diese helfen aber nur, wenn die Chatverläufe abgespeichert und ohne Passwort zugänglich sind. Ferner besteht auch hier der Nachteil, dass ein offenes Vorgehen mit ermittlungstaktischen Nachteilen verbunden sein kann (s. o.).

20 2. Für einen verdeckten Zugriff auf die Online-Kommunikation käme zunächst eine TKÜ nach § **100a Abs. 1 S. 1 StPO** in Betracht. Zwar handelt es sich bei den Video-Anrufen und Chatgesprächen um Telekommunikation, allerdings ist hierbei problematisch, dass die meisten Online-Messenger die laufende Kommunikation verschlüsseln und somit nur ein Zugriff auf technisch unbrauchbare bzw erst aufwändig zu entschlüsselnde Daten möglich wäre.

21 3. Vorteilhafter wäre in diesem Zusammenhang daher der Einsatz der Quellen-TKÜ gem § **100a Abs. 1 S. 2, 3 StPO**. Sofern die Anordnungsvoraussetzungen für die Online-Durchsuchungen bejaht wurden, sind typischerweise auch die Anforderungen der weniger eingriffsintensiven Quellen-TKÜ erfüllt. Von dieser unterscheidet sich die Quellen-TKÜ dadurch, dass Letztere den Zugriff auf die laufende Konversation in un-

verschlüsselter Form ermöglicht, während die Online-Durchsuchung das Übertragen sämtlicher Daten auf dem PC erlaubt.

III. Ergebnis: Somit wäre für die Ermittler im Hinblick auf den Datenbestand auf der Festplatte ein verdecktes Vorgehen im Wege der Online-Durchsuchung und hinsichtlich der Kommunikation mittels Messenger-Diensten im Wege der Quellen-TKÜ vorteilhaft.

22

Problem 20: Einsatz technischer Mittel

I. Allgemeines

Weitere wichtige **strafprozessuale Zwangsmaßnahmen** (vgl dazu allgemein Problem 12) sind in den §§ 100c-100f und § 100h StPO normiert, welche den Einsatz technischer Mittel gestatten. Dieser ist in mehreren Formen denkbar. Auch hier ist, wie stets bei Zwangsmaßnahmen, die **Verhältnismäßigkeit** streng zu beachten. Bei allen genannten Maßnahmen ist zudem zu unterscheiden, ob sie sich gegen den Beschuldigten oder gegen Dritte richten. Bei Letzteren gelten nämlich durchweg engere Voraussetzungen. Zu beachten ist allerdings bei allen Maßnahmen, dass dann, wenn **Dritte** lediglich unvermeidbar betroffen sind (dh keine „gezielte" Maßnahme gegen einen Dritten vorliegt), die Regelungen für die Anordnung gegen den Beschuldigten gelten (vgl §§ 100c Abs. 2 S. 3, 100f Abs. 3, 100h Abs. 3 StPO).

II. Einsatz technischer Mittel im Einzelnen (§§ 100c-100f, 100h StPO)

1. Der „große" Lauschangriff (§§ 100c, 100e StPO): Der sog „große" Lauschangriff betrifft das Abhören und Aufzeichnen von Gesprächen **in Wohnungen**, wobei hiervon auch Arbeits-, Betriebs- und Geschäftsräume sowie Vorgärten von Wohnhäusern erfasst sind (außerhalb dieser besonders geschützten Räumlichkeiten gilt die weniger strenge Ermächtigungsnorm des § 100f StPO).e entsprechende Ermächtigungsgrundlagen für einen solchen Eingriff in das Grundrecht aus Art. 13 Abs. 1 GG stellen die §§ 100c, 100e StPO dar.

a) Anordnungsbefugnis: Anordnungsbefugt ist nur die zuständige Strafkammer beim LG (§ 74a Abs. 4 GVG), bei Gefahr im Verzug auch deren Vorsitzender allein (§ 100e Abs. 2 S. 1, 2, 3 StPO).

b) Voraussetzungen: Die Voraussetzungen für die Anordnung gegenüber dem Beschuldigten lauten:

(1) bestimmte Tatsachen müssen den Verdacht hinsichtlich einer **Katalogtat** des § 100b Abs. 2 StPO begründen (§ 100c Abs. 1 Nr. 1 StPO); dieser Katalog ist enger als in § 100a Abs. 2 StPO,

(2) die Tat muss auch **im Einzelfall** besonders schwer wiegen (§ 100c Abs. 1 Nr. 2 StPO),

(3) es muss aufgrund tatsächlicher Anhaltspunkte anzunehmen sein, dass durch die Überwachung Äußerungen des Beschuldigten erfasst werden, die für die Erforschung des Sachverhalts oder die Ermittlung des Aufenthaltsortes eines Mitbeschuldigten von Bedeutung sind (§ 100c Abs. 1 Nr. 3 StPO),

(4) die Erforschung des Sachverhalts oder die Ermittlung des Aufenthaltsortes des Beschuldigten wäre auf andere Weise **unverhältnismäßig** erschwert oder **aussichtslos** (verschärfte Subsidiaritätsklausel, § 100c Abs. 1 Nr. 4 StPO),

(5) zudem darf die Maßnahme nach § 100d Abs. 4 S. 1 StPO nur angeordnet werden, soweit aufgrund tatsächlicher Anhaltspunkte, insb der Art der zu überwachenden Räumlichkeiten und des Verhältnisses der zu überwachenden Personen zueinander, anzunehmen ist, dass durch die Überwachung Äußerungen, die dem **Kernbereich privater Lebensgestaltung** zuzurechnen sind, nicht erfasst werden (§ 100d Abs. 2 S. 1 StPO enthält ein geschriebenes **Beweisverwertungsverbot** hinsichtlich solcher Äußerungen),

Problem 20: Einsatz technischer Mittel

(6) die Maßnahme ist auf **einen Monat** befristet, allerdings ist eine Verlängerung bis zu **sechs Monaten** möglich (§ 100e Abs. 2 S. 4-6 StPO), und

(7) die Maßnahme muss schließlich auch im Einzelfall verhältnismäßig sein (falls nicht schon durch Punkt (4) abgedeckt).

Gegen **Dritte** ist eine gezielte Maßnahme nach § 100c Abs. 2 StPO nur zulässig, wenn anzunehmen ist, dass der Beschuldigte sich in der abgehörten Wohnung aufhält und dass die Maßnahme in Wohnungen des Beschuldigten allein nicht zur Erforschung des Sachverhalts oder zur Ermittlung des Aufenthaltsortes eines Mitbeschuldigten führen wird (verschärfte Subsidiaritätsklausel). Einschränkungen gelten zudem bei zeugnisverweigerungsberechtigten Personen (§ 100d Abs. 5 StPO). Zur Verwertung der durch die Maßnahme gewonnenen Erkenntnisse zu anderen Zwecken vgl § 100e Abs. 6 StPO.

2. Der „kleine" Lauschangriff (§ 100f StPO): Der „kleine" Lauschangriff betrifft das Abhören und Aufzeichnen von Gesprächen **außerhalb von Wohnungen** (Bsp.: Abhören in einem Besuchsraum der U-Haft-Vollzugsanstalt und in einem Pkw). Zulässig sind aber auch vorbereitende oder begleitende Maßnahmen (zB das Öffnen eines PKW, um dort „Wanzen" anzubringen).

a) Anordnungsbefugnis: Zuständig für die **Anordnung** ist nach § 100f Abs. 4 StPO iVm § 100e Abs. 1 StPO das **Gericht,** bei Gefahr im Verzug die StA.

b) Voraussetzungen: Die **Voraussetzungen** für die Anordnung gegenüber dem Beschuldigten (die sich an diejenigen der Anordnung einer Telefonüberwachung nach § 100a StPO anlehnen) nach § 100f Abs. 1 StPO lauten:

(1) es muss ein Tatverdacht hinsichtlich einer **Katalogtat** des § 100a Abs. 2 StPO vorliegen,

(2) die Tat muss auch im **Einzelfall** schwer wiegen,

(3) die Erforschung des Sachverhalts oder die Ermittlung des Aufenthaltsortes des Täters wäre auf andere Weise **aussichtslos** oder **wesentlich** erschwert (verschärfte Subsidiaritätsklausel)

(4) die Maßnahme muss auch im Einzelfall verhältnismäßig sein (falls nicht schon durch Punkt (3) abgedeckt).

Gegen **Dritte** ist eine Maßnahme nach § 100f Abs. 2 S. 2 StPO nur zulässig, wenn aufgrund bestimmter Tatsachen anzunehmen ist, dass:

(1) sie mit einem Beschuldigten in Verbindung steht oder eine solche Verbindung zum Beschuldigten hergestellt wird,

(2) sie zur Erforschung des Sachverhalts oder zur Ermittlung des Aufenthaltsortes eines Beschuldigten führen wird

(3) eine Aufklärung auf andere Weise aussichtslos oder wesentlich erschwert wäre.

3. Herstellung von Lichtbildern und Bildaufzeichnungen des Beschuldigten (§ 100h Abs. 1 Nr. 1 StPO): Von § 100h Abs. 1 Nr. 1 ist beispielsweise die Videoüberwachung der Haustür erfasst. Allerdings dürfen nach der Subsidiaritätsklausel Bilder ohne das Wissen des Beschuldigten nur hergestellt werden, „wenn die Erforschung des Sachverhalts oder die Ermittlung des Aufenthaltsortes eines Beschuldigten auf andere Weise weniger erfolgversprechend oder erschwert wäre".

Gegen **Dritte** ist die Maßnahme nach § 100h Abs. 2 S. 2 Nr. 1 StPO nur zulässig, „wenn die Erforschung des Sachverhalts oder die Ermittlung des Aufenthaltsortes eines Beschuldigten auf andere Weise **erheblich** weniger erfolgversprechend oder **wesentlich** erschwert wäre" (verschärfte Subsidiaritätsklausel).

12   4. Sonstige Observationen (§ 100h Abs. 1 Nr. 2 StPO): „Sonstige technische Mittel" (zB: Bewegungsmelder, Peilsender, GPS) dürfen ohne Wissen des Beschuldigten zu Observationszwecken verwendet werden, wenn der Gegenstand der Untersuchung eine Straftat von erheblicher Bedeutung ist **und** „die Erforschung des Sachverhalts oder die Ermittlung des Aufenthaltsortes eines Beschuldigten auf andere Weise weniger erfolgversprechend oder erschwert wäre" (Subsidiaritätsklausel).

13   Gegen **Dritte** (zB Kontaktpersonen des Beschuldigten) ist eine gezielte Maßnahme nach § 100h Abs. 2 S. 2 Nr. 2 StPO nur zulässig, wenn aufgrund bestimmter Tatsachen anzunehmen ist, dass sie mit einem Beschuldigten in Verbindung stehen oder eine solche Verbindung hergestellt wird **und** die Maßnahme zur Erforschung des Sachverhalts oder zur Ermittlung des Aufenthaltsortes eines Beschuldigten führen wird **und** dies auf andere Weise **aussichtslos** oder **wesentlich erschwert** wäre (sehr verschärfte Subsidiaritätsklausel).

14   5. Zufallsfunde: Für Zufallsfunde im Rahmen des „kleinen" Lauschangriffs gilt – wie bei anderen Zwangsmaßnahmen – §§ 479 Abs. 2 S. 1, 161 Abs. 3 StPO, wohingegen für den „großen" Lauschangriff eine Sonderregelung in § 100e Abs. 6 StPO besteht.

Zur Vertiefung:

15   Rechtsprechung: **BGHSt 44, 13** – Observation (längerfristige Observationen); **BGHSt 44, 138** – Safwan Eid (Abhörmaßnahmen während der U-Haft); **BGHSt 46, 266** – GPS (Zulässigkeit der Observation mittels GPS); **BGHSt 50, 206** – Selbstgespräch (Abhörmaßnahme im Wohnraum), vgl *Marxen/Kress*, Selbstgesprächs-Fall, famos 10/2005; **BGHSt 53, 294** – U-Haft (Beweisverwertungsverbot wegen Verstoßes gegen das Fair-trial-Prinzip), vgl *Marxen/Rösing*, Besuchsraum-Fall, famos 9/2009; **BGHSt 57, 71** – Selbstgespräch im Kfz (Beweisverwertungsverbot im Hinblick auf das Persönlichkeitsrecht), vgl *Häuser/Martin*, Selbstgespräche im Auto-Fall, famos 5/2012; **BGH NStZ-RR 2006, 240** – Polizeirechtliche Überwachung (Verwertbarkeit der Erkenntnisse aus einer präventivpolizeilichen Telekommunikations- und Wohnraumüberwachung); **BGH NStZ-RR 2019, 186** – Verwertbarkeit heimlich aufgezeichneter Gespräche über eine Straftat (kein unantastbarer Kernbereich privater Lebensgestaltung); **OLG Celle StV 2011, 215** – Wohnraumüberwachung (Anordnung bedarf weder eines hinreichenden Verdachts i. s.v. § 203 StPO noch eines dringenden Tatverdachts i. S.v. § 112 I 1 StPO).

Literatur/Aufsätze: *Bosch*, Verwertung von Telekommunikationsverbindungsdaten, JA 2006, 747; *v. Heintschel-Heinegg*, Verfassungsmäßigkeit der Ermittlung von Mobilfunkdaten durch IMSI-Catcher, JA 2007, 75; *Jahn*, Kein Verwertungsverbot bei Überschreitung der Höchstdauer einer Abhörmaßnahme, JA 1999, 455; *Kretschmer*, Der große Lauschangriff auf die Wohnung als strafprozessuale Ermittlungsmaßnahme, JURA 1997, 581; *Martensen*, Strafprozessuale Ermittlungen im Lichte des Vorbehalts des Gesetzes, JuS 1999, 433; *Mitsch*, Strafprozessual unantastbare „Kommunikation mit sich selbst", NJW 2012, 1486; *Ruhmannseder*, Strafprozessuale Zulässigkeit von Standortermittlungen im Mobilfunkverkehr, JA 2007, 47; *Rüschel*, Strafprozessuale Zulässigkeit von Standortermittlungen im Mobilfunkverkehr, JA 2007, 47; *Satzger*, Zulässigkeit längerfristiger Observationen, JA 1998, 539; *Singelnstein*, Bildaufnahmen, Orten, Abhören – Entwicklungen und Streitfra-

Problem 20: Einsatz technischer Mittel

gen beim Einsatz technischer Mittel zur Strafverfolgung, NStZ 2014, 305; *Zuck*, Faires Verfahren und der Nemo tenetur-Grundsatz bei der Besuchsüberwachung in der Untersuchungshaft, JR 2010, 17.

Literatur/Übungsfälle: *Hentschel*, Der Feuerteufel, JURA 2001, 472.

Strafprozessuale Zusatzfrage:[1]

L wird in seinem Haus erschlagen aufgefunden. Der Verdacht fällt auf A, der bei L wohnt und zuvor mit ihm einen heftigen Streit hatte. Als A sich infolge eines Arbeitsunfalls in ein Krankenhaus begibt, wird in seinem Krankenzimmer auf richterliche Anordnung eine Überwachung des Fernmeldeverkehrs sowie eine Abhörung und Aufzeichnung des nichtöffentlich gesprochenen Wortes durchgeführt. Als A erfährt, dass die Polizei ihn für verdächtig hält, führt er in seinem Krankenzimmer ein erregtes Selbstgespräch, bei welchem er äußert: „In den Kopf hätt' ich ihn schießen sollen." Dieses Gespräch wird im Wege der Raumgesprächsabhörung aufgezeichnet und zur Grundlage einer Verurteilung gemacht. War die Verwertung dieses Beweises rechtmäßig?

Klausurmäßiger Lösungsvorschlag:

*Die Verwertung könnte rechtswidrig gewesen sein. Dies ist der Fall, wenn ein **Verwertungsverbot** bestand.*

I. Ein solches geschriebenes Verwertungsverbot könnte sich aus § 100d Abs. 2 S. 1 StPO ergeben. Hiernach dürfen im Rahmen einer in einer Wohnung vorgenommenen Abhörmaßnahme gewonnene Erkenntnisse über solche Äußerungen nicht verwertet werden, die dem Kernbereich privater Lebensgestaltung zuzurechnen sind. In diesem Fall verstößt bereits die Abhörmaßnahme gegen die Menschenwürde des Betroffenen (Art. 1 Abs. 1 GG), die auch den Kernbereich privater Lebensgestaltung schützt.

*1. Fraglich ist aber, ob es sich bei dem **Krankenhauszimmer** überhaupt um eine „Wohnung" im Sinne des § 100c StPO handelte. Dagegen könnte sprechen, dass das Krankenhauszimmer anstelle einer selbstständigen Unterkunft nur der Pflege dient und – im Gegensatz zur Wohnung – jederzeit vom Krankenhauspersonal betreten werden kann. Der BGH bejahte indes zu Recht das Vorliegen eines Wohnraumes. Hierzu gehören alle Räumlichkeiten, die der allgemeinen Zugänglichkeit durch eine Abschottung entzogen sind und zur Stätte privaten Wirkens gemacht werden (zB auch ein Hotelzimmer, nicht aber Büros und Hafträume). Danach ist auch das Krankenzimmer zu den durch Art. 13 Abs. 1 GG geschützten Lebensbereichen zu zählen. Dies ist überzeugend, da trotz des Betretungsrechts des Arztes der Patient das Krankenhauszimmer für die Zeitdauer seines Aufenthaltes als seinen Wohnbereich und als Sphäre privater Lebensgestaltung empfindet.*

*2. Fraglich ist aber, ob ein **Selbstgespräch** zu den Äußerungen zählt, welche dem **Kernbereich** privater Lebensgestaltung zuzurechnen sind. Dafür spricht, dass das Selbstgespräch gerade nicht dazu bestimmt ist, zur Kenntnis anderer zu gelangen. Vielmehr ist es durch „unwillkürlich auftretende Bewusstseinsinhalte" gekennzeichnet und hat „persönliche Erwartungen, Befürchtungen, Bewertungen, Selbstanweisungen sowie seelisch-körperliche Gefühle und Befindlichkeiten" zum Inhalt. Andererseits*

---

[1] Fall nach BGHSt 50, 206; vgl *Marxen/Kress*, Selbstgesprächs-Fall, famos 10/2005.

hat das BVerfG (wegen Stimmengleichheit) selbst bei Tagebuchaufzeichnungen keinen Grundrechtsverstoß festgestellt. Jedoch unterscheidet sich das Selbstgespräch wesentlich vom Tagebuch, bei welchem das BVerfG davon ausgeht, dass durch die schriftliche Niederlegung die Gedanken den unantastbaren Bereich verlassen. Eine solche Fixierung erfolgt beim Selbstgespräch gerade nicht. Das Selbstgespräch gehört daher dem Kernbereich privater Lebensgestaltung an. Eine Abwägung findet nicht statt.

21 II. Ergebnis: Somit bestand ein Verwertungsverbot gem § 100d Abs. 2 S. 1 StPO infolgedessen die Verwertung rechtswidrig war.

22 (Beachte: Das Gleiche gilt iE auch für ein Selbstgespräch im eigenen Auto. Zwar hat der Gesetzgeber in § 100f StPO auf eine § 100d Abs. 2 S. 1 StPO entsprechende Regelung verzichtet, jedoch gilt für das unmittelbar aus der Verfassung abgeleitete Beweisverwertungsverbot nichts anderes; für die Zuordnung zum Kernbereich sprechen dort die Eindimensionalität der Äußerung, die Nichtöffentlichkeit der Situation, die mögliche Unbewusstheit der Äußerungen im Selbstgespräch, die Identität mit inneren Gedanken sowie die Flüchtigkeit des gesprochenen Wortes).[2]

---

[2] BGHSt 57, 71, vgl *Häuser/Martin, Selbstgespräche im Auto-Fall*, famos 5/2012.

Problem 21: Verdeckte Ermittler

I. Allgemeines

Zunächst ist eine allgemeine Unterscheidung der verschiedenen „im Untergrund" tätigen Ermittler erforderlich. Nur der Einsatz der Verdeckten Ermittler ist gesetzlich geregelt (zur Rechtslage bei den anderen Personen vgl unten III.).

1. Verdeckte Ermittler (VE): Die in § 110a Abs. 2 S. 1 StPO legaldefinierten Verdeckten Ermittler sind Beamte des Polizeidienstes, die unter einer ihnen verliehenen, **auf Dauer** angelegten, veränderten Identität („Legende") ermitteln.

2. Nicht offen ermittelnde Polizeibeamte (NOEP): Davon zu unterscheiden sind die nicht offen ermittelnden Polizeibeamten, die, ohne auf Dauer unter einer Legende aufzutreten, verdeckt ermitteln und dabei **kurzzeitig** eine andere Identität annehmen. In diese Kategorie fällt zB ein „Scheinkäufer" bei Drogendelikten.

3. Vertrauenspersonen (V-Leute): Der Einsatz von V-Leuten ist nicht spezialgesetzlich geregelt. Es handelt sich hierbei um Privatpersonen, die **auf längere Zeit** mit der Polizei zusammenarbeiten, und deren Identität grds geheim bleibt.

4. Informanten: Auch die Rolle der Informanten ist in der StPO nicht geregelt. Informanten sind Privatpersonen, die **im Einzelfall** Informationen an die Ermittlungsbehörden weitergeben.

II. Zulässigkeit des Einsatzes von Verdeckten Ermittlern

Nach § 110a Abs. 1 StPO dürfen VE eingesetzt werden,
1. bei zureichenden tatsächlichen Anhaltspunkten für eine der genannten **Katalogtaten** von erheblicher Bedeutung (Satz 1),
2. zur Aufklärung von Verbrechen, wenn aufgrund bestimmter Tatsachen eine Wiederholungsgefahr besteht (Satz 2) oder
3. allgemein bei **Verbrechen**, wenn deren **besondere Bedeutung** den Einsatz gebietet (Satz 4).

Dabei ist stets der Subsidiaritätsgrundsatz zu beachten, in den Fällen 1 und 2 muss die Aufklärung auf andere Weise **aussichtslos** oder wesentlich **erschwert** sein (§ 110a Abs. 1 S. 3 StPO), in Fall 3 müssen andere Maßnahmen **aussichtslos** sein. Zudem muss der gem § 100d Abs. 1, 2 StPO geschützte Kernbereich privater Lebensgestaltung geachtet werden (§ 110a Abs. 1 S. 5 StPO).

III. Zulässigkeit des Einsatzes von V-Leuten, Informanten und NOEP

Eine ausdrückliche gesetzliche Regelung liegt für diesen Personenkreis nicht vor. Daher ist **streitig**, worauf entsprechende Maßnahmen gestützt werden können.[1] Eine **tvA** will hier die §§ 110 a ff. StPO analog anwenden. **Andere** fordern eine explizite gesetzliche Ermächtigung, da der Einsatz von V-Leuten usw einen erheblichen Eingriff in das Recht auf informationelle Selbstbestimmung darstelle. Der **BGH** sieht hingegen in den **§§ 161 Abs. 1 S. 1, 163 Abs. 1 S. 1 StPO (Ermittlungsgeneralklausel)** eine hinreichende gesetzliche Ermächtigungsgrundlage. In Bezug auf V-Leute und Informanten wird argumentiert, dass diese keine Mitglieder der Strafverfolgungsbehörden sind und es sich

---
1 Vgl dazu *Beulke/Swoboda*, Rn. 651 mwN.

daher nur um eine Informationsbeschaffung durch einen Zeugenbeweis handelt, welcher keiner weiteren Ermächtigungsgrundlage bedarf. Dieser „privaten" Informationsbeschaffung sind aber wiederum durch das **Verhältnismäßigkeitsprinzip** Schranken gesetzt. Ebenso wie Verdeckte Ermittler dürfen auch V-Leute, die als Lockspitzel arbeiten, nur gegen Personen eingesetzt werden, gegen die schon ein Verdacht im Sinne des § 160 StPO besteht – und dies auch nur bei gefährlicher oder anders schwer aufklärbarer Kriminalität. NOEP sind zwar keine Privatpersonen, dennoch wird wegen ihres im Vergleich zu den VE nur kurzfristigen Einsatzes ebenso die Ermittlungsgeneralklausel als Rechtsgrundlage für ausreichend erachtet, wobei auch ihr Einsatz nur in den Grenzen des Verhältnismäßigkeitsprinzips zulässig ist. Besonders problematisch ist schließlich die Frage der **Tatprovokation** durch einen „Lockspitzel". Wird der Beschuldigte nicht nur in seinem schon gefassten Entschluss bestärkt, sondern konkret zu einer Tat angestiftet, so ist die Grenze zu einer unzulässigen Tatprovokation überschritten. Die Folgen sind allerdings **streitig** (vgl dazu ausführlich Problem 10).

IV. Verwertbarkeit der Informationen im Prozess: Geheimhaltungsinteresse und Unmittelbarkeitsgrundsatz

9   Fraglich ist die Verwertbarkeit der gewonnenen Informationen im Strafprozess, wenn die Behörde die Identität der Verdeckten Ermittler nicht preisgeben will. Hier konkurriert das Interesse der Behörde, den verdeckt ermittelnden Personen Vertraulichkeit zuzusichern und sie somit auch weiter einsetzen zu können, mit dem Unmittelbarkeitsgrundsatz. Es stellen sich folgende Fragen:

10 1. **Hat die Behörde die Möglichkeit, die Aufdeckung der Identität zu verweigern?** Die StPO erkennt in den §§ 54, 68, 96, 110b Abs. 3 StPO das Geheimhaltungsinteresse des Staates grds an. Die „Sperrung" eines VE für das gerichtliche Verfahren ist dabei nach § 110b Abs. 3 S. 3 iVm § 96 StPO möglich. Bzgl der **anderen Informanten** bestehen keine gesetzlichen Regelungen. Allerdings wird eine „Sperrung" dieser Personen von manchen analog § 96 StPO bejaht.[2] Die Behörde muss die Sperrung aber begründen, da das Gericht die Entscheidung auf Rechtsfehler überprüfen können muss. Fraglich ist jedoch, ob und wie das Gericht einer rechtswidrigen Sperrerklärung entgegenwirken kann.

11 2. **Welche Möglichkeit besteht, trotz einer zulässigen Sperrung die Aussage in den Prozess einzuführen?** In § 110b Abs. 3 StPO wurde das Geheimhaltungsinteresse beim VE anerkannt. Auch wurde die Zeugenschutzvorschrift des § 68 StPO erweitert und es ist ferner die Möglichkeit der **Videovernehmung** (§§ 58a, 168e, 247a, 255a StPO) hinzugekommen. Im Hinblick auf die Reichweite der Sperrung (auch bei den anderen Vertrauenspersonen) wurde von der Rspr. eine **Drei-Stufen-Theorie** entwickelt, nach der die Behörde eine Vernehmung von bestimmten Bedingungen abhängig machen kann. Das bedeutet, dass eine „Totalsperrung" nicht grds zulässig ist.

12 **Erste Stufe:** Auf der ersten Stufe kommen zunächst Einschränkungen bei der Vernehmung vor Gericht, zB das Verschweigen des Wohnortes, in Betracht.

13 **Zweite Stufe:** Ist dies nicht ausreichend, so kann auf der zweiten Stufe eine Vernehmung allein durch den beauftragten oder ersuchten Richter (§§ 223 Abs. 1, 224, 251 Abs. 2 Nr. 1 StPO) beantragt werden.

---

2   Vgl *Beulke/Swoboda*, Rn. 653.

Problem 21: Verdeckte Ermittler

Dritte Stufe: Genügt auch dies nicht, so ist auf der dritten Stufe eine Totalsperrung zulässig. In diesem Fall wird von der Vernehmung insgesamt Abstand genommen. Möglich bleibt aber die Verlesung von Vernehmungsprotokollen (§ 251 Abs. 2 Nr. 1 StPO) sowie das Abspielen von Videoaufzeichnungen früherer Vernehmungen, soweit die Identität dadurch nicht aufgedeckt wird (§§ 58a Abs. 1 S. 2 Nr. 2, 168e S. 4, 255a StPO) oder die Vernehmung der (zumeist polizeilichen) Vernehmungsbeamten als Zeugen vom Hörensagen. Der Grund für die Zulässigkeit dieser Beweissurrogate liegt darin, dass der Zeuge durch die vollständige Sperrung „unerreichbar" im Sinne des § 244 Abs. 3 S. 3 Nr. 5 StPO wird. Ein Beweiserhebungs- und Verwertungsverbot bzgl dieser Beweissurrogate besteht nur dann, wenn die Sperrung willkürlich oder offensichtlich rechtsfehlerhaft war oder das Gericht sich nicht ausreichend bemüht hat, die Sperrentscheidung der Behörde aufzuheben.

V. Verwertbarkeit von Erkenntnissen bei Verfahrensfehlern

Liegen die materiellen Voraussetzungen der §§ 110a ff. StPO nicht vor, so besteht ein Verwertungsverbot hinsichtlich der durch den VE erlangten Beweise. Bei bloß formellen Fehlern ist ein solches Verbot hingegen nicht anzunehmen. Es ist sehr fraglich, ob und unter welchen Umständen der Einsatz eines VE zu Verstößen gegen die sonstigen Verfahrensvorschriften führen kann.³ Denn die Verfahrensvorschriften, die auch dem Schutz des Beschuldigten dienen, könnten leicht umgangen werden, so zB wenn der VE ein Vertrauensverhältnis zum Beschuldigten aufbaut und das danach erfolgende Geständnis heimlich aufgezeichnet wird, da der Beschuldigte dann uU eine Aussage tätigt und sich selbst belastet, ohne über sein Recht, schweigen zu dürfen, belehrt worden zu sein. Nach Ansicht des **BGH** gelten die §§ 136, 136a StPO nicht unmittelbar, da sie eine Vernehmung voraussetzen (str.; nach aA sind sie auch auf „vernehmungsähnliche Situationen" anzuwenden). Allerdings darf die StA nicht gezielt einen VE einsetzen, um § 136 StPO auszuschalten. Dies kann laut **BGH** einen Verstoß gegen den Nemotenetur-Grundsatz darstellen. Nichts anderes darf für die anderen unter I. genannten Personen gelten.

VI. Zufallsfunde

Für Zufallsfunde gelten wiederum §§ **479 Abs. 2 S. 1, 161 Abs. 3 StPO**, dh sie können nur zur Aufklärung solcher Straftaten verwendet werden, zu deren Aufklärung die Maßnahme ebenfalls hätte angeordnet werden dürfen. Auch hier stellt sich das Problem, ob nur die Katalogtat oder auch die sonstigen Anordnungsvoraussetzungen hypothetisch für das anhängige Verfahren zu prüfen sind (vgl dazu bereits Problem 18).

Zur Vertiefung:
Rechtsprechung: BGHSt 29, 109 – Verlesung (Zulässigkeit der Verlesung von Vernehmungsprotokollen bei Sperrerklärung); **BGHSt 29, 390** – Müller (Unerreichbarkeit eines V-Mannes); **BGHSt 31, 148** – Scheinkäuferin (Sperrerklärung ohne ausreichende Begründung); **BGHSt 32, 115** – Vertrauensperson (Voraussetzungen der gerichtlichen Vernehmung von V-Leuten); **BGHSt 33, 178** – Scheinkäufer (Vernehmung eines Zeugen vom Hörensagen); **BGHSt 36, 159** – Kreissparkasse (Zeuge vom Hörensagen); **BGHSt 41, 42** – Ahmet und Mehmet (§§ 110a ff. StPO sind auf

---
3 Vgl dazu *Beulke/Swoboda*, Rn. 734 f. mwN.

21 Problem 21: Verdeckte Ermittler

Vertrauenspersonen der Polizei unanwendbar); **BGHSt 41, 64** – Ulf (auf Dauer angelegter Einsatz); **BGHSt 42, 175** – Dieter (Notwendigkeit der Entscheidung durch die oberste Dienstbehörde); **BGHSt 45, 321** – Enzo (Unzulässigkeit der „Verführung" einer unverdächtigen Person zu Straftaten durch V-Mann); **BGHSt 47, 44** – Tatprovokation (Unzulässigkeit einer Tatprovokation); **BGHSt 52, 11** – Hafturlaub (Beweisverwertungsverbot bei beharrlichem Drängen auf eine Aussage), vgl *Marxen/Bekier*, Hafturlaubs-Fall, famos 10/2007; **BGHSt 55, 138** – Mordauftrag (Verwertungsverbot bei Nötigung durch verdeckt ermittelnden Polizeibeamten), vgl *Pohlreich*, Mordauftrag-Fall, famos 07/2010; **BGH NJW 1997, 1516** – Scheinaufkäufer (Betreten einer Wohnung durch einen nichtöffentlich ermittelnden Polizeibeamten); **BGH NStZ 2011, 596** – Selbstbelastungsfreiheit (Verwertbarkeit der Aufzeichnung eines verdeckten Gesprächs zwischen einem Informanten und dem Beschuldigten); **BGH NJW 2016, 91** – Staatliche Einflussnahme (rechtsstaatswidrige Tatprovokation als nicht behebbares Verfahrenshindernis), vgl *Kolke/Ellerbrok*, Staatliche Einflussnahme-Fall, famos 10/2015; **OLG Jena BeckRS 2019, 24214** – Befugnisse des Verdeckten Ermittlers (Geltung des § 136a StPO auch für Verdeckte Ermittler).

Literatur/Aufsätze: *Barczak*, Der verdeckte Einsatz ausländischer Polizisten in Deutschland – Rechtsrahmen, Rechtsprobleme und Reformbedarf, StV 2012, 182; *Geppert*, Die höchstrichterliche Rechtsprechung zu beweisrechtlichen Fragen bei behördlich geheimgehaltenem V-Mann, JURA 1992, 244; *Kirkpatrick*, Der Einsatz von Verdeckten Ermittlern in Wirtschaftsstrafverfahren, NStZ 2019, 177; *Lesch*, Zu den Rechtsgrundlagen des V-Mann-Einsatzes und der Observation im Strafverfahren, JA 2000, 390; *Nitz*, Verdeckte Ermittlung als polizeitaktische Maßnahme bei der Strafverfolgung, JA 1999, 418; *Nowrousian*, Darf der Beschuldigte im Ermittlungsverfahren getäuscht werden? – Zur grundsätzlichen Zulässigkeit aktiver Täuschung im Ermittlungsverfahren, NStZ 2015, 625; *Quentin*, Der verdeckte Ermittler iS der §§ 110a ff. StPO, JuS 1999, 134; *Renzikowski*, Anmerkung zu BGH 3 StR 104/07, JR 2008, 164; *Safferling*, Verdeckte Ermittler im Strafverfahren – deutsche und europäische Rechtsprechung im Konflikt?, NStZ 2006, 75; *Soiné*, Personale verdeckte Ermittlungen in sozialen Netzwerken zur Strafverfolgung, NStZ 2014, 248; *Vitt*, Das Erfordernis weiteren Einsatzes einer V-Person als Grund für eine Sperrerklärung analog § 96 StPO, JURA 1994, 17; *Weisser*, Zum Betretungsrecht von Wohnungen bzw. Hotelzimmern durch einen nicht offen ermittelnden Polizeibeamten (noeP), NZWiSt 2018, 59.

Strafprozessuale Zusatzfrage:[4]

18 A sitzt in der JVA, weil er mehreren Personen Geld für die Tötung seiner Ehefrau E angeboten hat. In der Haft lernt er den Mithäftling B kennen und sie vereinbaren, dass B die E durch „seine Leute" töten lassen soll. B meldet dies den Beamten der JVA und erklärt sich zu einer Zusammenarbeit mit der Polizei bereit. Mit einem Aufzeichnungsgerät ausgestattet, bemüht sich B um eine ausdrückliche Bestätigung des Tötungsauftrags durch A, was aber wegen des Misstrauens des A misslingt. Nach weiteren fehlgeschlagenen Ermittlungsmaßnahmen besucht der nicht offen ermittelnde Polizist P den A in der JVA. Er stellt sich als „Micha" vor und erklärt, B habe ihn zur Identifizierung der E geschickt. P legt A zwei Fotos vor, eines mit E und eines mit einer

---

4 Fall nach BGHSt 55, 138, vgl *Pohlreich*, Mordauftrag-Fall, famos 7/2010.

Problem 21: Verdeckte Ermittler

Frau vergleichbaren Alters. Als A hierauf nicht eingeht, erklärt P, dass notfalls auch beide Frauen „weggemacht" werden könnten. A reagiert aufgebracht und sagt, dass das Ganze „abgebrochen" werde, wenn Unschuldige „reingezogen" würden. Auf die Frage des P, ob es denn richtig sei, dass sie seine Frau „wegmachen" sollten, nickt A schließlich. In der Hauptverhandlung wird P gegen den Widerspruch der Verteidigung als Zeuge über den Inhalt des Gesprächs vernommen. Auf Grundlage seiner Aussage wird A verurteilt. War die Verwertung rechtmäßig?

Klausurmäßiger Lösungsvorschlag:

Die Verwertung der Aussage war rechtmäßig, wenn kein Beweisverwertungsverbot vorlag.

*I. Die **Beweiserlangung** könnte **rechtswidrig** gewesen sein.*

*1. Fraglich ist bereits, ob das Handeln von P durch eine (für polizeiliche Maßnahmen stets erforderliche) **Ermächtigungsgrundlage** gedeckt war.*

*a) Als Ermächtigungsgrundlage könnten die §§ **110a ff. StPO für Verdeckte Ermittler** (VE) in Betracht kommen. VE sind Beamte des Polizeidienstes, die unter einer Legende über einzelne Ermittlungshandlungen hinaus in einer unbestimmten Vielzahl von Handlungen ermitteln; es muss also eine Vielzahl von Personen über die wahre Identität des verdeckt operierenden Polizeibeamten getäuscht werden und wegen der Art und des Umfanges des Auftrages im Vorfeld abzusehen sein, dass die Identität des Beamten in künftigen Strafverfahren auf Dauer geheim gehalten werden muss. P ermittelte jedoch nicht dauerhaft unter einer Legende, sondern trat nur gelegentlich verdeckt auf. Damit unterfällt er nicht dem § 110a Abs. 1 StPO, sondern ist vielmehr ein „nicht offen ermittelnder Polizeibeamter" (NOEP). Für deren Tätigkeit findet sich keine spezielle Ermächtigungsnorm. Die §§ 110a ff. StPO lassen sich auch nicht analog anwenden, da der Gesetzgeber bewusst auf eine Regelung bzgl der NOEP verzichtet hat.*

*b) Damit bleibt nur die Generalklausel der §§ **161 Abs. 1, 163 Abs. 1 StPO** als Ermächtigungsgrundlage. Gegen deren Anwendbarkeit könnte sprechen, dass wesentliche Grundrechtseingriffe in einer eigenen Ermächtigungsgrundlage geregelt werden müssen. Auch ist aus dem Umstand heraus, dass andere ähnliche Maßnahmen, wie der Einsatz von VE in den §§ 110a ff. StPO, speziell geregelt sind, der Schluss möglich, dass deren Einsatz gar nicht zulässig sein soll. Dem ließe sich entgegenhalten, dass in dem gelegentlichen Einsatz von verdeckt operierenden Beamten kein wesentlicher Grundrechtseingriff liegt und der Gesetzgeber gerade für solche Fälle die Ermittlungsgeneralklausel vorgesehen hat. Zwar besteht ein Unterschied zu V-Leuten und Informanten darin, dass hier Mitglieder der Strafverfolgungsbehörden tätig werden, jedoch sind die Auswirkungen des Einsatzes mangels Dauerhaftigkeit von der Intensität her nicht mit den VE zu vergleichen. Insofern kann die Ermittlungsgeneralklausel wohl eine Ermächtigungsgrundlage für NOEP darstellen (wobei der BGH dies im konkreten Fall noch offen gelassen hat).*

2. Selbst dann ist aber fraglich, ob das verdeckte Verhör verwertet werden kann. Eine Unverwertbarkeit könnte sich aus einer fehlenden Belehrung nach den §§ 136 Abs. 1 S. 2, 163a Abs. 4 S. 2 StPO ergeben. Voraussetzung ist indes, dass eine Vernehmung vorlag. Darunter versteht die hM ein offenes amtliches Auskunftsverlangen und nicht eine bloß verdeckte Befragung durch Ermittlungspersonen. P gab sich bei seinen Fra-

gen jedoch nur als Privatperson aus, so dass schon keine Vernehmung vorlag und somit auch keine Belehrungspflicht gem den §§ 136 Abs. 1 S. 2, 163a Abs. 4 S. 2 StPO bestand. Denn diese Vorschrift ist nach Ansicht des BGH nur auf „offene" Vernehmungen anwendbar und will (lediglich) sicherstellen, dass der Beschuldigte vor der irrtümlichen Annahme einer Aussagepflicht bewahrt wird, zu der er sich durch die Konfrontation mit dem amtlichen Auskunftsverlangen veranlasst sehen könnte. Nach einer *tvA* sollen die §§ 136 ff. StPO analog auf vernehmungsähnliche Situationen und staatlich herbeigeführte Aussagen angewendet werden können. Der BGH lehnte eine entsprechende Anwendung hier jedoch ab, weil § 136 StPO dem Zwecke diene, zu verhindern, dass der Beschuldigte sich gegenüber einem Amtsträger zur Aussage verpflichtet fühlt. Eine analoge Anwendung des § 136a StPO scheidet zumindest aus dem Grund aus, dass allein das Nicht-Offenlegen des Ermittlungsinteresses ohne Hinzutreten weiterer Umstände noch keine relevante Täuschung darstellt. Es liegt lediglich „kriminalistische List" vor (vgl Problem 24).

25   3. Es könnte aber ein **Verstoß gegen das Fair-trial-Prinzip** gem Art. 1 Abs. 1, 2 Abs. 2 S. 2, 20 Abs. 3, 101 Abs. 1 S. 2, 103 GG und Art. 6 Abs. 1 S. 1 EMRK vorliegen, wozu auch der Grundsatz der Selbstbelastungsfreiheit (Nemo-tenetur-Grundsatz) zählt. Dieser Grundsatz ist auch außerhalb förmlicher Vernehmungen jedenfalls dann verletzt, wenn der Beschuldigte zur Selbstbelastung gezwungen wird. Dazu müsste das Einwirken auf A eine Zwangseinwirkung darstellen. Maßstab kann dabei § 240 Abs. 1 StGB sein. P wollte den inhaftierten A mit seinen Fragen zu einer eindeutigen Erklärung im Hinblick auf die Erteilung des Mordauftrags veranlassen. Eine Drohung mit einem empfindlichen Übel lässt sich in der Erklärung sehen, dass notfalls auch zwei Frauen „weggemacht" werden könnten. Das empfindliche Übel bestand für A darin, für den Tod einer weiteren Frau verantwortlich zu sein. Angesichts dieser Nötigung liegt eine Verletzung des Fair-trial-Prinzips vor. Mithin ist die Beweiserhebung rechtswidrig.

26   II. Im Rahmen der anschließenden **Abwägung** ist in der Verletzung des Fair-trial-Prinzips als zentralem Beschuldigtenrecht eine derart gravierende Rechtsverletzung zu sehen, dass sie zu einem **Beweisverwertungsverbot** für die Aussage von P führt, auch wenn mit dem geplanten Mord ein schwerwiegendes Verbrechen im Raume stand.

27   III. Ergebnis: Es besteht ein Beweisverwertungsverbot (zu diesem Ergebnis käme man im Übrigen auch, wenn man eine unmittelbare oder entsprechende Anwendung des § 136a StPO und dabei das Merkmal der Drohung oder des Zwangs bejahen würde).

Problem 22: Vorläufige Festnahme

I. Allgemeines

Ein weiteres wichtiges Zwangsmittel ist die vorläufige Festnahme nach den §§ 127 ff. StPO. Sie kommt immer dann in Betracht, wenn der Erlass eines richterlichen Haftbefehls (vgl dazu Problem 13) nicht rechtzeitig ergehen würde. Dies ist erstens dann der Fall, wenn der Täter noch am Tatort gestellt wird und zur Sicherung des weiteren Verfahrens und der weiteren Ermittlungen seine Personalien aufgenommen werden sollen. Widersetzt sich der Beschuldigte in diesem Fall der Feststellung, so kann er vorläufig festgenommen werden. Da nicht immer Polizeibeamte am Tatort anwesend sind, steht das Recht der vorläufigen Festnahme nach § 127 Abs. 1 StPO im Übrigen grds jedermann zu. Zweitens kann eine vorläufige Festnahme auch dann angebracht sein, wenn der Täter zwar nicht auf frischer Tat betroffen oder verfolgt wird, aber die materiellen Voraussetzungen eines richterlichen Haftbefehls vorliegen, ein solcher jedoch noch nicht ergangen ist und ein weiteres Abwarten die (spätere) Festnahme gefährden würde. In diesem Fall können die StA und die Beamten des Polizeidienstes gem § 127 Abs. 2 StPO den Beschuldigten auch sogleich vorläufig festnehmen. Schließlich besteht drittens gem § 127b Abs. 1 StPO die Möglichkeit für die StA und die Beamten des Polizeidienstes, einen auf frischer Tat Betroffenen dann vorläufig festzunehmen, wenn eine Entscheidung im beschleunigten Verfahren wahrscheinlich ist (Nr. 1) und aufgrund bestimmter Tatsachen zu erwarten ist, dass der Betroffene der Hauptverhandlung fernbleiben wird (Nr. 2). Das Recht der vorläufigen Festnahme, va das sog „Jedermann-Festnahmerecht" nach § 127 Abs. 1 S. 1 StPO, erlangt als Rechtfertigungsgrund im materiellen Strafrecht besondere Bedeutung. Durch das Festnahmerecht können Freiheitsberaubungen, Nötigungen sowie leichte Körperverletzungen gerechtfertigt werden.

II. Die vorläufige Festnahme nach § 127 Abs. 1 StPO

Wird jemand auf frischer Tat betroffen oder verfolgt, so ist jedermann befugt, ihn vorläufig festzunehmen, sofern er der Flucht verdächtig ist oder seine Identität nicht sofort festgestellt werden kann.

1. Befugnis: Jedermann, dh Bürger und Amtsträger, sind zur vorläufigen Festnahme nach § 127 Abs. 1 StPO befugt.

2. Festnahmelage: Zunächst muss eine Festnahmelage vorliegen.

a) Dazu muss der Täter **auf frischer Tat betroffen oder verfolgt** werden. Bei der **Tat** muss es sich um eine Straftat handeln, bloße Ordnungswidrigkeiten berechtigen nicht zur vorläufigen Festnahme. Hinsichtlich der Rechtfertigung des Festnehmenden ist bei festnehmenden Privatpersonen jedoch **streitig**, ob die Tat tatsächlich begangen sein muss (tatbestandsmäßig und/oder rechtswidrig und/oder schuldhaft) oder ob auch ein dringender Tatverdacht ausreicht.[1] **Auf frischer Tat betroffen** ist derjenige, der bei der Durchführung der Tat oder unmittelbar danach am Tatort oder in dessen unmittelbarer Nähe gestellt wird. **Auf frischer Tat verfolgt** wird derjenige, der den Tatort zwar bereits verlassen hat, aber entweder bei der Flucht beobachtet und direkt verfolgt

---

[1] Vgl dazu die strafprozessuale Zusatzfrage; ferner *B. Heinrich*, Strafrecht AT, Rn. 505 ff.

wurde oder wer unmittelbar nach der Tat aufgrund am Tatort vorhandener Spuren verfolgt wird, so dass jedenfalls ein enger zeitlicher Zusammenhang zur Tat besteht.

6 b) Ferner muss ein **Festnahmegrund** vorliegen. Dieser ist gegeben, wenn Fluchtgefahr besteht oder die Identität des Festgenommenen nicht sofort feststellbar ist. Eine **Fluchtgefahr** ist anzunehmen, wenn aufgrund des Verhaltens des Täters vernünftigerweise (aus der Sicht eines objektiven Betrachters) davon auszugehen ist, dass er sich dem Verfahren durch Flucht entziehen wird. Diese Einschätzung muss anhand der tatsächlichen Gegebenheiten am Tatort (nach allgemeiner Lebenserfahrung) vorgenommen werden und unterscheidet sich daher von der Fluchtgefahr im Sinne des Haftgrundes nach § 112 Abs. 2 Nr. 2 StPO (vgl dazu Problem 13). Ferner können Privatpersonen nach § 127 Abs. 1 StPO festnehmen, wenn sich die **Identität des Täters nicht sofort ermitteln** lässt. Dies ist der Fall, wenn die Identität nicht bekannt ist oder der Tatverdächtige sich nicht ausweisen kann oder will. Für Amtsträger (StA oder Polizei) gilt gem § 127 Abs. 1 S. 2 StPO hingegen § 163b Abs. 1 StPO, wonach die StA und die Polizei „die zur Feststellung seiner Identität erforderlichen Maßnahmen treffen" können.

7 3. **Rechtmäßigkeit der Festnahmehandlung:** Des Weiteren muss die Festnahmehandlung rechtmäßig gewesen sein. Durch § 127 Abs. 1 StPO sind nur die Festnahme und die damit notwendigerweise einhergehenden Beeinträchtigungen erlaubt. Damit rechtfertigt § 127 Abs. 1 StPO lediglich die Einschränkung der körperlichen Bewegungsfreiheit (dh er rechtfertigt in erster Linie die Freiheitsberaubung nach § 239 StGB) sowie geringfügige Körperverletzungen (§ 223 StGB), wie zB einen Bluterguss infolge harten Zupackens. Schwerwiegende Körperverletzungen oder gar Tötungen sind niemals nach § 127 Abs. 1 StPO gerechtfertigt. Auch ein Schusswaffengebrauch wird im Rahmen des § 127 Abs. 1 StPO nur ausnahmsweise – etwa als Warnschuss – zulässig sein, gezielte Schüsse hingegen nicht.[2] Diese Einschränkung unterscheidet das Festnahmerecht ua von der Notwehr bzw Nothilfe (§ 32 StGB), bei der ein Schusswaffengebrauch unter bestimmten Voraussetzungen zulässig ist. Da die Freiheitsberaubung einen schweren Grundrechtseingriff darstellt, ist zudem wiederum – als ungeschriebene Voraussetzung – der **Verhältnismäßigkeitsgrundsatz** zu beachten. Aus dem Verhältnismäßigkeitsgrundsatz folgt die hM[3] zu Recht, dass § 127 Abs. 1 StPO auch mildere Maßnahmen, wie etwa die Wegnahme von Sachen (wie Autoschlüsseln) mit dem Ziel, den Betroffenen an der Flucht zu hindern oder ihn zu einer Selbststellung bei der Polizei zu zwingen, deckt.

8 4. **Subjektives Element (= Festnahmewille):** Wie bei allen Rechtfertigungsgründen bedarf es auch hier eines subjektiven Elements. Soll die Rechtfertigung einer Freiheitsberaubung oder geringfügigen Körperverletzung auf § 127 Abs. 1 StPO gestützt werden, so muss der Täter einerseits die Festnahmelage kennen und wissen, dass seine Handlung der Festnahme dient, und andererseits mit Festnahmewillen handeln.

III. Die vorläufige Festnahme nach § 127 Abs. 2 StPO

9 Die StA und die Polizei haben neben dem „Jedermann-Recht" nach § 127 Abs. 1 StPO auch die Befugnis zur vorläufigen Festnahme nach § 127 Abs. 2 StPO, wenn die materiellen Voraussetzungen eines Haftbefehls vorliegen.

---

2 Vgl *B. Heinrich*, Strafrecht AT, Rn. 502.
3 Vgl *Beulke/Swoboda*, Rn. 369; *B. Heinrich*, Strafrecht AT, Rn. 503.

Problem 22: Vorläufige Festnahme

1. Befugnis: Zur Festnahme nach § 127 Abs. 2 StPO sind nur die StA und alle Beamten des Polizeidienstes befugt.

2. Festnahmelage: Auch hier muss eine Festnahmelage gegeben sein.

a) Dazu müssen die **Voraussetzungen eines Haftbefehls** nach den §§ 112 ff. StPO (dringender Tatverdacht, Haftgrund und Verhältnismäßigkeit; vgl dazu Problem 13) oder eines Unterbringungsbefehls nach § 126a StPO vorliegen.

b) Ein Festnahmegrund ist gegeben, sobald **Gefahr im Verzug** vorliegt. Dies ist anzunehmen, wenn das Abwarten des formellen Erlasses eines Haft- oder Unterbringungsbefehls die Festnahme gefährden würde, so dass sofortiges Handeln notwendig ist.

3. Rechtmäßigkeit der Festnahmehandlung: Auch hier sind (nur) Festnahmehandlungen und damit zusammenhängende Beeinträchtigungen gedeckt, wobei wiederum dem Verhältnismäßigkeitsgrundsatz Rechnung zu tragen ist.

4. Subjektives Rechtfertigungselement: Die Festnehmenden müssen auch hier in Kenntnis der Festnahmelage und mit Festnahmewillen handeln.

IV. Die vorläufige Festnahme nach § 127b StPO

In Fällen, in denen wahrscheinlich ein beschleunigtes Verfahrens nach § 417 ff. StPO durchgeführt werden kann, können die StA und die Polizei eine auf frischer Tat verfolgte Person auch dann vorläufig festnehmen, wenn die Voraussetzungen des § 127 StPO nicht vorliegen, aber zu befürchten ist, dass der Betroffene der Hauptverhandlung (im beschleunigten Verfahren) fernbleiben wird.

V. Vorführung vor dem Richter

Unabhängig davon, nach welcher der soeben behandelten Vorschriften die vorläufige Festnahme erfolgt ist, muss der Festgenommene gem § 128 Abs. 1 StPO unverzüglich, spätestens am Tag nach der Festnahme, einem Richter (sog Haftrichter) vorgeführt werden. Der Haftrichter vernimmt den Beschuldigten (§ 128 Abs. 1 S. 2 StPO). Danach ordnet er entweder die Freilassung an oder erlässt einen Haftbefehl (§ 128 Abs. 2 StPO). In letzterem Fall geht die vorläufige Festnahme in die Untersuchungshaft (vgl dazu Problem 13) über.

VI. Prüfungsschema zu § 127 Abs. 1 StPO

1. Festnahmelage
   a) Jemand auf frischer Tat betroffen oder verfolgt
   b) Fluchtverdacht oder Identität nicht sofort feststellbar
2. Rechtmäßige Festnahmehandlung
   a) Festnahme (ggf Anwendung von Zwang)
   b) Verhältnismäßigkeit
3. Subjektives Rechtfertigungselement
   a) Kenntnis der Festnahmelage
   b) Festnahmewille

Problem 22: Vorläufige Festnahme

Zur Vertiefung:

Rechtsprechung: BGHSt 45, 378 – Würgegriff (Befugnis des Polizeibeamten zur vorläufigen Festnahme); **BGHSt 59, 292** – Freiheitsberaubung (Zur Strafbarkeit eines Polizeibeamten wegen Verstoßes gegen die Pflicht zur unverzüglichen Herbeiführung einer richterlichen Entscheidung nach einer Ingewahrsamnahme); **BGH StV 1995, 283** – Vernehmung (Pflicht zur unverzüglichen Vorführung nach der Festnahme; Unzulässigkeit der Zwischenvernehmung); **BGH NJW 1999, 2533** – Todesschuss (polizeilicher Schusswaffengebrauch bei einer Festnahme); **BGH NStZ 2018, 734** – Vorläufige Festnahme (zur Unverzüglichkeit der richterlichen Vorführung eines Festgenommenen); **OLG Hamm NStZ 1998, 270** – Vermeintliche Ladendiebin (dringender Tatverdacht genügt für § 127 Abs. 1 StPO); **OLG Hamm NJOZ 2015** – Erforderlichkeit einer Verteidigungshandlung (Irrtum über die tatsächlichen Voraussetzungen des Festnahmerechts); **OLG Celle JuS 2015, 565** – Tatbegriff des § 127 I 1 StPO (Ausübung des Festnahmerechts bei nur leichtem Tatverdacht nicht gerechtfertigt); **BayObLG NStZ 1988, 518** – Motorradfahrer (Umfang des Festnahmerechts des § 127 Abs. 2 StPO).

Literatur/Aufsätze: Borchert, Die vorläufige Festnahme nach § 127 StPO, JA 1982, 338; *Fincke,* Das Risiko des privaten Festnehmers, JuS 1973, 87; *Geppert,* Vorläufige Festnahme, Verhaftung, Vorführung und andere Festnahmearten, JURA 1991, 269; *Grau,* Der Haftgrund der Fluchtgefahr bei Beschuldigten mit ausländischem Wohnsitz, NStZ 2007, 10; *Jahn,* Strafrecht: Festnahmerecht, JuS 2015, 565; *Kudlich,* „Ich hab' gedacht, ich dürfte das", JA 2016, 150; *Meyer-Mews,* Das Festnahmerecht – Ein Überblick, JA 2006, 206; *Otto,* Probleme der vorläufigen Festnahme, § 127 StPO, JURA 2003, 685; *Mitsch,* Vorläufige Festnahme und Notwehr, JA 2016, 161; *Satzger,* Das Jedermann-Festnahmerecht nach § 127 Abs. 1 S. 1 StPO als Rechtfertigungsgrund, JURA 2009, 107; *Schauer/Wittig,* Rechtfertigung des Fahrausweisprüfers nach § 127 Abs. 1 S. 1 StPO oder § 229 BGB?, JuS 2004, 107; *Schröder,* Das Festnahmerecht Privater und die Teilrechtfertigung unerlaubter Festnahmehandlungen (§ 127 Abs. 1 S. 1 StPO), JURA 1999, 10; *Sickor,* Das Festnahmerecht nach § 127 I 1 StPO im System der Rechtfertigungsgründe, JuS 2012, 1074; *Wagner,* Das allgemeine Festnahmerecht gemäß § 127 Abs. 1 S. 1 StPO als Rechtfertigungsgrund, ZJS 2011, 465; *Wenske,* 10 Jahre Hauptverhandlungshaft (§ 127b II StPO), NStZ 2009, 63; *Wiedenbrück,* Nochmals: Das Risiko des privaten Festnehmers, JuS 1973, 418.

Strafprozessuale Zusatzfrage:[4]

Verkäuferin V meint, im Supermarkt einen Ladendiebstahl zu beobachten, da die A sich auffällig benimmt und einen Gegenstand in ihrer Handtasche verschwinden lässt. Da V sie daran hindern will, den Supermarkt zu verlassen und die Personalien feststellen möchte, stellt sie sich der A in den Weg. Da A sich weigert, ihre Tasche zu öffnen und das Geschäft verlassen will, hält V sie schmerzhaft am Handgelenk fest, so dass A einen leichten Bluterguss erleidet, bis der Polizist P eintrifft und die Handtasche der A durchsucht. Es stellt sich heraus, dass A nur ihre eigene, ihr aus der Tasche gefallene, Geldbörse aufgehoben und nichts gestohlen hat. Hat V sich gem § 223 StGB strafbar gemacht?

---

[4] Fall nach OLG Hamm NStZ 1998, 270.

Problem 22: Vorläufige Festnahme

Klausurmäßiger Lösungsvorschlag:

I. Tatbestand

V hat tatbestandlich eine Körperverletzung gem § 223 Abs. 1 StGB verwirklicht.

II. Rechtswidrigkeit

Sie könnte jedoch gem § 127 Abs. 1 StPO gerechtfertigt gehandelt haben.

1. Zunächst müsste eine Festnahmelage vorgelegen haben. Dazu müsste A auf frischer Tat betroffen worden sein. Vorliegend ging V davon aus, dass A den Tatbestand einer Straftat, nämlich eines Diebstahls gem § 242 StGB, verwirklichte. Tatsächlich lag diese Tat jedoch gar nicht vor. Fraglich ist somit, ob bereits der **dringende Tatverdacht**, dh die hohe Wahrscheinlichkeit der Tatbegehung, ausreicht oder ob die **Tat tatsächlich begangen worden sein** muss.

a) Nach einer Ansicht bedarf es für eine Rechtfertigung gem § 127 Abs. 1 StPO einer wirklich begangenen Straftat, wobei auch der Versuch oder die Teilnahme an der Tat erfasst sind. Für diese Auffassung lässt sich anführen, dass dem zu Unrecht Festgenommenen das Recht der rechtmäßigen Verteidigung gem § 32 StGB verbleiben muss. Zudem lässt sich auch ein Umkehrschluss zu § 127 Abs. 2 StPO ziehen, bei dem der dringende Tatverdacht ausdrücklich genannt ist, was bei § 127 Abs. 1 StPO gerade nicht der Fall ist.

b) Die Rspr. lässt hingegen bereits einen dringenden Tatverdacht ausreichen. Dafür spricht, dass es sich um ein „Jedermann-Festnahmerecht" handelt und der Bürger, der sich für die Rechtsordnung einsetzt, obwohl er nur einen dringenden Tatverdacht hat, nicht für seine Courage bestraft werden darf, indem ihm ein Rechtfertigungsgrund versagt wird. Diese Ansicht ist auch deshalb überzeugend, weil fast nie absolute Sicherheit darüber herrschen kann, ob die Tat tatsächlich begangen wurde. Somit würde der Sinn des „Jedermann-Festnahmerechts" unterlaufen, wenn es aus Angst vor den Konsequenzen einer irrigen Tatannahme nicht mehr genutzt würde. Ein solcher dringender Tatverdacht lag hier vor, so dass eine Festnahmelage gegeben ist. Da A das Geschäft verlassen wollte, lag auch eine Fluchtgefahr vor.

2. Des Weiteren müsste auch eine rechtmäßige Festnahmehandlung vorliegen. § 127 Abs. 1 StPO rechtfertigt in erster Linie die Freiheitsberaubung, jedoch auch leichte Körperverletzungen. Hier ist ein Bluterguss aufgrund des Festhaltens am Arm entstanden. Dies stellt nur eine leichte Körperverletzung dar, die noch von § 127 Abs. 1 StPO erfasst ist.

3. V handelte auch in Kenntnis der Festnahmelage und mit Festnahmewillen.

III. Ergebnis: V war gem § 127 Abs. 1 StPO gerechtfertigt und ist daher straflos.

Anmerkung: Diese Lösung folgt der Rspr. und der wohl hL Die aA ist selbstverständlich ebenso vertretbar. Lehnt man § 127 Abs. 1 StPO ab, so scheidet eine Rechtfertigung aus. Hier ist jedoch zu beachten, dass V in der irrigen Annahme eines Rechtfertigungsgrundes handelte (sie nahm ja an, A habe tatsächlich etwas gestohlen) und somit einem Erlaubnistatbestandsirrtum unterlag. Die hL lässt in diesem Fall analog § 16 Abs. 1 StGB die Vorsatzschuld entfallen, so dass V nicht schuldhaft handelte. Dann kommt lediglich eine Strafbarkeit wegen fahrlässiger Körperverletzung gem § 229 StGB in Frage, die hier aber nicht zu prüfen war.

23

Problem 23: Rechtsschutz gegen Zwangsmaßnahmen

I. Allgemeines

1 Zwangsmaßnahmen sind grds mit Grundrechtseingriffen verbunden. Daher ist es besonders wichtig für den Betroffenen, dass für ihn die Möglichkeit besteht, sich gegen diese Maßnahmen zur Wehr zu setzen bzw sie immerhin auf ihre Rechtmäßigkeit überprüfen zu lassen. Dies wird umso wichtiger, wenn die Zwangsmaßnahmen von vornherein nicht von einem Richter, sondern wegen Gefahr im Verzug durch die StA oder die Polizei erlassen wurden. Gerade dann muss die Möglichkeit bestehen, eine richterliche Überprüfung zu erlangen. Doch auch im Falle der richterlichen Anordnung einer Zwangsmaßnahme hat der Grundrechtseingriff für den Betroffenen die gleiche Intensität, so dass er auch dann ein berechtigtes Interesse an der Überprüfung dieser Entscheidung hat. Dass ein grundsätzliches Recht auf Überprüfung staatlicher Maßnahmen besteht, legt **Art. 19 Abs. 4 GG** fest. Diese Norm bestimmt, dass demjenigen, der durch die öffentliche Gewalt in seinen Rechten verletzt wurde, der Rechtsweg offensteht. Das Rechtsmittel zur Überprüfung richterlicher Entscheidungen im Erkenntnisverfahren ist im Allgemeinen die Beschwerde nach den §§ 304 ff. StPO (vgl dazu Problem 43); die das Hauptverfahren abschließenden Urteile werden allerdings mit den Rechtsmitteln der Berufung nach den §§ 312 ff. StPO (vgl dazu Problem 44) oder der Revision nach den §§ 333 ff. StPO (vgl dazu Problem 45) angegriffen (vgl zu den Rechtsmitteln insgesamt Problem 42).

II. Rechtsschutz gegen richterlich angeordnete Zwangsmaßnahmen

2 **1. Beschwerde gegen die Anordnung der Zwangsmaßnahme:** Das zulässige Rechtsmittel gegen die Anordnung einer Zwangsmaßnahme, zB gegen einen richterlichen Durchsuchungsbefehl, ist die Beschwerde gem § 304 Abs. 1 StPO. Zwangsmaßnahmen werden regelmäßig im Vorverfahren durchgeführt, können aber auch in anderen Phasen des Verfahrens angeordnet werden. § 304 Abs. 1 StPO erklärt die Beschwerde für zulässig gegen alle von den Gerichten im ersten Rechtszug oder im Berufungsverfahren erlassenen Beschlüsse sowie gegen die Verfügungen des Vorsitzenden, des Richters im Vorverfahren und eines beauftragten oder ersuchten Richters, soweit das Gesetz sie nicht ausdrücklich einer Anfechtung entzieht. Diesbzgl. ist insb § 305 StPO zu beachten. Hiernach unterliegen die Entscheidungen der erkennenden Gerichte, die dem Urteil vorausgehen, nicht der Beschwerde. Wiederum ausgenommen von dieser Ausnahme sind aber Entscheidungen über Verhaftungen, die einstweilige Unterbringung, Beschlagnahmen, die vorläufige Entziehung der Fahrerlaubnis, das vorläufige Berufsverbot oder die Festsetzung von Ordnungs- oder Zwangsmitteln sowie alle Entscheidungen, durch die dritte Personen betroffen werden. Da sich § 305 StPO auf Entscheidungen der erkennenden Gerichte bezieht, gilt die Vorschrift erst ab Eröffnung des Hauptverfahrens. Im Vorverfahren können demnach sämtliche Entscheidungen des Ermittlungsrichters mit der Beschwerde überprüft werden. Diese ist gem § 306 Abs. 1 StPO bei dem Gericht, von dem oder von dessen Vorsitzenden die angefochtene Entscheidung erlassen wurde, einzulegen. Ist die Beschwerde begründet, so ist ihr abzuhelfen, andernfalls ist sie sofort, spätestens vor Ablauf von drei Tagen, dem Beschwerdegericht vorzulegen (sog „Devolutiveffekt"). Eine Besonderheit besteht bei der U-Haft (vgl hierzu Problem 13), da dem Betroffenen neben der (Haft-)Beschwerde auch noch die Mög-

lichkeit der Haftprüfung gem § 117 Abs. 1 StPO zusteht (beachte aber § 117 Abs. 2 S. 1 StPO).

2. Beschwerde gegen bereits erledigte Zwangsmaßnahmen: Oftmals wird gerade im Ermittlungsverfahren die Zwangsmaßnahme aber kaum noch vor ihrer Durchführung angefochten werden können, sondern dem Beschuldigten überhaupt erst dann bekannt werden, wenn sie bereits vollzogen wird. Man denke hier zB an die Polizeibeamten, die mit einem richterlichen Durchsuchungsbefehl vor der Tür des Betroffenen stehen, ihm diese Verfügung präsentieren und dann sofort zur Durchführung schreiten. Hier stellt sich die Frage, ob auch in solchen Fällen, in denen die Verfügung bereits durch Vollzug der Maßnahme erledigt ist, eine Beschwerde zulässig ist.[1] § 304 StPO enthält – im Gegensatz zB zum Verwaltungsprozessrecht in § 113 Abs. 1 S. 4 VwGO – keine entsprechende Regelung, schließt eine „Fortsetzungsfeststellungsbeschwerde" allerdings seinem Wortlaut nach auch nicht aus. Nach einer **tvA** besteht bei erledigten Verfügungen kein ausreichendes Rechtsschutzinteresse mehr, außer wenn eine Wiederholungsgefahr anzunehmen ist oder die Maßnahme besonders schwere Folgen für den Beschuldigten hat. Nach der zutreffenden **Gegenauffassung der Rspr.** ist aber auch dann ein hinreichendes Rechtsschutzinteresse anzunehmen, wenn die Maßnahme mit schweren Grundrechtseingriffen verbunden ist und es ihrer Natur nach mit sich bringt, dass sie direkt vollzogen wird, so etwa bei der Durchsuchung.

III. Rechtsschutz gegen nicht-richterlich angeordnete Zwangsmaßnahmen

1. Richterliche Entscheidung über die Anordnung: Wenn die Zwangsmaßnahme durch die StA oder die Polizei angeordnet wurde, muss die betroffene Person die Möglichkeit haben, diese Verfügung durch einen Richter überprüfen zu lassen. Eine ausdrückliche Regelung findet sich diesbzgl. indes nur für verdeckte Ermittlungsmaßnahmen in § 101 Abs. 7 S. 2 StPO und für Beschlagnahmen in § 98 Abs. 2 S. 2 StPO. Dort ist jeweils das Recht vorgesehen, eine gerichtliche Entscheidung herbeizuführen. In beiden Fällen ist für diese Überprüfung das Gericht zuständig, das auch für den Erlass der Maßnahme zuständig gewesen wäre. Es ist jedoch im Hinblick auf Art. 19 Abs. 4 GG allgemein anerkannt, dass § **98 Abs. 2 S. 2 StPO** auch auf alle anderen Zwangsmaßnahmen, für die grds ein richterlicher Beschluss erforderlich ist, **analog** anzuwenden ist.

2. Richterliche Entscheidung über die Rechtmäßigkeit der Durchführung: § 101 Abs. 7 S. 2 StPO benennt explizit das Recht, neben der Anordnung der Maßnahme auch die Rechtmäßigkeit der Art und Weise ihrer Durchführung überprüfen zu lassen. Diese Möglichkeit ist und war im Übrigen aber auch schon für den Anwendungsbereich des § 98 Abs. 2 S. 2 StPO anerkannt, denn schließlich wird die betroffene Person gerade durch den Vollzug der Maßnahme besonders beschwert. Dies gilt auch für alle anderen Maßnahmen, auf welche § **98 Abs. 2 S. 2 StPO analog** angewendet wird.

3. Richterliche Entscheidung bei erledigten Maßnahmen: Schließlich stellt sich auch bei den durch die StA oder die Polizei erlassenen Zwangsmaßnahmen die wichtige Frage, ob diese auch **nach Erledigung** (dh nach ihrem Vollzug) nachträglich gerichtlich überprüft werden können. Dies ist wiederum **streitig** (vgl dazu *Rössner/Safferling*, 10. Problem mwN). **Teilweise** wird die betroffene Person diesbzgl. auf die §§ 23, 28 EGGVG verwiesen, die ein Fortsetzungsfeststellungsverfahren vor dem OLG

---

[1] Vgl dazu *Beulke/Swoboda*, Rn. 498 ff. mwN.

vorsehen. Der **BGH** wendet aber zu Recht auch hier § 98 Abs. 2 S. 2 StPO analog (bzw bei sonstigen Zwangsmaßnahmen doppelt analog) an, denn es erscheint sinnvoll, auch in diesen Fällen denjenigen Ermittlungsrichter die Maßnahme überprüfen zu lassen, der auch alle noch nicht erledigten Maßnahmen beurteilt. Erkennt man diese Möglichkeit der Überprüfung an, so müssen wiederum die gleichen Grundsätze gelten wie bei den von vornherein richterlich angeordneten Maßnahmen (vgl dazu oben), dh es müssen entweder eine Wiederholungsgefahr und schwere Folgen oder schwere Grundrechtseingriffe vorliegen.[2]

Zur Vertiefung:

Rechtsprechung: **BVerfGE 96, 27** – Durchsuchung (Zulässigkeit der Beschwerde gegen eine bereits abgeschlossene Durchsuchung aus Art. 19 Abs. 4 GG); **BVerfG NJW 2007, 1345** – Blutentnahme (Rechtsschutzinteresse bei einer willkürlichen Missachtung des Richtervorbehaltes); **BGHSt 28, 206** – Durchsuchung (Beschwerde gegen die Art und Weise der Durchsuchung vor dem OLG zulässig); **LG Ravensburg NStZ-RR 2008, 45** – Erledigte Eingriffsmaßnahme (Rechtsschutz analog § 98 Abs. 2 S. 2 StPO); **OLG Karlsruhe NJW 2013, 3738** – Nachträgliche Überprüfung polizeilicher Maßnahmen (Rechtsweg und Zuständigkeit).

Literatur/Aufsätze: *Biernat*, Rechtsschutz gegen Zwangsmaßnahmen im Ermittlungsverfahren, JuS 2004, 401; *Burghardt*, Der Rechtsschutz gegen Zwangsmittel im Ermittlungsverfahren, JuS 2010, 605; *Engländer*, Die Rechtsbehelfe gegen strafprozessuale Zwangsmaßnahmen, JURA 2010, 414; *Krach*, Rechtsschutz gegen strafprozessuale Zwangsmaßnahmen, JURA 2001, 737; *Laser*, Das Rechtsschutzsystem gegen strafprozessuale Zwangsmaßnahmen, NStZ 2001, 120; *Meyer/Rettenmaier*, Die Praxis des nachträglichen Rechtsschutzes gegen strafprozessuale Zwangsmaßnahmen – Rückkehr der prozessualen Überholung?, NJW 2009, 1238; *Zeyher*, Rechtsschutz gegen prozessuale Zwangsmaßnahmen im Ermittlungsverfahren, JuS 2022, 636.

Literatur/Übungsfälle: *Rackow*, Die (folgenschwere) Harzreise, JA 2011, 23.

Strafprozessuale Zusatzfrage:

Gegen A wird ein richterlich angeordneter, aber mangels Haftgrundes rechtswidriger Haftbefehl erlassen (vgl dazu die strafprozessuale Zusatzfrage zu Problem 13). Welche Rechtsschutzmöglichkeiten stehen A gegen diese Zwangsmaßnahme zur Verfügung und zu welcher Vorgehensweise wird ihm sein Verteidiger raten?

Klausurmäßiger Lösungsvorschlag:

I. Grundsätzlich bestehen zwei verschiedene Möglichkeiten des **Rechtsschutzes** gegen einen Haftbefehl: die (Haft-)**Beschwerde** nach den §§ 304 ff. StPO und der Antrag auf **Haftprüfung** gem § 117 Abs. 1 StPO. Nach sechsmonatiger U-Haft erfolgt eine Überprüfung von Amts wegen durch das OLG (§ 121 StPO). Der wesentliche Unterschied zwischen diesen beiden Rechtsschutzmöglichkeiten besteht darin, dass nur die Beschwerde einen Devolutiveffekt hat, so dass ein anderes Gericht für die Überprüfung zuständig ist. Auf der anderen Seite ist bei der Haftprüfung eine schnellere Erledigung

---

2 So etwa bzgl der bereits erledigten Wohnungsdurchsuchung, vgl BVerfGE 96, 27.

zu erwarten und auf Antrag gem § 118 Abs. 1 StPO zwingend eine mündliche Verhandlung durchzuführen.

II. Fraglich ist, wann welcher Rechtsschutz zu empfehlen ist. Eine Haftprüfung sollte dann beantragt werden, wenn neue Tatsachen vorgetragen werden können, die gegen den Tatverdacht oder gegen das Fortbestehen eines Haftgrundes sprechen oder dem Haftrichter (Ermittlungsrichter) einen positiveren Eindruck des Verhafteten vermitteln sollen. Hier kann in einer mündlichen Verhandlung der Richter, der den Betroffenen und den Sachverhalt schon kennt, ggf davon überzeugt werden, dass die Lage nun anders zu beurteilen ist. Eine Beschwerde ist dagegen zu empfehlen, wenn es nicht um neue Fakten geht, sondern der Haftbefehl rechtlich angegriffen werden soll, etwa weil der Betroffene der Auffassung ist, der Haftrichter habe falsch entschieden. Denn dann können diese rechtlichen Fragen aufgrund des Devolutiveffekts durch das Beschwerdegericht geprüft werden. Der Haftbefehl gegen A ist mangels Haftgrundes und somit wegen eines rechtlichen Fehlers materiell rechtswidrig (vgl dazu Problem 13), ohne dass neue Umstände dabei eine Rolle spielen.[3] Somit wird A zu raten sein, eine Haftbeschwerde zu beantragen, in der Hoffnung eine entsprechende Bewertung durch das Beschwerdegericht zu erreichen (zum Aufbau der Beschwerde vgl Problem 43).

---

3 Vgl dazu auch den Übungsfall bei Rackow, JA 2011, 23, 28 f.

Problem 24: Vernehmung des Beschuldigten/verbotene Vernehmungsmethoden

I. Allgemeines

1 Die Vernehmung des Beschuldigten ist in den §§ 133-136a StPO geregelt. Die dort normierten Vorgaben müssen stets beachtet werden. Ansonsten können auf diese Weise erlangte Aussagen uU nicht als Beweise im Prozess verwertet werden. Die Vernehmung des Beschuldigten kann in **jeder Phase** des Verfahrens erfolgen. Über § 163a Abs. 3, 4 StPO gelten die §§ 133f. StPO auch für Vernehmungen durch die StA und die Polizei. Der Beschuldigte muss vor Anklageerhebung persönlich vernommen worden sein (bei ganz einfach gelagerten Sachverhalten genügt gem § 163a Abs. 1 S. 2 StPO aber auch eine schriftliche Anhörung). Der Begriff der Vernehmung ist **streitig.**[1] Die **hL** und die **Rspr.** vertreten einen **formellen Vernehmungsbegriff**. Hiernach liegt eine Vernehmung nur dann vor, wenn ein Staatsorgan eine Befragung mit dem Ziel der Gewinnung einer Aussage durchführt und dabei dem Beschuldigten in offizieller Form gegenübertritt. Demnach handelt es sich noch nicht um eine Vernehmung, wenn der Beschuldigte von sich aus Angaben zur Sache macht, ohne dazu von einem Staatsorgan aufgefordert zu werden (sog **Spontanäußerung**). Nach **anderer Auffassung** ist ein materieller Vernehmungsbegriff zugrunde zu legen, der jegliche Aussagen eines Verdächtigen erfassen soll, die durch ein Staatsorgan herbeigeführt werden, unabhängig davon, ob es sich nach außen als solches zu erkennen gibt. Ein solcher (weiter) Vernehmungsbegriff ist der StPO hingegen nicht zu entnehmen, da die §§ 136 ff. StPO erkennbar auf ein offenes und offizielles Vorgehen angelegt sind. Liegt demnach keine Vernehmung vor, so wird **teilweise** gefordert, die §§ 136 ff. StPO analog auf sämtliche vernehmungsähnliche Situationen anzuwenden, so etwa auf Befragungen durch Private (vgl dazu Problem 21). Der **BGH** lehnt dies **jedenfalls für** § 136 StPO ab, da durch eine solche Befragung keine vergleichbare Drucksituation entstehe (BGHSt 55, 138; vgl aber noch unten Problem 31 und Problem 33 zu § 136a StPO). In jedem Fall ist Voraussetzung einer Beschuldigtenvernehmung aber die Beschuldigteneigenschaft des Befragten. So liegt eine Vernehmung (noch) **nicht** vor bei einer bloß **informatorischen Befragung**, mit der Folge, dass die Belehrungspflichten gem § 136 StPO hier nicht gelten (vgl dazu Problem 9). Die Vernehmung des Beschuldigten und die damit zusammenhängenden Beweisverwertungsverbote sind ein sehr beliebtes Thema bei strafprozessualen Zusatzfragen und sollten daher gut beherrscht werden.

II. Ablauf der Vernehmung und Belehrungspflichten

2 Sobald eine Vernehmung vorliegt (also zB eine rein informatorische Befragung in eine Vernehmung umschlägt), hat sie den in § 136 StPO vorgesehenen Ablauf und die dort geregelten Maßgaben zu befolgen. Zunächst ist der Beschuldigte zwingend in dreifacher Hinsicht zu belehren:

1. Als erstes ist dem Beschuldigten zu eröffnen, welche Tat ihm zur Last gelegt wird und welche Strafvorschriften in Betracht kommen (§ 136 Abs. 1 S. 1 StPO),

---

[1] Vgl *Beulke/Swoboda*, Rn. 177.

Problem 24: Vernehmung des Beschuldigten/verbotene Vernehmungsmethoden

2. danach ist er auf sein Recht, die Aussage zu verweigern, hinzuweisen (§ 136 Abs. 1 S. 2 StPO) und
3. des Weiteren ist er darüber zu belehren, dass er einen Verteidiger hinzuziehen darf (§ 136 Abs. 1 S. 2 StPO).

Möchte der Beschuldigte vor seiner Vernehmung einen Verteidiger befragen, sind ihm Informationen zur Verfügung zu stellen, die es ihm erleichtern, einen Verteidiger zu kontaktieren (§ 136 Abs. 1 S. 3 StPO); auf bestehende anwaltliche Notdienste ist dabei hinzuweisen (§ 136 Abs. 1 S. 4 StPO). Außerhalb der Hauptverhandlung kommt noch eine weitere Belehrung hinzu (§ 136 Abs. 1 S. 5 StPO): Der Beschuldigte ist darauf hinzuweisen, dass er zu seiner Entlastung einzelne Beweiserhebungen beantragen und unter den Voraussetzungen des § 140 StPO die Bestellung eines Pflichtverteidigers nach Maßgabe des § 141 Abs. 1 StPO und des § 142 Abs. 1 StPO beanspruchen kann; zu Letzterem ist er dabei auf die Kostenfolge des § 465 StPO hinzuweisen. In geeigneten Fällen soll der Beschuldigte auch darauf, dass er sich schriftlich äußern kann, sowie auf die Möglichkeit eines Täter-Opfer-Ausgleichs hingewiesen werden (§ 136 Abs. 1 S. 6 StPO). Bei Ausländern ist ferner Art. 36 Abs. 1 des Wiener Konsularrechtsübereinkommens (WÜK) zu beachten, nach welchem über das Recht auf konsularischen Beistand zu belehren ist. Gem § 136 Abs. 4 S. 1 StPO besteht auch die Möglichkeit, die Vernehmung des Beschuldigten in Bild und Ton aufzuzeichnen. Die Vernehmung **muss** aufgezeichnet werden, wenn dem Verfahren ein vorsätzlich begangenes Tötungsdelikt zugrundeliegt und der Aufzeichnung weder die äußeren Umstände noch die besondere Dringlichkeit der Vernehmung entgegenstehen (§ 136 Abs. 4 S. 2 Nr. 1 StPO) oder die schutzwürdigen Interessen von Beschuldigten, die erkennbar unter eingeschränkten geistigen Fähigkeiten oder einer schwerwiegenden seelischen Störung leiden, durch die Aufzeichnung besser gewahrt werden können (§ 136 Abs. 4 S. 2 Nr. 2 StPO).

Die eigentliche, auf diese Belehrung folgende Vernehmung gliedert sich in die Vernehmung zur Person (§ 136 Abs. 3 StPO) und die Vernehmung zur Sache (§ 136 Abs. 2 StPO). Besonders wichtig und **streitig** ist die Frage, ob die Aussage des Beschuldigten **verwertet** werden kann, wenn die **Belehrung unterblieben** ist (vgl dazu ausführlich Problem 27). Weitgehende Einigkeit herrscht darüber, dass die Aussage nicht verwertet werden darf, solange der Beschuldigte seine Rechte nicht kennt. Nach der **Rspr.** hindert die fehlende Belehrung eine Verwertung aber dann nicht, wenn der Beschuldigte seine Rechte gekannt hat, einen Verteidiger hat und dieser der Verwertung ausdrücklich zustimmt oder der Verwertung bis zum Abschluss der Vernehmung (§ 257 StPO) **nicht widerspricht** (sog **Widerspruchslösung**, vgl dazu Problem 26) oder der Beschuldigte das Unterbleiben der Belehrung **nicht beweisen** kann (der Grundsatz *in dubio pro reo* gilt – nach allerdings umstrittener Ansicht – nicht im Hinblick auf Verfahrensfragen!). Nach der neueren Rspr. des BGH muss auch der unverteidigte Beschuldigte der Verwertung im Rahmen der Widerspruchslösung widersprechen, wenn er zuvor vom Gericht im Hinblick auf die Widerspruchsmöglichkeit belehrt worden ist. Wird bei der ersten Vernehmung die Belehrung unzulässigerweise unterlassen, so ist der Beschuldigte nach **BGH** und **hL** bei weiteren Vernehmungen im Rahmen einer sog **qualifizierten Belehrung** darauf hinzuweisen, dass die früheren Aussagen nicht verwertbar sind.[2] Zu den Folgen einer unterbliebenen qualifizierten Belehrung siehe Problem 32 Rn. 7.

---

2 vVgl dazu *Beulke/Swoboda*, Rn. 182; *Heger/Pohlreich*, Rn. 256.

III. Verbotene Vernehmungsmethoden und Nemo-tenetur-Grundsatz

5 § 136a StPO enthält eine – nicht abschließende (!) – Auflistung verbotener Vernehmungsmethoden. Aufgelistet sind ua:

6 **1. Misshandlung:** Diese entspricht der in § 223 Abs. 1 StGB genannten körperlichen Misshandlung.

7 **2. Ermüdung:** Bei einer Ermüdung muss der Beschuldigte derartig übermüdet sein, dass seine Willensfreiheit beeinträchtigt ist.

8 **3. Verabreichung von Mitteln:** Entsprechende Mittel sind zB Alkohol oder Rauschgift. Dies gilt auch, wenn der Beschuldigte das Mittel eigenmächtig konsumiert hat.

9 **4. Quälerei:** Unter einer Quälerei ist hier eine andauernde körperliche und seelische Misshandlung zu verstehen.

10 **5. Täuschung:** Da der Eingriff hier nicht so stark ist wie bei den anderen verbotenen Vernehmungsmethoden, ist der Begriff **restriktiv** auszulegen. Insbesondere ist die Täuschung abzugrenzen von der zulässigen **kriminalistischen List** (zB „Fangfragen"). Verboten ist aber zB das bewusste Vorspiegeln falscher Tatsachen (Bsp: „Dein Mittäter hat schon ausgesagt"). Besonders bedeutsame Fälle sind in diesem Zusammenhang zB (1) die **Hörfalle** (Befragung des Beschuldigten durch eine Privatperson, bei welcher das Ermittlungsinteresse nicht aufgedeckt wird; dies ist keine relevante Täuschung, BGHSt 42, 139, vgl dazu Problem 31) und (2) der Einsatz **nicht offen ermittelnder Beamter** (dieser stellt ebenfalls keine Täuschung dar, BGHSt 55, 138; vgl dazu die strafprozessuale Zusatzfrage zu Problem 21).

11 **6. Zwang:** Zwang ist nur in den in der StPO vorgesehenen Fällen zulässig.

12 **7. Drohung:** Darunter fällt insb die Androhung von Folter; bedeutsam ist hier der **Gäfgen-Fall** (LG Frankfurt/Main StV 2003, 325; EGMR NStZ 2008, 699 – Gäfgen; vgl dazu *Marxen/Dreblow*, Folter-Fall, famos 9/2003, und die strafprozessuale Zusatzfrage zu Problem 32).

13 **8. Versprechen eines gesetzlich nicht vorgesehenen Vorteils:** Zwar ist das Versprechen eines solchen Vorteils grds unzulässig, allerdings ist es zulässig, mögliche positive Folgen eines Geständnisses in Aussicht gestellt werden (vgl zum „Deal" im Strafprozess Problem 40). In diesem Fall handelt es sich nämlich gerade um einen in § 257c StPO vorgesehenen Vorteil.

14 **9. Sonstige verbotene Vernehmungsmethoden:** Der Katalog des § 136a StPO ist nicht abschließend, so dass auch andere Vernehmungsmethoden unzulässig sein können, sofern der Eingriff ähnlich erheblich ist wie bei den genannten Formen. Dies wurde zB für Lügendetektoren diskutiert. Inzwischen geht der **BGH** aber davon aus, dass diese ohnehin nur eine ungenügende Beweiskraft haben.[3]

15 Aus dem Allgemeinen Persönlichkeitsrecht (Art. 2 Abs. 1 GG iVm Art. 1 Abs. 1 GG) und dem Rechtsstaatsprinzip (Art. 20 Abs. 3 GG) folgt ferner der Grundsatz der Selbstbelastungsfreiheit (**Nemo-tenetur-Grundsatz**). Dieser beinhaltet die Freiheit von jeglichem Zwang zur Aussage oder zur aktiven Mitwirkung am Strafverfahren. Es ist **streitig**, ob davon auch das Hervorrufen von Irrtümern erfasst wird und damit auch die Täuschung außerhalb von Vernehmungen (zB beim Verdeckten Ermittler) darunter fällt. Der **BGH** (BGHSt 52, 11, vgl *Marxen/Bekier*, Hafturlaubs-Fall, famos 10/2007)

---

3 BGHSt 44, 308.

Problem 24: Vernehmung des Beschuldigten/verbotene Vernehmungsmethoden

bejahte dies in einem Fall, in dem ein besonders grober Verstoß vorlag, weil ein Verdeckter Ermittler den Beschuldigten massiv zur Aussage gedrängt und dieser zuvor mehrfach betont hatte, von seinem Schweigerecht Gebrauch machen zu wollen. In jüngerer Zeit greift der **BGH** bei heimlichen Ermittlungsmaßnahmen auch auf den **Fair-trial-Grundsatz** zurück (siehe oben Problem 21).[4]

Zur Vertiefung:

Rechtsprechung: **EGMR NJW** 2006, 3117 – Jalloh (Verwertungsverbot bei zwangsweiser Vergabe von Brechmitteln); **EGMR NStZ** 2008, 699 – Gäfgen (kein Verstoß gegen den Fair-trial-Grundsatz bei Verwertung von Beweisen trotz Androhung von Folter); **EGMR NJW** 2010, 3145 – Gäfgen II (kein Verstoß gegen den Fair-trial-Grundsatz bei Verwertung von Beweisen trotz Androhung von Folter); **BVerfG NJW** 2005, 656 – Gäfgen (Nichtannahme der Verfassungsbeschwerde); **BGHSt** 13, 60 – Übermüdung I (Verwertbarkeit des Geständnisses); **BGHSt** 34, 362 – Haftzellen-Entscheidung (Einsatz eines extra in die Zelle verlegten Mitgefangenen zur Ausfragung des Beschuldigten als unzulässige Täuschung); **BGHSt** 38, 291 – Übermüdung II (Beweisverwertungsverbot); **BGHSt** 42, 139 – Hörfalle (Keine Täuschung bei Mithören am Zweithörer); **BGHSt** 44, 308 – Lügendetektor IV (kein Verstoß gegen § 136a StPO bei freiwilliger Teilnahme des Beschuldigten); **BGHSt** 52, 11 – Hafturlaub (Beweisverwertungsverbot bei beharrlichem Drängen auf die Aussage), vgl famos *Marxen/Bekier*, Hafturlaubs-Fall, 10/2007; **BGHSt** 53, 294 – U-Haft (Beweisverwertungsverbot wegen Verstoßes gegen den Fair-trial-Grundsatz), vgl *Marxen/Rösing*, Besuchsraum-Fall, famos 9/2009; **BGHSt** 55, 138 – Mordauftrag (Verwertungsverbot für verdecktes Verhör durch Polizeibeamten unter Zwangseinwirkung), vgl *Pohlreich*, Mordauftrag-Fall, famos 7/2010; **BGHSt** 60, 52 – Verbotene Vernehmungsmethoden (Unverwertbarkeit eines Geständnisses im Zustand der Erschöpfung); **BGH NStZ** 2008, 706 – Verbotene Vernehmungsmethoden (keine Verwertbarkeit der fehlerhaft gewonnenen Beweise auch zugunsten des Angeklagten mit seiner Zustimmung); **BGH NStZ** 2013, 604 – Spontanäußerungen (Verwertungsverbot wegen Verletzung des Rechts auf Verteidigerkonsultation); **BGH NStZ** 2019, 227 – Verstoß gegen Belehrungspflicht (Erfordernis einer qualifizierten Belehrung hinsichtlich Verwertbarkeit der aufgefundenen Beweismittel); **BGH NJW** 2018, 1986 – Selbstbelastungsfreiheit (Verletzung der Aussagefreiheit durch Verwertung von Angaben bei ärztlichen Untersuchung); **BGH NJW** 2019, 789 – Rechtsbeugung („Besichtigung" einer Gewahrsamszelle; Verbot der Beeinflussung der Willensentschließung eines Beschuldigten); **BGH NJW** 2019, 2627 – Beschuldigtenstatus (Verdacht der Beihilfe zu Verbrechen gegen die Menschlichkeit); **OLG Köln NStZ** 2014, 172 - Unzulässige Vernehmungsmethode (Ablegung eines Geständnisses gegen das Versprechen keinen Haftbefehl zu beantragen); **KG NStZ** 2015, 42 – Atemalkoholmessung (keine Belehrungspflicht über Freiwilligkeit); **LG Frankfurt/Main StV** 2003, 325 – Gäfgen (zum Verwertungsverbot bei Verstoß gegen § 136a StPO), vgl *Marxen/Dreblow*, Folter-Fall, famos 09/2003.

Literatur/Aufsätze: *Geppert*, Zur Belehrungspflicht über die Freiwilligkeit der Mitwirkung an einer Atemalkoholmessung und zu den Folgen ihrer Verletzung, NStZ 2014, 481; *Hinderer*, Die Beschuldigtenvernehmung im Strafverfahren – Grundwissen für die StPO-Zusatzfrage, JA 2012, 115; *Hoven*, Die Vernehmung des Beschul-

---

4 BGHSt 53, 294, vgl *Marxen/Rösing*, Besuchsraum-Fall, famos 9/2009.

digten – Klausurschwerpunkte in der strafrechtlichen Assessorklausur, JA 2013, 368; *Jahn*, Strafprozessrecht als geronnenes Verfassungsrecht – Hauptprobleme und Streitfragen des § 136a StPO, JuS 2005, 1057; *ders.*, Zu verbotenen Vernehmungsmethoden und Geltung des Zweifelssatzes, JuS 2008, 836; *Jäger*, Die Legende lebt, JA 2020, 231; *Nestler*, „Wer einmal lügt, dem glaubt man nicht ..." – Falschaussage, Glaubhaftigkeit, Lügendetektor, JA 2017, 10; *Nowrousian*, Darf der Beschuldigte im Ermittlungsverfahren getäuscht werden? – Zur grundsätzlichen Zulässigkeit aktiver Täuschung im Ermittlungsverfahren, NStZ 2015, 625.

Literatur/Übungsfälle: *Jeßberger*, „Wenn Du nicht redest, füge ich dir große Schmerzen zu", JURA 2003, 711.

Strafprozessuale Zusatzfrage:[5]

A ist einer schweren Körperverletzung verdächtig und befindet sich in U-Haft. Der ihn vernehmende Polizist P führt die erste Vernehmung nach ordnungsgemäßer Belehrung durch, nachdem es A zehn Stunden lang untersagt war, sich schlafen zu legen. In dieser Vernehmung beruft sich A auf sein Schweigerecht. Daraufhin wird A nach weiteren 20 Stunden ohne Schlaf erneut befragt. A zeigt deutliche Anzeichen des Schlafentzuges und scheint nicht mehr Herr seiner Sinne zu sein, was sich in deutlichen Ausfallserscheinungen bemerkbar macht. Er gesteht die Tat nun vollumfänglich. Sind diese Aussagen verwertbar, wenn A sich später nachträglich auf seine Müdigkeit beruft? Ändert sich etwas an der Beurteilung, wenn es A zwar erlaubt war zu schlafen, er vor Angst und Aufregung aber dennoch kein Auge zumachen konnte?

Klausurmäßiger Lösungsvorschlag:

*I. Die Aussagen sind verwertbar, wenn kein Beweisverwertungsverbot besteht. Bei der Vernehmung durch P könnte aber eine verbotene Vernehmungsmethode angewandt worden sein. § 136a Abs. 3 StPO enthält ein absolutes Verwertungsverbot hinsichtlich solcher Aussagen, die unter Anwendung einer verbotenen Vernehmungsmethode zu Stande kamen. In Betracht kommt eine Beeinträchtigung der Freiheit der Willensentschließung und der Willensbetätigung des Beschuldigten durch Ermüdung im Sinne von § 136a Abs. 1 S. 1 Var. 2 StPO. Dies ist aber nur dann der Fall, wenn der Beschuldigte aufgrund der Ermüdung in seiner freien Willensbildung beeinträchtigt ist. Fraglich ist nun, ab welcher Stundenanzahl dies angenommen werden kann. Der **BGH** sieht hierbei jedenfalls **ab 30 Stunden Schlafentzug** die Grenze erreicht. Im vorliegenden Fall wurde A zunächst nach zehn Stunden Schlafentzug, später jedoch erneut nach 20 weiteren Stunden ohne Schlaf vernommen. Zudem schienen sich bei A auch deutliche Auswirkungen des Schlafentzugs in der Form von Ausfallserscheinungen bemerkbar zu machen. Somit ist jedenfalls die zweite Vernehmung von A unter Verstoß gegen § 136a Abs. 1 S. 1 StPO erfolgt.*

II. Fraglich ist, wie es sich auswirkt, wenn A eine Schlafgelegenheit zur Verfügung gestellt wurde, er diese vor Aufregung jedoch nicht nutzen konnte. Der BGH lehnt eine verbotene Vernehmungsmethode iSd § 136a Abs. 1 S. 1 StPO hier ab, wenn der Beschuldigte einerseits ausreichend Gelegenheit zur Ruhe hatte und sich andererseits erst nachträglich auf seine Übermüdung beruft. Zwar kommt es grds nicht darauf an, ob der Vernehmende den Zustand erkannt oder absichtlich herbeigeführt hat. Jedoch geht

---

5 Fall nach BGHSt 13, 60 und BGHSt 38, 291.

Problem 24: Vernehmung des Beschuldigten/verbotene Vernehmungsmethoden

die Rspr. davon aus, dass eine relevante Ermüdung in aller Regel nicht vorgelegen habe, wenn der Beschuldigte vor der Vernehmung ausreichend Gelegenheit zur Ruhe und zum Schlaf gehabt und sich bei der Vernehmung nicht auf eine Übermüdung berufen habe. Mache er erst nachträglich geltend, dass er trotz der angebotenen Bettruhe keinen Schlaf gefunden habe, so sei dies, für sich gesehen, unerheblich, „denn die geistige Leistungsfähigkeit kann auch durch Ruhe und Entspannung ohne Schlaf wiederhergestellt werden". Hinsichtlich der Beurteilung der Frage, ob eine Beeinträchtigung der Willensfreiheit vorlag, gilt der Freibeweis. Daher kann die Aussage in diesem Fall verwertet werden.

Problem 25: Zeugnisverweigerungsrechte

I. Allgemeines

1 Der Zeuge ist eines der wichtigsten Beweismittel im Strafverfahren. Als Zeuge ist jede Person anzusehen, die in einer Strafsache, welche nicht gegen sie selbst gerichtet ist, über ihre Wahrnehmungen von Tatsachen durch eine Aussage Auskunft erteilt bzw erteilen soll. Dem Zeugen kommen grds **drei Pflichten** zu: Er muss erscheinen (§§ 48 Abs. 1 S. 1, 51 Abs. 1 S. 1 StPO), wahrheitsgemäß (!) aussagen (§§ 48 Abs. 1 S. 2, 57 S. 1 StPO, 153 ff. StGB) und ggf seine Aussage auch beeiden (§ 59 StPO). Oftmals stehen die Zeugen aber in einer besonderen Verbindung zum Angeklagten, so dass sie leicht zwischen der Aussagepflicht auf der einen und dem Wunsch bzw dem aus ihrem Berufsethos erwachsenden Gebot, den Betreffenden nicht belasten zu wollen oder zu dürfen, auf der anderen Seite, in eine **Konfliktlage** geraten können. Hier mag man insb an Ehegatten und Lebenspartner denken. Eine uneingeschränkte Aussage würde den Familienfrieden nachhaltig beeinträchtigen und liefe damit auch dem in Art. 6 GG verankerten Prinzip des Schutzes der Familie zuwider. Auch das Gebot der Wahrheitsermittlung im Strafverfahren ist hier betroffen, denn es steht zu vermuten, dass viele solcher sich in einer Konfliktlage befindenden Zeugen vor Gericht die Unwahrheit sagen würden. Ferner kann die Konfliktlage auch darin bestehen, dass der Zeuge uU mit in die Tat verwickelt ist und sich durch eine Aussage selbst belasten müsste. Hier ist der **Nemo-tenetur-Grundsatz** einschlägig: Niemand ist verpflichtet, sich selbst zu bezichtigen. Diesen und ähnlichen Zwangslagen tragen die **§§ 52 ff. StPO** Rechnung, indem sie für bestimmte Angehörige des Beschuldigten, für Berufsgeheimnisträger und für diejenigen Personen, welche sich durch die Aussage selbst belasten würden, Zeugnis- bzw Aussageverweigerungsrechte normieren. Macht der Zeugnisverweigerungsberechtigte erst später von seinem Recht Gebrauch, so ist bzgl der früheren Aussagen **§ 252 StPO** einschlägig (vgl dazu Problem 38; bzgl der Verwertung von Zeugenaussagen vgl ferner Problem 28).

II. Zeugnisverweigerungsrechte

2 **1. Angehörige:** Zunächst steht den nahen Angehörigen des Beschuldigten bzw Angeklagten ein Zeugnisverweigerungsrecht zu. Dieser Begriff umfasst folgende **Fallgruppen**:

3 a) **Verlobte** des Beschuldigten, § 52 Abs. 1 Nr. 1 StPO; diese Fallgruppe ist besonders problematisch, weil das deutsche Recht keine überprüfbaren (!) formellen Voraussetzungen für das Eingehen eines Verlöbnisses vorsieht, so dass in der Praxis eine hohe Missbrauchsgefahr besteht. Rechtspolitischen Bestrebungen, das Zeugnisverweigerungsrecht für Verlobte zu streichen,[1] wurde bislang indes zu Recht nicht Folge geleistet. Eine Missbrauchsgefahr besteht bei vielen Rechten, dies sollte aber nicht dazu führen, wichtige Rechte zu beseitigen. Fraglich ist ferner, ob ein dauerhaftes, nicht-eheliches Zusammenleben im Sinne einer Lebensgemeinschaft dem Verlöbnis gleichgestellt werden kann. Angesichts der abnehmenden Bedeutung eines formalen Verlöbnisses

---

[1] Vgl BR-Drs. 867/05.

Problem 25: Zeugnisverweigerungsrechte

bzw der Institution der Ehe im Allgemeinen, sollte dies bejaht werden, da die psychische Zwangslage hier dieselbe ist.[2]

b) **Ehegatten**, auch wenn die Ehe nicht mehr besteht (§ 52 Abs. 1 Nr. 2 StPO).

c) **Gleichgeschlechtliche Lebenspartner**, auch wenn die Lebenspartnerschaft nicht mehr besteht (§ 52 Abs. 1 Nr 2a StPO).

d) Personen, die mit dem Beschuldigten in gerader Linie **verwandt** oder **verschwägert**, in der Seitenlinie bis zum dritten Grad verwandt oder bis zum zweiten Grad verschwägert sind oder waren (§ 52 Abs. 1 Nr. 3 StPO). **Beachte:** Enge **Freunde** sind nicht zeugnisverweigerungsberechtigt, obgleich die Zwangslage hier ähnlich groß sein kann wie bei Verwandten (oder sogar größer als bei diesen).

Problematik bei mehreren Beschuldigten: Problematisch ist das Zeugnisverweigerungsrecht bei mehreren Beschuldigten bzw Angeklagten, wenn das Angehörigenverhältnis des Zeugen nur zu **einem** Beschuldigten bzw Angeklagten besteht. Hierbei sollte immer die Zielrichtung des § 52 StPO im Auge behalten werden, die darin besteht, der Zwangslage des Zeugen und der Wahrung des Familienfriedens Rechnung zu tragen. Daher gilt zunächst auch bei mehreren Mitbeschuldigten bzw Mitangeklagten ein umfassendes Zeugnisverweigerungsrecht bzgl sämtlicher Beteiligter, auch wenn das Angehörigenverhältnis nur zu einem der Beschuldigten bzw Angeklagten besteht, sofern der Sachverhalt auch den beschuldigten Angehörigen betrifft. Fraglich ist, ob etwas anderes gilt, wenn das Verfahren abgetrennt wird und/oder das Verfahren gegen den beschuldigten Angehörigen eingestellt oder dieser bereits verurteilt wurde.[3] Nach **tvA** soll auch dann im Hinblick auf die Intention des § 52 StPO das Zeugnisverweigerungsrecht bestehen bleiben. Nach der **Rspr.** erlischt das Zeugnisverweigerungsrecht hingegen bei einer rechtskräftigen Verurteilung des mitbeschuldigten Angehörigen[4] oder bei Einstellung des Verfahrens nach § 154 StPO gegen einen mitbeschuldigten Angehörigen.[5] Das Gleiche muss gelten, wenn der Angehörige verstorben ist. Denn in diesen Fällen sind negative Wirkungen für das familiäre Verhältnis durch die Aussage im Verfahren gegen Dritte nicht mehr zu besorgen.

2. Berufsgeheimnisträger: § 53 StPO enthält eine Aufzählung der **zeugnisverweigerungsberechtigten Berufsgruppen**. Nach § 53 StPO sind zur Verweigerung des Zeugnisses berechtigt:

a) **Geistliche** über das, was ihnen in ihrer Eigenschaft **als Seelsorger** anvertraut worden oder bekanntgeworden ist (§ 53 Abs. 1 S. 1 Nr. 1 StPO).

b) **Verteidiger** des Beschuldigten über das, was ihnen in dieser Eigenschaft anvertraut worden oder bekanntgeworden ist (§ 53 Abs. 1 S. 1 Nr. 2 StPO), wenn sie nicht von der Schweigepflicht entbunden wurden (§ 53 Abs. 2 S. 1 StPO).

c) **Rechtsanwälte** und Kammerrechtsbeistände, Patentanwälte, Notare, Wirtschaftsprüfer, vereidigte Buchprüfer, Steuerberater und Steuerbevollmächtigte, **Ärzte**, Zahnärzte, Psychotherapeuten, Psychologische Psychotherapeuten, Kinder- und Jugendlichenpsychotherapeuten, Apotheker und Hebammen über das, was ihnen in dieser Eigenschaft anvertraut worden oder bekanntgeworden ist; für Syndikusrechtsanwälte (§ 46 Abs. 2

---

2 Anders entschied jedoch das BVerfG in NJW 1999, 1622 für den Fall, dass ein wirksames Verlöbnis wegen einer noch fortbestehenden Ehe mit einer anderen Person nicht möglich war.
3 Vgl *Beulke/Swoboda*, Rn. 297 mwN.
4 BGHSt 38, 96.
5 BGHSt 54, 1.

BRAO) und Syndikuspatentanwälte (§ 41a Abs. 2 PAO) gilt dies vorbehaltlich des § 53a StPO nicht hinsichtlich dessen, was ihnen in dieser Eigenschaft anvertraut worden oder bekanntgeworden ist, § 53 Abs. 1 Nr. 3 StPO. Die in § 53 Abs. 1 Nr. 3 StPO Genannten dürfen das Zeugnis nicht verweigern, wenn sie von der Verpflichtung zur Verschwiegenheit entbunden sind (§ 53 Abs. 2 S. 1 StPO).

12   d) Mitglieder oder Beauftragte einer anerkannten **Beratungsstelle** nach den §§ 3 und 8 des **Schwangerschaftskonfliktgesetzes** über das, was ihnen in dieser Eigenschaft anvertraut worden oder bekanntgeworden ist (§ 53 Abs. 1 S. 1 Nr. 3a StPO), wenn sie nicht von der Schweigepflicht entbunden wurden (§ 53 Abs. 2 S. 1 StPO).

13   e) **Berater** für Fragen der **Betäubungsmittelabhängigkeit** in einer Beratungsstelle, die eine Behörde oder eine Körperschaft, Anstalt oder Stiftung des öffentlichen Rechts anerkannt oder bei sich eingerichtet hat, über das, was ihnen in dieser Eigenschaft anvertraut worden oder bekanntgeworden ist (§ 53 Abs. 1 S. 1 Nr. 3b StPO), wenn sie nicht von der Schweigepflicht entbunden wurden (§ 53 Abs. 2 S. 1 StPO).

14   f) Mitglieder des **Bundestages**, der Bundesversammlung, des Europäischen Parlaments aus der Bundesrepublik Deutschland oder eines Landtages über Personen, die ihnen in ihrer Eigenschaft als Mitglieder dieser Organe oder denen sie in dieser Eigenschaft Tatsachen anvertraut haben sowie über diese Tatsachen selbst (§ 53 Abs. 1 S. 1 Nr. 4 StPO).

15   g) Personen, die bei der Vorbereitung, Herstellung oder Verbreitung von **Druckwerken**, Rundfunksendungen, Filmberichten oder der Unterrichtung oder Meinungsbildung dienenden Informations- und Kommunikationsdiensten berufsmäßig mitwirken oder mitgewirkt haben (§ 53 Abs. 1 S. 1 Nr. 5 StPO). Die Berechtigung zur Zeugnisverweigerung über den Inhalt selbst erarbeiteter Materialien und den Gegenstand entsprechender Wahrnehmungen entfällt, wenn die Aussage zur Aufklärung eines Verbrechens beitragen soll oder wenn Gegenstand der Untersuchung eine der genannten Katalogtaten ist und die Erforschung des Sachverhalts oder die Ermittlung des Aufenthaltsortes des Beschuldigten auf andere Weise aussichtslos oder wesentlich erschwert wäre (§ 53 Abs. 2 S. 2 StPO).

16   h) Den in § 53 Abs. 1 S. 1 Nr. 1 bis 4 StPO Genannten stehen ihre **Gehilfen** und die Personen gleich, die zur Vorbereitung auf den Beruf an der berufsmäßigen Tätigkeit teilnehmen (§ 53a StPO). Über die Ausübung des Rechts dieser Hilfspersonen, das Zeugnis zu verweigern, entscheiden dann aber die in § 53 Abs. 1 S. 1 Nr. 1 bis 4 StPO Genannten.

17   Fraglich ist, ob diese Aufzählung **abschließend** ist. Teilweise wurde auch ein über die genannten Fallgruppen hinausgehendes Zeugnisverweigerungsrecht angenommen, etwa für eine Psychologin in einer Beratungsstelle für sexuellen Missbrauch,[6] teilweise aber auch abgelehnt, so für Mitarbeiter einer „Babyklappe".[7]

18   Des Weiteren ist zu beachten, dass viele der in § 53 Abs. 1 StPO genannten Berufsgeheimnisträger auch im Katalog des § **203 StGB** aufgeführt sind und sich daher bei Ablegung eines Zeugnisses sogar wegen einer Verletzung von Privatgeheimnissen strafbar machen können. Hierbei gelten jedoch einige **Besonderheiten**:

---

6   LG Freiburg NJW 1997, 813.
7   LG Köln JR 2002, 171.

Zunächst sind beide Kataloge nicht völlig deckungsgleich. Vielmehr enthält § 203 StGB noch weitere Berufsgruppen (zB Tierärzte oder nicht-approbierte Psychologen), die nicht zur Verweigerung des Zeugnisses berechtigt sind, und auch § 53 StPO führt bestimmte Berufsgruppen (zB Geistliche und Rundfunkmitarbeiter) auf, die zwar die Aussage verweigern dürfen, sich durch eine entsprechende Aussage aber nicht strafbar machen würden. Die in § 53 StPO nicht genannten Berufsgruppen müssen im Prozess aussagen. Eine Strafbarkeit nach § 203 StGB scheitert dann daran, dass diese Aussage nicht „unbefugt" im Sinne der Vorschrift ist. Bei denjenigen Personen, die sowohl in § 203 StGB als auch in § 53 StPO genannt sind, kann aus dem Zeugnisverweigerungs**recht** eine Zeugnisverweigerungs**pflicht** werden, da § 203 StGB das Schweigen gebietet. Entschließt sich der Zeugnisverweigerungsberechtigte dennoch zur Aussage, so ist **streitig**, ob eine solche Aussage **verwertet** werden darf, da sie § 203 StGB widerspricht und eine Strafbarkeit im Raume steht.[8] Während eine **tvA** eine Verwertbarkeit der Aussage ablehnt, weil der Schutzzweck des § 203 StGB es gebiete, dass das Vertrauensverhältnis umfassend gewahrt bleibe, bejahen der **BGH** und die **hL** eine Verwertbarkeit, da die evtl. Strafbarkeit aus § 203 StGB in die Risikosphäre des Zeugen falle und das Gericht nicht an der Berücksichtigung der Aussage hindere.

3. Umfang: Das Zeugnisverweigerungsrecht nach den §§ 52 ff. StPO gewährt grds ein **umfassendes Schweigerecht** hinsichtlich der gesamten prozessualen Tat. Ferner ist zu beachten, dass über § 76 StPO für Sachverständige auch ein Gutachtenverweigerungsrecht in den Fällen der §§ 52 f. StPO gilt.

III. Aussageverweigerungsrecht

Gemäß § 55 StPO besteht ferner ein Aussageverweigerungsrecht bzgl solcher Fragen, deren Beantwortung den Zeugen selbst oder einen nahen Angehörigen iSv § 52 StPO belasten würde. Der Unterschied zu § 52 StPO besteht in letzterem Falle darin, dass einerseits **kein umfassendes** Schweigerecht besteht, sondern nur ein solches bzgl **einzelner Fragen**, und dass andererseits der Angehörige des Zeugen in dem betreffenden Verfahren (noch) nicht beschuldigt ist, denn sonst würde § 52 StPO greifen (vgl zu den sehr examensrelevanten Problemen der Verwertung von Aussagen Problem 28).

Zur Vertiefung:

Rechtsprechung: BVerfG NStZ 1999, 255 – Freundschaftliche Beziehungen (keine Gleichstellung langjähriger Lebenspartner mit Verlobten); **BGHSt 34, 138** – Abgetrenntes Verfahren I (Zeugnisverweigerungsrecht erlischt nicht, wenn Verfahren gegen den Verwandten abgetrennt wird); **BGHSt 38, 96** – Schwager (Erlöschen des Zeugnisverweigerungsrechts bei rechtskräftiger Verurteilung des Mitbeschuldigten); **BGHSt 45, 203** – Explorationsgespräch (Verwertbarkeit der nicht-richterlichen Vernehmung trotz nachträglichen Gebrauchs des Zeugnisverweigerungsrechts bei Gestattung durch den Zeugen); **BGHSt 50, 318** – Zeugenschutzprogramm (Auskunfts- und Zeugnisverweigerung); **BGHSt 51, 140** – Anstaltsseelsorger (Zeugnisverweigerungsrecht eines Laienseelsorgers ohne kirchliche Weihe); **BGHSt 54, 1** – Abgetrenntes Verfahren II (Erlöschen des Zeugnisverweigerungsrechts bei Einstellung des Verfahrens gegen einen Mitbeschuldigten nach § 154 StPO); **BGH NJW 2005, 765** – Jugendgerichtshilfe (Vernehmungsbegriff, Belehrungspflicht über Zeugnisverwei-

---
8 Vgl *Beulke/Swoboda*, Rn. 300, 710.

gerungsrecht); **BGH NJW 2007, 307** – Anstaltsseelsorger (Zeugnisverweigerungsrecht eines laienhaften Geistlichen); **BGH NJW 2014, 1314** – Anbahnungsgespräche zwischen Verteidiger und Beschuldigtem (berufsbezogenes Vertrauensverhältnis iSd § 53 I 1 Nr. 2 StPO umfasst auch das entsprechende Anbahnungsverhältnis); **BGH NStZ 2018, 362** – Ärztliches Zeugnisverweigerungsrecht (Keine Unverwertbarkeit der unbefugten Aussage eines zeugnisverweigerungsberechtigten Zeugen); **BGH NStZ 2019, 537** – Einzugsbereich von § 55 StPO (keine Beschränkung des § 55 StPO auf inländische Strafverfahren); **BGH StV 1998, 360** – Jugendamt (Zeugnisverweigerungsrecht des Angehörigen bei Inspruchnahme der Hilfe des Jugendamtes und des Vormundschaftsrichters); **BGH NStZ 2022, 426** – Entbindung von der Verschwiegenheitspflicht bei juristischen Personen; **OLG Hamm NStZ 2018, 421** – Zeugnisverweigerungsrecht des Wirtschaftsprüfers (Schweigepflichtsentbindung durch den Insolvenzverwalter); **OLG München NStZ 2021, 631** – Wissenschaftliche Publikationstätigkeit (kein Zeugnisverweigerungsrecht); **LG Freiburg NJW 1997, 813** – Psychologin (Zeugnisverweigerungsrecht für Psychologin in einer Beratungsstelle für sexuellen Missbrauch); **LG Köln JR 2002, 171** – Babyklappe (Zeugnisverweigerungsrecht für Mitarbeiterin in einer Babyklappe).

Literatur/Aufsätze: *Bosch*, Die strafprozessuale Regelung von Zeugnis- und Auskunftsverweigerungsrecht, Jura 2012, 33; *Fürmann*, Das Zeugnisverweigerungsrecht der StPO – Eine Übersicht, JuS 2004, 303; *Herold*, Die Bedeutung der Verlobung aus strafprozessualer Sicht – Teil I: Allgemeines und prozessuales Grundwissen, JA 2014, 374; *ders.*, Die Bedeutung der Verlobung aus strafprozessualer Sicht – Teil II: Sonderfragen, JA 2014, 454; *Jäger*, Das Zeugnisverweigerungsrecht des verschwundenen Zeugen, JA 2014, 712; *Jahn*, Auskunfts- und Zeugnisverweigerung contra Zeugenschutzprogramm, JuS 2006, 569; *ders.*, Strafprozessrecht: Zeugnisverweigerungsrecht der Geistlichen, JuS 2010, 932; *Kudlich/Roy*, Die Zeugnisverweigerungsrechte der StPO, JA 2003, 565; *Moldenhauer/Wenske*, Aktuelle Entwicklungen der Rechtsprechung zum Recht der Zeugnisverweigerung, JA 2017, 860; *Ranft*, Das strafprozessuale Zeugnisverweigerungsrecht des Angehörigen bei Inspruchnahme der Hilfe des Jugendamtes und des Vormundschaftsrichters, JURA 1999, 522; *Rinio*, Das Auskunftsverweigerungsrecht des tatbeteiligten Zeugen nach § 55 StPO, JuS 2008, 600.

Strafprozessuale Zusatzfrage:[9]

Gegen A, seinen Freund B und dessen Neffen C wird ein Strafverfahren wegen mehrerer gemeinschaftlich begangener Diebstähle geführt. Nachdem B und C signalisieren, dass sie zur Aussage und einem Geständnis bereit sind, A sich aber hartnäckig weigert, auszusagen, werden die Verfahren getrennt. B und C werden rechtskräftig verurteilt, wobei das Verfahren teilweise gem § 154 Abs. 2 StPO eingestellt wird. Im Verfahren gegen A sollen beide nun als Zeugen vernommen werden. A fragt, ob dies möglich ist oder ob B und C nicht vielmehr das Zeugnis verweigern können, weil C der Neffe des B ist.

Lösungsvorschlag:

Fraglich ist, ob B und C ein Zeugnisverweigerungsrecht zusteht.

---

9 Fall nach BGHSt 54, 1.

Problem 25: Zeugnisverweigerungsrechte

I. Es solches könnte sich aus § 52 Abs. 1 Nr. 3 StPO ergeben.

1. Da C der Neffe des B ist, sind sie in der Seitenlinie im zweiten Grade miteinander verwandt. Daher besteht grds für beide in Verfahren, die den jeweils anderen betreffen, ein Zeugnisverweigerungsrecht.

2. Fraglich ist, wie es sich auswirkt, dass sie nicht in einem Verfahren gegen den jeweils anderen aussagen sollen, sondern in einem abgetrennten Verfahren gegen den nicht mit ihnen verwandten A. Ein Zeuge ist nach **st. Rspr. des BGH** hinsichtlich aller Beschuldigten zur Verweigerung des Zeugnisses gem § 52 Abs. 1 StPO berechtigt, wenn sich ein einheitliches Verfahren gegen mehrere Beschuldigte richtet und der Zeuge jedenfalls zu einem von ihnen in einem entsprechenden Angehörigenverhältnis steht, sofern der Sachverhalt, zu dem er aussagen soll, auch diesen Angehörigen betrifft. Dieses Zeugnisverweigerungsrecht erlischt selbst dann nicht, wenn der Angehörige des Zeugen später aus dem Verfahren gegen den Angeklagten ausscheidet.[10] Begründet wird das Fortbestehen des Zeugnisverweigerungsrechts für den Zeugen damit, dass das familiäre Verhältnis zwischen Zeugen und Angehörigen geschützt und der Familienfrieden weiterhin gewahrt werden soll und auch durch eine Aussage im Verfahren gegen den Dritten empfindlich belastet werden kann, zumal sich daraus wiederum Wirkungen für das Verfahren gegen den Verwandten ergeben können. Hiernach dürften B und C weiterhin das Zeugnis verweigern.

3. In der Rspr. ist es allerdings anerkannt, dass das Zeugnisverweigerungsrecht erlischt, wenn der verwandte Mitbeschuldigte rechtskräftig verurteilt oder freigesprochen wurde oder verstorben ist. Denn dann ist eine solche negative Wirkung nicht mehr zu besorgen. Daher dürfen B und C sich nicht auf das Zeugnisverweigerungsrecht aus § 52 Abs. 1 Nr. 3 StPO berufen, soweit sie selbst rechtskräftig verurteilt wurden.

4. Fraglich ist, ob etwas anderes hinsichtlich der nach § 154 Abs. 2 StPO eingestellten Tatvorwürfe gilt. Der BGH verneinte dies. Das Fortbestehen des Zeugnisverweigerungsrechts trotz Abtrennung des Verfahrens sei an sich im Hinblick auf die Effektivität des Verfahrens schon problematisch und müsse auf solche Fälle begrenzt sein, in denen mit einer Verfolgung des verwandten Mitbeschuldigten noch ernsthaft zu rechnen sei. Auch im Fall der Einstellung nach § 154 Abs. 2 StPO seien die Wiederaufnahmemöglichkeiten allerdings so gering, dass hier eine neue Fallgruppe gerechtfertigt sei, in welcher das Zeugnisverweigerungsrecht ebenfalls erlösche.

II. Allerdings steht B und C gem § 55 StPO ein Recht zu, die Auskunft auf solche Fragen zu verweigern, deren Beantwortung sie selbst oder einen der in § 52 Abs. 1 StPO bezeichneten Angehörigen die Gefahr aussetzen würde, wegen einer Straftat verfolgt zu werden. Hierunter fällt A allerdings nicht.

III. Ergebnis: Daher haben B und C hier kein umfassendes Zeugnisverweigerungsrecht. Sie müssen erscheinen und aussagen, können aber nach § 55 StPO die Aussage verweigern, soweit sie sich selbst oder den jeweils anderen belasten würden.

---

10 BGHSt 34, 138.

Problem 26: Beweisverwertungsverbote I – Überblick

I. Allgemeines

1 Die **Beweisverwertungsverbote** bilden einen der wichtigsten Problembereiche der StPO. Im Strafprozessrecht geht es – insb im Zusammenhang mit der Gewinnung von Beweisen – oftmals um schwerwiegende Eingriffe in Grundrechte des Betroffenen. Dessen Rechte kollidieren dabei mit der Pflicht zur umfassenden Sachverhaltsaufklärung auf Seiten der Ermittlungsbehörden. Der Konflikt ist nur teilweise im Gesetz gelöst. In der StPO sind zwar an verschiedenen Stellen Regelungen über das Verfahren der Beweiserhebung normiert, in den nicht ausdrücklich geregelten Fällen ist dagegen auf die Generalklausel (§§ 161 Abs. 1, 163 Abs. 1 StPO) zurückzugreifen.

2 War die **Beweiserhebung** unzulässig, dh mit einem Verfahrensfehler behaftet (zB bei unterbliebener Belehrung), so **kann** daraus ein Beweisverwertungsverbot erwachsen. Ist dies der Fall, so spricht man von einem **unselbstständigen Beweisverwertungsverbot** („unselbstständig", weil die Unzulässigkeit der Beweisverwertung in diesen Fällen aus der Rechtswidrigkeit der Beweiserhebung folgt). Die Rechtswidrigkeit der Beweiserhebung bedeutet jedoch nicht zwingend, dass hieraus auch ein Beweis**verwertungs**verbot folgt. Dies hängt vielmehr von der Art des Verstoßes (vgl hierzu auch die folgenden Probleme 27–33) und nach hM auch von einer Abwägung im Einzelfall ab). Andererseits kann aber auch die Beweiserhebung zulässig gewesen und dennoch später ein **selbstständiges Beweisverwertungsverbot** („selbstständig", weil sich die Unzulässigkeit der Beweisverwertung unabhängig von der Rechtmäßigkeit der Beweiserhebung bestimmt) anzunehmen sein. So gelten etwa gemäß den §§ 479 Abs. 2 S. 1, 161 Abs. 3 StPO oder in § 100e Abs. 6 StPO Sonderregeln für die Verwertung von Zufallsfunden, auch wenn die Maßnahme, bei der die Zufallsfunde erlangt wurden, an sich rechtmäßig war. Ebenso darf eine früher rechtmäßig erhobene Zeugenaussage nicht mehr verwertet werden, wenn sich ein zeugnisverweigerungsberechtigter Zeuge erst in der Hauptverhandlung auf sein Zeugnisverweigerungsrecht beruft (§ 252 StPO).

3 Beweisverwertungsverbote sind nur an wenigen Stellen in der StPO (oder in anderen Gesetzen) explizit geregelt. Ein geschriebenes Beweisverwertungsverbot findet sich zB in § 100d Abs. 2 S. 1 StPO: Hiernach dürfen Erkenntnisse aus dem Kernbereich privater Lebensgestaltung, die durch eine Maßnahme nach den §§ 100a-100c StPO (Telekommunikationsüberwachung, Online-Durchsuchung, Akustische Wohnraumüberwachung) erlangt wurden, nicht verwertet werden. Aufzeichnungen über solche Erkenntnisse sind unverzüglich zu löschen (§ 100d Abs. 2 S. 2 StPO). In denjenigen Fällen, in welchen sich dem Gesetz keine ausdrückliche Regelung entnehmen lässt, bedarf die Frage, ob ein Beweiserhebungsverbot auch ein Beweisverwertungsverbot nach sich zieht oder ob ein selbstständiges Beweisverwertungsverbot vorliegt, einer **Einzelfallentscheidung**. Diesbezüglich wurden verschiedene Theorien entwickelt. Liegt im Einzelfall ein Beweisverwertungsverbot vor, so dass etwa eine Aussage unverwertbar ist, so gilt dieses Verbot hinsichtlich dieser Aussage umfassend und darf zB auch nicht durch eine Vernehmung der Verhörsperson umgangen werden. Daneben stellt sich jedoch die Frage, ob auch die Ergebnisse sich daran anschließender **weiterer Ermittlungen** unverwertbar sind (sog **Fernwirkung**, vgl dazu Problem 32). Es ist bereits jetzt darauf hinzuweisen, dass die Verwertung eines Beweises trotz Vorliegens eines Beweisverwertungsverbotes nicht stets eine Revision begründet, sondern nur dann, wenn das Urteil darauf beruht (§ 337 StPO).

II. Beweiserhebungsverbote

1. Unzulässige Beweisinhalte: Über manche Inhalte (oder: Beweisthemen) dürfen keine Beweise erhoben werden. Dazu zählt zB der bereits erwähnte Kernbereich persönlicher Lebensgestaltung. § 100d Abs. 4 S. 1 StPO stellt klar, dass die Aufzeichnung eines Gesprächs in diesem Fall unterbleiben muss.

2. Unzulässige Vernehmungsmethoden: Ferner sind bestimmte Beweismethoden untersagt. Hierunter fallen die in § 136a Abs. 1, 2 StPO genannten verbotenen Vernehmungsmethoden (vgl dazu Problem 24). Diese bilden die wichtigste Kategorie der Beweis**erhebungs**verbote. Hiernach darf die Freiheit der Willensentschließung und der Willensbetätigung des Beschuldigten nicht durch Misshandlung, Ermüdung, körperlichen Eingriff, Verabreichung von Mitteln, Quälerei, Täuschung oder Hypnose beeinträchtigt werden. Das Verbot der Folter ist in jüngerer Zeit, zB im Zusammenhang mit dem sog „Gäfgen-Fall" oder mit der drohenden Gefahr von Terroranschlägen, verstärkt in die Diskussion geraten. Es folgt zwingend aus dem Schutz der Menschenwürde (Art. 1 Abs. 1 GG).

3. Unzulässige Beweismittel: Schließlich ist die Gruppe der unzulässigen Beweismittel zu nennen. Hierzu zählen insb Zeugen, die von den ihnen nach §§ 52 ff. StPO zustehenden **Zeugnisverweigerungsrechten** Gebrauch gemacht haben (vgl dazu Problem 25): Verweigert der dazu Berechtigte das Zeugnis oder die Aussage, so ist dieses Beweismittel für den Strafprozess ausgeschlossen, der Zeuge darf also nicht zur Aussage gezwungen werden. Davon zu trennen ist die Frage, ob die Aussage eines Zeugnisverweigerungsberechtigten, der zuvor nicht über sein Recht zu schweigen **belehrt** wurde, verwertet werden darf (vgl dazu Problem 28).

III. Gesetzliche Beweisverwertungsverbote

In der StPO sind nur wenige Beweisverwertungsverbote explizit aufgeführt. Dazu gehört va das aus einer unzulässigen **Vernehmungsmethode** folgende in § 136a Abs. 3 S. 2 StPO normierte Verwertungsverbot. Nach dieser Vorschrift dürfen Aussagen, die unter Verletzung dieses Verbots zustande gekommen sind, auch dann nicht verwertet werden, wenn der Beschuldigte der Verwertung zustimmt. Ferner können als explizite Verwertungsverbote ua genannt werden: § 81a Abs. 3 StPO (Blutproben dürfen nur für Zwecke des der Entnahme zugrunde liegenden oder eines anderen anhängigen Strafverfahrens verwendet werden), § 81c Abs. 3 S. 5 StPO (Blutproben von Minderjährigen dürfen nur mit Einwilligung des gesetzlichen Vertreters verwertet werden), § 100d Abs. 2 S. 1 StPO (Erkenntnisse aus dem Intimbereich des von der Maßnahme Betroffenen dürfen nicht verwertet werden), § 100e Abs. 6 Nr. 1 StPO (Zufallsfunde dürfen ohne Einwilligung der überwachten Personen nur zur Aufklärung einer Straftat, aufgrund derer die Maßnahme nach § 100b oder § 100c StPO angeordnet werden könnte, oder zur Ermittlung des Aufenthalts der einer solchen Straftat beschuldigten Person verwendet werden), § 108 Abs. 2 StPO (Zufallsfunde bei Ärzten in Bezug auf einen Schwangerschaftsabbruch dürfen in einem Strafverfahren gegen die Patientin wegen einer Straftat nach § 218 StGB nicht verwertet werden) und den §§ 479 Abs. 2 S. 1, 161 Abs. 3 StPO (Zufallsfunde dürfen nur unter den dort genannten Voraussetzungen verwertet werden, insb nur zur Aufklärung solcher Straftaten, zu deren Aufklärung eine solche Maßnahme hätte angeordnet werden dürfen). Außerhalb der StPO ist ua § 51 Abs. 1 BZRG von Relevanz, da hiernach getilgte Vorstrafen nicht mehr verwertet werden dürfen.

IV. Ungeschriebene Beweisverwertungsverbote

8   Wie bereits oben beschrieben, ist es nicht notwendig, dass sich ein Verwertungsverbot direkt aus dem Gesetzestext ergibt. Tatsächlich sind die Fälle explizit normierter Beweisverwertungsverbote recht selten. Daneben sind aber auch ungeschriebene Beweisverwertungsverbote allgemein anerkannt. Sie können insb aus einem Beweiserhebungsverbot folgen (**unselbstständiges Beweisverwertungsverbot**). Das Vorliegen eines Beweisverwertungsverbots ist in diesen Fällen im Wege einer **Einzelfallbetrachtung** zu ermitteln. Zur Beurteilung werden verschiedene Ansätze verfolgt:[1]

9   1. Im Zusammenhang mit der Vernehmung ohne vorangegangene Belehrung nach § 55 Abs. 2 StPO hat der **BGH** zunächst die **Rechtskreistheorie** entwickelt, nach welcher jeweils zu überprüfen ist, ob die unzulässige Beweiserhebung den Rechtskreis des Betroffenen wesentlich berührt. Diese – inzwischen veraltete – Theorie wurde teilweise auch auf andere Bereiche übertragen, bildet heute aber wohl eher (nur noch) die Grundlage für die **Abwägungslehre** (siehe dazu Rn. 12).

10 2. Nach anderer Auffassung ist der **Schutzzweck der verletzten Norm** entscheidend. Eine differenzierende Meinung stellt zwar ebenfalls grds auf den Schutzzweck der Norm ab, greift aber bei aus der Verfassung abgeleiteten selbstständigen Beweisverwertungsverboten auf die Abwägungslehre zurück (siehe dazu Rn. 12).

11 3. Eine dritte Ansicht verlangt nicht nur für die Beweiserhebung, sondern auch für jede Verwertung des Beweises eine Befugnis (**Beweisbefugnislehre**). Teilweise wird diese in der Eingriffsnorm verortet, die dann rechtswidrig erlangte Beweise nicht erfasse. Andere sehen die Befugnis hingegen im Untersuchungsgrundsatz gemäß **§ 244 Abs. 2 StPO** und prüfen davon ausgehend sodann, ob eine Verwertung verhältnismäßig ist.

12 4. Nach der herrschenden **Abwägungslehre** ist das staatliche Interesse an der Strafverfolgung mit den Rechten des Betroffenen abzuwägen. Maßgebliche Kriterien sind hierbei neben der Schwere des Delikts bzw des Verfahrensverstoßes der Rechtskreis des Beschuldigten und der Schutzzweck der Norm. Der BGH berücksichtigt ferner, ob die Beweise auf rechtmäßige Weise hätten erlangt werden können (sog **hypothetischer Ersatzeingriff**), was insb in Fällen des Fehlens eines richterlichen Durchsuchungsbeschlusses in die Abwägung einfließen soll.[2] Dies gilt allerdings nicht bei bewusster oder grober Verkennung des Richtervorbehalts (BGHSt 51, 285, 295 f.; BGH StV 2016, 539; siehe dazu bereits oben Problem 14).

V. Die Widerspruchslösung des BGH

13 Zu beachten ist des Weiteren, dass nach der Auffassung des **BGH** ein Beweisverwertungsverbot in manchen Fällen **disponibel** ist. Der verteidigte Angeklagte muss in bestimmten Fällen daher der Verwertung rechtzeitig (bis zu dem in § 257 StPO genannten Zeitpunkt) **widersprechen**. Gleiches gilt für den unverteidigten Angeklagten, der vom Gericht in Bezug auf die Widerspruchsmöglichkeit belehrt worden ist. Widerspricht der Angeklagte (bzw sein Verteidiger) nicht oder nicht rechtzeitig, so ist eine Verwertung möglich. Diese sog **Widerspruchslösung** wurde bislang erwogen für unterlassene Belehrungen iSv § 136 Abs. 1 S. 2 StPO, Verstöße gegen die Benachrichtigungspflicht nach § 168c Abs. 1, 5 StPO, die Verletzung der Anordnungsvoraussetzungen

---

1 Vgl *Beulke/Swoboda*, Rn. 704 ff.
2 Vgl BGH NStZ 2016, 551, 552; vgl aber auch BGHSt 24, 125, 130 zu § 81a StPO.

bei Verdeckten Ermittlern nach § 110a StPO und bei der Telekommunikationsüberwachung nach § 100a StPO sowie bei einer Missachtung des Richtervorbehalts iSv § 81a Abs. 2 StPO. Auch hinsichtlich der unterbliebenen Belehrung über das Recht aus Art. 36 Abs. 1 des Wiener Konsularrechtsübereinkommens (WÜK) wurde sie angewandt. Insofern beansprucht die **Widerspruchslösung** aber noch keine allgemeine Geltung, sondern wurde sukzessive und kasuistisch entwickelt. Sie wird in der Lit. zu Recht kritisiert (vgl dazu die strafprozessuale Zusatzfrage). Keine Anwendung soll die Widerspruchslösung nach dem BGH finden, wenn der Angeklagte keine Verfügungsgewalt über die Verwertbarkeit des Beweismittels hat (zB verbotene Vernehmungsmethoden nach § 136a StPO, arg. § 136a Abs. 3 S. 2 StPO). Das **BVerfG**[3] billigte allerdings sowohl die **Abwägungslehre** als auch die **Widerspruchslösung** des BGH.

Zur Vertiefung:

Rechtsprechung: BVerfG NVwZ 2014, 1316 – Beweisverwertungsverbot (Verzögerung des Ermittlungsverfahrens); BVerfGE 130, 1 – Verwertungsverbot bei Wohnraumüberwachung (Abwägungslehre und Widerspruchslösung verfassungsgemäß); BVerfG NJW 2011, 207 – Treaty-override-Regelung (Konsequenzen des Verstoßes gegen Art. 36 WÜK); BGHSt 11, 213 – Belehrungsfehler bei § 55 StPO (Entwicklung der „Rechtskreistheorie"); BGHSt 38, 214 – Belehrungsfehler (Beweisverwertungsverbot wegen Verstoßes gegen Belehrungspflicht und diesbzgl Ausnahmen, insb Widerspruchslösung); BGHSt 42, 139 – Privater Ermittler (Abwägungslösung bei Umgehung des § 136a StPO durch die Ermittlungsbehörden); BGHSt 52, 110 – Ausländerbelehrung (Folgen unterlassener Belehrung über Recht auf konsularischen Beistand); BGHSt 51, 285 – Wohnungsdurchsuchung (Beweisverwertungsverbot bei grober Verkennung des Richtervorbehalts); BGHSt 52, 38 – Ausländerbelehrung I (Widerspruchslösung bei unterbliebener Belehrung über das Recht auf konsularischen Beistand); BGHSt 52, 48 – Ausländerbelehrung II (Folgen der unterlassenen Belehrung über das Recht auf konsularischen Beistand); BGHSt 53, 64 – Telefonbetrug (Verwertbarkeit von Zufallsfunden aus der Telekommunikationsüberwachung nach Änderung der Anordnungsvoraussetzungen); BGHSt 53, 191 – Vernehmung ohne Verteidiger II (Verwertbarkeit der Aussage bei unterbliebener Benachrichtigung nach § 168c Abs. 1, 5 StPO); BGHSt 61, 266 – Beweisverwertungsverbot bei fehlerhafter Durchsuchung (keine Berufung auf hypothetischen Ersatzeingriff und keine Präklusion für Widerspruch); BGH NJW 2018, 2279 – Verwertung von Durchsuchungsfunden (Rüge unzulässiger Verwertung erfordert einen Widerspruch in der Hauptverhandlung); BGH NStZ 2013, 2769 – Selbstbelastungsfreiheit und Spontanäußerung (Verwertungsverbot wegen Verletzung des Rechts auf Verteidigerkonsultation); BGH NStZ 2003, 671 – Vernehmung ohne Verteidiger I (Verwertbarkeit der Aussage bei unterbliebener Benachrichtigung nach § 168c Abs. 1, 5 StPO); BGH NStZ 2016, 551 – Auto-Durchsuchung (Einbeziehung des hypothetischen Ersatzeingriffs in die Abwägung); BGH NStZ-RR 2016, 377 – Mitbeschuldigter (Rechtskreistheorie); BGH NStZ 2021, 431 – Beweisverwertung (Fortwirken des Verstoßes gegen § 136a Abs. 1 StPO); BGH NJW 2022, 1539 – Verwertbarkeit im Ausland gewonnener Daten („EncroChat"); OLG Koblenz NStZ 2017, 108 – Verwertbarkeit einer strafprozessualen Maßnahme auf ausländischem Staatsgebiet (Verwertungsverbot bei völkerrechtswidriger Ermittlungshandlung); OLG Düssel-

---

3 BVerfGE 130, 1.

dorf NStZ 2017, 177 – Beweisverwertungsverbot (grobe Missachtung des in § 105 Abs. 1 StPO normierten Richtervorbehalts); **BGH StV 2016, 539** – Eilkompetenz (keine Einbeziehung der hypothetisch rechtmäßigen Beweiserlangung bei willkürlicher Umgehung des Richtervorbehalts).

Literatur/Aufsätze: *Deiters*, Zu den Folgen einer zu spät erteilten Belehrung eines ausländischen Beschuldigten über sein Recht auf Unterrichtung der konsularischen Vertretung seines Heimatstaates, ZJS 2008, 212; *Effer-Uhe*, Die Entwicklung der Lehre von den Beweisverboten, JURA 2008, 335; *Fahl*, Relative Beweisverwertungsverbote, NStZ 2021, 261; *Flöhr*, Zur Berücksichtigung hypothetischer Kausalitätsverläufe im Strafprozeßrecht, JURA 1995, 131; *Großmann*, Telekommunikationsüberwachung und Online-Durchsuchung: Voraussetzungen und Beweisverbote, JA 2019, 241; *B. Heinrich*, Rügepflichten in der Hauptverhandlung und Disponibilität strafverfahrensrechtlicher Vorschriften. Dargestellt anhand der Geltendmachung von Beweisverwertungsverboten, ZStW 112 (2000), 398; *Jahn*, Fehlende Genehmigung und Unterschrift des Beschuldigten bei einem vom Ermittlungsrichter aufgenommenen Protokoll, JuS 2006, 189; *ders.*, Fortführung der Widerspruchslösung, JuS 2008, 82; *ders.*, Strafprozessrecht: Verbotene Vernehmungsmethoden, JuS 2015, 279; *Kudlich*, Beschlagnahme- und Verwertungsverbote von Verteidigungsunterlagen eines Beschuldigten, JuS 2005, 760; *Kuhn*, Die Widerspruchslösung, JA 2010, 891; *Meyer-Mews*, Beweisverwertungsverbote im Strafverfahren, JuS 2004, 39, 127; *Mitsch*, Strafprozessual unantastbare „Kommunikation mit sich selbst", NJW 2012, 1486; *Neuber*, Unselbständige Beweisverwertungsverbote im Strafprozess – Die Abwägungslehre auf dem methodischen Prüfstand, NStZ 2019, 113; *Nowrousian*, Darf der Beschuldigte im Ermittlungsverfahren getäuscht werden? – Zur grundsätzlichen Zulässigkeit aktiver Täuschung im Ermittlungsverfahren, NStZ 2015, 625; *Paul*, Unselbständige Beweisverwertungsverbote in der Rechtsprechung, NStZ 2013, 489; *Pickert/Seligmann*, Fortwirkender Drogenhandel-Fall, famos 3/2022, *Reidel/Semmelmayer*, Die Widerspruchslösung – ein „Evergreen" des BGH, JA 2022, 859; *Reinbacher/Werkmeister*, Zufallsfunde im Strafverfahren – Zugleich ein Beitrag zur Lehre von den Verwendungs- und Verwertungsverboten, ZStW 130 (2018), 1104; *Sinn*, Besondere Ermittlungsmaßnahmen und die damit verbundenen Beweisprobleme, JURA 2003, 812; *Schroth*, Beweisverwertungsverbote im Strafverfahren – Überblick, Strukturen und Thesen zu einem umstrittenen Thema, JuS 1998, 969; *v. Stetten*, Strafprozessuale Verwertung von beschlagnahmten Akten privater Kfz-Haftpflichtversicherer, JA 1996, 55; *Störmer*, Verfassungsrechtliche Verwertungsverbote im Strafprozeß, JURA 1994, 393; *ders.*, Strafprozessuale Verwertungsverbote in verschiedenen Konstellationen, JURA 1994, 621; *Witt*, Allgemeine Einführung in die Beweisverbote im Strafprozeß, JA 1997, 762.

Strafprozessuale Zusatzfrage:
(Fall nach BGHSt 38, 214; vgl *Rössner/Safferling*, 17. Problem mwN)

15 A fährt nachts trotz eines BAK-Wertes von 1,67 Promille mit dem Auto auf der Landstraße nach Hause. Auf der Fahrt verliert er die Kontrolle über das Fahrzeug und fährt es in den Graben, so dass es stark beschädigt liegenbleibt. A entfernt sich vom Unfallort. Polizist P findet im Auto den Führerschein des A. Etwa eine halbe Stunde nach dem Unfall trifft P auf A, der auf der vom Unfallort wegführenden Straße nach Hause läuft. A gibt auf Befragen zunächst einen falschen Namen und einen unrichtigen

Problem 26: Beweisverwertungsverbote I – Überblick

Wohnort an. P hat sofort den Verdacht, A sei die in dem gefundenen Führerschein bezeichnete Person, und hält ihm dies vor. P erklärt, dass er A für den Verursacher des Unfalls hält und ihn nun vernehme. Eine Belehrung über sein Schweigerecht erfolgt nicht. A räumt daraufhin ein, der Fahrzeughalter und Inhaber des Führerscheins zu sein. Er bestreitet allerdings, das Kfz geführt zu haben und behauptet, er sei Beifahrer gewesen, wolle aber den Namen des Fahrers nicht nennen und auch zum Unfallhergang nichts sagen. Im späteren Prozess vor dem AG macht A auf den Rat seines Verteidigers V hin von seinem Schweigerecht Gebrauch. Daher wird P über den Inhalt der damaligen Aussage vernommen. Aufgrund dieser Zeugenaussage wird A verurteilt, da das Gericht seine Angaben für eine Schutzbehauptung hält. A überlegt, ob er gegen das Urteil vorgehen kann. Seiner Ansicht nach hätte P nicht vernommen werden dürfen. Hat er Recht? Er sucht den Rat des auf Revisionen spezialisierten Rechtsanwalts R auf, nachdem er das Vertrauen in seinen bisherigen Verteidiger verloren hat. Wozu würde ihm R raten?

Klausurmäßiger Lösungsvorschlag:

I. Die Verwertung der damaligen Aussage durch die Vernehmung des P war rechtmäßig, wenn kein Verwertungsverbot hinsichtlich der anlässlich der ersten Vernehmung des A getätigten Aussagen bestand. Ist hingegen von einem Verwertungsverbot hinsichtlich der Aussage des A auszugehen, so ist die gesamte Aussage „gesperrt". Aber in diesem Fall wäre es also auch rechtswidrig gewesen, die Verhörsperson P in der Hauptverhandlung zu vernehmen.

*1. Hier könnte sich ein Beweisverwertungsverbot aus der **fehlenden Belehrung** des A über sein Schweigerecht nach § 136 Abs. 1 S. 2 StPO ergeben. Dieses Gebot zur Belehrung galt für P über § 163a Abs. 4 S. 2 StPO entsprechend. A war nach dem formellen Beschuldigtenbegriff Beschuldigter iSd § 136 Abs. 1 StPO und daher gem § 136 Abs. 1 S. 2 StPO zu belehren. Da diese Belehrung unterblieben ist, war die Beweiserhebung rechtswidrig. Es ist allerdings fraglich, ob sich daraus auch ein umfassendes Beweisverwertungsverbot ergibt.*

*a) § 136 Abs. 1 StPO enthält **kein ausdrückliches** Beweisverwertungsverbot bei Belehrungsfehlern.*

b) Aus der unzulässigen Beweiserhebung kann jedoch ein Beweisverwertungsverbot folgen. Nicht jede fehlerhafte Beweiserhebung führt aber zu einem Verwertungsverbot. In Lit. und Rspr. wurden verschiedene Ansätze zur Entscheidung dieser Frage entwickelt.

*aa) Nach der älteren **Rechtskreistheorie** führen nur solche Verstöße zu einem Verwertungsverbot, welche gerade die Rechte des Angeklagten betreffen. Dies ist bei der unterbliebenen Belehrung über sein Schweigerecht der Fall, da dieses – als Ausdruck des Nemo-tenetur-Grundsatzes – gerade dazu dient, den Beschuldigten zu schützen.*

*bb) Darauf aufbauend wurde die **Abwägungslehre** entwickelt. Hiernach ist das staatliche Interesse an der Strafverfolgung im Einzelfall mit den Grundrechten des Betroffenen abzuwägen, wobei die Schwere des Delikts bzw des Verfahrensverstoßes maßgeblich sind. Der Nemo-tenetur-Grundsatz ist eine elementare Prozessmaxime. Die Anerkennung dieses Schweigerechtes ist Ausfluss der Menschenwürde, schützt das Persönlichkeitsrecht des Beschuldigten und ist notwendiger Bestandteil eines fairen Verfahrens. Damit korrespondiert die Hinweispflicht nach den §§ 136 Abs. 1 S. 2, 163a*

Abs. 4 StPO, da der Beschuldigte sonst über ebendieses Recht im Unklaren sein kann. Dagegen wiegt das Delikt des A nicht sonderlich schwer. Die Abwägung spricht deshalb hier für ein Verwertungsverbot.

22 (Beachte: Die frühere Rspr. nahm hingegen an, es handle sich nur um eine Ordnungsvorschrift, so dass mangels eines geschriebenen Beweisverwertungsverbotes eine Verwertung stets zulässig war. Die Rspr. kommt inzwischen aber ebenfalls zu dem gerade genannten Ergebnis.)

23 cc) Auch eine Ausrichtung am **Schutzzweck der Norm** führt aus diesen Erwägungen zu einem Beweisverwertungsverbot, weil die Belehrungspflicht gerade dazu dient, das gewichtige Recht der Selbstbelastungsfreiheit umzusetzen.

24 2. Möglicherweise hat A jedoch das Recht, sich auf ein Beweisverwertungsverbot zu berufen, inzwischen verloren. Denn die **Rspr.** macht von der Unverwertbarkeit der Aussage einige **Ausnahmen:** (1) Der Belehrungsmangel schadet nicht, wenn klar ist, dass dem Beschuldigten sein Schweigerecht **bekannt** war oder (2) wenn der verteidigte Angeklagte der Verwertung ausdrücklich **zustimmt.** Beide Fälle greifen hier nicht, so dass darüber hier nicht zu entscheiden ist. Nach der sehr umstrittenen sog „**Widerspruchslösung**" des BGH muss aber (3) ein entsprechender Verstoß durch einen verteidigten Angeklagten bis zum Zeitpunkt des § 257 StPO gerügt werden. Dies gilt im Übrigen auch für den unverteidigten Angeklagten, der vom Gericht entsprechend belehrt wurde. Nach § 257 Abs. 1, 2 StPO haben der Angeklagte und der Verteidiger nach jeder Vernehmung Gelegenheit zur Stellungnahme. Weder A noch sein Verteidiger haben jedoch während der Verhandlung der Vernehmung des P widersprochen. Nach der Lösung des BGH besteht daher **kein Verwertungsverbot** (mehr). Diese Widerspruchslösung ist zwar auch vom BVerfG gebilligt worden,[4] begegnet in der Lit. jedoch im Hinblick auf das Recht auf ein faires Verfahren zu Recht erheblichen Bedenken. Denn auf diese Weise wird dem Angeklagten die Last aufgebürdet, selbst auf Verfahrensverstöße zu achten und diese zu rügen. Selbst gravierende Verstöße der Strafverfolgungsbehörden können auf diese Weise „geheilt" werden. Der deutsche Strafprozess ist aber gerade kein Parteienprozess und die Gerichte sind zur Neutralität verpflichtet. Auch ist es nicht einzusehen, dass vom Gericht verursachte Verfahrensfehler, die weder von diesem noch vom Angeklagten oder seinem Verteidiger bemerkt (und daher auch nicht gerügt) werden, dem Angeklagten später die Möglichkeit einer Revision nehmen sollen. Zudem wird das Prozessklima uU negativ beeinflusst, wenn die Verteidigung gezwungen wird, ständig Widersprüche zu erheben. Zwar sind die prozessökonomischen Erwägungen, die in der Praxis für diese Lösung sprechen dürften, nicht zu übersehen, dennoch ist die Widerspruchslösung aus den genannten Gründen abzulehnen.

25 II. **Ergebnis:** Auf der Grundlage der Rspr. des BGH war die Verwertung der Aussage des P rechtmäßig. Die zutreffende Gegenauffassung in der Lit. lehnt die Widerspruchslösung jedoch ab. Nach dieser war die Verwertung rechtswidrig und A könnte erfolgreich Revision einlegen. Dennoch wird in der Praxis der Rechtsanwalt R schon aufgrund der Rspr. des BGH (und der Billigung derselben durch das BVerfG) den Mandanten auf die zu erwartende Erfolgslosigkeit des Rechtsmittels in diesem Fall hinweisen.

---

4 BVerfGE 130, 1.

Problem 27: Beweisverwertungsverbote II – Beschuldigtenvernehmung

I. Allgemeines

Verwertungsverbote im Hinblick auf durch ein fehlerhaftes Verfahren gewonnene Beweise können aus den verschiedensten Gründen bestehen. Einen besonders wichtigen Bereich bildet dabei die Vernehmung des Beschuldigten. Hierbei ist va der **Nemo-tenetur-Grundsatz** zu beachten. Der Beschuldigte ist nicht verpflichtet, aktiv an seiner Überführung mitzuwirken. Er muss sich daher auch nicht (durch seine Aussage) selbst belasten. Vielmehr steht es ihm frei, nicht auszusagen oder gar zu lügen. Er darf auch nicht zu einer Aussage gezwungen oder durch eine Täuschung dazu verleitet werden. Dieses Prinzip findet seinen Ausdruck insb in den in § 136a StPO geregelten verbotenen Vernehmungsmethoden (vgl dazu Problem 24). Der Beschuldigte ist über dieses Recht, nicht aussagen zu müssen, dh schweigen zu dürfen, zu belehren (§ 136 Abs. 1 S. 2 StPO). Schließlich darf der Beschuldigte sich zu jeder Zeit des Verfahrens eines Verteidigers bedienen (§ 137 Abs. 1 S. 1 StPO). Auch darüber ist er zu belehren (§ 136 Abs. 1 S. 2 StPO). Wird nun gegen diese Vorschriften, die dem Schutz des Beschuldigten dienen, verstoßen und wird dadurch in verfahrenswidriger Weise eine Aussage des Beschuldigten erlangt, so ist fraglich, ob sich aus diesem Verfahrensfehler ein Beweisverwertungsverbot ergibt (vgl dazu auch schon die strafprozessuale Zusatzfrage zu Problem 26).

II. Beweisverwertungsverbote hinsichtlich der Vernehmung

1. Freiwilligkeit der Aussage: Der Beschuldigte darf nicht durch Gewalt oder Täuschung dazu gezwungen werden, eine Aussage zu tätigen (vgl dazu Problem 24). Auf diese Weise gewonnene Beweise dürfen **nicht** verwertet werden. Dieses **Verwertungsverbot** im Hinblick auf Aussagen, deren Gewinnung mit einem entsprechenden Verfahrensfehler belastet sind, ergibt sich direkt aus dem Gesetz (**§ 136a Abs. 3 S. 2 StPO**).

2. Unterbliebene Beschuldigtenbelehrung: Fraglich ist, ob ein Beweisverwertungsverbot auch dann besteht, wenn der Beschuldigte vor seiner Vernehmung nicht nach § 136 Abs. 1 S. 2 StPO über sein Recht, schweigen zu dürfen, belehrt wurde (vgl *Rössner/Safferling*, 17. Problem und die strafprozessuale Zusatzfrage zu Problem 26). Unterblieb die Belehrung vorsätzlich, so kann indes ein Fall der Täuschung (durch Unterlassen) iSd § 136a StPO anzunehmen sein, so dass das **Verwertungsverbot** sich bereits aus dem Gesetz erschließt. In Fällen des fahrlässigen Unterbleibens der Belehrung findet sich allerdings **keine** gesetzliche Regelung. Nimmt man daher mit der Rspr. (vgl zu den dazu vertretenen Theorien Problem 26) eine **Abwägung** der Grundrechte des Betroffenen und des staatlichen Interesses an der Strafverfolgung vor, so ist ein **Beweisverwertungsverbot** zu bejahen.[1] Im Rahmen dieser Abwägung überwiegen nämlich die Rechte des Betroffenen, die angesichts des Verfassungsranges des **Nemo-tenetur-Grundsatzes** als besonders gewichtig zu bewerten sind. Das Aussageverweigerungsrecht gehört zum Kernbereich dieses Grundsatzes. Er kommt in § 136a StPO zum Ausdruck, aber auch darin, dass der Angeklagte gem § 243 StPO auch in der Hauptverhandlung nochmals über sein Recht, schweigen zu dürfen, belehrt werden muss. Auch die anderen Ansichten dürften zu diesem Ergebnis gelangen. Denn auch der Schutz-

---

1 AA die frühere Rspr.

27 Problem 27: Beweisverwertungsverbote II – Beschuldigtenvernehmung

zweck der Norm gebietet eine Unverwertbarkeit einer entsprechenden Aussage. Schließlich berührt die unterbliebene Belehrung den Rechtskreis des Beschuldigten. Ausnahmsweise soll nach der Rspr. des **BGH** aber **kein** Verwertungsverbot bestehen, wenn dem Beschuldigten sein Recht, schweigen zu dürfen, **bekannt** war oder der Verteidiger des Beschuldigten der Verwertung zustimmt bzw ihr bis zum Abschluss der Vernehmung **nicht widerspricht**; dies gilt auch für den Beschuldigten selbst nach entsprechender Belehrung (sog **Widerspruchslösung**, vgl dazu Problem 26 und die dortige strafprozessuale Zusatzfrage). Diese Widerspruchslösung wird seitens der Lit. zutreffend ua deswegen kritisiert, weil der Verfahrensfehler objektiv vorliegt und seine Heilung nicht von der Geltendmachung durch den Angeklagten abhängen darf.

4   3. **Unterbliebene Verteidigerbestellung:** Der Beschuldigte hat das Recht, zu jeder Zeit des Verfahrens einen Verteidiger hinzuzuziehen. Über dieses Recht ist er gemäß § 136 Abs. 1 S. 2 StPO zu **belehren**. Unterbleibt eine solche Belehrung, so ist die weitere Beweiserhebung rechtswidrig. Der **BGH** nimmt auch hier ein **Verwertungsverbot** hinsichtlich einer so erlangten Aussage an.[2] Das Gleiche gilt, wenn dem Beschuldigten – entgegen seinem Wunsch – eine Verteidigerbestellung **verwehrt** wird. Fraglich ist aber, wie weit die Bemühungen der Vernehmungspersonen bei der Unterstützung der Suche nach einem Verteidiger gehen müssen. Hier hat der Gesetzgeber in § 136 Abs. 1 StPO inzwischen einige Regelungen getroffen. Verlangt der Beschuldigte nach einem Verteidiger, so sind ihm die Informationen zur Verfügung zu stellen, die es ihm erleichtern, einen Verteidiger zu konsultieren, § 136 Abs. 1 S. 3 StPO. Die Vernehmung kann nur dann ohne Verteidiger fortgesetzt werden, wenn der Beschuldigte einverstanden ist und die Polizei **ernsthafte Bemühungen** an den Tag gelegt hat, den Beschuldigten bei der Suche zu unterstützen. Die bloße Überlassung eines **Branchentelefonbuchs** ohne Hinweis auf eine anwaltliche Notruf-Hotline zur Nachtstunde ist dafür nicht ausreichend.[3] Vielmehr ist auf einen anwaltlichen Notdienst hinzuweisen, § 136 Abs. 1 S. 4 StPO. Bei einem Verstoß gegen diese Grundsätze liegt ein Verfahrensfehler vor. Daraus ergibt sich aus den genannten Erwägungen heraus wiederum ein **Verwertungsverbot** einer unter diesen Umständen getätigten Aussage. Das Recht, einen Verteidiger zu konsultieren, gehört zu den wichtigsten Rechten des Beschuldigten, sodass eine Abwägung der Interessen zugunsten des Beschuldigten ausfällt.

III. Kein Beweisverwertungsverbot bei Spontanäußerungen und informatorischer Befragung

5   Aussagen, die der Beschuldigte **außerhalb einer Vernehmung** tätigt, bleiben indessen **verwertbar**. Dies ist der Fall bei Äußerungen, die der Beschuldigte ohne Aufforderung aus eigenem Entschluss abgibt (Spontanäußerungen) sowie nach hM ebenso bei Aussagen im Rahmen einer rein **informatorischen Befragung** durch die Polizei, dh der Befragung einer Person, gegen die noch kein Anfangsverdacht besteht und die deshalb auch noch nicht Beschuldigter ist. Nach aA sollen Aussagen, die auf eine informatorische Befragung hin getätigt werden, jedoch grds nicht verwertbar sein, da sich der spätere Beschuldigte aufgrund der Initiative der Strafverfolgungsbehörden auch hier zur Selbstbelastung verpflichtet gehalten haben kann.[4] Dem hält die hM jedoch entge-

---

2   BGHSt 47, 172, allerdings mit der Ausnahme, dass das Recht bereits bekannt war; vgl dazu *Beulke/Swoboda*, Rn. 718 mwN.
3   BGHSt 42, 15.
4   So *Beulke/Swoboda*, Rn. 181.

gen, dass dies den Unterschied zwischen informatorischer Befragung und Vernehmung nivelliere und durch die Hintertür doch einer – von der StPO nicht vorgesehenen – Belehrungspflicht außerhalb von Vernehmungen Vorschub leiste.

IV. Fernwirkung des Beweisverwertungsverbots bei erneuten Aussagen

Fraglich ist, was geschieht, wenn der Beschuldigte zunächst eine Aussage trifft, ohne zuvor belehrt worden zu sein, so dass diesbzgl ein Beweisverwertungsverbot besteht, später aber nach Belehrung in der Hauptverhandlung diese Aussage wiederholt.[5] Nach einer in der **Lit.** vertretenen Auffassung soll das Beweisverwertungsverbot fortwirken, so dass auch die zweite Aussage **nicht** verwertet werden kann, es sei denn, dass zuvor eine **qualifizierte Belehrung** erfolgte, welche den Angeklagten über die Unverwertbarkeit seiner ersten Aussage aufklärt. Auf diese Weise werde verhindert, dass der Angeklagte sich aufgrund seiner ersten Aussage für verpflichtet hält, erneut auszusagen, bzw davon ausgeht, aufgrund der verwertbaren ersten Aussage dem Gericht bereits ausreichendes Beweismaterial geliefert zu haben, was auch durch sein späteres Schweigen nicht mehr rückgängig zu machen ist. Auch der **BGH** fordert inzwischen eine **qualifizierte Belehrung**, macht die **Verwertbarkeit** der zweiten Aussage **ohne qualifizierte Belehrung** aber von einer **Abwägung im Einzelfall** abhängig.[6] Siehe dazu noch Problem 32 Rn. 7.

Zur Vertiefung:

Rechtsprechung: BGHSt 42, 15 – Verteidigerkonsultation I (Überlassen eines Branchentelefonbuchs genügt nicht für ernsthaftes Bemühen der Polizei und daher auch nicht für wirksamen Verzicht auf Rechtsbeistand); **BGHSt 47, 172** – Verteidigerkonsultation II (grds Verwertungsverbot, außer wenn Recht bekannt); **BGHSt 47, 233** – Verteidigerkonsultation III (die Pflicht zur Belehrung über das Recht auf Verteidigerkonsultation gebietet nicht, den Beschuldigten, der keinen Wunsch auf Zuziehung eines Verteidigers äußert, auf einen vorhandenen anwaltlichen Notdienst hinzuweisen); **BGHSt 50, 272** – Rügepräklusion (Notwendigkeit des Verteidigerwiderspruchs in der Hauptverhandlung für Geltendmachung eines Verfahrensverstoßes in der Revision); **BGHSt 53, 112** – Qualifizierte Belehrung (Verwertbarkeit der Angaben des zunächst als Zeugen vernommenen Angeklagten nach Abwägung im Einzelfall); **BGHSt 53, 191** – Mitbeschuldigter (Vernehmung ohne Benachrichtigung des Verteidigers); **BGHSt 58, 301** – Selbstbelastungsfreiheit (Spontanäußerungen nach Gebrauch vom Schweigerecht); **BGHSt 60, 50** – Verbotene Vernehmungsmethoden im Ermittlungsverfahren (Unverwertbarkeit eines Geständnisses im Zustand seelischer und körperlicher Erschöpfung); **BGHSt 64, 89** – Beschuldigteneigenschaft (zur Begründung der Beschuldigteneigenschaft durch die Stärke des Tatverdachts); **BGH NStZ 2006, 236** – Verteidigerkonsultation IV (kein Beweisverwertungsverbot beim Unterlassen des Hinweises auf die Möglichkeit der kostenlosen Verteidigerkonsultation); **BGH NStZ-RR 2006, 181** – Verteidigerkonsultation V (keine Pflicht zur Verteidigerbestellung bei der ersten Vernehmung); **BGH NStZ 2009, 702** – Spontanäußerung (qualifizierte Belehrung nach Spontanäußerung); **BGH NStZ 2013, 299** – Anforderungen an die Belehrung des Beschuldigten (Erfordernis einer freiverantwortlichen Entscheidung über die Ausübung des Schweige-

---

5 Vgl dazu *Beulke/Swoboda*, Rn. 182.
6 Vgl BGHSt 53, 112.

rechts); **BGH NStZ 2014, 666** – Fehlerhafte Würdigung des zeitweisen Schweigens (keine nachteiligen Schlüsse aus durchgehender oder aus anfänglicher Aussageverweigerung); **BGH NStZ 2015, 291** – Begründung der Beschuldigteneigenschaft (Bestehen eines Verdachts und Verfolgungswille als Voraussetzungen der Beschuldigteneigenschaft); **BGH NJW 2018, 1986** – Selbstbelastungsfreiheit (Verletzung der Aussagefreiheit durch Verwertung von Angaben bei ärztlicher Untersuchung); **BGH NStZ-RR 2018, 219** – Möglichkeit der Pflichtverteidigerbestellung (kein Verwertungsverbot bei unterbliebener Belehrung über Pflichtverteidigerbestellung); **BGH NStZ-RR 2018, 286** – Selbstbelastungsfreiheit (keine nachteilige Wertung des Schweigens des Angeklagten); **BGH NStZ 2019, 227** – Qualifizierte Belehrung (Notwendigkeit einer qualifizierten Belehrung nach Verstoß gegen § 136 Abs. 1 S. 2 StPO bei der ersten Beschuldigtenvernehmung).

Literatur/Aufsätze: *Bittmann*, Änderungen im Untersuchungsstrafrecht, Jus 2010, 510; *Bosch*, Die verdeckte Befragung des Beschuldigten – Strafrechtspflege ohne Grenzen?, JURA 1998, 236; *ders.*, Beschuldigtenvernehmung und Verteidigerkonsultation, JA 2006, 408; *ders.*, Belehrungspflichten bei absehbarer Pflichtverteidigung und Erfordernis qualifizierter Belehrung, JA 2006, 412; *ders.*, Reichweite des nemo-tenetur-Grundsatzes bei verdeckten Ermittlungen, JA 2007, 903; *ders.*, Beschuldigter oder verdächtiger Zeuge – Rollenzuweisung durch die Strafverfolgungsbehörden, JA 2020, 36; *Deiters*, Zur Begründung der Beschuldigteneigenschaft durch die Art und Weise einer Vernehmung, ZIS 2008, 93; *Geppert*, Zur Belehrungspflicht über die Freiwilligkeit der Mitwirkung an einer Atemalkoholmessung und zu den Folgen ihrer Verletzung, NStZ 2014, 481; *v. Heintschel-Heinegg*, Beschuldigteneigenschaft und Belehrungspflicht, JA 2008, 151; *Jahn*, Erste Vernehmung des Beschuldigten ohne Hinzuziehung eines Verteidigers und Hinweis der Polizeibeamten auf einen bestehenden Anwaltsnotdienst, JuS 2006, 272; *ders.*, Verstoß gegen Selbstbelastungsfreiheit durch Verdeckten Ermittler, JuS 2007, 1146; *ders.*, Strafprozessrecht: Voraussetzungen eines Beweisverwertungsverbots, JuS 2012, 85; *Koch*, Informatorische Befragungen im Strafverfahren, JA 2004, 558; *Kudlich*, Leider nicht Bescheid gesagt, JA 2009, 660; *ders.*, „Kann man das nicht eher sagen?", JA 2016, 73; *Neuber*, Unselbständige Beweisverwertungsverbote im Strafprozess – Die Abwägungslehre auf dem methodischen Prüfstand, NStZ 2019, 113; *Schneider*, Strafprozessuale Anforderungen an Polizeibeamte zur Ermöglichung der Verteidigerkonsultation durch den festgenommenen Beschuldigten, JURA 1997, 131; *Soiné*, Kriminalistische List im Ermittlungsverfahren, NStZ 2010, 596.

Literatur/Übungsfälle: *Mitsch*, Tod auf Mallorca – Verwertungsverbot wegen unzulässiger verdeckter Ermittlungsmethoden, JURA 2008, 211.

Strafprozessuale Zusatzfrage:[7]

8   Im Haus des A wird die Leiche des schon lange als vermisst gemeldeten B gefunden. Noch am selben Tage wird ein Haftbefehl gegen A erlassen. Er wird einen Tag später festgenommen und soll vom Polizeibeamten P vernommen werden, der ihn ordnungsgemäß als Beschuldigten gemäß § 136 StPO belehrt. Auf die Frage, ob er sich einen Rechtsanwalt nehmen wolle, antwortet A: „Ich habe kein Geld und kann mir deshalb keinen Anwalt nehmen". Daraufhin wird er vernommen, gesteht die Tat und schildert

---

7   Fall nach BGH NStZ 2006, 236 und BGH NStZ-RR 2006, 181.

Problem 27: Beweisverwertungsverbote II – Beschuldigtenvernehmung

diese detailgetreu. In der Hauptverhandlung bestreitet er hingegen die Tat. Gegen den Widerspruch seines inzwischen durch das Gericht bestellten Verteidigers wird P über den Inhalt des damaligen Geständnisses und die Tatschilderung vernommen. A wird verurteilt. Durfte diese Aussage verwertet werden?

Klausurmäßiger Lösungsvorschlag:

I. *Das Gericht könnte einen Beweis verwertet haben, obwohl ein Verwertungsverbot bestand. Ein solches könnte im Hinblick auf die Vernehmung des A durch den Polizeibeamten P vorliegen. Da A ordnungsgemäß belehrt wurde, könnte ein Verfahrensverstoß allerdings lediglich darin gesehen werden, dass er nicht darüber aufgeklärt wurde, dass ein Fall der notwendigen Verteidigung nach § 140 StPO vorlag und im Hauptverfahren ein Pflichtverteidiger bestellt werden würde, dessen Kosten (zunächst) der Staat tragen würde, so dass sich auch jetzt schon sehr wahrscheinlich ein Verteidiger finden ließe, der ihm im Blick auf die spätere Pflichtverteidigerbestellung beistehen würde. Besteht aus diesem Grunde ein umfassendes Verwertungsverbot, so ist auch die Vernehmung der Verhörspersonen, dh des P, unzulässig und dessen Aussage nicht verwertbar (vgl dazu Problem 26).*

1. *In der Nichtaufklärung könnte ein Verstoß gegen § 136a Abs. 1 S. 1 StPO liegen. Hierzu müsste A bei seiner Vernehmung durch P unzulässig getäuscht worden sein. A erklärte, dass er sich keinen Verteidiger leisten könne. Es lag jedoch ein Fall der notwendigen Verteidigung nach § 140 Abs. 1 Nr. 2 StPO vor, da A ein Verbrechen zur Last gelegt wurde. A irrte mithin darüber, dass ihm ein Pflichtverteidiger bestellt werden konnte, auch wenn er außerstande war, die Kosten zu tragen, worüber P ihn nicht aufklärte. Fraglich ist, ob diese Nichtaufklärung als Täuschung iSd § 136a StPO zu werten ist. Dafür könnte sprechen, dass das Recht, jederzeit einen Verteidiger zu Rate ziehen zu können, § 137 Abs. 1 S. 1 StPO, für den Beschuldigten ein besonders wichtiges Recht ist. Es dient ua der Absicherung seines Rechts, schweigen zu dürfen, und damit auch dem Grundsatz des fairen Verfahrens. Dagegen spricht jedoch, dass der Begriff der Täuschung eng auszulegen ist. Der Vergleich zu den anderen Tatvarianten des § 136a StPO ergibt, dass nur die bewusste Irreführung durch eine aktive Lüge erfasst ist. Das Verschweigen von Rechten ist insoweit keine relevante Täuschung. In unserem Fall liegt höchstens eine* **kriminalistische List** *vor. Daher scheidet eine Täuschung iSd § 136a Abs. 1 S. 1 StPO aus.*

2. *A ist über sein Schweigerecht und sein Recht auf Hinzuziehung eines Verteidigers nach § 136 Abs. 1 StPO belehrt worden. Eine Verletzung dieser Norm scheidet daher aus. Außerhalb des § 136 Abs. 1 StPO kommt nach Ansicht des BGH in Anwendung der Abwägungslehre ein Verwertungsverbot nur bei gravierenden Verfahrensverstößen in Betracht, die das Bedürfnis einer wirksamen Strafverfolgung und Verbrechensbekämpfung (welchem gerade bei schweren Straftaten Verfassungsrang zukommt) und das Interesse an einer möglichst vollständigen Wahrheitsermittlung im Strafverfahren überwiegen. Dies sei hier nicht der Fall, da eine gezielte Irreführung nicht vorliege und der Fall somit mit einer gänzlich fehlenden Belehrung nicht vergleichbar sei. Der* **BGH** *nahm aufgrund dessen an, dass kein Beweisverwertungsverbot vorliegt.*

3. *Diese Entscheidung erscheint jedoch bedenklich. Dem Beschuldigten steht nach § 137 Abs. 1 S. 1 StPO das Recht zu, sich in jeder Phase des Verfahrens eines Verteidigers zu bedienen, worüber er auch zu belehren ist. Zwar kann er darauf verzichten; ein solcher Verzicht setzt aber voraus, dass ihm das entsprechende Recht vollumfänglich*

Problem 27: Beweisverwertungsverbote II – Beschuldigtenvernehmung

bekannt ist. Dazu gehört auch die Kenntnis darüber, dass ein Verteidiger auch dann bestellt werden kann, wenn der Beschuldigte mittellos ist. In einer anderen Sache hat der BGH ganz zu Recht entschieden, dass die Polizei sich ernsthaft bemühen muss, wenn der Beschuldigte ausdrücklich einen Verteidiger verlangt. Ihm sind dabei Informationen zur Erleichterung der Kontaktierung eines Verteidigers und bezüglich eines anwaltlichen Notdienstes zur Verfügung zu stellen (vgl § 136 Abs. 1 S. 3, 4 StPO). Erklärt er sich nur deshalb mit der Vernehmung ohne Rechtsbeistand einverstanden, weil er wegen der Nachtzeit keinen Rechtsanwalt erreichen kann, so genügt das Überlassen eines Branchentelefonbuches nicht.[8] Zwar lag der Fall hier insofern anders, da A keinen Rechtsanwalt wollte. Dies lag aber nur daran, dass er glaubte, sich diesen nicht leisten zu können. Er irrte insoweit nicht über sein Recht auf einen Verteidiger, sondern über die mögliche Durchsetzung dieses Rechts. Eben diese Durchsetzung ist durch den Polizeibeamten hier (wie im Fall des Branchentelefonbuchs) behindert worden. Daher liegt ein Verstoß gegen das Recht aus § 137 StPO und damit auch gegen das Recht auf effektive Verteidigung aus Art. 6 Abs. 1 S. 1, Abs. 3 lit. c) EMRK vor. Die Möglichkeit, sich des Beistands eines Verteidigers zu bedienen, ist eines der wichtigsten Rechte des Beschuldigten. Daher wiegt der Verstoß hier so schwer, dass im Rahmen einer Abwägung ein Beweisverwertungsverbot anzunehmen ist.

13 *II. Ergebnis: Somit liegt – entgegen der Ansicht des BGH – ein Verwertungsverbot hinsichtlich der Aussage vor, so dass auch P als Zeuge vom Hörensagen nicht über den Inhalt der Vernehmung des A befragt werden durfte. Damit war die Verwertung der Aussage rechtswidrig.*

---

8 BGHSt 42, 15.

Problem 28: Beweisverwertungsverbote III – Zeugnisverweigerungsrechte

I. Allgemeines

Zeugen stellen ein besonders wichtiges Beweismittel im Strafverfahren dar. Es besteht daher seitens des Staates ein hohes Interesse daran, ihre Aussagen zu verwerten. Andererseits sind Zeugen unter bestimmten Voraussetzungen auch besonders schutzwürdig oder stehen in einem besonders engen Verhältnis zum Beschuldigten. Diesen Zwangslagen versucht die StPO gerecht zu werden, indem sie den Zeugen das Recht gibt, unter den Voraussetzungen der §§ 52 ff. StPO ihre Aussage zu verweigern (vgl dazu Problem 25). Haben Zeugen allerdings trotz des Bestehens eines Zeugnisverweigerungsrechts nach den §§ 52 ff. StPO eine Aussage getätigt, und zwar entweder, weil sie zur Aussage gezwungen wurden oder weil sie erst später von ihrem Recht zur Zeugnisverweigerung Gebrauch gemacht haben oder weil sie nicht ordnungsgemäß über ihr Recht, nicht aussagen zu müssen, belehrt wurden, so ist fraglich, ob diese Aussagen im Prozess verwertet werden können.

II. Beweismittelverbot bei rechtmäßiger Zeugnisverweigerung

Recht einfach ist der erste Fall zu beantworten: Steht einem Zeugen ein Zeugnisverweigerungsrecht nach den §§ 52 ff. StPO zu, so darf er nicht zu einer Aussage gezwungen werden, wie zB durch die Androhung von Zwangsgeld. In diesem Fall besteht bereits ein **Beweismittelverbot** hinsichtlich der Aussage, aus dem auch ein **Beweisverwertungsverbot** folgt (vgl dazu Problem 26).

III. Beweisverwertungsverbot bei rechtmäßiger Zeugnisverweigerung erst in der Hauptverhandlung

Fraglich ist, ob und inwieweit **frühere Vernehmungen** verwertet werden dürfen, wenn die Zeugen erst in der Hauptverhandlung von ihrem Recht zur Verweigerung des Zeugnisses Gebrauch machen.

1. Zeugnisverweigerungsrechte gemäß den §§ 52 ff. StPO: Dieser Fall wird (zumindest teilweise) durch § 252 StPO geregelt (vgl dazu Problem 38). § 252 StPO stellt klar, dass die **Verlesung** von Protokollen von (früheren) Zeugenaussagen nicht zulässig ist, wenn der Zeuge erst in der Hauptverhandlung von seinem Zeugnisverweigerungsrecht Gebrauch macht. Über den Wortlaut des § 252 StPO hinaus nehmen die **st. Rspr.** und hL aber ein **allgemeines Verwertungsverbot** hinsichtlich der früheren Aussage an, so dass auch die Vernehmung der Verhörsperson untersagt ist (str.; vgl *Rössner/Safferling*, 18. Problem mwN). Eine Ausnahme gilt jedoch nach **st. Rspr.** für **richterliche Vernehmungen**, wenn der das Zeugnis Verweigernde als Zeuge vernommen wurde, das Zeugnisverweigerungsrecht schon bei der damaligen Vernehmung bestand, der Zeuge damals ordnungsgemäß belehrt wurde und wirksam auf sein Recht verzichtet hat. Nach Ansicht des 2. Strafsenats des BGH ist in diesem Fall aber eine „qualifizierte Belehrung" erforderlich. Demnach muss der Zeuge auch darüber belehrt worden sein, dass seine Aussage auch dann durch Vernehmung des Richters verwertbar bleibt, wenn er in einer späteren Hauptverhandlung vom Recht der Aussageverweigerung Gebrauch macht.[1] Der Große Senat für Strafsachen hat diesem Ansatz des 2. Strafsenats jedoch eine Absage erteilt.[2] Nach Ansicht des Großen Senats ist es lediglich erforderlich, dass der Richter den Zeugen gem § 52 Abs. 3 S. 1 StPO über sein Zeugnisverweigerungsrecht belehrt hat. Einer weitergehenden Belehrung bedarf es nicht. In diesem Fall kann der Richter als „Zeuge vom Hörensagen" über die frühere Aussage der Auskunftsperson vernommen werden. Der BGH begründet die Zulässigkeit der Vernehmung der richterlichen Verhörsperson mit der für den Zeugen erkennbaren und regelmäßig von ihm empfundenen **erhöhten Bedeutung der richterlichen Vernehmung für das Strafverfahren**. Dies zeigt sich etwa in § 251 Abs. 2 StPO, der die Verlesung von Niederschriften über eine richterliche Vernehmung auch in Fällen zulässt, in denen die §§ 250 S. 2, 251 Abs. 1 StPO dies bei sonstigen Vernehmungsprotokollen nicht erlauben. Dass der richterlichen Vernehmung eine höhere Bedeutung zugemessen wird, lässt sich auch aus den §§ 153 ff. StGB ableiten. Nur ein Richter ist befugt, eine eidliche Vernehmung vorzunehmen (§ 161a Abs. 1 S. 3 StPO). Daher kann sich ein Zeuge wegen falscher uneidlicher Aussage (§ 153 StGB) oder Meineids (§ 154 StGB) nur strafbar machen, wenn er von einem Richter, nicht aber wenn er von einem Polizeibeamten oder Staatsanwalt vernommen wird. Ferner ist gemäß § 168c Abs. 2 S. 1 StPO bei der richterlichen Vernehmung eines Zeugen der StA, dem Beschuldigten und dem Verteidiger die Anwesenheit gestattet; hieraus resultieren auch entsprechende Frageechte, § 168c Abs. 2 S. 2 StPO. Eine entsprechende Regelung für nichtrichterliche Vernehmungen besteht nicht. Zudem steht das Verwertungsverbot nach Ansicht des **BGH** quasi zur Disposition des Zeugen, so dass dieser der Vernehmung eines Zeugen vom Hörensagen auch durch eine „Freigabeerklärung" **zustimmen** kann (str.; vgl dazu die strafprozessuale Zusatzfrage zu Problem 38). Bei dieser Erklärung handelt es sich nach dem BGH um eine wesentliche Förmlichkeit des Verfahrens, die nach § 273 Abs. 1 StPO zu protokollieren ist. Im Übrigen besteht das Verwertungsverbot auch **nicht** bei **Spontanäußerungen**.

5   2. **Auskunftsverweigerungsrecht nach** § 55 StPO: Fraglich ist, ob § 252 StPO auch im Falle der Auskunftsverweigerung gemäß § 55 StPO in der Hauptverhandlung gilt. Die Rspr. lehnt dies ab. Denn einerseits bezieht sich § 252 StPO seinem Wortlaut nach nur auf die **Zeugnis**verweigerungsrechte und andererseits schützt § 55 StPO nur den Zeugen selbst, nicht aber den Beschuldigten. Hat der Zeuge nach ordnungsgemäßer Belehrung ausgesagt, so hat er auf dieses Schutzrecht verzichtet.[3] Daher können seine früheren Aussagen durch Vernehmung der Verhörspersonen in die Hauptverhandlung eingeführt werden, wenn er sich zulässigerweise in der Hauptverhandlung auf § 55 StPO beruft und daher selbst ein Auskunftsverweigerungsrecht hat.

IV. Beweisverwertungsverbot bei unterbliebener Belehrung über das Zeugnis- oder Aussageverweigerungsrecht

6   Die Zeugen sind zudem gemäß § 52 Abs. 3 S. 1 StPO über ihr Recht, die Aussage oder ihr Zeugnis zu verweigern, zu **belehren**. Unterbleibt eine solche Belehrung und sagt der Zeuge aus, obgleich er die Aussage oder das Zeugnis insgesamt hätte verweigern können, so ist fraglich, ob die Aussage trotz dieses Verfahrensfehlers verwertet werden kann. Da ein ausdrückliches Beweisverwertungsverbot nicht normiert ist, richtet sich die Beurteilung hier nach den in Rspr. und Lit. entwickelten Theorien (vgl dazu Prob-

---

1   Vgl BGH NStZ 2015, 710.
2   BGH NJW 2017, 94.
3   Str., vgl *Beulke/Swoboda*, Rn. 714.

Problem 28: Beweisverwertungsverbote III – Zeugnisverweigerungsrechte

lem 26). Dieses Problem wird als strafprozessuale Zusatzfrage in Examensklausuren sehr häufig behandelt. Es setzt insb die Kenntnis des Unterschiedes zwischen § 52 StPO und § 55 StPO voraus. Außerdem hat der **BGH** gerade in diesem Zusammenhang seine (frühere) Rechtskreistheorie entwickelt.[4]

1. Unterbliebene Belehrung über das Zeugnisverweigerungsrecht: Die erste Fallgruppe bildet die unterbliebene Belehrung nach **§ 52 Abs. 3 StPO** über die Zeugnisverweigerungsrechte aus § 52 Abs. 1 StPO im Hinblick auf Angehörige des Beschuldigten (vgl dazu Problem 25). Wurde ein Zeuge nicht über sein umfassendes Recht, aufgrund seiner familiären Verbundenheit schweigen zu dürfen, belehrt, so war die Vernehmung **fehlerhaft**. Hier schließt die ganz hM aufgrund einer Abwägung auf ein **Verwertungsverbot**.[5] Der Schutzbereich der Norm, Rücksicht auf den Familienfrieden zu nehmen, bezieht den Beschuldigten mit ein, betrifft folglich seinen **Rechtskreis** und ist ferner ein bedeutendes, auch grundrechtlich gesichertes Gut. Zwar gilt die Rechtskreistheorie inzwischen als überholt, jedoch bildet sie weiterhin die Grundlage der herrschenden Abwägungslehre. Ausgehend von dieser ist ebenfalls ein Beweisverwertungsverbot anzunehmen, da § 52 StPO gerade auch dem Beschuldigten dient und besonders schützenswerte Güter wie die Familie in Frage stehen. Wiederum gelten jedoch einige Ausnahmen: Nach **st. Rspr.** gilt **kein** Verwertungsverbot, wenn der Zeugnisverweigerungsberechtigte (1) seine Rechte **kannte** oder (2) wenn er **auch bei ordnungsgemäßer Belehrung ausgesagt** hätte.[6] Das Verwertungsverbot besteht im Übrigen **nicht** bei **Spontanäußerungen** (vgl dazu Problem 27 im Hinblick auf den Beschuldigten).

2. Unterbliebene Belehrung über das Aussageverweigerungsrecht: Problematischer ist die Fallgruppe der unterbliebenen Belehrung über das Recht zur Aussageverweigerung aus § 55 StPO (vgl *Rössner/Safferling*, 19. Problem mwN). Zeugen sind gemäß **§ 55 Abs. 2 StPO** über das Recht zu belehren, im Einzelfall ihre Aussage verweigern zu dürfen, um sich nicht selbst zu belasten. Unterbleibt diese Belehrung, so ist wiederum fraglich, ob eine Aussage, die der Zeuge dennoch getätigt hat, verwertet werden kann. **Teilweise** wird ein Verwertungsverbot angenommen, da durch § 55 StPO auch das Interesse des Beschuldigten an konfliktfreien und wahrheitsgemäßen Aussagen der Zeugen geschützt sei. Die Rspr. und hL lehnen ein Beweisverwertungsverbot jedoch ab, denn berührt sei nicht der **Rechtskreis** des Beschuldigten, vielmehr solle allein der Zeuge davor geschützt werden, sich selbst zu belasten. Daher diene der Schutzbereich der Vorschrift nicht dem Beschuldigten (sog **Rechtskreistheorie** des **BGH**). Dies gilt auch auf dem Boden der Abwägungslehre, deren Grundlage die alte Rechtskreistheorie bildet.

V. Beweisverwertungsverbote im Zusammenhang mit den §§ 53, 54 StPO

1. Verletzung der Schweigepflicht iSd § 53 StPO: § 53 StPO normiert keine Belehrungspflicht. Eine solche kann nach hM aber dann bestehen, wenn offensichtlich ist, dass der Zeuge sich entgegen § 53 StPO für verpflichtet hält, auszusagen. In diesem Fall wird bei Verletzung der Aufklärungspflicht durch das Gericht ein **Verwertungsverbot** angenommen. Umstritten ist aber, ob ein Beweisverwertungsverbot auch dann vorliegt, wenn der Zeuge sich zwar nicht für verpflichtet hält, aber eigenmächtig, entgegen einer bestehenden Schweigepflicht, aussagt und sich dadurch gemäß § 203 StGB straf-

---

[4] BGHSt 11, 213.
[5] Vgl *Beulke/Swoboda*, Rn. 709 mwN.
[6] BGHSt 38, 214.

bar macht (vgl *Rössner/Safferling*, 20. Problem mwN). Während hier teilweise ein Verwertungsverbot angenommen wird, da das Vertrauen des Betroffenen zum Berufsgeheimnisträger geschützt werden müsse, lehnen die **Rspr.** und **hL** dies mit der Begründung ab, dass § 53 StPO nur ein Recht, nicht aber eine Pflicht (des Berufsgeheimnisträgers) konstatiert.

10   2. **Fehlende Genehmigung nach § 54 StPO:** Bei einer Aussage trotz fehlender Genehmigung nach § 54 StPO besteht kein Verwertungsverbot, weil diese Vorschrift wiederum nicht dem Schutz des Angeklagten dient.

Zur Vertiefung:

11   Rechtsprechung: **BGHSt 11, 213** – Belehrungsfehler bei § 55 StPO (Entwicklung der „Rechtskreistheorie"); **BGHSt 38, 214** – Belehrungsfehler (Beweisverwertungsverbot wegen Verstoßes gegen Belehrungspflicht und diesbzgl Ausnahmen, insb Widerspruchslösung); **BGHSt 45, 203** – Explorationsgespräch (Verwertbarkeit der mittelbaren Zeugenangaben trotz Berufens auf das Zeugnisverweigerungsrecht); **BGHSt 49, 72** – Videoband (Verwertungsverbot bei Nichtanwesenheit des Angeklagten bei der Vernehmung bzw beim Berufen auf das Zeugnisverweigerungsrecht); **BGHSt 51, 140** – Anstaltsseelsorger (Zeugnisverweigerungsrecht eines Laienseelsorgers ohne kirchliche Weihe); **BGHSt 61, 221** – Ermittlungsrichterprivileg (qualifizierte Belehrung nicht erforderlich); **BGH NJW 2005, 765** – Jugendgerichtshilfe (Vernehmungsbegriff); **BGH StV 1998, 360** – Belehrung (Zeugnisverweigerungsrecht des Angehörigen bei Inanspruchnahme der Hilfe des Jugendamtes und des Vormundschaftsrichters); **BGH StV 2007, 68** – Zusatztatsachen (Zeugnisverweigerungsrecht und Verwertungsverbot bei einem Sachverständigen); **BGH NJW 2012, 3192** – Protokollverlesung nach Zeugnisverweigerung (Verzicht auf Verwertungsverbot); **BGH NStZ 2013, 247** – Tonbandaufnahmen (Reichweite des Verwertungsverbots bei einer Zeugnisverweigerung in der Hauptverhandlung), vgl *Eckoldt/Gölzer*, Tonband-Fall, famos 3/2013; **BGH NStZ 2013, 725** – Handyaufnahme (Reichweite des Verwertungsverbotes nach § 252 StPO); **BGH NStZ 2015, 232** – „Qualifizierte" Belehrung eines angehörigen Zeugen in der Hauptverhandlung (Unterrichtung über rechtliche Folgen einer Gestattung der Verwertung von früheren Angaben); **BGH NStZ 2015, 710** – Vorlage an den GS zur Frage der Verwertung der richterlichen Aussage nach Zeugnisverweigerung (Erfordernis einer „qualifizierten Belehrung"); **BGH NJW 2017, 94** – Entscheidung des GS zur Frage der Verwertung der richterlichen Aussage nach Zeugnisverweigerung (Ablehnung des Erfordernisses einer qualifizierten Belehrung); **BGH NStZ-RR 2021, 142** – Zeugnisverweigerungsrecht (Sitzungsstaatsanwältin als Zeugin); **OLG Saarbrücken NJW 2008, 1396** – Spontanäußerung (Verwertbarkeit der Spontanäußerung einer Zeugin).

Literatur/Aufsätze: *Bosch*, Verwertbarkeit von Spontanäußerungen trotz Zeugnisverweigerung, JA 2008, 662; *Eichel*, Wann Schweigen wirklich Gold ist – die Unterschiede der Verwertung früherer Aussagen von Angeklagten und Zeugen bei Aussageverweigerung in der Hauptverhandlung, JA 2008, 631; *El-Ghazi/Merold*, Die Reichweite des Beweisverwertungsverbotes nach § 252 StPO, JA 2012, 44; *Jäger*, § 252 StPO reloaded, JA 2014, 948; *Kraatz*, Das Beweisverwertungsverbot des § 252 StPO, JURA 2011, 170; *ders.*, Der Verzicht auf das Verwertungsverbot des § 252 StPO oder – Der Zeuge als Herr des Verfahrens?, JA 2014, 773; *Kretschmer*, Zu den Grenzen des aus § 252 StPO abzuleitenden Verwertungsverbots in Fällen

Problem 28: Beweisverwertungsverbote III – Zeugnisverweigerungsrechte

unlauterer Verfahrensmanipulation durch den angehörigen Zeugen, JURA 2000, 461; *Ladiges*, Zeugnisverweigerungsrecht und Zwischenrechtsbehelf, JuS 2011, 226; *Moldenhauer/Wenske*, Aktuelle Entwicklungen der Rechtsprechung zum Recht der Zeugnisverweigerung, JA 2017, 860; *Mosbacher*, Aktuelles Strafprozessrecht, JuS 2013, 131; *Neuber*, Unselbstständige Beweisverwertungsverbote im Strafprozess -Die Abwägungslehre auf dem methodischen Prüfstand, NStZ 2019, 113; *Petersohn*, Unterbliebene Belehrung im Vorverfahren und Berufung auf das Zeugnisverweigerungsrecht in der Hauptverhandlung, JuS 2004, 379; *Volk*, Die „Vernehmung" durch den Verteidiger und das Verwertungsverbot des § 252 StPO, JuS 2001, 130.

Literatur/Übungsfälle: *Kroiß*, Plädoyer des Verteidigers, JuS 2005, 256; *Ostermann*, Der Fall Engel, JuS 1993, 1052.

Strafprozessuale Zusatzfrage:[7]

Gegen den in Untersuchungshaft sitzenden A wird wegen Unterstützung einer terroristischen Vereinigung ermittelt. Er hat bei mehreren Versicherungsgesellschaften Lebensversicherungen abgeschlossen, die im Fall seines Todes Verbindungsleuten der Terrororganisation „al-Qaida" zufließen sollen. Es wird vermutet, dass A seinen Bruder beauftragt hat, einen tödlichen Unfall vorzutäuschen und die Versicherungsgeschäfte abzuwickeln, während A selbst sich ins Ausland absetzen wollte. Dazu kommt es jedoch infolge seiner Verhaftung nicht mehr. Im Prozess übergibt sein Verteidiger dem Gericht 22 unfrankierte Briefe an die Versicherungsgesellschaften, die laut eingetragenem Datum am Tag vor der Verhaftung geschrieben wurden und in denen als Bezugsberechtigter nun ein Tumorforschungszentrum benannt ist. A gibt vor, dass er die Briefe wegen seiner Verhaftung nicht mehr hätte abschicken können. Es besteht jedoch der Verdacht, dass A die Briefe erst in der Haftanstalt mithilfe eines Dritten verfasst und rückdatiert hat, weil sie an Postfachadressen der Versicherungen gerichtet sind, die aus dem Internet stammen und mit denjenigen auf den Versicherungsverträgen nicht übereinstimmen. Der Anstaltsseelsorger B, ein von der katholischen Kirche hauptamtlich beauftragter Gemeindereferent, der jedoch keine kirchliche Weihe oder Ordination erhalten hat, gerät in den Verdacht, die Adressen für A recherchiert zu haben. Im Prozess beruft sich B auf sein „Zeugnisverweigerungsrecht" und sagt nicht aus. Das Gericht verhängt daraufhin gegen B zunächst ein Ordnungsgeld iHv 750 EUR. Da er sich weiterhin weigert, auszusagen, wird eine Beugehaft – nicht über die Zeit der Beendigung des Verfahrens in dem Rechtszug und nicht über die Zeit von sechs Monaten hinaus – angeordnet. Ist eine zulässige Haftbeschwerde des B begründet?

Klausurmäßiger Lösungsvorschlag:

I. Die zulässige Haftbeschwerde ist begründet, wenn die Anordnung von Haft zur Erzwingung des Zeugnisses hier rechtswidrig war.

1. Gemäß § 70 Abs. 1, 2 StPO kann zur Erzwingung eines Zeugnisses Haft angeordnet werden, jedoch nicht über die Zeit der Beendigung des Verfahrens in dem Rechtszug und nicht über die Zeit von sechs Monaten hinaus.

a) Die zeitliche Frist des § 70 Abs. 2 StPO hat das Gericht eingehalten.

---
7 Fall nach BGHSt 51, 140.

16 **b)** Zudem müsste der Zeuge B gemäß § 70 Abs. 1 StPO sein Zeugnis ohne gesetzlichen Grund verweigert haben, dh ihm dürfte kein Zeugnisverweigerungsrecht zustehen.

17 **aa)** In Betracht kommt entweder ein Zeugnisverweigerungsrecht nach § 53 Abs. 1 Nr. 1 StPO oder nach § 53a Abs. 1 StPO. Gemäß § 53 Abs. 1 Nr. 1 StPO ist ein Geistlicher zur Verweigerung des Zeugnisses über das berechtigt, was ihm in seiner Eigenschaft als Seelsorger anvertraut oder bekannt geworden ist. Einem Geistlichen stehen gemäß § 53a Abs. 1 StPO seine Gehilfen und diejenigen Personen gleich, die zur Vorbereitung auf den Beruf an der berufsmäßigen Tätigkeit teilnehmen, wobei dann regelmäßig der (insoweit vorgesetzte) Geistliche über die Ausübung des Zeugnisverweigerungsrechtes entscheiden kann. Für eine Anwendung des § 53 Abs. 1 Nr. 1 StPO müsste B also „Geistlicher" sein. Dagegen könnte sprechen, dass er keine kirchliche Weihe erhalten hat. Dafür spricht jedoch, dass ihm die Aufgaben der Seelsorge zur selbstständigen Wahrnehmung durch die Kirche übertragen wurden und in diesem Bereich zwischen ihm und dem betreuten Gefangenen ein auf ihn bezogenes eigenständiges Vertrauensverhältnis begründet wird. Die hauptamtlich in der Gefangenenseelsorge selbstständig tätigen Laien erfüllen ihre Aufgabe tatsächlich stellvertretend für geweihte Kleriker und sind gegebenenfalls denselben schwierigen seelsorgerischen Situationen ausgesetzt wie diese; ihre Verantwortung auf diesem Gebiet ist daher mit der eines katholischen Klerikers oder eines ordinierten evangelischen Pfarrers vergleichbar. Daher setzt § 53 Abs. 1 Nr. 1 StPO keine kirchliche Weihe voraus. Die Vorschrift ist hier direkt anwendbar, dh auf § 53a StPO kommt es nicht an.

18 **bb)** Fraglich ist aber des Weiteren, ob der konkrete Sachverhalt auch vom Zeugnisverweigerungsrecht eines Geistlichen erfasst ist. § 53 Abs. 1 Nr. 1 StPO erfasst nämlich nur Dinge, die dem Geistlichen „in seiner Eigenschaft als Seelsorger anvertraut" wurden. Die Bitte, im Internet nach Adressen zu recherchieren, hat jedoch mit seelsorgerischer Tätigkeit nichts zu tun. Insoweit ist zwischen Informationen, die der Geistliche im Rahmen der Seelsorge erfährt und solchen, die er „bei Gelegenheit der Ausübung der Seelsorge, aber nicht in seiner Eigenschaft als Seelsorger" erfahren hat, zu trennen. Letzteres ist immer dann der Fall, wenn es um karitative, fürsorgerische, erzieherische oder verwaltende Tätigkeit eines Geistlichen geht. Hier kommt noch hinzu, dass es um Tätigkeiten geht, die B nach seinen Gesprächen mit A vorgenommen hat, also nicht um die Mitteilung dessen, was er aus einem seelsorgerischen Gespräch erfahren hat.

19 **cc)** Daher bestand bzgl Dieser Tatsachen kein Zeugnisverweigerungsrecht. B verweigerte seine Aussage daher „ohne gesetzlichen Grund" iSd § 70 Abs. 1 S. 1 StPO.

20 **dd)** Ein Aussageverweigerungsrecht nach § 55 StPO nimmt B nicht für sich in Anspruch. Der BGH war der Auffassung, ein solches könne auch nicht einfach unterstellt werden. Nach st. Rspr. muss ein Zeuge sich ausdrücklich auf § 55 StPO berufen. Gleichwohl erscheint dieses Ergebnis hier fragwürdig. Denn es bestand der Verdacht der versuchten Strafvereitelung (§§ 258 Abs. 1, 4, 22, 23 Abs. 1 StGB). Natürlich wird sich B nicht auf § 55 StPO, sondern vorrangig auf § 53 StPO berufen, da er hiernach ein umfassendes Zeugnisverweigerungsrecht hat. In erster Linie kommt es ihm aber darauf an, nicht aussagen zu müssen. Daher ist fraglich, ob sich B zusätzlich zu § 53 StPO auch noch ausdrücklich auf § 55 StPO berufen musste oder ob das Gericht dies in dieser Situation nicht von Amts wegen zu prüfen und seine Erklärung umzudeuten hatte, weil sich ein entsprechender Verdacht hier geradezu aufdrängte. Andererseits hätte B aber auch dann nur das Recht, einzelne Fragen unbeantwortet zu lassen, so dass seine Weigerung, überhaupt in irgendeiner Form auszusagen, zu weit ginge.

Problem 28: Beweisverwertungsverbote III – Zeugnisverweigerungsrechte

2. Ein milderes Mittel als die Beugehaft stand nicht zur Verfügung, da B sich hartnäckig weigerte, auszusagen, und bereits ein Ordnungsgeld ergebnislos verhängt wurde. Angesichts der Schwere der A vorgeworfenen Taten erscheint die Anordnung von Haft auch verhältnismäßig.

II. Die Haftbeschwerde ist somit unbegründet.

Problem 29: Beweisverwertungsverbote IV – Schutz der Intimsphäre

I. Allgemeines

1 Im Rahmen des Ermittlungsverfahrens kann es bei der Gewinnung von Beweismitteln häufig zu Eingriffen in die Privatsphäre des Beschuldigten kommen. Hierbei ist etwa an das Abhören von Wohnungen, das Aufzeichnen von Gesprächen, das Anfertigen von Bildaufnahmen oder den Zugriff auf Tagebuchaufzeichnungen zu denken. Ausgangspunkt der grundrechtlichen Erwägungen ist diesbezüglich die **Drei-Stufen-Theorie** des BVerfG. Hiernach ist die Privatsphäre zwar grds als Ausfluss des **Allgemeinen Persönlichkeitsrechts** aus Art. 2 Abs. 1 GG iVm Art. 1 Abs. 1 GG verfassungsrechtlich geschützt. Dabei kann jedoch das Strafverfolgungsinteresse des Staates nicht ohne Berücksichtigung bleiben. Daher ist die Privatsphäre nicht immer unantastbar, sondern in abgestufter Form unterschiedlich stark geschützt. Die Zuordnung zu den einzelnen Sphären kann aber im Einzelfall durchaus problematisch sein.

2 **1. Stufe:** Die „Sozialsphäre" umfasst allgemeine soziale Kontakte, wozu auch Geschäftsgespräche gehören können. Diese Sphäre genießt **keinen besonderen Schutz**, das staatliche Interesse ist in der Regel vorrangig.

3 **2. Stufe:** Die „Privatsphäre" betrifft den privaten Bereich, also etwa private Gespräche in oder außerhalb der Wohnung. Hier ist das Strafverfolgungsinteresse mit dem Persönlichkeitsrecht des Betroffenen im Einzelfall **abzuwägen**. Bei schweren Straftaten geht das staatliche Interesse vor.

4 **3. Stufe:** Die „Intimsphäre" ist hingegen grds unantastbar; das staatliche Interesse muss hier zurücktreten, da jedem Bürger ein **Kernbereich privater Lebensgestaltung** (zB Sexualität) verbleiben muss.

5 Diese aus der Verfassung folgende Abstufung ist teilweise bereits in gesetzliche Regelungen, dh die strafprozessualen Ermächtigungsgrundlagen, eingeflossen. Der Gesetzgeber hat in diesen Teilbereichen im Rahmen der Eingriffe in die Privatsphäre also die erforderliche Interessenabwägung bereits vorgenommen. Hierzu gehören insb die Maßnahmen nach den §§ 100a ff. StPO. In den übrigen gesetzlich nicht normierten Bereichen kommt als Ermächtigungsgrundlage für die Beweiserhebung zwar die Ermittlungsgeneralklausel (§§ 161 Abs. 1, 163 Abs. 1 StPO, vgl dazu Problem 12) in Betracht, es ist jedoch im Einzelfall weiterhin anhand der Drei-Stufen-Theorie zu entscheiden, ob die Maßnahmen zulässig und die Beweise verwertbar sind. Ferner ist sie insb bei der Abwägung hinsichtlich evtl. Beweisverwertungsverbote bei Verfahrensfehlern zu berücksichtigen. Bei Eingriffen in die Privatsphäre ist daher regelmäßig ein **Beweisverwertungsverbot** anzunehmen, wenn die materiellen **Eingriffsvoraussetzungen** der jeweiligen Spezialnorm nicht vorliegen. Bei heimlichen Ermittlungsmaßnahmen greift der **BGH** jedoch auch auf den Fair-trial-Grundsatz zurück.[1]

II. Einzelfälle

6 **1. Überwachung der Telekommunikation:** Die §§ 100a, e StPO betreffen die Überwachung und Aufzeichnung von Telekommunikationsvorgängen (vgl dazu Problem 18). Sie beinhalten erhebliche Eingriffe in die Privatsphäre des Beschuldigten und Dritter. Zum Schutz dieser Personen hat der Gesetzgeber aber bereits einige Mechanismen im

---

1 Vgl BGHSt 53, 294, vgl *Marxen/Rösing*, Besuchsraum-Fall, famos 9/2009.

Problem 29: Beweisverwertungsverbote IV – Schutz der Intimsphäre

Gesetz installiert und die Drei-Stufen-Theorie insoweit umgesetzt. So ist die Überwachung nur bei den aufgeführten Katalogtaten möglich und dies auch nur dann, wenn die Tat auch im Einzelfall schwer wiegt und die Erforschung des Sachverhalts oder die Ermittlung des Aufenthaltsortes des Beschuldigten auf andere Weise wesentlich erschwert oder aussichtslos wäre (Subsidiaritätsklausel, § 100a Abs. 1 S. 1 StPO, als besondere Ausprägung des Verhältnismäßigkeitsgrundsatzes). Ferner dürfen Gespräche mit einem Verteidiger im Hinblick auf § 148 StPO nicht abgehört werden (BGHSt 33, 347). Gemäß § 100e Abs. 1 StPO muss die Maßnahme schriftlich durch den Richter oder bei Gefahr im Verzug durch die StA angeordnet werden. Liegen tatsächliche Anhaltspunkte für die Annahme vor, dass durch die Maßnahme allein Erkenntnisse aus dem Kernbereich privater Lebensgestaltung (**Intimsphäre**) erlangt würden, ist die Maßnahme unzulässig (§ 100d Abs. 1 StPO). Hinsichtlich des Verbots der Verwertung von durch die Telefonüberwachung erlangten Erkenntnissen gilt Folgendes: Für Aufzeichnungen von Äußerungen aus dem **Intimbereich** enthält § **100d Abs. 2 S. 1 StPO** ein **explizites Verwertungsverbot**. Für anderweitige Erkenntnisse geht die Rspr. davon aus, dass der Behörde bei der Prüfung der materiellen Voraussetzungen ein Beurteilungsspielraum zusteht. Daher wird nur im Fall einer **groben Fehleinschätzung** des Vorliegens der materiellen Voraussetzungen des § 100a StPO sowie bei **Willkür** ein **Verwertungsverbot** angenommen. Verstöße gegen die formellen Voraussetzungen führen hingegen in der Regel nicht zu einem Verwertungsverbot. Ein solches ist lediglich anzunehmen, wenn eine richterliche oder staatsanwaltliche Anordnung gänzlich fehlt.

Wichtig ist ferner die allgemeine Verwertungsbeschränkung gemäß den §§ **479 Abs. 2 S. 1, 161 Abs. 3 StPO** im Hinblick auf **Zufallsfunde**: Personenbezogene Daten dürfen ohne Einwilligung der von der Maßnahme betroffenen Personen zu Beweiszwecken in anderen Strafverfahren nur zur Aufklärung solcher Straftaten verwendet werden, zu deren Aufklärung eine solche Maßnahme ebenfalls hätte angeordnet werden dürfen.

Ferner ist zu beachten, dass der **BGH**[2] davon ausgeht, dass das Nichtvorliegen einer bestimmten Katalogtat iSd § 100a Abs. 2 StPO geheilt werden kann, wenn der Verdacht hinsichtlich einer anderen Katalogtat bestanden hätte (**Theorie des hypothetischen Ersatzeingriffs**)[3]. Im Übrigen vertritt der **BGH** im Rahmen des § 100a StPO wiederum die **Widerspruchslösung**. Danach muss der verteidigte (oder entsprechend belehrte) Angeklagte der Verwertung bis zum Zeitpunkt des § 257 StPO widersprechen, ansonsten ist der durch eine rechtswidrige Überwachungsmaßnahme erlangte Beweis verwertbar.

2. Kleiner und großer Lauschangriff: Die §§ 100c ff. StPO regeln den Einsatz technischer Mittel zur Überwachung des Beschuldigten (vgl dazu Problem 20). Besonders wichtig sind hierbei der kleine und der große Lauschangriff. Der **kleine Lauschangriff** iSd § **100f Abs. 1 StPO** betrifft das Abhören und Aufzeichnen des gesprochenen Wortes außerhalb der Wohnung des Betroffenen. Die materiellen Voraussetzungen gleichen denen des § 100a StPO, dh wiederum muss eine auch im Einzelfall schwerwiegende Katalogtat vorliegen und die Subsidiaritätsklausel beachtet werden. § 100d Abs. 1, 2 StPO sowie § 100e Abs. 1, 3, 5 S. 1 StPO gelten hier entsprechend (§ 100f Abs. 4 StPO). Im Hinblick auf Zufallsfunde sind wiederum die §§ **479 Abs. 2 S. 1, 161 Abs. 3 StPO** anzuwenden. Noch weitergehender ist der **große Lauschangriff**, der das Abhören und Aufzeichnen des gesprochenen Wortes in Wohnungen umfasst (§ **100c StPO**). Eine

---
2 BGHSt 48, 240.
3 Sehr str.; vgl *Beulke/Swoboda*, Rn. 726.

solche Maßnahme ist nur zulässig, wenn bestimmte Tatsachen den Verdacht begründen, dass jemand als Täter oder Teilnehmer eine in § 100b Abs. 2 StPO bezeichnete besonders schwere Straftat begangen hat oder in Fällen, in denen der Versuch strafbar ist, zu begehen versucht hat (§ 100c Abs. 1 Nr. 1 StPO) und die Tat auch im Einzelfall besonders schwer wiegt (§ 100c Abs. 1 Nr. 2 StPO). Zudem muss aufgrund tatsächlicher Anhaltspunkte anzunehmen sein, dass durch die Überwachung solche Äußerungen des Beschuldigten erfasst werden, die für die Erforschung des Sachverhalts oder die Ermittlung des Aufenthaltsortes eines Mitbeschuldigten von Bedeutung sind (§ 100c Abs. 1 Nr. 3 StPO). Ferner müssen wiederum die Voraussetzungen der Subsidiaritätsklausel (§ 100c Abs. 1 Nr. 4 StPO) erfüllt sein. Ein explizites Verwertungsverbot enthält wiederum § **100d Abs. 2 S. 1 StPO** für solche Aufzeichnungen, die den **Intimbereich** des Abgehörten betreffen. Ein weiteres ausdrückliches Verwertungsverbot enthält § **100d Abs. 5 S. 1 StPO iVm** § **100d Abs. 2 S. 1 StPO** bzgl der Äußerungen von **Zeugnisverweigerungsberechtigten** (zu beachten sind jedoch die Einschränkungen in § 100d Abs. 5 S. 2 StPO). Im Übrigen führt hier das Nichtvorliegen der materiellen Voraussetzungen erst recht zu einem Beweisverwertungsverbot. Im Zusammenhang mit den formellen Voraussetzungen hat der **BGH** ein Verwertungsverbot angenommen, wenn nur die Voraussetzungen des kleinen Lauschangriffs beachtet wurden. Für **Zufallsfunde** beim Durchführen der Maßnahme besteht für den großen Lauschangriff eine Sonderregelung in § **100e Abs. 6 StPO**.

10 3. **Foto- und Videoaufnahmen und Einsatz sonstiger technischer Mittel zu Observationszwecken:** § 100h Abs. 1 StPO regelt die Zulässigkeit von Bildaufnahmen (Nr. 1) und den Einsatz von technischen Observationsmitteln (Nr. 2). Während Bildaufnahmen unter den Voraussetzungen der Subsidiaritätsklausel bei allen Straftaten zulässig sind, ist für den Einsatz der sonstigen technischen Observationsmittel zusätzlich erforderlich, dass es sich um eine Straftat von erheblicher Bedeutung handelt. Liegen die materiellen Voraussetzungen nicht vor, so ist wiederum ein **Verwertungsverbot** anzunehmen.

11 4. **Tagebuchaufzeichnungen/Selbstgespräche:** Interessant (und somit auch besonders klausurrelevant) ist die Frage der Verwertbarkeit von Tagebuchaufzeichnungen, denn sie ist gesetzlich nicht geregelt. Folglich kann hier alleine die **Generalklausel** (§§ 161 Abs. 1, 163 Abs. 1 StPO) als Ermächtigungsgrundlage einschlägig sein. Hinsichtlich der Verwertbarkeit der Tagebuchaufzeichnungen im Prozess (im Grunde genommen sogar bereits für die Beweiserhebung!) ist mit der **Drei-Stufen-Theorie** zu operieren. Es kommt daher entscheidend darauf an, ob man Tagebuchaufzeichnungen der zweiten oder der dritten Stufe („Privatsphäre" oder „Intimsphäre") zuordnet, denn in ersterem Fall wäre eine Abwägung vorzunehmen, in letzterem Fall wäre eine Verwertung grds unzulässig. Diese Einordnung ist anhand des konkreten Inhalts des Tagebuchs im Einzelfall durchzuführen (vgl dazu die strafprozessuale Zusatzfrage). Im Gegensatz zu Tagebuchaufzeichnungen sind **Selbstgespräche** stets dem innersten Persönlichkeitskern und mithin der Intimsphäre zuzuordnen (vgl dazu auch Problem 20). Eine Verwertung solcher Äußerungen beispielsweise im Pkw des Beschuldigten ist somit grds unzulässig.[4]

---

4 BGHSt 57, 71, vgl *Häußer/Martin*, Selbstgespräche im Auto-Fall, famos 5/2012.

Problem 29: Beweisverwertungsverbote IV – Schutz der Intimsphäre

Zur Vertiefung:

Rechtsprechung: **BVerfGE 80, 367** – Tagebuch (Verwertbarkeit von Tagebuchaufzeichnungen); **BVerfG NJW 2011, 2783** – Videoüberwachung (aus einem Beweiserhebungsverbot folgt nicht stets ein Beweisverwertungsverbot); **BGHSt 31, 304** – Telefonüberwachung (Verwertungsverbot bei Fehlen einer richterlichen Anordnung); **BGHSt 34, 397** – Tagebuch (Verwertbarkeit von Tagebuchaufzeichnungen); **BGHSt 40, 66** – Stimmenvergleich (Zulässigkeit, Verwertbarkeit und Beweiswert eines heimlichen Stimmenvergleichs); **BGHSt 48, 240** – Katalogtat (hypothetischer Ersatzeingriff); **BGHSt 50, 206** – Selbstgespräch (Unverwertbarkeit eines aufgezeichneten Selbstgesprächs des Beschuldigten), vgl *Marxen/Kress*, Selbstgesprächs-Fall, famos 10/2005; **BGHSt 51, 1** – Abhörkette (Verwertbarkeit der Überwachungsmaßnahme, Verteidigerwiderspruch); **BGHSt 53, 294** – U-Haft (Beweisverwertungsverbot wegen Verstoßes gegen den Fair-trial-Grundsatz), vgl *Marxen/Rösing*, Besuchsraum-Fall, famos 9/2009; **BGHSt 57, 71** – Selbstgespräch im Kfz (Beweisverwertungsverbot im Hinblick auf das Persönlichkeitsrecht), vgl *Häußer/Martin*, Selbstgespräche im Auto-Fall, famos 5/2012; **BGH NJW 2005, 1519** – Prostituierte (Grenzen der Wahrheitsermittlung aufgrund der Achtung der Menschenwürde eines Zeugen bei Beweiserhebungen zu dessen Privat- und Intimleben); **BGH NJW 2014, 1314** – Mandatsanbahnung (Löschung aufgezeichneter Gespräche zwischen Verteidiger und Beschuldigtem); **BGH NStZ-RR 2016, 346** – Telekommunikationsüberwachungsmaßnahmen (Anforderungen an den Tatverdacht); **BGH NStZ-RR 2019, 186** – Verwertbarkeit heimlich aufgezeichneter Gespräche (kein Beweisverwertungsverbot bei Gespräch über konkret begangene Straftaten).

Literatur/Aufsätze: *Amelung/Kerckhoff*, Zur strafprozessualen Verwertbarkeit von Videoaufzeichnungen ohne spezialgesetzliche Ermächtigung, JuS 1993, 196; *Beckemper/Wegner*, Verwertbarkeit privat aufgenommener Tonbandaufnahmen im Strafprozess, JA 2003, 510; *Bockemühl*, Zur Verwertbarkeit von präventiv-polizeilichen Erkenntnissen aus „Lauschangriffen" im Strafverfahren, JA 1996, 695; *Freund*, Zulässigkeit, Verwertbarkeit und Beweiswert eines heimlichen Stimmenvergleichs, JuS 1995, 394; *Haverkamp*, Die akustische Wohnraumüberwachung – ein unzulässiger Eingriff in den unantastbaren Kernbereich privater Lebensgestaltung?, JURA 2010, 492; *Jahn*, Unverwertbarkeit eines im Krankenzimmer abgehörten Selbstgesprächs des Angeklagten, JuS 2006, 91; *Jahn/Geck*, Tagebuchfall revisited – Der Bundesgerichtshof, die Gedankenfreiheit und ein Selbstgespräch im Auto, JZ 2012, 561; *Kudlich*, Grenzen der Aufklärungspflicht zum Schutz des Privat- und Intimlebens eines Zeugen, JuS 2005, 759; *Schmidt*, Die strafprozessuale Verwertbarkeit von Tagebuchaufzeichnungen, JURA 1993, 591; *Rüscher*, Alexa, Siri und Google als digitale Spione im Auftrag der Ermittlungsbehörden?, NStZ 2018, 687; *Singelnstein*, Bildaufnahmen, Orten, Abhören – Entwicklungen und Streitfragen beim Einsatz technischer Mittel zur Strafverfolgung, NStZ 2014, 305; *Valerius*, Grenzen des Großen Lauschangriffs, JA 2006, 15; *Wölfl*, Die strafprozessuale Bedeutung von Rechtsverstößen bei der Beweismittelbeschaffung durch Privatpersonen, JA 2001, 504.

29 Problem 29: Beweisverwertungsverbote IV – Schutz der Intimsphäre

Strafprozessuale Zusatzfrage:[5]

13 A hat große Probleme damit, einen engen Kontakt zu Frauen aufzubauen. Er nimmt sich dieses seelischen Problems in einem Tagebuch an, in welchem er einerseits seine seelische Zerrissenheit wiedergibt, andererseits aber auch Fantasien wiederholt und konkrete Pläne im Hinblick auf den Mord an einer Frau zum Ausdruck bringt. Als tatsächlich eine Frau, die sich auf einer Wiese sonnt, hinterrücks mit einem Beil erschlagen wird, fällt der Verdacht aufgrund verschiedener Indizien auf A. Dieser bestreitet zwar die Tat, wird vom Schwurgericht aber wegen Mordes verurteilt. Das Gericht stützt sich – neben anderen Beweisen – dabei auch auf die Tagebuchaufzeichnungen, welche dadurch in den Prozess eingeführt werden, dass der Sachverständige Psychiater P über deren Inhalt vernommen wird, obwohl der Verteidiger des A der Verwertung dieser Aufzeichnungen widerspricht. Ist die Verwertung rechtmäßig?

Klausurmäßiger Lösungsvorschlag:

14 *I. Die Verwertung ist rechtmäßig, wenn kein Beweisverwertungsverbot bestand.*

15 *1. Ein solches Beweisverwertungsverbot könnte sich daraus ergeben, dass das Tagebuch des A als Beweismittel verwertet wurde. In der Verwertung des Tagebuchs (auch in der Form, dass P über dessen Inhalt vernommen wird) könnte eine Verletzung des Allgemeinen Persönlichkeitsrechts des A zu sehen sein. Die Erhebung und Verwertung von Tagebuchaufzeichnungen sind gesetzlich nicht geregelt. Hinsichtlich des Zugriffs auf dieselben kann als Ermächtigungsgrundlage die Generalklausel nach §§ 161 Abs. 1, 163 Abs. 1 StPO herangezogen werden. Für die Zulässigkeit der Beweiserhebung und anschließend auch der **Verwertbarkeit** kommt es allerdings auf den jeweiligen Charakter der Aufzeichnung an. Die Lösung muss anhand einer Abwägung des Persönlichkeitsrechts des A mit dem staatlichen Verfolgungsinteresse gefunden werden.*

16 *a) Das **Allgemeine Persönlichkeitsrecht** aus Art. 2 Abs. 1 GG iVm Art. 1 Abs. 1 GG ist nach der Rspr. des BVerfG unter Berücksichtigung des staatlichen Anspruchs auf Strafverfolgung in abgestufter Form unterschiedlich stark geschützt. Der ersten Stufe, der sog „**Sozialsphäre**", sind allgemeine soziale Kontakte wie zB Geschäftsgespräche zuzuordnen. Diese Sphäre genießt keinen besonderen Schutz, das staatliche Interesse ist hier generell vorrangig. Die zweite Stufe, die „**Privatsphäre**", betrifft den privaten Bereich, dh private Gespräche in oder außerhalb der Wohnung. Hier ist das Strafverfolgungsinteresse mit dem Persönlichkeitsrecht des Betroffenen abzuwägen, wobei auch die Schwere der Straftat eine entscheidende Rolle spielt. Die dritte Stufe, die „**Intimsphäre**", ist grds unantastbar; das staatliche Interesse muss hier gänzlich zurücktreten, da jedem Bürger ein Kernbereich privater Lebensgestaltung (zB seine Sexualität) verbleiben muss.*

17 *b) Somit ist fraglich, welcher Stufe die Aufzeichnungen im Tagebuch des A konkret zuzuordnen sind. Im Fall der Intimsphäre wäre nämlich ohne weitere Abwägung ein Verwertungsverbot anzunehmen. Streng genommen ist in diesem Fall sogar bereits die (weitere) Beweiserhebung unzulässig, so dass ein Ermittler das Lesen des Tagebuches unterbrechen muss, wenn er bemerkt, dass dieses Aufzeichnungen aus dem Bereich der Intimsphäre betrifft. Für die Zuordnung zur Intimsphäre spricht, dass A sich*

---

5 Fall nach BVerfGE 80, 367; BGHSt 34, 397.

Problem 29: Beweisverwertungsverbote IV – Schutz der Intimsphäre

hierin mit seinem intimen Problem, keinen Kontakt zu Frauen zu finden, auseinandergesetzt hat. Er äußerte dabei Gedanken und Gefühle. Andererseits hat A aber auch konkrete Pläne im Hinblick auf die Tötung von Frauen niedergeschrieben. Seine Aufzeichnungen gingen dabei über bloße Gefühlsäußerungen hinaus und in das Stadium der Tatplanung über. Es erscheint insoweit zutreffend, die Aufzeichnungen der Privatsphäre zuzuordnen. Zudem hat A durch die schriftliche Fixierung sein Inneres aus dem von ihm beherrschbaren Innenbereich entlassen und der Gefahr eines Zugriffs preisgegeben (vgl auch die Auffassung der gegen einen Verfassungsverstoß argumentierenden Richter des BVerfG, BVerfGE 80, 367, 376; iErg bestand Stimmengleichheit, weshalb eine Verfassungswidrigkeit der Verwertung der Tagebuchaufzeichnung nicht festgestellt werden konnte). Dieses Argument ist allerdings insofern problematisch, als man dann auch argumentieren könnte, dass Äußerungen in einem Tagebuch stets den Bereich der Intimsphäre verlassen. Dennoch erscheint es angemessen, hier eine Abwägung zuzulassen. Weder lässt sich sagen, dass jede Aufzeichnung in einem Tagebuch immer zur Intimsphäre gehört, noch dass dies niemals der Fall ist. Vielmehr ist der konkrete Inhalt zu betrachten. Somit bleibt eine Abwägung zwischen den Interessen des Täters und den staatlichen Interessen möglich.

2. *Folglich ist das Persönlichkeitsrecht des A mit den staatlichen Strafverfolgungsinteressen abzuwägen. Bei dieser Abwägung spielt die Schwere des Tatvorwurfs eine entscheidende Rolle. Die in Frage stehenden Tagebuchaufzeichnungen dienten der Aufklärung eines Mordes, also der schwersten Straftat des StGB. Sie waren zwar nicht das einzige Beweismittel, spielten aber für die Entscheidung eine nicht unerhebliche Rolle, weil sie einen Einblick in die innere Verfassung vor der Tat gestatteten und geeignet waren, sowohl Tatmotive aufzuzeigen als auch auf entlastende Umstände hinzuweisen. Aufgrund der Schwere der Tat und der Bedeutung der Aufzeichnungen für deren Aufklärung ist hier von einer Verwertbarkeit auszugehen.*

II. *Ergebnis: Es besteht kein Verwertungsverbot. Die Verwertung ist somit rechtmäßig.*

Problem 30: Beweisverwertungsverbote V – Untersuchung von Personen

I. Allgemeines

1   Bei sämtlichen strafprozessualen Zwangsmaßnahmen sind Verfahrensfehler denkbar. Werden solche festgestellt, ist jeweils im Einzelfall zu fragen, ob dieser Fehler auch zu einem Beweisverwertungsverbot führt. Diesbzgl findet sich entweder eine gesetzliche Regelung oder es ist mit den Abgrenzungskriterien zu operieren, welche von Rspr. und Lit. entwickelt wurden (vgl dazu Problem 26). Als weiterer wichtiger Bereich sollen hier einerseits die körperliche Untersuchung von Personen (vgl dazu Problem 16) sowie andererseits die DNA-Analyse (vgl dazu Problem 17) behandelt werden.

II. Körperliche Untersuchung nach § 81a StPO

2   Nach § 81a Abs. 1 S. 1 StPO dürfen körperliche Untersuchungen des Beschuldigten zur Feststellung von Tatsachen angeordnet werden, die für das Verfahren von Bedeutung sind. Zu diesem Zweck sind Entnahmen von Blutproben und andere körperliche Eingriffe, die von einem Arzt nach den Regeln der ärztlichen Kunst zu Untersuchungszwecken vorgenommen werden, ohne Einwilligung des Beschuldigten zulässig, wenn kein Nachteil für seine Gesundheit zu befürchten ist (§ 81a Abs. 1 S. 2 StPO). Im Einzelfall ist die **Untersuchung** von der **Durchsuchung** gemäß § 102 StPO (vgl dazu Problem 14) abzugrenzen. Die Anordnung steht dem Richter, bei Gefährdung des Untersuchungserfolges durch Verzögerung auch der StA und ihren Ermittlungspersonen zu (§ 81 Abs. 2 S. 1 StPO). Die Entnahme einer Blutprobe bedarf abweichend von § 81a Abs. 2 S. 1 StPO jedoch keiner richterlichen Anordnung, wenn bestimmte Tatsachen den Verdacht begründen, dass eine Straftat nach § 315a Abs. 1 Nr. 1, Abs. 2, Abs. 3 StGB, § 315c Abs. 1 Nr. 1a, Abs. 2, Abs. 3 StGB oder § 316 StGB begangen worden ist (§ 81a Abs. 2 S. 2 StPO). Besonders praxisrelevant und umstritten ist dies bei Blutentnahmen zur Feststellung der BAK. Nach aktueller höchstrichterlicher Rspr. liegt Gefahr im Verzug nicht schon wegen des körpereigenen Abbaus des Blutalkohols vor. Erforderlich ist hierfür vielmehr ein unklares oder komplexes Ermittlungsbild, wie zB bei geringer oder grenzwertnaher BAK.

3   Fraglich ist, ob ein **Beweisverwertungsverbot** anzunehmen ist, wenn die Untersuchung nicht von einem Arzt vorgenommen wird. Die hM lehnt hier ein Beweisverwertungsverbot ab, denn **Sinn** der Regelung ist der **Schutz der Gesundheit** des Beschuldigten. Wird statt des Arztes etwa eine Krankenschwester tätig, so ist diesem Ziel ebenfalls Genüge getan. Etwas anderes gilt allerdings bei **gezielter Umgehung** der Voraussetzungen der Vorschrift. Ebenso ist fraglich, welche Folge die Umgehung des **Richtervorbehalts** hat.[1] Die **Rspr.** nimmt grds **kein** Verwertungsverbot an, lässt aber auch hier bei **gezielter und willkürlicher** Umgehung etwas anderes gelten.[2] Ferner wird in der Rspr. teilweise wiederum die **Widerspruchslösung** angewendet.[3] Schließlich stellt sich die Frage, ob die bloße Nicht-Einrichtung eines richterlichen Bereitschaftsdienstes zu einem Verwertungsverbot führt. Dies kann damit begründet werden, dass die Verweigerung der Einrichtung eines richterlichen Bereitschaftsdienstes (um auch richterliche

---

1   Vgl dazu *Beulke/Swoboda*, Rn. 728 mwN.
2   OLG Bamberg NJW 2009, 2146.
3   Vgl OLG Hamm NJW 2009, 242.

Entscheidungen außerhalb der üblichen Behördenzeiten zu ermöglichen) schon per se willkürlich ist, zumindest dann, wenn solche Entscheidungen im betreffenden Gerichtsbezirk mit einer gewissen Häufigkeit erforderlich werden (vgl dazu die strafprozessuale Zusatzfrage).

Interessant ist ferner die Frage, was bei einem **zwangsweisen Brechmitteleinsatz** gilt, denn nach Ansicht des **EGMR** verstößt dieser stets gegen Art. 3 EMRK.[4] Dann aber liegt – hinsichtlich unmittelbar aus dem Verstoß gewonnener Beweismittel – nach Ansicht des EGMR zudem auch ein Verstoß gegen das **Fair-trial-Prinzip** des **Art. 6 EMRK** nahe.[5] Ein solcher ist jedenfalls zu bejahen, wenn es sich um „Folter" iSd Art. 3 EMRK handelt. Im Übrigen muss eine Abwägung stattfinden, die verschiedene Kriterien zu berücksichtigen hat, nämlich die Intensität des Konventionsverstoßes, die Schwere des Delikts (= Interesse an der staatlichen Strafverfolgung), die Aussagekraft des Beweismittels sowie die Möglichkeit des Opfers, die Beweisgewinnung und -verwertung im Verfahren anzufechten. Der **BGH** lehnte eine Rechtfertigung des Brechmitteleinsatzes über § 81a StPO ab.[6]

III. DNA-Analyse

Die §§ 81e ff. StPO regeln die molekulargenetische Untersuchung und die DNA-Identitätsfeststellung des Beschuldigten (vgl dazu Problem 17). Gem § 81e Abs. 1 S. 1 StPO dürfen an dem durch Maßnahmen nach § 81a Abs. 1 StPO oder § 81c StPO erlangten Material mittels molekulargenetischer Untersuchung das DNA-Identifizierungsmuster, die Abstammung und das Geschlecht der Person festgestellt und diese Feststellungen mit Vergleichsmaterial abgeglichen werden, soweit dies zur Erforschung des Sachverhalts erforderlich ist. In § 81e Abs. 1 S. 2 StPO ist ein ausdrückliches Beweiserhebungsverbot im Hinblick auf die Feststellung sonstiger, nicht genannter Tatsachen geregelt. Nach § 81f StPO sind der Richter bzw. bei Gefahr im Verzug die StA und ihre Ermittlungspersonen zur Anordnung der Maßnahme berechtigt. § 81g StPO stellt hingegen die Rechtsgrundlage für die beim BKA eingerichtete DNA-Analyse-Datei dar, in der DNA-Identifizierungsmuster zur Identitätsfeststellung in künftigen Strafverfahren gespeichert werden. Hiernach dürfen dem Beschuldigten bei Straftaten von erheblicher Bedeutung oder solchen gegen die sexuelle Selbstbestimmung zur Identitätsfeststellung **in künftigen Strafverfahren** Körperzellen entnommen und zur Feststellung des DNA-Identifizierungsmusters sowie des Geschlechts molekulargenetisch untersucht werden, wenn wegen der Art oder Ausführung der Tat, der Persönlichkeit des Beschuldigten oder sonstiger Erkenntnisse Grund zu der Annahme besteht, dass gegen ihn künftig Strafverfahren wegen einer Straftat von erheblicher Bedeutung zu führen sind (§ 81g Abs. 1 S. 1 StPO). § 81g Abs. 2 StPO enthält eine explizite Beschränkung der Verwendung der Körperzellen auf die in Abs. 1 genannte molekulargenetische Untersuchung. Die Anordnungsbefugnis ergibt sich aus § 81g Abs. 3 StPO. Auch hier ist zu fragen, wie sich eventuelle Verfahrensfehler auf die Verwertbarkeit der Daten auswirken. Hier ist noch vieles ungeklärt.

Wendet man die bereits an anderer Stelle dargestellten Theorien (vgl dazu Problem 26) an, so ist ein **Beweisverwertungsverbot** jedenfalls dann zu bejahen, wenn die Tatbestandsvoraussetzungen einer solchen Anordnung nicht vorlagen. Denn wenn man

---

4 EGMR NJW 2006, 3117 – Jalloh.
5 Vgl EGMR NJW 2010, 3145, 3148 – Gäfgen II.
6 BGHSt 55, 121, vgl *Stempel/Heinken*, Brechmittel-Fall, famos 2/2011.

die Grundrechte des Betroffenen und das staatliche Interesse an der Strafverfolgung gegenüberstellt, so überwiegen die Rechte des Betroffenen, weil diese hier als besonders gewichtig zu bewerten sind. Auch der Schutzzweck der Norm gebietet eine Unverwertbarkeit des genetischen Materials. Schließlich berührt der Verstoß den Rechtskreis des Beschuldigten. Den Behörden muss allerdings auch hier ein gewisser Beurteilungsspielraum verbleiben.

Zur Vertiefung:

Rechtsprechung: **EGMR NJW 2006, 3117** – Jalloh (Verstoß gegen Art. 3 EMRK); **BVerfG NJW 2008, 3053** – Blutnahme (kein verfassungsrechtliches Beweisverwertungsverbot bei Verstoß gegen Richtervorbehalt); **BverfG StraFo 2011, 145** – Blutnahme ohne richterliche Anordnung (kein Verwertungsverbot bei Nicht-Einrichtung eines richterlichen Bereitschaftsdienstes), vgl *Appel/Teterjukow*, Blutnahme-Fall, famos 8/2011; **BVerfG NStZ 2011, 289** – Blutnahme (Unzureichende richterliche Überprüfung der polizeilichen Eilkompetenz); **BGHSt 55, 121** – Brechmitteleinsatz (keine Rechtfertigung eines Brechmitteleinsatzes nach § 81a StPO), vgl *Stempel/Heinken*, Brechmittel-Fall, famos 2/2011; **BGH NStZ 2013, 242** – DNA-Reihenuntersuchung (Zulässigkeit der Feststellung und Verwendung von Teilübereinstimmungen; sog Beinahetreffer), vgl *Fayt/Kulbach*, Gentest-Fall, famos 4/2013; **BGH NStZ 2016, 111** – Verwertung von Zellmaterial in künftigen Strafverfahren (Verwertung einer DNA-Analyse trotz verfahrensfehlerhaft herangezogener Speichelprobe); **OLG Bamberg NJW 2009, 2146** – Richtervorbehalt (Verwertungsverbot nur bei gezielter und willkürlicher Umgehung); **OLG Celle StraFo 2010, 463** – Blutprobenentnahme (richterlicher Bereitschaftsdienst nicht erforderlich); **OLG Hamburg NJW 2008, 2597** – Blutprobenentnahme (grds kein Verwertungsverbot bei Anordnung durch einen Polizeibeamten); **OLG Hamm DAR 2010, 396** – Blutprobenentnahme II (Fehlen eines richterlichen Bereitschaftsdienstes führt zu Verfahrensverstoß).

Literatur/Aufsätze: *Busch*, Verwertbarkeit von „Beinahetreffern" aus DNA-Reihenuntersuchungen, NJW 2013, 1771; *Pichon*, Unendliche Geschichte: Neues zum Richtervorbehalt bei Blutnahmen (§ 81a Abs. 2 StPO), HRRS 2011, 472; *Schneider*, DNA-Analyse und Strafverfahren de lege ferenda, NStZ 2018, 692; *Schumann*, Brechmitteleinsatz ist Folter?, StV 2006, 661.

Strafprozessuale Zusatzfrage:

A gerät auf der Rückfahrt von einer „feuchtfröhlichen" Geburtstagsparty seines besten Freundes F mit seinem Pkw in eine Polizeikontrolle. Als er die Seitenscheibe seines Pkw herunterlässt, kommt dem Polizeibeamten P, einem Ermittlungsbeamten der Staatsanwaltschaft, sofort ein Alkoholgeruch entgegen. Nach einem kurzen Gespräch mit A fallen P nicht nur die undeutliche Aussprache des A, sondern auch seine Koordinationsprobleme beim Suchen seines Führerscheins auf. P fordert A aufgrund dieser Auffälligkeiten zu einem Atemalkoholtest auf, den dieser jedoch verweigert. Daraufhin ordnet P gegen den Widerspruch des A die Entnahme einer Blutprobe an und verbringt ihn in ein nahegelegenes Krankenhaus. Auf das Verlangen des P nach einem Arzt erscheint jedoch nur der Krankenpfleger K, den P für einen voll ausgebildeten Arzt hält und der die Blutnahme ohne Einwilligung des A nach den Regeln der ärztlichen Kunst vornimmt. Die Untersuchung der Blutprobe ergibt schließlich eine Blutalkohol-

Problem 30: Beweisverwertungsverbote V – Untersuchung von Personen

konzentration des A von 1,8 Promille zur Tatzeit. Darf das Ergebnis der Blutprobe in einem Strafverfahren gegen A nach § 316 StGB verwertet werden?

Klausurmäßiger Lösungsvorschlag:

Die Blutprobe ist verwertbar, wenn kein Beweisverwertungsverbot besteht.

I. Ein selbstständiges Beweisverwertungsverbot kommt hier nicht in Betracht. Es könnte jedoch ein unselbstständiges Beweisverwertungsverbot vorliegen. Dies setzt voraus, dass die Beweiserhebung rechtswidrig war. Die Voraussetzungen einer körperlichen Untersuchung, hier in Form einer Blutentnahme, richten sich nach § 81a Abs. 1, 2 StPO.

1. Zunächst müssten die formellen Voraussetzungen einer körperlichen Untersuchung gem § 81a Abs. 1 S. 1 StPO vorliegen. Nach § 81a Abs. 2 StPO a. F. oblag die Anordnung einer körperlichen Untersuchung dem Richter, bei Gefährdung des Untersuchungserfolges durch Verzögerung auch der Staatsanwaltschaft und ihren Ermittlungspersonen (§ 152 GVG). Abweichend hiervon ordnet § 81a Abs. 2 S. 2 StPO n. F. seit dem 24.8.2017 im Interesse einer effektiven Strafverfolgung an, dass die Entnahme einer Blutprobe keiner richterlichen Anordnung mehr bedarf, wenn bestimmte Tatsachen den Verdacht begründen, dass eine Straftat nach § 315a Abs. 1 Nr. 1, Abs. 2 und 3, § 315c Abs. 1 Nr. 1a, Abs. 2 und 3 oder § 316 StGB begangen worden ist. In diesem Fall ist von einer grds gleichrangigen Anordnungskompetenz von StA und Ermittlungspersonen auszugehen. Für P bestand der Verdacht einer Verkehrsstraftat unter Alkoholeinfluss (konkret: § 316 StGB), so dass er als Ermittlungsbeamter der StA (§ 152 GVG) zur Anordnung einer Blutentnahme gem § 81a Abs. 2 S. 2 StPO befugt war.

2. Zudem müssten die materiellen Voraussetzungen einer körperlichen Untersuchung gem § 81a Abs. 1 S. 1 StPO vorliegen. Nach § 81a Abs. 1 S. 1 StPO darf eine körperliche Untersuchung des Beschuldigten zur Feststellung von Tatsachen angeordnet werden, die für das Verfahren von Bedeutung sind. Zu diesem Zweck sind ua Entnahmen von Blutproben, die von einem **Arzt** nach den Regeln der ärztlichen Kunst zu Untersuchungszwecken vorgenommen werden, ohne Einwilligung des Beschuldigten zulässig, wenn kein Nachteil für seine Gesundheit zu befürchten ist. A hat sich wegen einer Straftat nach § 316 StGB verdächtig gemacht und aufgrund dessen wurden strafrechtliche Ermittlungen gegen ihn eingeleitet. Daher ist der Beschuldigtenstatus des A hier gegeben. Die seitens P angeordnete Blutprobe diente auch der Feststellung von Tatsachen, die für das Strafverfahren von Bedeutung sind, da die Feststellung der Blutalkoholkonzentration zur Tatzeit für die Strafbarkeit des A nach § 316 StGB relevant ist. Jedoch wurde die Blutentnahme ohne Einwilligung des A nicht von einem approbierten Arzt, sondern von dem **Krankenpfleger** K durchgeführt. Somit ist ein Verstoß gegen die Beweiserhebungsvorschrift des § 81a Abs. 1 S. 2 StPO zu bejahen.

II. Fraglich ist, ob aus der Rechtswidrigkeit der Beweiserhebung ein Beweisverwertungsverbot folgt. § 81a StPO enthält hierzu keine ausdrückliche Regelung. Ob das verfahrensfehlerhaft erlangte Beweismittel verwertbar ist, ist daher nach der herrschenden Abwägungslehre nach einer Abwägung der widerstreitenden Interessen unter Berücksichtigung der Umstände des Einzelfalls zu entscheiden. Aus dem Zweck und der Entstehungsgeschichte des § 81a Abs. 1 S. 2 StPO lässt sich folgern, dass der Arztvorbehalt nicht die Verlässlichkeit des Beweiswertes der entnommenen Blutprobe sicherstellen, sondern vielmehr die Gefahr der Zufügung gesundheitlicher Schäden bannen soll. Der Zweck der Vorschrift ist damit im Schutz der zu untersuchenden Person, nicht aber in einer Qualitätsgarantie zu erblicken. Wird daher statt des Arztes – wie hier – ein Krankenpfleger nach den Regeln der ärztlichen Kunst tätig, so ist diesem Ziel ebenfalls Genüge getan. Hinzu kommt, dass es sich bei der Blutentnahme um einen alltäglich vorkommenden, geringfügigen, körperlich folgenlosen und völlig ungefährlichen Eingriff handelt. Im Hinblick auf die erhebliche Gefahr für die Allgemeinheit, die von alkoholisierten Kraftfahrern ausgeht, kann ein Beweisverwertungsverbot nach einer rechtswidrigen Blutentnahme folglich nur im Ausnahmefall angenommen werden, so zB wenn der anordnende Polizeibeamte den Beschuldigten bewusst über die Arzteigenschaft täuscht (Rechtsgedanke des § 136a StPO). Hier hat P jedoch in gutem Glauben gehandelt und nur irrig die tatsächlichen Voraussetzungen des § 81a Abs. 1 S. 2 StPO angenommen. Insgesamt stellt sich der Fehler daher als nicht so schwer dar, als dass das Interesse an der Tataufklärung zurücktreten müsste.

14   III. Ergebnis: Es liegt kein Beweisverwertungsverbot vor. Das Ergebnis der Blutprobe darf in einem Strafverfahren gegen A verwertet werden.

Problem 31: Beweisverwertungsverbote VI – Hörfalle

I. Allgemeines

Da es sich um eine besonders wichtige Spezialkonstellation handelt, wird der polizeilich gestellten Hörfalle ein eigener Problemschwerpunkt gewidmet. Die Hörfallen-Entscheidung des **Großen Senats für Strafsachen des BGH**[1] aus dem Jahr 1996 hat für einen großen Widerhall in der Lit. gesorgt. Sie vereinigt darüber hinaus einige wesentliche strafprozessuale Grundsätze. Die Entscheidung erstaunt in verschiedener Hinsicht, insb aber deshalb, weil sie einerseits einige sehr formalistische Sichtweisen (zB im Hinblick auf die Begriffe der Vernehmung, der Täuschung oder der Überwachung der Telekommunikation), andererseits aber auch eine eher lose Gesamtabwägung im Hinblick auf das Rechtsstaatsprinzip enthält. Zudem ist zu beachten, dass sich in der Folge sowohl das **BVerfG**[2] als auch der **EGMR**[3] zu ähnlichen Konstellationen abweichend geäußert haben, so dass insoweit fraglich ist, ob der **BGH** an der hier vertretenen Linie festhalten würde. So hat der **BGH** inzwischen in einem anderen Fall[4] zB bei einem heimlichen Abhören des Gesprächs des Beschuldigten mit seiner Ehefrau in einem separaten Besuchsraum in der U-Haft einen Verstoß gegen das **Fair-trial-Prinzip** angenommen.

II. Die Hörfallen-Entscheidung des Großen Senats des BGH (BGHSt 42, 139)

In der Hörfallen-Entscheidung des **BGH** (BGHSt 42, 139) hatte auf polizeiliche Veranlassung ein Dolmetscher ein Telefonat des Tatverdächtigen mit einem Dritten an einem Zweithörer mitgehört, in welchem dieser die Tat einräumte. Der Dolmetscher wurde anschließend als Zeuge über das Geständnis vernommen. Der **BGH** hielt dieses Vorgehen aus folgenden Erwägungen heraus für zulässig:

1. Kein Verstoß gegen die §§ 163a Abs. 4, 136 StPO: Zunächst lag nach dem formellen Vernehmungsbegriff schon keine Vernehmung vor, so dass keine Belehrung erfolgen musste (vgl dazu Problem 9).

2. Kein Verstoß gegen die §§ 163a Abs. 4, 136 StPO analog: Ferner gab es keinen Anlass für eine analoge Anwendung der §§ 163 Abs. 4, 136 StPO, da die Belehrung den Beschuldigten nur davor bewahren soll, sich zu einer Aussage verpflichtet zu fühlen.

3. Kein Verstoß gegen die §§ 163a Abs. 4, 136a Abs. 1 StPO: Auch hier lag nach dem formellen Vernehmungsbegriff keine Vernehmung vor, so dass eine direkte Anwendung der Vorschriften ausschied.

4. Kein Verstoß gegen die §§ 163a Abs. 4, 136a Abs. 1 StPO analog: Der Begriff der Täuschung ist eng auszulegen und hier mangels einer aktiven Täuschung abzulehnen (vgl dazu Problem 24).

5. Kein Verfahrensfehler wegen Heimlichkeit der Maßnahme: Die StPO verbietet ein heimliches Vorgehen nicht generell.

---

1 BGHSt 42, 139.
2 BVerfGE 106, 28.
3 EGMR StV 2003, 257 – Allan.
4 BGHSt 53, 294, vgl *Marxen/Rösing*, Besuchsraum-Fall, famos 9/2009.

8 **6. Kein Verstoß gegen die §§ 100a, e StPO:** Einem Verstoß gegen die §§ 100a, e StPO steht entgegen, dass diese einen technischen Eingriff voraussetzen, der hier nicht vorlag (vgl dazu Problem 18).

9 **7. Kein Verstoß gegen den Nemo-tenetur-Grundsatz:** Dieser Grundsatz beinhaltet nur die Freiheit von Zwang, nicht aber von Täuschungen (vgl dazu Problem 5).

10 **8. Kein Beweisverwertungsverbot aus dem Rechtsstaatsprinzip im Wege einer Gesamtabwägung:** Die Interessen des Beschuldigten (hier: sein Allgemeines Persönlichkeitsrecht und das Fair-trial-Prinzip) sind mit den staatlichen Interessen an der Strafverfolgung ins Verhältnis zu setzen. Daraus ergibt sich, dass die staatlichen Interessen überwiegen, wenn

a) eine Straftat von erheblicher Bedeutung vorliegt und
b) der Einsatz anderer Ermittlungsmethoden erheblich weniger erfolgversprechend oder wesentlich erschwert ist. Nach diesen Grundsätzen lag hier wiederum kein Verstoß vor.

III. Ansicht des EGMR[5]

11 Der **EGMR** hat hingegen in einem Fall, in dem sich der Beschuldigte zuvor ausdrücklich auf sein Schweigerecht berufen hat, festgestellt, dass das Recht zu schweigen und der **Schutz vor Selbstbelastung** „nicht auf Fälle beschränkt [sind], in denen der Beschuldigte Zwang widerstehen musste". Das Schweigerecht, das zum Kernbereich des fairen Verfahrens gehöre, diene prinzipiell der Freiheit einer verdächtigen Person, selbst zu entscheiden, ob sie in Polizeibefragungen aussagen oder schweigen wolle. Der EGMR scheint also einen weiteren Anwendungsbereich des Nemo-tenetur-Grundsatzes anzunehmen, welcher grds auch das Verbot einer **Täuschung** umfasst. Er sieht den Schutz des Schweigerechts und der Selbstbelastungsfreiheit auch bei funktionalen Äquivalenten zu förmlichen Beschuldigtenvernehmungen als einschlägig an. Ein solches funktionales Äquivalent kann bspw. bei Informanten, die dem Staat zurechenbar sind, und bei der staatlichen Ausnutzung besonderer persönlicher Beziehungen vorliegen.

12 Es ist insgesamt fraglich, ob der **BGH** den Fall „Hörfalle" heute noch genauso entscheiden würde, insb zumal die Ansicht des EGMR insoweit zu berücksichtigen ist. Der **BGH** hat selbst in einer neueren Entscheidung zur verdeckten Ermittlung[6] bei der heimlichen Aufzeichnung eines Gesprächs zwischen einem Verdeckten Ermittler und dem Beschuldigten den **Nemo-tenetur-Grundsatz** als verletzt angesehen. Hier lag der Fall aber anders als bei der ursprünglichen Hörfallen-Entscheidung, da der Beschuldigte zuvor mehrfach erklärt hatte, von seinem Schweigerecht Gebrauch machen zu wollen.

IV. Ansicht des BVerfG[7]

13 Auch das **BVerfG** hat sich in einer neueren Entscheidung – allerdings lag ihr eine zivilrechtliche Streitigkeit zugrunde – zur Frage der zivilgerichtlichen Verwertung von Zeugenaussagen über den Inhalt von Telefongesprächen geäußert, die von den Zeugen über eine Mithörvorrichtung mit Wissen nur eines der Gesprächspartner mitverfolgt

---
5 EGMR StV 2003, 257 – Allan.
6 BGHSt 52, 11, vgl *Marxen/Bekier*, Hafturlaubs-Fall, famos 10/2007.
7 BVerfGE 106, 28.

Problem 31: Beweisverwertungsverbote VI – Hörfalle

worden waren: Das **Recht am gesprochenen Wort** sei Teil des **Allgemeinen Persönlichkeitsrechts** und deshalb auch davor geschützt, dass ein Gesprächsteilnehmer einen Dritten ohne Kenntnis des anderen (durch einen Zweithörer) mit einbezieht. Allein das allgemeine Interesse an einer funktionstüchtigen Straf- und Zivilrechtspflege setze sich im Rahmen der Abwägung nicht grds gegen das Allgemeine Persönlichkeitsrecht durch. Vielmehr müssten weitere Aspekte hinzutreten, die ergeben, dass das Interesse an der Beweiserhebung trotz der Persönlichkeitsbeeinträchtigung schutzbedürftig ist. Dies kann bei der **Aufklärung schwerer Straftaten** oder einer notwehrähnlichen Lage gelten. Allein das Interesse, sich ein Beweismittel für zivilrechtliche Ansprüche zu sichern, reiche jedoch nicht aus.

Zur Vertiefung:

Rechtsprechung: EGMR StV 2003, 257 – Allan (Nemo-tenetur-Grundsatz nach Art. 6 EMRK); **BVerfGE 106, 28** – Mithören von Telefongesprächen (Reichweite des Persönlichkeitsrechts und des Art. 10 Abs. 1 GG bei Telefongesprächen); **BGHSt 34, 362** – Mithäftling (Täuschung durch gezielten Einsatz eines Mithäftlings); **BGHSt 39, 335** – Hörfalle I (Mithören über Zweithörer mit Erlaubnis des Gesprächspartners); **BGHSt 42, 139** – Hörfalle II (gezieltes Veranlassen eines Telefongespräches durch die Ermittlungsbehörden); **BGHSt 52, 11** – Hafturlaub (Beweisverwertungsverbot bei beharrlichem Drängen auf die Aussage, vernehmungsähnliche Situation), vgl *Marxen/Bekier*, Hafturlaubs-Fall, famos 10/2007; **BGHSt 53, 294** – Ehegattengespräch (Verstoß gegen das Fair-trial-Prinzip bei Abhören von Ehegattengespräch in der U-Haft), vgl *Marxen/Rösing*, Besuchsraum-Fall, famos 9/2009.

Literatur/Aufsätze: *Geier/Schäl/Twelmeier*, Die Entscheidung des BVerfG vom 9.10.2002 (BVerfGE 106, 28): Das Ende der Hörfalle?, JURA 2004, 121; *Sternberg-Lieben*, Die „Hörfalle" – Eine Falle für die rechtsstaatliche Strafverfolgung?, JURA 1995, 299.

Strafprozessuale Zusatzfrage:[8]

Der ausländische Staatsbürger A hat zusammen mit zwei anderen Tätern die Prostituierte P überfallen und dabei 40.000 EUR erbeutet. Gegenüber seinem Landsmann C rühmt er sich dieser Tat. C begibt sich daraufhin zur Polizei. Da sich die Ermittlungen als besonders schwierig gestalten, überredet die Polizei C dazu, A anzurufen und ihm bei diesem Telefonat ein erneutes Geständnis zu entlocken. Dabei soll der Dolmetscher D, welcher der Landessprache der beiden mächtig ist, an einem Zweithörer mithören. Kann ein solchermaßen erlangtes Beweismittel durch die Vernehmung des Dolmetschers in der Hauptverhandlung in den Prozess eingeführt werden?

Klausurmäßiger Lösungsvorschlag:

*Es kommt eine Einführung in den Prozess durch Vernehmung des D als Zeugen in Betracht. Eine solche Vernehmung wäre aber dann unzulässig, wenn hinsichtlich des mitgehörten Gesprächs ein umfassendes **Beweisverwertungsverbot** bestünde. Dabei ist festzustellen, dass es sich hier um eine Beweisgewinnung durch eine **Privatperson** handelt. Die StPO regelt zwar nur das Verhalten des Staates, dieser muss sich aber*

---

8 Fall nach BGHSt 42, 139.

Verstöße gegen Verfahrensvorschriften oder Grundrechte zurechnen lassen, wenn eine Privatperson **gezielt eingesetzt** wird.

17 I. Zunächst ist an einen Verstoß gegen die Vorschriften der §§ 136, 136a StPO iVm § 163a StPO im Hinblick auf die „Vernehmung" des A zu denken.

18 1. Insb kommt ein Verstoß gegen die Belehrungsvorschrift der §§ **163a Abs. 4, 136 Abs. 1 S. 2 StPO** in Betracht, da A vor dem Telefonat nicht über sein Schweigerecht belehrt wurde. Dazu müsste aber eine Vernehmung des A vorgelegen haben. Eine solche liegt nach dem **formellen Vernehmungsbegriff** des BGH nur dann vor, wenn der Vernehmende dem Vernommenen in amtlicher Funktion gegenübertritt und in dieser Eigenschaft eine Aussage verlangt. Dies war hier nicht der Fall, denn zum einen wurde eine Privatperson tätig und zum anderen handelte es sich um eine verdeckte Maßnahme, bei welcher der Vernehmungscharakter gerade verschleiert werden sollte. Vom **materiellen Vernehmungsbegriff** werden hingegen alle Aussagen erfasst, die von einem Strafverfolgungsorgan direkt oder indirekt herbeigeführt werden. Gegen diesen Vernehmungsbegriff ist jedoch einzuwenden, dass er keine Stütze im Gesetz findet und dem Bild der „offenen Vernehmung" widerspricht, auf das die StPO zugeschnitten ist. Mit der Rspr. ist das Vorliegen einer Vernehmung daher abzulehnen.

19 2. Es könnte aber eine **analoge Anwendung** der §§ 163a Abs. 4, 136 Abs. 1 S. 2 StPO in Betracht kommen. Nach einer tvA ist das Vorgehen analog § 136 StPO unzulässig, wenn ein **konkreter Ausforschungsauftrag** vorliegt, weil der Staat nicht die Belehrungspflicht gezielt umgehen darf. Dagegen spricht aber, dass es Sinn und Zweck der Belehrung ist, den Beschuldigten auf sein Recht hinzuweisen, nicht aussagen zu müssen. Sie soll ihn also gerade davor bewahren, sich zu einer Einlassung **verpflichtet** zu fühlen, weil ihm ein **Amtsträger** gegenübersteht. Bei einer Befragung durch **Private** fühlt sich der Beschuldigte aber gerade nicht zur Aussage verpflichtet, so dass diese Regelung ihrer ratio nach nicht verletzt ist und eine analoge Anwendung ausscheidet.

20 3. Jedoch könnte eine **Täuschung** iSd §§ **163a Abs. 4, 136a Abs. 1 S. 1 StPO** vorliegen, was ein Verwertungsverbot gemäß § **136 Abs. 3 S. 2 StPO** zur Folge hätte. Mangels (formeller) Vernehmung scheidet – nach allerdings umstrittener Ansicht – die direkte Anwendung dieser Vorschriften jedoch ebenfalls aus.

21 4. Erwägenswert ist aber eine **analoge Anwendung** der §§ 163a Abs. 4, 136a Abs. 1 S. 1 StPO im Hinblick auf die Alternative der Täuschung. Der Begriff der Täuschung ist nach allgemeiner Ansicht zu weit gefasst und muss **einschränkend ausgelegt** werden. Dabei ist der Bezug zu den anderen in der Vorschrift aufgeführten verbotenen Mitteln zu berücksichtigen. Mit diesen lässt sich eine Befragung des Beschuldigten durch eine Privatperson, die das Ermittlungsinteresse nicht aufdeckt, aber nicht gleichstellen, selbst wenn die Privatperson von der Polizei dazu veranlasst wurde. Der Eingriff in die Willensentschließung und -betätigung wiegt hier deutlich geringer als etwa bei den Alternativen Misshandlung oder Quälerei, so dass auch ein Verwertungsverbot analog § 136a Abs. 3 S. 2 StPO ausscheidet. Zu beachten ist allerdings, dass der BGH in einem anderen Fall, in dem ein Mithäftling gezielt in die Zelle des Beschuldigten verlegt wurde, um ihn auszuhorchen, eine Täuschung annahm.[9] Dort kam allerdings hinzu, dass das Zwangsmittel der U-Haft missbraucht wurde, um das Aussageverhalten zu beeinflussen, so dass sich die Fälle nicht unmittelbar vergleichen lassen.

---

9 BGHSt 34, 362.

II. Die **Heimlichkeit des Vorganges** an sich begründet ebenfalls noch **keinen Verfahrensverstoß**. Die Maßnahme des Einsatzes der Privatperson ist grds durch die §§ 161 Abs. 1, 163 Abs. 1 StPO (**„Generalklausel"**) gedeckt. Die Heimlichkeit eines polizeilichen Vorgehens ist kein Umstand, der nach der StPO für sich allein schon die Unzulässigkeit der Maßnahme begründet. Ein „Grundsatz der Offenheit staatlichen Handelns" lässt sich den das Ermittlungsverfahren regelnden Vorschriften nicht entnehmen.

III. Möglicherweise liegt aber ein Verstoß gegen den **Nemo-tenetur-Grundsatz** vor. Dieser besagt, dass niemand durch Zwang zu einer Aussage oder aktiven Mitwirkung am Strafverfahren und damit zu einer Selbstbelastung veranlasst werden darf. Die Reichweite des Grundsatzes ist nicht vollständig geklärt (vgl dazu Problem 5). Der **BGH** sah in der Hörfallen-Entscheidung den Gegenstand dieses Grundsatzes in der Freiheit von Zwang zur Aussage oder zur Mitwirkung am Strafverfahren. Die Freiheit von **Irrtum** falle hingegen nicht in den Anwendungsbereich dieses Grundsatzes, so dass die Täuschung als Mittel des „Zwanges" ausscheide. Dagegen hat der **EGMR** festgestellt, dass das Recht zu schweigen und der Schutz vor Selbstbelastung zwar in erster Linie dazu dienen, den Beschuldigten gegen unzulässigen Zwang der Behörden und die Erlangung von Beweisen durch Methoden des Drucks zu schützen; jedoch sei „der Anwendungsbereich des Rechts nicht auf Fälle beschränkt, in denen der Beschuldigte Zwang widerstehen musste". Der EGMR scheint also einen weiteren Anwendungsbereich des Grundsatzes anzunehmen, welcher grds auch die Täuschung umfasst. In einer weiteren Entscheidung ließ der BGH die Frage noch offen, ob er dem EGMR hier folgen will, da dort ein Verdeckter Ermittler den Beschuldigten massiv zur Aussage gedrängt hatte, obgleich dieser mehrfach betont hatte, von seinem Schweigerecht Gebrauch machen zu wollen. Darin sah der BGH einen Verstoß gegen den Nemo-tenetur-Grundsatz, ohne dass es auf die Täuschung ankam (vgl dazu Problem 33). Dennoch wird man hier iE der Ansicht des BGH in der Hörfallen-Entscheidung jedenfalls dann noch folgen können, wenn die „Täuschung" allein in der Nichtaufklärung eines bestehenden Irrtums liegt.

IV. Es könnte aber eine rechtswidrige Überwachung der Telekommunikation und damit ein Verstoß gegen die §§ 100a, e StPO sowie **Art. 10 GG** anzunehmen sein. Diese setzen jedoch ein Abhören, also einen **technischen Eingriff** in die Telekommunikation voraus, worunter das einfache Mithören am Zweithörer nicht fällt. Der BGH führte aus, dass der Grundrechtsschutz am Endgerät des Fernsprechteilnehmers ende. Das Mithören eines Gesprächs über einen Zweithörer beruhe hingegen nicht auf einem Eingriff in den vom Netzbetreiber zu gewährleistenden und zu verantwortenden Übermittlungsvorgang. Vielmehr habe der Fernsprechteilnehmer die Gelegenheit hierzu durch die eigene Entschließung geschaffen, eine Mithörvorrichtung an sein Endgerät anzuschließen. Das **Fernmeldegeheimnis** schützt im Übrigen nicht im Verhältnis der Gesprächsteilnehmer untereinander. Es ist deshalb nicht untersagt, Dritte mithören zu lassen. Heute müssen die Gesprächsteilnehmer vielmehr auch damit rechnen, dass zugelassene Mithöreinrichtungen benutzt werden.

V. Ferner könnte das **Recht auf informationelle Selbstbestimmung** als Ausfluss des **Allgemeinen Persönlichkeitsrechts** (APR), Art. 2 Abs. 1 GG iVm Art. 1 Abs. 1 GG, betroffen sein. Dies wird von einer tvA unter dem Stichwort „Informationseingriff" bejaht. Der BGH lehnt dies indes zutreffend ab. Allein der Umstand, dass ein Dritter die Äußerungen des Beschuldigten, von diesem unbemerkt, am Telefon mitgehört hat, be-

gründet keinen Verstoß gegen das Recht auf informationelle Selbstbestimmung. Heutzutage muss grds jedermann damit rechnen, dass sein Telefongespräch mittels eines Zweithörers oder auf andere Weise (Raumlautsprecher) Dritten unmittelbar zugänglich gemacht wird. Das Mithören am Zweithörer ist deshalb kein Eindringen in den geschützten umgrenzten Bereich des Privaten. Insoweit ist also bereits der Schutzbereich des Allgemeinen Persönlichkeitsrechts infolge der Vorhersehbarkeit des Mithörens nicht betroffen.

26 *VI. Schließlich könnte sich nach dem BGH ein Beweisverwertungsverbot im Wege einer umfassenden Abwägung aus dem* **Rechtsstaatsprinzip** *ergeben. Abzuwägen sind hierzu im Einzelfall die Rechte des Beschuldigten mit den staatlichen Strafverfolgungsinteressen, wobei auf Seiten des A insb das* **Allgemeine Persönlichkeitsrecht** *aus Art. 2 Abs. 1 GG iVm Art. 1 Abs. 1 GG und das* **Fair-trial-Prinzip** *einschlägig sind. Bei einer Gesamtabwägung ist ein Vorrang des staatlichen Interesses dann anzunehmen, wenn eine Straftat von erheblicher Bedeutung vorliegt und der Einsatz anderer Ermittlungsmethoden erheblich weniger erfolgsversprechend oder wesentlich erschwert wäre. Hier lag mit dem Raub eine schwere Tat vor (vgl Katalog des § 100a Abs. 2 Nr. 1 lit. k) StPO). Zudem gestalteten sich die Ermittlungen als besonders schwer, so dass andere Mittel kaum ersichtlich waren. Auch eine umfassende Abwägung führt somit zu dem Ergebnis, dass ein Beweisverwertungsverbot abzulehnen ist. In diesem Zusammenhang hat der BGH[10] zwar inzwischen einen Verstoß gegen das* **Fair-trial-Prinzip** *bei einem heimlichen Abhören des Gesprächs des Beschuldigten mit seiner Ehefrau in einem separaten Besuchsraum in der U-Haft angenommen. Die Situation ist jedoch mit der vorliegenden nicht vergleichbar, denn dort kamen mehrere Besonderheiten zusammen: Die Überwachung fand in der U-Haft statt, es war ein vertrauliches Gespräch unter Ehegatten und dem Beschuldigten wurde durch besondere Maßnahmen – separater Besuchsraum, Abwesenheit jeglichen Aufsichtspersonals – gezielt vorgespiegelt, dass er unbeobachtet sei. Solche zusätzlichen Umstände lagen hier nicht vor.*

27 *VII. Ergebnis: Es liegt kein Beweisverwertungsverbot vor. Das Beweismittel kann daher verwertet und durch Vernehmung des D in den Prozess eingeführt werden.*

28 *(Beachte: Diese Lösung folgt der Hörfallen-Entscheidung des BGH; selbstverständlich ist gerade im Hinblick auf die jüngere Rspr. des EGMR und des BGH eine aA gut vertretbar.)*

---

10 BGHSt 53, 294, vgl Marxen/Rösing, Besuchsraum-Fall, famos 9/2009.

Problem 32: Beweisverwertungsverbote VII – Fernwirkung

I. Allgemeines

Liegt ein Beweisverwertungsverbot hinsichtlich eines bestimmten Beweismittels vor, so stellt sich die wichtige Frage, ob dies auch zu einer Unzulässigkeit der Verwertung solcher Beweismittel führt, die **mittelbar** aus dem ersten Beweismittel gewonnen werden (sog **Fernwirkung**). Gesteht zB der Täter unter Androhung von Folter einen Mord und nennt dabei auch den Fundort der Leiche,[1] so kann sein Geständnis gemäß **§ 136a Abs. 3 S. 2 StPO** nicht verwertet werden. Auch die Verhörsperson darf nicht in der Hauptverhandlung über den Gesprächsinhalt vernommen werden, da das Geständnis insgesamt unverwertbar ist. Fraglich bleibt aber, ob die am Fundort oder bei einer Obduktion der Leiche gefundenen Spuren ebenfalls einem Verwertungsverbot unterliegen.

II. Auffassungen zur Fernwirkung

Die Ansichten über eine mögliche Fernwirkung gehen auseinander (vgl *Rössner/Safferling*, 21. Problem mwN).

1. Der **BGH** hat eine Fernwirkung lediglich beim Beweisverwertungsverbot nach dem Artikel 10-Gesetz (G 10) im Hinblick auf Art. 10 GG angenommen.[2] Im Übrigen **verneint** er aber regelmäßig eine Fernwirkung. Begründet wird dies insb damit, dass ein Verfahrensfehler nicht das gesamte Verfahren lahmlegen dürfe. Im Übrigen lasse sich in der Praxis schwer feststellen, ob es der Polizei nicht auch sonst gelungen wäre, das Beweismittel auf andere Weise zu erlangen. Anders als im US-amerikanischen Strafprozess gehe es bei den Beweisverwertungsverboten im deutschen Recht nicht um eine Disziplinierung der Polizei.

2. Eine **zweite Auffassung** greift hingegen auf die „fruit-of-the-poisonous-tree-doctrine" des US-amerikanischen Rechts zurück und bejaht grds eine Fernwirkung. Da im US-amerikanischen Recht die strafverfahrensrechtlichen Normen der Disziplinierung der Strafverfolgungsbehörden dienen, wird es dort als notwendig empfunden, durch ein umfassendes Verbot erziehend auf diese einzuwirken und damit auch zukünftige Verstöße zu vermeiden. Das wesentliche Argument der deutschen Vertreter besteht darin, dass es sonst leicht möglich sei, die Beweisverwertungsverbote zu umgehen. Man könnte also etwa Methoden der Folter anwenden, um dann weitere Ermittlungen auf die so gewonnenen Erkenntnisse zu stützen, ohne dass dadurch gefundene Beweise gesperrt wären. Dieser „Anreizwirkung" zur Umgehung der strafprozessualen Vorschriften müsse entgegengewirkt werden, indem man auch mittelbar durch verbotene Maßnahmen gewonnene Erkenntnisse „sperrt". Zudem sprächen Sinn und Zweck der Beweisverwertungsverbote für eine Fernwirkung. Ein schwerwiegender Verstoß gegen Grundrechte des Beschuldigten müsse zu einem umfassenden Verbot der solchermaßen erlangten Beweise führen. Eine Ausnahme soll nach einer **tvA** bestehen, wenn das Beweismittel höchstwahrscheinlich auch ohne Verfahrensverstoß hätte erlangt werden können – sog **hypothetischer Ersatzeingriff**.

3. Nach einer **dritten Auffassung** kann das Problem der Fernwirkung anhand der **allgemeinen Lehren** zu den Beweisverwertungsverboten gelöst werden. Teilweise wird

---

1 Vgl LG Frankfurt StV 2003, 325.
2 BGHSt 29, 244, 249 ff.

daher auf den **Schutzzweck der Verfahrensnorm** abgestellt.[3] Danach soll eine Fernwirkung in der Regel anzuerkennen sein, da der Verfahrensverstoß ansonsten weiter vertieft würde. Andere behandeln die Fernwirkung dagegen wiederum als eine Frage der **Abwägung im Einzelfall**. Hierbei sind das Gewicht des Verfahrensverstoßes und die Schwere der aufzuklärenden Tat gegeneinander abzuwägen. Das LG Frankfurt am Main[4] hat im Fall **Gäfgen** eine Fernwirkung abgelehnt, da die aufzuklärende Tat, die mögliche Tötung des entführten Kindes, besonders schwer wog.

6   4. Nach Ansicht des **EGMR**[5] *kann* die Verwertung von Beweismitteln, die mittelbar auf durch einen Verfahrensverstoß erlangte Beweismittel zurückgehen, gegen das **Fairtrial-Prinzip** verstoßen und das Verfahren **insgesamt** unfair werden lassen. Es bestehe sogar eine starke Vermutung in diese Richtung. Die Frage, ob das Verfahren insgesamt unfair war, sei aber im Lichte aller Umstände der Rechtssache zu entscheiden. Dabei seien insb die durch makellose Beweise erwiesenen Umstände, das den beanstandeten Beweismitteln zukommende Gewicht sowie die Frage, ob die Verteidigungsrechte des Beschuldigten gewahrt wurden, zu berücksichtigen. Nach Wertung all dieser Umstände kam der EGMR in der Rechtssache Gäfgen zu dem Ergebnis, dass das Verfahren und die Verurteilung des Angeklagten insgesamt nicht unfair waren, da die Verurteilung wesentlich auf dem Geständnis des Angeklagten in der Hauptverhandlung beruhte, welches als solches nicht mehr durch die Androhung von Folter bei der ersten Vernehmung „bemakelt" war.

III. Fortwirken eines Belehrungsfehlers

7   Fraglich ist auch, was geschieht, wenn der Beschuldigte zunächst eine Aussage macht, ohne zuvor belehrt worden zu sein, sodass diesbzgl. ein Beweisverwertungsverbot besteht (vgl dazu Problem 27), später aber nach ordnungsgemäßer Belehrung in der Hauptverhandlung diese Aussage wiederholt.[6] Nach der **hL** wirkt das ursprüngliche Beweisverwertungsverbot hier fort, so dass auch die zweite Aussage nicht verwertet werden kann, es sei denn, dass zuvor eine **qualifizierte Belehrung** erfolgte, welche den Angeklagten darüber aufklärt, dass seine erste Aussage nicht verwertet werden kann. Auf diese Weise werde verhindert, dass der Angeklagte sich aufgrund seiner ersten Aussage für verpflichtet hält, erneut auszusagen. Dieser Ansicht ist zuzustimmen. Auch der **BGH** hat sich ihr zwar grds angeschlossen, macht die Verwertbarkeit der zweiten Aussage ohne eine qualifizierte Belehrung allerdings von einer **Abwägung im Einzelfall** abhängig.[7] Überzeugend ist das nicht, da durch das Fehlen der qualifizierten Belehrung der damalige Verstoß gleichsam perpetuiert wird.

Zur Vertiefung:

8   **Rechtsprechung: EGMR NStZ 2008, 699** – Gäfgen (durch Folter erzwungenes Geständnis im Ermittlungsverfahren); **EGMR NJW 2010, 3145** – Gäfgen II (durch Folter erzwungenes Geständnis im Ermittlungsverfahren); **BGHSt 27, 355** – Tonband (Zulässigkeit der Ermittlungen aufgrund von nach § 100a StPO aufgenommenen Tonbändern auch über die Nichtkatalogtaten); **BGHSt 29, 244** – Telefonüber-

---

3 So etwa *Beulke/Swoboda*, Rn. 744.
4 LG Frankfurt a. M. StV 2003, 325.
5 NStZ 2008, 699 – Gäfgen; vgl auch NJW 2010, 3145 – Gäfgen II.
6 Vgl dazu *Beulke/Swoboda*, Rn. 182.
7 Vgl BGHSt 53, 112.

Problem 32: Beweisverwertungsverbote VII – Fernwirkung

wachung (Fernwirkung des Beweisverwertungsverbots nach dem G 10); **BGHSt 34, 362** – Haftzelle (Verwertungsverbot von Erkenntnissen eines aushorchenden Mitgefangenen); **BGHSt 53, 112** – Qualifizierte Belehrung (Verwertbarkeit der Angaben des zunächst als Zeugen vernommenen Angeklagten nach Abwägung im Einzelfall); **BGH NStZ-RR 2016, 216** – Unterlassene Belehrung über das Zeugnisverweigerungsrecht (keine Fernwirkung des Beweisverwertungsverbots); **BGH NStZ 2021, 431** – falsches Versprechen (Beweisverwertungsverbot durch Fortwirken einer verbotenen Vernehmungsmethode, vgl *Pickert/Seligmann*, Fortwirkender Drogenhandel-Fall, famos 03/2022; **OLG Düsseldorf NStZ 2017, 177** – Durchsuchung (grob fehlerhafte Annahme von Gefahr im Verzug); **LG Frankfurt am Main StV 2003, 325** – Gäfgen (durch Folter erzwungenes Geständnis im Ermittlungsverfahren).

Literatur/Aufsätze: *Beulke*, Hypothetische Kausalverläufe im Strafverfahren bei rechtswidrigem Vorgehen von Ermittlungsorganen, ZStW 103 (1991), 657; *Fahl*, Beweisverwertungsverbote, JA 1998, 754; *Jahn*, Strafprozessrecht als geronnenes Verfassungsrecht – Hauptprobleme und Streitfragen des § 136a StPO, JuS 2005, 1057; *Joerden*, Verbotene Vernehmungsmethoden – Grundfragen des § 136a StPO, JuS 1993, 927; *Kasiske*, Fern-, Fort- und Frühwirkung von Beweisverwertungsverboten im Strafprozess, JURA 2017, 16; *Mitsch*, Strafprozessuale Beweisverbote im Spannungsfeld zwischen Jurisprudenz und realer Gefahr, NJW 2008, 2295; *Neuhaus*, Zur Notwendigkeit der qualifizierten Beschuldigtenbelehrung, NStZ 1997, 312; *Reinbacher/Werkmeister*, Zufallsfunde im Strafverfahren, ZStW 130 (2018), 1104; *Roxin*, Für ein Beweisverwertungsverbot bei unterlassender qualifizierter Belehrung, HRRS 2009, 186; *Saliger*, Absolutes im Strafprozess? Über das Folterverbot, seine Verletzung und die Folgen seiner Verletzung, ZStW 116 (2004), 35; *Schroth*, Beweisverwertungsverbote im Strafverfahren – Überblick, Strukturen und Thesen zu einem umstrittenen Thema, JuS 1998, 969; *Trüg/Habetha*, Beweisverwertung trotz rechtswidriger Beweisgewinnung – insbesondere mit Blick auf die „Liechtensteiner Steueraffäre", NStZ 2008, 481.

Strafprozessuale Zusatzfrage:[8]

Der 11-jährige Bankierssohn B wird entführt. Der Entführer fordert ein hohes Lösegeld für die Freilassung. A steht in dringendem Verdacht, die Tat begangen zu haben. Zudem besteht der Verdacht, dass das Leben des B akut gefährdet ist. Um das Kind zu retten, erklärt der Kriminalbeamte P anlässlich einer (ansonsten ordnungsgemäßen) Vernehmung gegenüber A, wenn dieser den Aufenthaltsort des Opfers nicht verrate, werde er „große Schmerzen erleiden." A fühlt sich bedroht und gibt aus diesem Grund an, dass er das Kind bereits getötet habe und nennt den Fundort der Leiche. Tatsächlich findet die Polizei die Leiche des Kindes an dieser Stelle. In unmittelbarer Nähe werden zudem Reifenspuren des Pkw des A festgestellt. Ferner wird eine Obduktion der Leiche vorgenommen. Etwa drei Wochen später vernimmt die Ermittlungsrichterin E den A erneut. Zuvor belehrt sie ihn darüber, dass er sich zur Sache äußern muss. A erklärt, dass er sich nun nicht mehr bedroht fühle und bestätigt im Folgenden sein Geständnis. Aufgrund der Beweislage erhebt die StA Anklage vor dem zuständigen LG. Die Verteidigung von A wendet ein, sämtliche Beweise dürften wegen der Androhung

---

[8] Fall nach LG Frankfurt am Main StV 2003, 325; EGMR NStZ 2008, 699 – Gäfgen; vgl dazu *Rössner/Safferling*, 21. Problem mwN.

mit Folter nicht verwertet werden. Das LG überlegt, welche Beweise es nun verwerten darf.

Klausurmäßiger Lösungsvorschlag:

I. Verwertbarkeit der ersten Aussage

10 *Hinsichtlich der ersten Aussage könnte bereits die Beweisgewinnung, dh die Erlangung des Geständnisses, rechtswidrig sein. Dies wäre der Fall, wenn sich P einer verbotenen Vernehmungsmethode bedient hätte. In Betracht kommt § 136a StPO iVm § 163a Abs. 4 StPO. Es handelte sich hier zweifellos um eine Vernehmung. § 136a Abs. 1 S. 1 StPO nennt als verbotene Vernehmungsmethoden unter anderem die Misshandlung und die Quälerei. Gem § 136a Abs. 1 S. 3 StPO ist auch die Androhung solcher Maßnahmen erfasst. In der Androhung von großen Schmerzen ist nach Ansicht des EGMR zudem eine unmenschliche Behandlung iSd Art. 3 EMRK zu sehen. Aus diesem Grund war die Beweisgewinnung mit einem schweren Verfahrensfehler belastet. Dieser führt gemäß § 136a Abs. 3 S. 2 StPO zwingend zu einem Beweisverwertungsverbot. Daher kann das erste Geständnis von A nicht verwertet werden. Damit dieses Beweisverwertungsverbot nicht umgangen wird, darf P darüber auch nicht in der Hauptverhandlung vernommen werden.*

II. Verwertbarkeit der zweiten Aussage

11 *Fraglich ist, ob der Verfahrensverstoß der ersten Vernehmung und das daraus resultierende Verwertungsverbot **fortwirken**, obwohl E den A vor seiner zweiten Aussage ordnungsgemäß belehrte und eine auch sonst nicht zu beanstandende Vernehmung durchgeführt wurde. A könnte sich auch im Gespräch mit E aufgrund des ersten Geständnisses zur Bestätigung desselben verpflichtet gefühlt haben. Zwar hat A erklärt, er fühle sich nun nicht mehr bedroht, so dass jedenfalls die konkrete Bedrohungssituation aus der ersten Vernehmung nicht mehr unmittelbar fortwirkte. Gleichwohl nimmt die hL an, dass vor einer weiteren Vernehmung eine sog **qualifizierte Belehrung** erforderlich ist. In dieser muss der Beschuldigte darauf hingewiesen werden, dass seine erste Aussage aufgrund des Verfahrensverstoßes unverwertbar ist. Anderenfalls bestehe die Gefahr, dass der Beschuldigte sich gleichwohl verpflichtet fühlt, seine Aussagen zu bestätigen, weil er glaubt an das erste Geständnis gebunden zu sein. Eine solche qualifizierte Belehrung hat E nicht vorgenommen, so dass der Verfahrensfehler fortwirkt und auch die zweite Aussage nicht verwertbar ist. Auch der **BGH** tendiert neuerdings im Rahmen des § 136 StPO in diese Richtung, fordert hinsichtlich der Verwertbarkeit aber letztlich eine Abwägung im Einzelfall, wobei insb die Schwere des ersten Verstoßes sowie die Frage zu berücksichtigen sind, ob der Beschuldigte sich aufgrund der ersten Aussage verpflichtet fühlt, diese zu bestätigen (ob er diese Lösung auch bei § 136a StPO vertreten würde, ist mangels einer Entscheidung hierzu nicht klar). Es ist jedoch bei Verstößen gegen § 136a StPO im Rahmen der ersten Vernehmung stets eine qualifizierte Belehrung vor der zweiten Vernehmung zu fordern und bei Nichtvorliegen ein Beweisverwertungsverbot anzunehmen, da nur so vermieden werden kann, dass der Beschuldigte erneut eine Aussage tätigt, weil er meint, sich nicht mehr von seiner ersten Einlassung lösen zu können. Andernfalls könnte die Folter rückwirkend doch legitimiert werden, indem die so erlangte Aussage zwar nicht verwertet wird, jedoch für den Beschuldigten eine Druckwirkung entwickelt. Anders als bei der Fernwirkung*

Problem 32: Beweisverwertungsverbote VII – Fernwirkung

geht es beim Unterlassen der qualifizierten Belehrung schließlich auch um einen erneuten Verstoß der Behörde. Daher ist die zweite Aussage ebenfalls unverwertbar.

III. Verwertbarkeit der Spuren am Fundort und an der Leiche

Fraglich ist, ob das oben festgestellte Beweisverwertungsverbot hinsichtlich der ersten, durch die Androhung von Folter gewonnenen Aussage eine **Fernwirkung** entfaltet, dh auch weitere, darauf aufbauende und daraus resultierende Beweise unverwertbar sind. Wäre dies anzunehmen, so könnten weder die Reifenspuren noch die Ergebnisse der Obduktion verwertet werden, da sie jeweils erst als Folge der rechtswidrigen ersten Vernehmung des A erlangt wurden.

1. Nach einer **tvA** ist in Anlehnung an die „*fruit-of-the-poisonous-tree-doctrine*" des US-amerikanischen Rechts eine **Fernwirkung grds zu bejahen**. Sonst sei es leicht möglich, die Beweisverwertungsverbote zu umgehen. Zudem sprächen Sinn und Zweck der Beweisverwertungsverbote für eine Fernwirkung. Ein schwerwiegender Verstoß gegen Grundrechte des Beschuldigten müsse zu einem umfassenden Verbot der auf diese Art erlangten Beweise führen. Danach wären hier sämtliche Beweise unverwertbar. Eine Ausnahme soll aber nach einer **tvA** bestehen, wenn das Beweismittel höchstwahrscheinlich auch ohne einen Verfahrensverstoß hätte erlangt werden können – sog **hypothetischer Ersatzeingriff**. Nimmt man einen solchen hypothetisch rechtmäßigen Verlauf hier an, so könnten die Beweise verwertet werden. Für eine solche Annahme finden sich im Sachverhalt jedoch keine ausreichenden Anhaltspunkte.

2. Der **BGH** verneint regelmäßig eine Fernwirkung, so dass die Beweismittel hier verwertet werden könnten. Dafür spricht, dass ein Verfahrensfehler nicht das gesamte Verfahren lahmlegen darf. Im Übrigen lässt sich in der Praxis – wie auch hier – schwer feststellen, ob es der Polizei nicht auch gelungen wäre, das Beweismittel auf andere Weise zu erlangen.

3. Nach einer **dritten Auffassung** ist die Fernwirkung nach den allgemeinen Lehren zu dem Beweisverwertungsverboten zu lösen. Daher wird teilweise auf den Schutzzweck der Norm abgestellt. Für andere ist dies hingegen eine Frage der **Abwägung im Einzelfall**. Hierbei sind das Gewicht des Verfahrensverstoßes und die Schwere der aufzuklärenden Tat gegeneinander abzuwägen. Im vorliegenden Fall wog die aufzuklärende Tat, die mögliche Tötung des entführten Kindes, besonders schwer, sodass eine Fernwirkung abzulehnen wäre. Die Auffassung erscheint insgesamt als vorzugswürdig, da durch sie eine gerechte, alle Interessen ausreichend berücksichtigende Lösung gefunden werden kann. Insb bei besonders schweren Straftaten wäre ein vollständiger Ausschluss sämtlicher Beweismittel nicht angemessen.

4. Nach Ansicht des **EGMR** kann die Verwertung von Beweismitteln, die mittelbar auf durch einen Verfahrensverstoß erlangte Beweismittel zurückgehen, gegen das **Fair-trial-Prinzip** verstoßen und das Verfahren **insgesamt** unfair iSd Art. 6 EMRK werden lassen; es bestehe sogar eine starke Vermutung in diese Richtung. Die Frage, ob das Verfahren insgesamt unfair war, sei im Lichte aller Umstände der Rechtssache zu entscheiden. Dabei seien insb auch die durch makellose Beweise erwiesenen Umstände, das Gewicht, das den beanstandeten Beweismitteln zukommt, sowie die Frage zu berücksichtigen, ob die Verteidigungsrechte des Beschuldigten gewahrt wurden. Nach Wertung all dieser Umstände kam der EGMR im „*Fall Gäfgen*" zu dem Ergebnis, dass das Verfahren und die Verurteilung des Angeklagten insgesamt **nicht unfair** waren.

17 5. Nach alledem können die Reifenspuren und die Spuren an der Leiche verwertet werden.

18 IV. Ergebnis: Bei einer Abwägung der Interessen sind jedenfalls die Spuren am Fundort und an der Leiche verwertbar. Die beiden Aussagen sind hingegen unverwertbar.

Problem 33: Beweisverwertungsverbote VIII – Ausforschung durch Privatpersonen

I. Allgemeines

Grds richten sich die Vorschriften der StPO nur an die staatlichen Ermittler. Beweisverwertungsverbote bestehen daher regelmäßig auch nur für rechtswidrig seitens der staatlichen Behörden erlangte Beweismittel. Beschafft hingegen eine Privatperson Beweismittel gegen den Beschuldigten und übermittelt diese an die staatlichen Behörden, so greifen die Vorschriften der StPO für diese Beweisbeschaffung nicht, so dass daraus auch Beweisverwertungsverbote regelmäßig nicht resultieren. Zudem scheidet eine analoge Anwendung der Normen der StPO aus, denn bei Eigeninitiative der Privatperson haben sich die Strafverfolgungsbehörden letztlich einwandfrei verhalten. Das Vorgehen einer Privatperson darf nicht das gesamte Strafverfahren blockieren. Gleichwohl sind in bestimmten Fällen Ausnahmen von diesem Grundsatz zu machen. Die Problematik hat insb im Zusammenhang mit dem **Ankauf** von durch Privatpersonen erworbenen **Daten** über **Steuerhinterziehungen** besondere Bedeutung erlangt. Das LG Bochum hat mit Beschluss vom 22.4.2008[1] klargestellt, dass der möglicherweise sogar strafbare Ankauf von Beweismitteln nicht dazu führt, dass das Ermittlungsverfahren als ein nach rechtsstaatlichen Grundsätzen geordnetes Verfahren nachhaltig beschädigt wird und eine Verwertbarkeit bejaht.[2] Dies gilt jedenfalls dann, wenn ein strafrechtlich relevantes Verhalten einer Privatperson vorliegt, das staatliche Behörden nur nachgelagert ausnutzen. Beweismittel, die durch Private in rechtswidriger Art und Weise gewonnen werden, sind hiernach grds verwertbar. Maßgeblich beeinflusst wird das Ergebnis der vorzunehmenden Abwägung jedoch stets vom Gewicht des infrage stehenden Verfahrensverstoßes. Ähnlich argumentiert auch das OLG Stuttgart in seinem Beschluss vom 4.5.2016[3] im Zusammenhang mit der **Verwertung privat gefertigter Dashcam-Videos** im Verkehrs-Bußgeldverfahren: Aus einem Verstoß eines Verkehrsteilnehmers beim Betrieb einer Dashcam (engl. für Armaturenbrett-Kamera) gegen das datenschutzrechtliche Verbot gem § 6b BDSG a. F. (§ 4 BDSG n. F.) folgt nicht zwingend ein Beweisverwertungsverbot im Straf- und Bußgeldverfahren. Ob ein Beweisverwertungsverbot vorliegt, ist im Einzelfall unter Abwägung der widerstreitenden Interessen zu entscheiden. Im Ergebnis ist der Tatrichter grds nicht gehindert, eine Videoaufzeichnung, die keine Einblicke in die engere Privatsphäre gewährt, sondern lediglich Verkehrsvorgänge dokumentiert, zu verwerten, wenn dies zur Verfolgung einer besonders verkehrssicherheitsbeeinträchtigenden Ordnungswidrigkeit erforderlich ist.

II. Ausnahmen – Beweisverwertungsverbote bei Beweisbeschaffung durch Privatpersonen

In bestimmten Fallgruppen sind durch Privatpersonen auf rechtswidrige Weise erlangte Beweise dennoch unverwertbar.

1. Staatliche Veranlassung: Eine gewichtige Ausnahme der grundsätzlichen Verwertbarkeit besteht dann, wenn die staatlichen Behörden sich das Verhalten der Privatperson **zurechnen** lassen müssen. Dies ist der Fall, wenn das Verhalten der Privatperson

---
[1] LG Bochum 2 Qs 10/08.
[2] Nicht beanstandet vom BVerfG NStZ 2011, 103.
[3] OLG Stuttgart 4 Ss 543/15.

Problem 33: Beweisverwertungsverbote VIII – Ausforschung durch Privatpersonen

durch die StA oder die Polizei entweder **gezielt veranlasst** oder jedenfalls wissentlich geduldet und gebilligt wurde. Dann sind die Vorschriften der StPO, insb § 136a StPO, **analog** anzuwenden. Der Grund für ein auf diese Weise entstehendes Beweisverwertungsverbot liegt darin, dass die Behörde sonst durch das Einschalten einer Privatperson, also zB von V-Leuten oder Informanten (vgl dazu Problem 21), die Vorschriften der StPO gezielt umgehen könnte. Dies ist etwa der Fall, wenn ein Mitgefangener in die Zelle des Beschuldigten verlegt wird, um diesen auszuhorchen.[4] Dabei sind aber an den Begriff der Täuschung iSd § 136a Abs. 1 S. 1 StPO erhöhte Anforderungen zu stellen. So genügt das bloße Mithören-Lassen eines Dritten an einem Zweithörer nach BGHSt 42, 139 (Hörfalle) dazu nicht (vgl dazu Problem 31). Überdies führt auch die alleinige Entgegennahme von belastenden Informationen durch die Ermittlungsbehörden, die ein Zeuge durch Täuschung des Beschuldigten erlangt hat, nicht zu einem Beweisverwertungsverbot. Eine entsprechende Pflicht, dies zu unterbinden, trifft die Ermittlungsbehörden grds nicht.[5]

4   **2. Verstöße gegen die Menschenwürde:** Handelt die Privatperson aus eigenem Antrieb, ohne in irgendeiner Weise von staatlicher Seite beeinflusst worden zu sein, so kommen nach dem oben geschilderten Grundsatz Verwertungsverbote nur in absoluten Ausnahmefällen in Betracht. Dies ist zB der Fall bei einem Verhalten der Privatperson, welches gegen die Menschenwürde des Beschuldigten verstößt, so etwa bei einer **Folter** durch die Privatperson oder einem sonstigen grob rechtsstaatswidrigen Vorgehen der Privatperson. Interessant ist, dass das OLG Hamburg[6] § 136a StPO analog auch für die Folter durch US-Behörden anwandte.

5   **3. Schutz der Intimsphäre bei Tonaufnahmen und Tagebuchaufzeichnungen:** Ähnlich liegt der Fall hinsichtlich des Schutzes der Intimsphäre des Beschuldigten. Hier darf es keinen Unterschied machen, ob der Eingriff in die Intimsphäre des Betroffenen durch staatliche Organe oder durch Privatpersonen geschah. Dies gilt insb deshalb, weil durch die Verwertung der Aufnahme oder Aufzeichnung im Prozess ohnehin (erneut) in den Intimbereich eingegriffen würde. Die Beurteilung der Rechtmäßigkeit richtet sich hierbei nach der **Drei-Stufen-Theorie** des BVerfG (vgl dazu Problem 29). Insoweit kommt es hier zB auch entscheidend darauf an, ob man Tagebuchaufzeichnungen der zweiten oder der dritten Stufe zuordnet, denn in ersterem Fall wäre eine Abwägung vorzunehmen, in letzterem Fall wäre eine Verwertung grds unzulässig. Diese Einordnung ist stets anhand des konkreten Inhalts vorzunehmen. Bei Tonaufnahmen sind wiederum Ausnahmen denkbar bei a) standardisierten Gesprächen im Geschäftsverkehr, b) wenn der Angeklagte im Prozess der Verwertung zustimmt sowie c) bei Schwerstkriminalität.

Zur Vertiefung:

6   **Rechtsprechung:** BGHSt 34, 362 – Mithäftling (Verwertungsverbot von Erkenntnissen eines aushorchenden Mitgefangenen); **BGHSt 42, 139** – Hörfalle (Abwägungslösung bei Umgehung des § 136a StPO durch die Ermittlungsbehörden); **BGHSt 44, 129** – Wahrsagerin (Verwertungsverbot bei Täuschung durch Mitgefangene); **BGHSt 52, 11** – Hafturlaub (Beweisverwertungsverbot bei beharrlichem Drängen auf die Aussage wegen Verstoßes gegen Nemo-tenetur-Grundsatz), vgl *Marxen/*

---

4 BGHSt 34, 362.
5 BGH NJW 2017, 1828, 1831.
6 OLG Hamburg NJW 2005, 2327.

Problem 33: Beweisverwertungsverbote VIII – Ausforschung durch Privatpersonen

Bekier, Hafturlaubs-Fall, famos 10/2007; **BGHSt 53, 294** – Ehegattengespräch (Verstoß gegen Fair-trial-Prinzip bei Abhören von Ehegattengespräch in der U-Haft), vgl *Marxen/Rösing*, Besuchsraum-Fall, famos 9/2009; **BGH NStZ 2011, 596** – Aufnahmegerät (private Tonaufnahme verwertbar); **BGH JR 2016, 542** – heimliche Video- und Audiodateien (kein Verwertungsverbot); **BGH NJW 2017, 1828** – Zeugenseitig provozierte Selbstbelastung (kein Verwertungsverbot); **OLG Hamburg NJW 2005, 2327** – Motassadeq (§ 136a StPO analog für Folterhandlungen durch ausländische Staatsangehörige); **OLG Stuttgart NJW 2016, 2280** – Dashcam-Aufzeichnung im Straßenverkehr (kein Verwertungsverbot); **OLG Jena StV 2020, 455** – Geltung des § 136a StPO auch für Verdeckter Ermittler (Verwertungsverbot wegen Verstoß gegen den Grundsatz der Selbstbelastungsfreiheit); **LG Bochum HRRS 2009 Nr. 1111** – Ankauf von Steuerdaten (kein Verwertungsverbot); **LG Düsseldorf NStZ-RR 2011, 84** – Verwertbarkeit von Beweismitteln aus „Datendiebstahl" (kein Verwertungsverbot).

Literatur/Aufsätze: *Fahl*, Beweisverwertungsverbote, JA 1998, 754; *Jahn*, Strafprozessrecht als geronnenes Verfassungsrecht – Hauptprobleme und Streitfragen des § 136a StPO, JuS 2005, 1057; *Jäger*, Die Legende lebt, JA 2020, 231; *Joerden*, Verbotene Vernehmungsmethoden – Grundfragen des § 136a StPO, JuS 1993, 927; *Metz*, Verwertbarkeit von tätereigenen Tatvideos, NStZ 2020, 9; *Niehaus*, Verwertbarkeit von Dashcam-Aufzeichnungen im Straf- und Ordnungswidrigkeitenverfahren, NZV 2016, 551; Verbotene Vernehmungsmethoden – Grundfragen des § 136a StPO, JuS 1993, 927; *Sieber*, Ermittlungen in Sachen Liechtenstein – Fragen und erste Antworten, NJW 2008, 881; *Trüg/Habetha*, Bewertungsverwertung trotz rechtswidriger Beweisgewinnung – insb mit Blick auf die „Liechtensteiner Steueraffäre", NStZ 2008, 481.

Strafprozessuale Zusatzfrage:[7]

Auf Mallorca wird ein 15-jähriges deutsches Mädchen getötet. Die deutsche StA leitet ein Ermittlungsverfahren wegen Mordes gegen A ein, der sich im Moment wegen einer anderen Sache in Haft befindet. Da A die Tat vehement bestreitet, im Übrigen von seinem Schweigerecht Gebrauch macht und sich auf andere Weise ein ausreichender Beweis nicht finden lässt, beantragt die StA beim zuständigen Gericht den Einsatz des Verdeckten Ermittlers E. Das Gericht gibt dem Antrag statt. E stellt daraufhin während eines eigens dafür eingeleiteten Gefangenentransports einen ersten Kontakt her. In der Folge besucht er A häufiger auch im Gefängnis. Es gelingt ihm dadurch, ein Vertrauensverhältnis zu A aufzubauen. Einige Zeit später wird A ein Hafturlaub gewährt. E bietet A an, für diese Zeit in seiner Wohnung wohnen zu können, in welcher auf der Grundlage von ordnungsgemäßen Gerichtsbeschlüssen Abhörvorrichtungen installiert wurden. In einem in dieser Wohnung stattfindenden Gespräch bedrängt E den A, ihm gegenüber aufrichtig zu sein und die Wahrheit über die ihm zur Last gelegte Tat zu sagen. Da er das Vertrauensverhältnis zu E nicht gefährden will, räumt A tatsächlich ein, die Tat begangen zu haben. Das Gespräch wird aufgezeichnet und A vom LG aufgrund dieses Beweises verurteilt. War die Verwertung des Beweises rechtmäßig?

---

[7] Fall nach BGHSt 52, 11, vgl hierzu *Marxen/Bekier*, Hafturlaubs-Fall, famos 10/2007.

33 Problem 33: Beweisverwertungsverbote VIII – Ausforschung durch Privatpersonen

Klausurmäßiger Lösungsvorschlag:

8 I. Die Verwertung wäre rechtswidrig, wenn ein **Beweisverwertungsverbot** bestand. Ein solches könnte sich aus einer rechtswidrigen **Beweisgewinnung** ergeben.

9 1. Zunächst müsste der Einsatz von E als **Verdeckter Ermittler** gemäß **§ 110a Abs. 1 StPO** zulässig gewesen sein. Hier kommt § 110a Abs. 1 S. 4 StPO in Betracht. Bei Mord handelt es sich um ein **Verbrechen**, § 12 Abs. 1 StGB, und es ist ferner davon auszugehen, dass der Mord an einer 15-Jährigen auch im Einzelfall eine **besondere Bedeutung** hat. Auch kamen andere erfolgversprechende Maßnahmen nicht in Betracht, sodass der **Subsidiaritätsgrundsatz** gewahrt ist. Die Maßnahme erscheint zudem angesichts der Bedeutung der Tat **verhältnismäßig**. Schließlich wurde auch die **Zustimmung des Gerichts** nach § 110b Abs. 2 Nr. 1 StPO eingeholt, so dass der Einsatz des Verdeckten Ermittlers grds **rechtmäßig** war.

10 2. Auch die **Abhörmaßnahmen** nach § 100c StPO müssten zulässig gewesen sein. Hier lag eine **Katalogtat** nach § 100b Abs. 2 Nr. 1 g) StPO vor, die auch **im Einzelfall besonders schwer wog** und deren Aufklärung sonst unverhältnismäßig erschwert oder **aussichtslos** gewesen wäre (§ 100c Abs. 1 Nr. 1, 2, 4 StPO). Es war außerdem anzunehmen, dass durch die Überwachung des Wohnraums des E Äußerungen des A erfasst werden, die zur Erforschung des Sachverhaltes von Bedeutung sind (§ 100c Abs. 1 Nr. 3 StPO). Auch die für eine Überwachung der Wohnung einer anderen Person als des Beschuldigten erforderlichen Voraussetzungen nach § 100c Abs. 2 S. 2 StPO waren gegeben. Ferner lag der Anordnung ein ordnungsgemäßer Beschluss des Gerichts zugrunde.

11 3. Ein Verfahrensfehler bei der Beweisgewinnung könnte sich daraus ergeben, dass E den A bedrängt und ihn in einer vernehmungsähnlichen Situation zu dem Geständnis verleitet hat, obwohl dieser zuvor von seinem Schweigerecht Gebrauch gemacht hat.

12 a) Zunächst könnte darin ein Verstoß gegen die **§§ 163a, 136 StPO** liegen, da A in eine „vernehmungsähnliche Situation" gebracht, aber nicht ordnungsgemäß **belehrt** wurde. Da nach dem formellen Vernehmungsbegriff des BGH dafür aber eine Vernehmung vorliegen muss, sind diese Normen nicht anwendbar. Auch eine entsprechende Anwendung scheidet aus, da § 136 StPO gerade verhindern soll, dass der Beschuldigte sich **gegenüber einem Amtsträger** für verpflichtet hält, auszusagen.

13 b) Auch die verbotenen Vernehmungsmethoden nach den **§§ 163a, 136a StPO** scheiden mangels Vorliegens einer Vernehmung aus. Für eine ferner in Betracht kommende **analoge** Anwendung müsste eine verbotene Vernehmungsmethode iS der Vorschrift anzunehmen sein. Dies ist aber nicht der Fall, da sich eine verdeckte Befragung des Beschuldigten nicht mit den in § 136 Abs. 1 StPO aufgeführten verbotenen Mitteln vergleichen lässt.

14 c) Möglicherweise liegt aber ein Verstoß gegen den **Nemo-tenetur-Grundsatz** als Ausprägung des Fair-trial-Prinzips vor, nach dem niemand durch Zwang zu einer Aussage oder aktiven Mitwirkung am Strafverfahren und damit zu einer Selbstbelastung veranlasst werden darf. Die Reichweite dieses Grundsatzes ist nicht vollständig geklärt.

15 aa) Der **Große Senat des BGH** sieht den Gegenstand des Schutzes dieses Grundsatzes in der Freiheit von Zwang zur Aussage oder zur Mitwirkung am Strafverfahren. Die Freiheit von Irrtum falle hingegen nicht in den Anwendungsbereich dieses Grundsatzes, so dass die Täuschung als Mittel des „Zwanges" ausscheidet.

Problem 33: Beweisverwertungsverbote VIII – Ausforschung durch Privatpersonen

bb) Der **EGMR** hat demgegenüber festgestellt, dass der Schutz vor Selbstbelastung zwar in erster Linie dazu diene, den Beschuldigten gegen unzulässigen Zwang der Behörden und die Erlangung von Beweisen durch Methoden des Drucks zu schützen; jedoch sei „der Anwendungsbereich des Rechts nicht auf Fälle beschränkt, in denen der Beschuldigte Zwang widerstehen musste". Der EGMR scheint also einen weiteren Anwendungsbereich des Grundsatzes anzunehmen, welcher in aller Regel auch die **Täuschung** umfasst.

cc) Im vorliegenden Fall bejahte der **BGH** einen **Verstoß gegen den Nemo-tenetur-Grundsatz**, ohne diesen Streit zu entscheiden. Der Fall ist nämlich insb dadurch geprägt, dass A sich mehrfach gegenüber den Ermittlungspersonen auf sein Schweigerecht berief. Diese Entscheidung für das Schweigen hätten die Strafverfolgungsbehörden respektieren müssen. Mit dem Grundsatz der Selbstbelastungsfreiheit ist es daher unvereinbar, dem sich auf sein Schweigerecht berufenden Beschuldigten in gezielten, **vernehmungsähnlichen Befragungen**, die auf Initiative der Ermittlungsbehörden ohne Aufdeckung der Verfolgungsabsicht durchgeführt werden, wie etwa durch Verdeckte Ermittler, selbstbelastende Angaben zur Sache zu entlocken. Somit wurde die Entscheidung des A, im Verfahren zu schweigen, durch den eingesetzten Verdeckten Ermittler massiv verletzt. E hat sich zudem nicht darauf beschränkt, das zwischen ihm und A geschaffene Vertrauen dafür zu nutzen, Informationen aufzunehmen, die A von sich aus zum Tatgeschehen machte, sondern er drängte A vielmehr massiv zu seiner Aussage, so dass sich das Gespräch als **funktionales Äquivalent einer staatlichen Vernehmung** darstellte. Somit liegt ein Verstoß gegen den Nemo-tenetur-Grundsatz vor.

II. Diese unzulässige Beweisgewinnung durch E hat – wegen des gravierenden Eingriffs in die prozessualen Rechte des Angeklagten – auch ein **Beweisverwertungsverbot** zur Folge. Daher war die Verwertung **rechtswidrig**.

(Zum Einsatz eines polizeilichen Lockspitzels im Allgemeinen vgl Problem 10.)

Problem 34: Einstellung des Verfahrens aus Opportunitätsgründen

I. Allgemeines

1   Neben der Einstellung nach § 170 Abs. 2 StPO (mangels hinreichendem Tatverdacht) haben die StA und das Gericht die Möglichkeit, das Verfahren aus **Opportunitätsgründen** einzustellen. Dies ist möglich, wenn die Schuld gering ist oder andere Gründe dagegensprechen, eine Anklage zu erheben, selbst wenn dem Täter die Tat voraussichtlich nachgewiesen werden kann. Diese Einstellungsmöglichkeiten aus Opportunitätsgründen sind in den §§ 153 ff. StPO geregelt. Man unterscheidet die **Einstellung ohne belastende Maßnahmen** (ua §§ 153, 154 ff. StPO, 45 Abs. 1, 47 Abs. 1 S. 1 Nr. 1 JGG) und die **Einstellung mit belastenden Maßnahmen** (ua §§ 153a StPO, 45 Abs. 3 JGG).

II. Einstellung nach § 153 StPO

2   Eine Einstellung nach § 153 StPO kommt bei sog Bagatellsachen in Betracht, dh bei nur geringer Schuld des Täters und mangelndem öffentlichem Interesse.

3   **1. Einstellung im Ermittlungsverfahren durch die StA (§ 153 Abs. 1 StPO):** Sofern die StA im Ermittlungsverfahren nach § 153 Abs. 1 StPO einstellt, ist Folgendes zu beachten:

4   a) **Vergehen:** Zunächst muss es sich bei der Tat um ein Vergehen (§ 12 Abs. 2 StGB) handeln.

5   b) **Geringe Schuld:** Bei der Geringfügigkeit der Schuld ist eine hypothetische Betrachtung maßgeblich, dh die Schuld muss dem Täter nicht nachgewiesen werden („als gering anzusehen *wäre*"). Ausreichend ist die bloße Wahrscheinlichkeit der Verurteilung auf der Basis des bisherigen Ermittlungsstandes. Ist hingegen eine Verurteilung unwahrscheinlich, muss nach § 170 Abs. 2 StPO eingestellt werden. Die Schuld wäre gering, wenn sie bei einem Vergleich mit Vergehen gleicher Art deutlich unter dem Durchschnitt läge. Die dabei maßgeblichen Kriterien lassen sich aus § 46 Abs. 2 S. 2 StGB entnehmen.

6   c) **Fehlendes öffentliches Verfolgungsinteresse:** Für die Feststellung des mangelnden öffentlichen Interesses an der Strafverfolgung ist auf die Strafzwecke abzustellen. Somit ist zu fragen, ob aus spezial- oder aus generalpräventiven Gründen oder aber zum Schuldausgleich eine Fortsetzung des Verfahrens notwendig erscheint.

7   d) **Zuständigkeit:** Zuständig für die Einstellung ist die StA mit Zustimmung des Gerichts (§ 153 Abs. 1 S. 1 StPO). Einer Zustimmung des Gerichts bedarf es gemäß § 153 Abs. 1 S. 2 StPO nicht bei kleineren Vergehen ohne schwere Folgen. Ferner ist die Zustimmung des Beschuldigten generell nicht erforderlich. Eine Anfechtung der Einstellung ist nicht möglich.

8   e) **Kein Vorliegen eines Privatklagedelikts:** Liegt ein **Privatklagedelikt** iSd § 374 Abs. 1 StPO vor, so muss entweder (bei Bejahung des öffentlichen Interesses) Anklage erhoben (§ 376 StPO) oder (bei Verneinung desselben) das Verfahren eingestellt und auf den Privatklageweg verwiesen werden. Eine Einstellung nach § 153 StPO ist demnach bei diesen Delikten ausgeschlossen.

9   f) **Folgen:** Die Entscheidung erwächst nicht in Rechtskraft, dh eine Verfahrensfortsetzung ist auch ohne neue Beweismittel und Tatsachen jederzeit möglich.

Problem 34: Einstellung des Verfahrens aus Opportunitätsgründen

2. Einstellung nach Klageerhebung durch das Gericht (§ 153 Abs. 2 StPO): Sofern es sich um eine Einstellung nach Klageerhebung durch das Gericht handelt, gilt Folgendes:

a) Zeitpunkt: Ist die öffentliche Klage erhoben (§ 170 Abs. 1 StPO), kann nur noch das Gericht das Verfahren einstellen: Dies kann unter denselben Voraussetzungen wie bei der Einstellung durch die StA und zudem in jeder Lage des Verfahrens geschehen.

b) Voraussetzung: Für eine solche Einstellung ist die Zustimmung der StA und des Angeschuldigten erforderlich (§ 153 Abs. 2 S. 1 StPO).

c) Anfechtbarkeit: Diese durch Beschluss erfolgende Einstellung ist weder durch die StA noch seitens des Angeschuldigten anfechtbar (§ 153 Abs. 2 S. 4 StPO). Allerdings ist eine Beschwerde gemäß § 304 StPO zulässig, wenn eine prozessuale Voraussetzung für die Einstellungsentscheidung fehlte, zB die Zustimmung eines der Beteiligten.

d) Folgen: Im Gegensatz zu § 153 Abs. 1 StPO wird dem Beschluss gemäß § 153 Abs. 2 StPO eine **beschränkte Rechtskraft** zuerkannt, deren Umfang jedoch sehr umstritten ist (vgl *Rössner/Safferling*, 30. Problem mwN). Da nach dem Wortlaut eine Einstellung nur bei Vergehen möglich ist, hält der **BGH** ein neues Verfahren für möglich, wenn sich nachträglich herausstellt, dass es sich bei der Tat doch um ein Verbrechen handelte. Daneben wird eine Vielzahl anderer Meinungen vertreten (vgl dazu die strafprozessuale Zusatzfrage).

III. Einstellung nach § 153a StPO

Eine Einstellung nach § 153a StPO kommt in Betracht, wenn die Schwere der Schuld nicht entgegensteht und das öffentliche Strafverfolgungsinteresse bei Erfüllung von Auflagen entfällt.

1. Einstellung im Ermittlungsverfahren durch die StA (§ 153a Abs. 1 StPO): Für eine Einstellung durch die StA im Ermittlungsverfahren gemäß § 153a Abs. 1 StPO müssen folgende Voraussetzungen erfüllt sein:

a) Vergehen: Bei der Tat muss es sich um ein Vergehen (§ 12 Abs. 2 StGB) handeln.

b) Keine Schwere der Schuld: Zudem darf die Schwere der Schuld nicht entgegenstehen. Ausreichend ist dabei ein hinreichender Tatverdacht. Erfasst ist neben der „geringen Schuld" aber auch die Schuld im mittleren Bereich.

c) Öffentliches Verfolgungsinteresse: Anders als bei § 153 StPO muss grds ein öffentliches Interesse an der Strafverfolgung vorliegen. Dieses muss aber durch die dem Beschuldigten auferlegten **Auflagen** und **Weisungen** beseitigt werden können. Zu den einzelnen Auflagen und Weisungen vgl die nicht abschließende Aufzählung in § 153a Abs. 1 S. 2 StPO.

d) Zuständigkeit: Zuständig für die Einstellung ist die StA mit Zustimmung des Gerichts und des Beschuldigten. Ausnahmsweise kann gemäß § 153a Abs. 1 S. 7 StPO iVm § 153 Abs. 1 S. 2 StPO bei kleineren Vergehen ohne schwere Folgen auch ohne Zustimmung des Gerichts eingestellt werden.

Folgen: Zunächst liegt eine vorläufige, nicht anfechtbare Einstellung vor. Nach Erfüllung der Auflagen bzw Weisungen wird sie zu einer endgültigen Einstellung bei beschränktem Strafklageverbrauch. Allerdings besteht eine Wiederaufnahmemöglichkeit, wenn sich nachträglich herausstellt, dass die Tat kein Vergehen, sondern ein Verbrechen darstellte (§ 153a Abs. 1 S. 5 StPO).

22 **2. Einstellung nach Klageerhebung durch das Gericht (§ 153a Abs. 2 StPO):** Für eine Einstellung durch das Gericht nach Klageerhebung (§ 170 Abs. 1 StPO) müssen wiederum die gleichen Voraussetzungen wie bei § 153a Abs. 1 StPO vorliegen. Ferner sind auch die Folgen im Wesentlichen identisch. Die Einstellung erfolgt durch unanfechtbaren Beschluss (§ 153a Abs. 2 S. 3, 4 StPO). Zudem ist eine Zustimmung sowohl der StA als auch des Angeschuldigten erforderlich. Nach Änderung des § 153a Abs. 2 S. 1 StPO a. F.,[1] der eine Zuständigkeit nur bis zum Ende der letzten Tatsacheninstanz vorsah, erstreckt sich der Anwendungsbereich des § 153a Abs. 2 StPO (aus Gründen der Verfahrensvereinfachung und -beschleunigung) nunmehr von der Anklageerhebung bis zum Abschluss des letztinstanzlichen Verfahrens, dh auch das Revisionsgericht ist zur Verfahrenseinstellung nach § 153a Abs. 2 StPO befugt.

IV. Einstellung gemäß § 154 StPO bzw Beschränkung der Strafverfolgung gemäß § 154a StPO bei mehreren Delikten

23 Die §§ 154, 154a StPO sind eine Ausprägung der Verfahrensökonomie. Sie ermöglichen ein Abweichen vom Legalitätsprinzip (vgl dazu Problem 5), wenn der Täter mehrere Delikte verwirklicht hat.

24 **1. § 154 StPO:** Eine Einstellung nach § 154 StPO kommt bei selbstständigen Taten im prozessualen Sinn (§ 264 StPO) in Betracht, wenn die einzustellende Tat neben einer anderen (Haupt-)Tat des Täters nicht mehr ins Gewicht fällt. Die Einstellung erfolgt zunächst durch die StA, nach Klageerhebung allerdings durch das Gericht.

25 **2. § 154a StPO:** Hingegen ist § 154a StPO bei ein- und derselben Tat im prozessualen Sinn (§ 264 StPO) einschlägig. Die „Einstellung" einzelner Gesetzesverletzungen innerhalb einer prozessualen Tat ist begrifflich unmöglich, da eine prozessuale Tat nur entweder angeklagt oder eingestellt werden kann. Stattdessen eröffnet § 154a StPO die Möglichkeit zur Beschränkung der Verfolgung auf die „gewichtigen" Gesetzesverletzungen. Gesetzesverletzungen, die daneben nicht mehr ins Gewicht fallen, können „wegbeschränkt" werden. Auch die Beschränkung erfolgt zunächst durch die StA, nach Klageerhebung aber durch das Gericht.

26 **3. Folgen:** Es kommt zu einer vorläufigen Einstellung/Beschränkung des Verfahrens. Weiterhin besteht die Möglichkeit einer Wiederaufnahme bzw Wiedereinbeziehung nach den §§ 154 Abs. 3, Abs. 4, 154a Abs. 3 StPO. Die ausgeschiedenen Delikte können bei der Verurteilung nach Ansicht des **BGH** strafschärfend berücksichtigt werden, wenn der Beschuldigte ausdrücklich unter Anwendung des § 265 StPO darauf hingewiesen und das Tatgeschehen prozessordnungsgemäß festgestellt wurde.[2]

V. Weitere Einstellungsmöglichkeiten

27 Daneben bestehen diverse weitere – nicht sehr examensrelevante – Einstellungsmöglichkeiten: § 153b StPO (Fälle, in denen das Gericht von Strafe absehen könnte), § 153c StPO (bei Auslandstaten), § 153d StPO (bei politischen Straftaten), § 153e StPO (bei Staatsschutzdelikten), § 153f StPO (Straftaten nach dem Völkerstrafgesetzbuch); § 154c StPO (bei Nötigungs- und Erpressungsopfern), § 154d StPO (bei zivil- oder verwaltungsrechtlichen Vorfragen), § 31 BtMG (für Kronzeugen), § 31a BtMG

---

1 Vgl BGBl. 2017 I, S. 3202.
2 Str., vgl dazu *Beulke/Swoboda*, Rn. 526.

Problem 34: Einstellung des Verfahrens aus Opportunitätsgründen

(bei Drogenbesitz zum Eigenverbrauch) und § 37 BtMG (bei Durchführung einer Drogentherapie).

Zur Vertiefung:

Rechtsprechung: EGMR NJW 2019, 203 – Bikas (Geltung der Unschuldsvermutung nach Art. 6 Abs. 2 EMRK, Berücksichtigung eingestellter weiterer Strafverfahren bei der Strafzumessung); **BVerfG NJW 2020, 675** – Verfassungsbeschwerde gegen die Einstellung eines Ermittlungsverfahrens (Pflicht der Oberlandesgerichte zur Nachprüfung von Opportunitätseinstellungen); **BGHSt 30, 147** – Geiselnahme (strafschärfende Berücksichtigung ausgeschiedener Taten); **BGHSt 30, 165** – Einstellung (strafschärfende Berücksichtigung ausgeschiedener Taten); **BGH NStZ 2009, 228** – Serientat (Beweiswürdigung bei Einstellung einer unwesentlichen Nebenstraftat nach § 154 Abs. 2 StPO); **BGH NStZ 2014, 46** – Irrtümliche Verfahrenseinstellung nach § 154 Abs. 2 StPO (Erfordernis eines Gerichtsbeschlusses nach § 154 Abs. 5 StPO); **BGH NJW 2015, 181** – Einstellungsbeschluss (Anforderungen an die Bestimmtheit einer Verfahrenseinstellung nach § 154 Abs. 2 StPO); **OLG Hamm NJW 2004, 3134** – Fehlerhafte Einstellung (Anfechtbarkeit der Einstellung nach § 153 Abs. 2 StPO, Verwirkung der Anfechtungsmöglichkeit); **OLG Braunschweig NStZ 2014, 174** – Einstellung (Anwendbarkeit der §§ 153, 153a im Klageerzwingungsverfahren).

Literatur/Aufsätze: *Eicker*, Das öffentliche Interesse in der Strafrechtsklausur – warum sich Referendare dafür interessieren sollten!, JA 2019, 375; *Hein*, Die Einstellung des Strafverfahrens aus Opportunitätsgründen, JuS 2013, 899; *Hennig/Schlüter*, Die richtige Einstellungsnorm bei Bagatellvorwürfen, JuS 2022, 929; *Kargl/Sinner*, Der Öffentlichkeitsgrundsatz und das öffentliche Interesse in § 153a StPO, JURA 1998, 231; *Nestler*, Strafverfahren zwischen Wirtschaftlichkeit und Legalitätsprinzip, JA 2012, 88; *Peters/Odinius*, Die endgültige Einstellung des Verfahrens nach § 154 StPO bei Einstellung des Bezugsverfahrens nach § 153a StPO, NZWiSt 2017, 426; *Rechenbach*, Die Diversion im Jugendstrafrecht gemäß §§ 45, 47 JGG, JA 2019, 64; *Trentmann*, § 153a StPO und das öffentliche Interesse an der Strafverfolgung, ZStW 128 (2016), 446.

Strafprozessuale Zusatzfrage:[3]

A hat einem Touristen eine Geldbörse entwendet und wird erwischt. Die StA erhebt Anklage, in der Hauptverhandlung wird das Verfahren jedoch gemäß § 153 Abs. 2 StPO eingestellt, da A nur eine geringe Beute erzielt hat, nicht vorbestraft ist und auch sonst keine besonderen Gründe ersichtlich sind, die eine Verfolgung gebieten. A werden dabei keine Auflagen oder Weisungen erteilt. Nach einiger Zeit kommt heraus, dass A die Tat als Mitglied einer Bande begangen hat, die auf entsprechende Taten spezialisiert ist. Die StA möchte das Verfahren gegen A daher wieder aufnehmen. Ist das möglich?

Klausurmäßiger Lösungsvorschlag:

Ein erneutes Verfahren gegen A kann nur eingeleitet werden, wenn keine entgegenstehende Rechtskraft anzunehmen ist. Nur dann könnte die Tat aufgrund der neuen Er-

---

[3] Vgl dazu *Beulke/Swoboda*, Rn. 512, 529; *Rössner/Safferling*, 30. Problem mwN.

kenntnisse statt gemäß § 242 StGB als Bandendiebstahl gem §§ 242 Abs. 1, 244 Abs. 1 Nr. 2 StGB verfolgt werden.

31 I. Anders als bei § 153 Abs. 1 StPO wird dem Beschluss nach § 153 Abs. 2 StPO eine beschränkte Rechtskraft zuerkannt. Mangels einer ausdrücklichen gesetzlichen Regelung ist es aber fraglich, wie weit ihr Umfang reicht.

32 1. Eine Ansicht lässt es für die Verfolgbarkeit der Tat ausreichen, dass **neue Tatsachen oder Beweismittel** zum Vorschein kommen, welche die Tat in ihrem Unwertgehalt schwerer wiegen lassen, so dass sie **nicht mehr als geringwertig anzusehen** ist, ohne dass eine Heraufstufung zum Verbrechen vorliegen muss. Danach kann die StA hier aufgrund der neuen Umstände, welche die Tat nun als Bandendiebstahl gemäß § 244 Abs. 1 Nr. 2 StGB qualifizieren, mangels entgegenstehender Rechtskraft eine erneute Anklage erheben.

33 2. Nach der hM ist hingegen **§ 153a Abs. 1 S. 5 StPO analog** anzuwenden, da dort eine konkrete Regelung vorgegeben ist. Danach steht die Rechtskraft einem neuen Verfahren nur dann nicht entgegen, wenn die Tat sich aufgrund der neuen Erkenntnisse als **Verbrechen** darstellen würde. Dies können neue Tatsachen sein, es genügt aber auch, wenn das Gericht oder die StA zuvor **falsch subsumiert** hat. Nach dieser Meinung würde die StA hier keine neue Anklage erheben können, da die Tat gemäß § 244 Abs. 1 Nr. 2 StGB kein Verbrechen iSd § 12 Abs. 1 StGB ist. Gegen diese Ansicht wird zwar angeführt, dass es an einer vergleichbaren Interessenlage für eine Analogie fehlt. Im Fall des § 153a Abs. 1 S. 5 StPO müsse der Beschuldigte nämlich Auflagen oder Weisungen erfüllen, was bei § 153 Abs. 2 StPO gerade nicht der Fall ist. Für diese Ansicht spricht jedoch, dass – wie bei § 153a StPO – Verbrechen grds von einer Einstellung nach § 153 StPO ausgenommen sind, so dass ein entsprechendes Vertrauen nicht schützenswert ist. Dies gilt umso mehr, weil noch nicht einmal – wie bei § 153a StPO – eine Gegenleistung in Form der Erfüllung von Auflagen erbracht wurde. Daher ist dieser Ansicht zu folgen.

34 3. Zu dem gleichen Ergebnis gelangt im Übrigen auch die Meinung, die im Vergleich zur hM einschränkend annimmt, dass der Verfolgung der Tat nur dann keine Rechtskraft entgegenstehen soll, wenn **neue Tatsachen oder Beweismittel** bekannt werden und die Tat deswegen zu einem **Verbrechen** wird, so dass die lediglich falsche Subsumtion bei gleichbleibendem Sachverhalt nicht genügt. Denn es liegen zwar neue Tatsachen vor, jedoch fehlt es am Charakter des Bandendiebstahls als Verbrechen.

35 II. Ergebnis: Einem erneuten Verfahren steht die (beschränkte) Rechtskraft der Einstellung entgegen.

Problem 35: Klageerzwingungsverfahren

I. Allgemeines

Das Klageerzwingungsverfahren verfolgt zwei Zwecke. Einerseits dient es der Absicherung des Legalitätsprinzips (vgl dazu Problem 5) und andererseits dem Interesse des Opfers, dass die Straftat auch tatsächlich verfolgt und angeklagt wird. In der Regel richtet sich das Klageerzwingungsverfahren gegen eine Entscheidung der StA, nachdem diese Ermittlungen durchgeführt, einen Tatverdacht verneint und das Ermittlungsverfahren gemäß § 170 Abs. 2 StPO eingestellt hat. Es kann aber auch dazu eingesetzt werden, bereits die Durchführung des Vorverfahrens zu erzwingen, sofern die StA nicht einmal damit begonnen hat, in einem bestimmten Fall zu ermitteln.

II. Voraussetzungen

Für ein erfolgreiches Klageerzwingungsverfahren müssen folgende Voraussetzungen vorliegen:

1. Strafantrag: Gemäß § 172 Abs. 1 S. 1 StPO ist nur derjenige zur Einleitung eines Klageerzwingungsverfahrens berechtigt, der zuvor auch einen Antrag auf Erhebung der öffentlichen Klage iwS (vgl dazu Problem 2) gestellt hat.

2. Verletzter: Ferner muss der Antragsteller zugleich Verletzter der Straftat sein (§ 172 Abs. 1 S. 1 StPO). Der Begriff des Verletzten iSd § 172 StPO ist weiter auszulegen als beim Strafantrag nach § 77 StGB. Neben denjenigen, die Inhaber des durch den Straftatbestand geschützten Rechtsgutes sind oder deren Rechte unmittelbar beeinträchtigt sind, werden auch solche Personen als Verletzte angesehen, deren Rechte so beeinträchtigt sind, dass ein Verlangen nach Strafverfolgung Ausdruck eines berechtigten Genugtuungsinteresses ist. Zur Beurteilung wird teilweise auf den Schutzzweck der verletzten Norm abgestellt. So kann als Verletzter zB derjenige angesehen werden, dessen Stellung im Prozess durch eine Falschaussage des Täters erschwert wurde, auch wenn geschütztes Rechtsgut der §§ 153 ff. StGB lediglich die staatliche Rechtspflege ist.

3. Kein gesetzlicher Ausschluss: In § 172 Abs. 2 S. 3 StPO sind einige gesetzliche Ausschlussgründe normiert. So ist ein Klageerzwingungsverfahren nicht zulässig bei Privatklagedelikten (vgl dazu Problem 48) und bei Einstellungen nach dem Opportunitätsprinzip gemäß den §§ 153 ff. StPO (vgl dazu Problem 34). In beiden Fällen liegt eine Durchbrechung des Legalitätsprinzips vor und es besteht keine Pflicht der StA zur Anklage. Demzufolge kann diese auch nicht erzwungen werden. Der Fall liegt jedoch anders, wenn die StA ein Verfahren unzulässigerweise nach den §§ 153 ff. StPO einstellt, so etwa bei einem Verbrechen. Obgleich diese Ausschlussgründe sich auf das gerichtliche Verfahren beziehen, gelten sie auch bereits für die vorgeschaltete Beschwerde.

III. Verfahren

Das Klageerzwingungsverfahren ist dem verwaltungsrechtlichen Verfahren nicht unähnlich, welches sich aus Widerspruchs- und gerichtlichem Verfahren zusammensetzt. Bei einer Einstellung des Verfahrens muss die StA den Antragsteller mittels eines Bescheides darüber in Kenntnis setzen (§ 171 StPO). Der Verletzte kann sodann gemäß § 172 Abs. 1 S. 1 StPO innerhalb einer Frist von zwei Wochen nach Bekanntmachung

Beschwerde gegen die Einstellung des Verfahrens einlegen. Über die Beschwerde entscheidet der vorgesetzte Beamte innerhalb der StA (meist der Generalstaatsanwalt), sofern die StA der Beschwerde nicht zuvor abgeholfen hat und sie damit gegenstandslos wurde. Der vorgesetzte Beamte kann selbst ebenfalls der Beschwerde abhelfen und die StA unter Aufhebung der Einstellungsverfügung zur Erhebung der öffentlichen Klage anweisen, wenn er die Sache für anklagereif hält. Wird der Beschwerde nicht abgeholfen, kann gegen den ablehnenden Bescheid binnen eines Monats eine gerichtliche Entscheidung beantragt werden. Hierbei sind die Formalien des § 172 Abs. 3 StPO zu beachten, es müssen also Tatsachen und Beweismittel angegeben werden und der Antrag muss von einem Rechtsanwalt unterzeichnet sein. Zuständig ist gemäß § 172 Abs. 4 S. 1 StPO das OLG. Dieses kann wiederum den Antrag verwerfen (§ 174 Abs. 1 StPO) oder die Erhebung der öffentlichen Klage beschließen (§ 175 S. 1 StPO). In ersterem Fall kann ein Verfahren nur noch eingeleitet werden, wenn neue Tatsachen oder Beweismittel vorgebracht werden (§ 174 Abs. 2 StPO). Im zweiten Fall ist der Beschluss auf Anklageerhebung für die StA bindend, dh sie muss nun tatsächlich die öffentliche Klage erheben.

Zur Vertiefung:

7   **Rechtsprechung: BVerfG NJW 2016, 44** – Antragsschrift (zu den Darlegungsanforderungen an einen Klageerzwingungsantrag); **BVerfG NJW 2017, 3141** – Zulässigkeitsvoraussetzungen für ein Klageerzwingungsverfahren (zur Reichweite der Garantie effektiven Rechtsschutzes); **BVerfG NJW 2020, 675** – Verfassungsbeschwerde gegen die Einstellung eines Ermittlungsverfahrens (Pflicht der Oberlandesgerichte zur Nachprüfung von Opportunitätseinstellungen); **BVerfG NStZ-RR 2020, 115** – Nichtannahmebeschluss (keine hinreichende Darlegung der Verletzung der Rechtsschutzgarantie oder des Gehörsanspruchs im Klageerzwingungsverfahren); **OLG Hamm NJW 2008, 245** – Notanwalt (Anforderungen an eine Anwaltsbeiordnung); **OLG Celle NJW 2008, 2202** – Mobbing (Anforderungen an einen Klageerzwingungsantrag: konkrete Sachverhaltsschilderung, Angabe der Beweismittel); **OLG Zweibrücken NStZ 2007, 420** – Mietkaution (Verpflichtung zur Anklageerhebung bei von der BGH-Rspr. abweichender Beurteilung einer Rechtsfrage), vgl *Marxen/Stauß*, Mietkautions-Fall, famos 7/2007; **OLG Schleswig NStZ 2013, 302** – Klageerzwingungsantrag (formgerechte Abfassung); **OLG Zweibrücken NStZ-RR 2021, 80** – Klageerzwingung (Anordnung weiterer Ermittlungen); **OLG Bamberg StV 2022, 139** – Klageerzwingung (Antrag unzulässig bei Unterzeichnung durch Rechtsprofessor).

Literatur/Aufsätze: *Krumm*, Klageerzwingungsanträge richtig stellen, NJW 2013, 2948; *Krumm*, „Ganz schön schwer!" – Der Klageerzwingungsantrag in der Praxis, NJ 2016, 241; *Kruse*, Aus der Praxis: Die Rechtsmittelbelehrung im staatsanwaltlichen Einstellungsbescheid, JuS 2007, 822; *Peglau*, Der Begriff des „Verletzten" iS von § 172 I StPO, JA 1999, 55; *Schemmel*, Das Recht auf effektive Strafverfolgung bei rechtswidriger Zwangsfixierung: Ermittlungsintensität und Kontrolldichte im Klageerzwingungsverfahren, NJW 2020, 651.

Problem 35: Klageerzwingungsverfahren

Strafprozessuale Zusatzfrage:
(Fortsetzung der strafprozessualen Zusatzfrage zu Problem 8)

A vermietet B ein Einfamilienhaus. Dieser zahlt zum Einzug eine Mietkaution iHv 2000 Euro. Laut vertraglicher Bestimmung und gesetzlicher Regelung (§ 551 Abs. 3 BGB) hat A die Mietkaution auf einem besonderen Bankkonto getrennt von seinem üblichen Vermögen zum üblichen Zinssatz anzulegen. Nachdem B sieben Jahre das Haus bewohnt hat, kündigt er ordnungsgemäß und zieht aus. Als er die Mietkaution zurückverlangt, stellt sich heraus, dass A entgegen seiner Verpflichtung das Geld auf sein eigenes Konto eingezahlt und schon in den ersten Wochen verbraucht hat, so dass er die Kaution nicht zurückzahlt und auch nicht zurückzahlen kann. Zu keinem Zeitpunkt während der vergangenen sieben Jahre wies sein Konto einen positiven Saldo auf. B ist erbost und stellt Strafantrag. Die StA stellt das Verfahren nach § 170 Abs. 2 StPO ein, weil sie entgegen der Rspr. des BGH dieses Verhalten für straflos hält. Sie übersendet B den Bescheid inklusive Belehrung. Was kann B tun, um dennoch eine Bestrafung des A zu erreichen?

Klausurmäßiger Lösungsvorschlag:

*Problematisch ist hier, dass die StA das Verfahren bereits nach § 170 Abs. 2 StPO eingestellt hat, da sie keinen hinreichenden Tatverdacht annahm. B könnte jedoch, da es sich bei dem hier in Betracht kommenden § 266 StGB um ein Offizialdelikt handelt, ein **Klageerzwingungsverfahren** nach § 172 StPO durchführen. Dieses hätte Aussicht auf Erfolg, wenn ein entsprechender Antrag zulässig und begründet wäre.*

I. Zulässigkeit

*Den gemäß § 172 Abs. 1 S. 1 StPO erforderlichen **Strafantrag** auf Erhebung der öffentlichen Klage iwS hat B gestellt. Zudem ist B auch Verletzter iSd § 172 Abs. 1 S. 1 StPO. Ein **Ausschlussgrund** nach § 172 Abs. 2 S. 3 StPO ist nicht ersichtlich. Ferner ist hinsichtlich des **Verfahrens** zu beachten, dass B gemäß § 172 Abs. 1 S. 1 StPO binnen **zwei Wochen** nach Bekanntmachung der Einstellung eine **Beschwerde** beim vorgesetzten Beamten der StA einlegen muss. Gegen einen ablehnenden Bescheid des vorgesetzten Beamten kann er sodann binnen eines Monats eine gerichtliche Entscheidung beantragen, § 172 Abs. 2 S. 1 StPO. Hierbei sind die Formalien des § 172 Abs. 3 StPO zu beachten, es müssen also Tatsachen und Beweismittel angegeben werden und der Antrag muss von einem Rechtsanwalt unterzeichnet sein. Zuständig ist gemäß § 172 Abs. 4 StPO das OLG.*

Ein unter Einhaltung dieser Vorgaben gestellter Antrag des A gem § 172 Abs. 1 S. 1 StPO als erste Stufe des Klageerzwingungsverfahrens wäre zulässig.

II. Begründetheit

1. Zur materiellen Strafbarkeit des A

*a) A könnte sich wegen **Untreue** gemäß § 266 StGB strafbar gemacht haben. Er hat das Geld abredewidrig verbraucht und dadurch dessen Vermögen geschädigt und daher die ihm durch Rechtsgeschäft eingeräumte Befugnis, über das Vermögen des B zu verfügen, missbraucht. Die Untreue erfordert allerdings ferner das Vorliegen einer **Vermögensbetreuungspflicht** und es ist streitig, ob eine solche aus § 551 Abs. 3 BGB folgt.*

12 Der BGH nimmt dies an.[1] In der Lit. herrscht diesbzgl jedoch Streit. Auch einige Untergerichte haben eine Strafbarkeit bereits abgelehnt. Dennoch erscheint eine Verurteilung im späteren Verfahren hier im Hinblick auf die Rspr. des BGH wahrscheinlich.

13 b) Nach § 78a StGB beginnt die Frist erst nach Beendigung der Tat zu laufen. Die Untreue ist erst dann beendet ist, wenn nach Auszug des Mieters feststeht, dass und in welcher Höhe tatsächlich ein Schaden eingetreten ist. Daher ist die Tat hier noch nicht verjährt.

14 2. Für die Begründetheit ist damit entscheidend, ob die StA an die höchstrichterliche Rspr. gebunden ist, die eine Strafbarkeit hier bejaht. Hierzu werden verschiedene Meinungen vertreten (vgl dazu Problem 8). Nach der hM ist die StA in diesem Falle an die höchstrichterliche Rspr. gebunden. Dafür spricht zum einen das Legalitätsprinzip, § 152 Abs. 2 StPO. Zum anderen hat nicht die StA, sondern das Gericht über Rechtsfragen endgültig zu befinden.

15 III. Ergebnis: Der Antrag wäre auch begründet. Der Generalstaatsanwalt würde der Beschwerde des A abhelfen und die StA wegen Anklagereife der Sache unter Aufhebung der Einstellungsverfügung zur Erhebung der öffentlichen Klage anweisen.

---

1 BGHSt 41, 224.

Problem 36: Beweismittel – Überblick

I. Allgemeines

Durch den Untersuchungsgrundsatz (vgl dazu Problem 5) ist das Gericht verpflichtet, von Amts wegen die Wahrheit zu erforschen. Hinsichtlich des Beweisverfahrens ist dabei zu differenzieren zwischen dem Strengbeweisverfahren und dem Freibeweisverfahren.

1. Strengbeweisverfahren: Das Strengbeweisverfahren gilt für alle Beweiserhebungen innerhalb der **Hauptverhandlung**, welche Fragen der **Schuld** und somit Fragen zum Tathergang und der **Rechtsfolgen der Tat** betreffen (Bsp.: Wo war der Beschuldigte zur Tatzeit?). Es gilt eine Bindung an die gesetzlich zugelassenen Beweismittel: Zeugen, Sachverständige, Urkunden und Augenschein. Da weitere Beweismittel in der StPO nicht vorgesehen sind, spricht man vom **numerus clausus der Beweismittel**.

2. Freibeweisverfahren: Das Freibeweisverfahren kommt zur Anwendung bei allen anderen Beweiserhebungen, insb bei **prozessualen Fragen** (Bsp.: Wurde der Beschuldigte vor seiner Vernehmung ausreichend belehrt?) sowie Fragen der Schuld und der Rechtsfolgen der Tat **außerhalb der Hauptverhandlung** (Bsp.: Im Ermittlungsverfahren lässt sich der Staatsanwalt vom Leiter der Justizvollzugsanstalt dienstlich versichern, dass der Täter an einem bestimmten Tag Freigang hatte). Es ist **nicht** an die (limitierten) Beweismittel des Strengbeweisverfahrens gebunden, der Beweis kann daher auf jede beliebige Art und Weise geführt werden (so zB auch durch die Einlassung des Angeklagten). Zum Beweisantrag und der Ablehnung desselben vgl Problem 37.

II. Die einzelnen Beweismittel

1. Zeugen: Vorschriften hinsichtlich der Zeugen finden sich insb in den §§ 48 ff. StPO. Als Zeuge kommt jede natürliche Person in Betracht, die in einer **nicht gegen sie selbst gerichteten Strafsache** ihre Wahrnehmung über Tatsachen bekunden soll. Nach der Rspr. können Mitbeschuldigte Zeugen sein, wenn das Verfahren **getrennt** wird.[1] Zeugen haben drei Grundpflichten: Sie müssen grds erscheinen, aussagen und, wenn gefordert, ihre Aussage auch beeiden. Die §§ 52 ff. StPO regeln Zeugnisverweigerungsrechte der Zeugen (vgl dazu Problem 25). Ein solches Recht, nicht aussagen zu müssen, steht insb den Verlobten, Ehegatten oder Lebenspartnern und Verwandten des Beschuldigten sowie den Berufsgeheimnisträgern zu. Davon zu unterscheiden ist das jedem zustehende Recht zur Verweigerung der Aussage bzgl solcher Fragen, deren Beantwortung ihn selbst oder einen Angehörigen belasten würde (§ 55 StPO). Auch Verhörspersonen, wie zB der Richter im Ermittlungsverfahren oder der vernehmende Polizeibeamte, können Zeugen sein, wenn sie über den Inhalt der Vernehmung berichten sollen (sog „Zeugen vom Hörensagen", vgl dazu Problem 38).

2. Sachverständige: Für Sachverständige finden sich die maßgeblichen Vorschriften insb in den §§ 72 ff. StPO. Sachverständige werden vom Gericht bestellt. Auch sie haben grds die Pflicht, ein Gutachten zu erstellen. § 76 StPO verweist bzgl der Gutachtenverweigerungsrechte auf die Zeugnisverweigerungsrechte gemäß den §§ 52 ff. StPO.

3. Urkundsbeweis: Der strafprozessuale Begriff der Urkunde ist **nicht** identisch mit dem des materiellen Rechts iS der §§ 267 ff. StGB. Urkunden im strafprozessualen Sinn

---

[1] Str., vgl dazu *Beulke/Swoboda*, Rn. 290 mwN; *Heger/Pohlreich*, Rn. 366a.

sind nur Schriftstücke mit einem **verlesbaren** Gedankeninhalt. Die Vorschriften hinsichtlich des Urkundsbeweises finden sich insb in den **§§ 249 ff. StPO**. Der Urkundsbeweis ist stets zulässig, soweit er nicht gesetzlich untersagt ist. Hierbei ist insb der aus dem Unmittelbarkeitsgrundsatz folgende **Vorrang des Personalbeweises** zu beachten (vgl dazu Problem 38). Der Urkundsbeweis ist zudem abzugrenzen vom Augenscheinsbeweis. Soll zB nicht der Inhalt eines Schriftstückes verlesen, sondern die Schrift verglichen werden, so handelt es sich um einen Augenscheinsbeweis.

7   4. **Augenscheinsbeweis:** Der Begriff Augenscheinsbeweis umschreibt alle sinnlichen Wahrnehmungen. Vorschriften dazu finden sich insb in den **§§ 86 ff. StPO**. Der Augenscheinsbeweis steht im Ermessen des Gerichts und ist in jeder Phase des Verfahrens zulässig.

8   5. **Einlassung des Angeklagten:** Die Einlassung des Angeklagten, zB ein Geständnis, ist grds nur ein Beweismittel iwS. Sie muss aber im Rahmen der freien richterlichen Beweiswürdigung berücksichtigt werden und wird daher gewöhnlich zu den Beweismitteln gezählt.

Zur Vertiefung:

9   Rechtsprechung: BVerfG NJW 1982, 375 – Lügendetektor II (Verwendung unzulässig); BVerfG StraFo 1998, 16 – Lügendetektor III (Nichtannahmebeschluss, der die Frage der Zulässigkeit bei Einwilligung offen lässt); BGHSt 5, 332 – Lügendetektor I (Lügendetektor verletzt Freiheit der Willensentschließung und Willensbetätigung); BGHSt 14, 339 – Tonaufzeichnung (Inaugenscheinnahme des Tonbandes mit Zustimmung des Angeklagten zulässig); BGHSt 44, 308 – Lügendetektor IV (völlige Ungeeignetheit des Beweismittels); BGHSt 46, 349 – Verfahrenshindernisse (Prüfung von Verfahrenshindernissen im Strengbeweisverfahren); BGHSt 55, 153 – § 46b StPO (Tatopfer als atypischer „Kronzeuge" in fremder Sache); BGHSt 57, 24 – Ärztliches Attest (Verlesung zulässig, wenn ärztliche Sicht über das Attest hinaus nichts beitragen kann); BGH NStZ 1985, 514 – Verteidiger (Verteidiger als Zeuge in derselben Sache).

Literatur/Aufsätze: *Geppert*, Der Sachverständigenbeweis, JURA 1993, 249; *ders.*, Der Augenscheinsbeweis, JURA 1996, 307; *Huber*, Grundwissen – Strafprozessrecht: Beweismittel in der Hauptverhandlung, JuS 2010, 1056; *Kargl/Kirsch*, Zur Zulässigkeit eines untauglichen Beweismittels im Strafverfahren, JuS 2000, 537; *Kudlich*, Beweiskraft des Hauptverhandlungsprotokolls hinsichtlich der Durchführung des Selbstleseverfahrens, JuS 2005, 381; *Ott*, Das Fragerecht in der Hauptverhandlung, JA 2008, 529; *Warken*, Elektronische Beweismittel im Strafprozessrecht – eine Momentaufnahme über den deutschen Tellerrand hinaus, Teil 2, NZWiSt 2017, 329.

Strafprozessuale Zusatzfrage:[2]

10 A ist wegen sexuellen Missbrauchs der minderjährigen M angeklagt. In der Hauptverhandlung beantragt A zum Beweis dafür, dass er die ihm zur Last gelegten Vorwürfe zu Recht bestreitet, selbst die Einholung eines psychophysiologischen Gutachtens mittels der Durchführung einer Untersuchung mit einem Polygraphen (sog „Lügendetektor"). Bei dieser Untersuchung soll er zu konkreten Tatsachen des Tathergangs befragt werden. Er sieht dies als letzte Möglichkeit zum Nachweis seiner Unschuld an. Das

---

2 Fall nach BGHSt 44, 308.

Problem 36: Beweismittel – Überblick

Gericht lehnt diesen Beweisantrag jedoch durch formellen Beschluss ab. War diese Ablehnung rechtmäßig?

Klausurmäßiger Lösungsvorschlag:

Fraglich ist, ob die Ablehnung des Beweisantrages rechtmäßig war. Nach § 244 Abs. 2 StPO hat das Gericht die Beweisaufnahme von Amts wegen auf alle Beweismittel zu erstrecken, die für die Entscheidung von Bedeutung sind (Untersuchungsgrundsatz). Das Gericht muss einem Beweisantrag grds Folge leisten und darf ihn nur aus den gesetzlich in den §§ 244, 245 StPO genannten Gründen ablehnen.

*I. Zunächst müsste ein **formeller Beweisantrag** vorliegen. Hierunter versteht man das ernsthafte Verlangen des Antragstellers, über eine bestimmte, die Schuld oder Rechtsfolgen der Tat betreffende Tatsachenbehauptung mit einem gesetzlich bestimmten Beweismittel Beweis zu erheben und dem Antrag zu entnehmen ist, weshalb das bezeichnete Beweismittel die behauptete Tatsache belegen können soll (§ 244 Abs. 3 S. 1 StPO). Ein solcher Antrag, der sich auf ein genau bestimmtes Beweismittel des **Strengbeweises** – nämlich ein Sachverständigengutachten über die Glaubhaftigkeit einer mittels eines Lügendetektors überprüften Aussage des Angeklagten – richtet, liegt vor.*

*II. Es müsste nun ein **gesetzlicher Ablehnungsgrund** vorliegen. Dabei ist zwischen **präsenten** (zB ordnungsgemäß geladene und erschienene Zeugen und bereits herbeigeschaffte Beweise) und **nicht präsenten Beweismitteln** zu unterscheiden. Für letztere gilt § 244 Abs. 3 bis 5 StPO, für präsente Beweismittel hingegen § 245 StPO. Der noch nicht herbeigeschaffte Detektor ist ein **nicht präsentes** Beweismittel.*

*1. Es könnte der **zwingende Ablehnungsgrund** des § 244 Abs. 3 S. 2 StPO vorliegen, wonach ein Beweisantrag abzulehnen ist, wenn die Beweiserhebung unzulässig ist. Dies ist der Fall, wenn die Beweiserhebung gegen ein gesetzliches Verbot verstößt.*

*a) Zunächst könnte eine Verletzung des Allgemeinen Persönlichkeitsrechts aus **Art. 2 Abs. 1 GG iVm Art. 1 Abs. 1 GG** vorliegen. **Dafür** spricht, dass die durch Art. 2 Abs. 1 GG iVm Art. 1 Abs. 1 GG geschützte Freiheit der Willensentschließung und Willensbetätigung des an einen Lügendetektor angeschlossenen Beschuldigten nachhaltig beeinträchtigt werden kann. Der BGH nahm daher zunächst einen Verstoß gegen Art. 1 Abs. 1 GG an (das „Allgemeine Persönlichkeitsrecht" war damals als solches noch nicht anerkannt, daher stellte er ausschließlich auf Art. 1 Abs. 1 GG ab), da durch dieses Gerät unbewusste Körpervorgänge beim Untersuchten, die mit seinem Seelenzustand eng zusammenhängen, festgehalten würden.[3] Der Beschuldigte antworte auf Fragen, ohne dass er dies verhindern könne, und decke daher auch Unbewusstes auf, dessen Erforschung unzulässig ist. Auch die Lit. hat sich mehrheitlich dieser Auslegung angeschlossen. Schließlich hatte auch das BVerfG in einer derartigen „Durchleuchtung" der Person einen unzulässigen Eingriff in das Allgemeine Persönlichkeitsrecht des Betroffenen gesehen.[4] **Gegen** einen Verstoß spricht aber, dass A selbst in die Verwendung des Lügendetektors eingewilligt hat. Das BVerfG[5] ließ die Frage in einer späteren Entscheidung offen. Der BGH gab hingegen seine frühere Auffassung ausdrücklich auf.[6] Bei einer Einwilligung des Angeklagten sei ein Verstoß gegen die Willensfrei-*

---

3   Vgl BGHSt 5, 332.
4   Vgl BVerfG NJW 1982, 375.
5   BVerfG StraFo 1998, 16.
6   BGHSt 44, 308.

heit abzulehnen. *Allein der Zugriff auf das Unterbewusstsein bilde keinen Eingriff, da psychoanalytische Explorationen grds zulässig seien. Zwar würden durch den Polygraphen Vorgänge gemessen, die willentlich nicht zu steuern sind. Es sei aber auch üblicherweise möglich, solche körperlichen Reaktionen (wie etwa das In-Schweiß-Ausbrechen) zu berücksichtigen. Eine differenzierende, auf das Einverständnis des Beschuldigten abstellende Sichtweise werde auch am ehesten dem Zweck des Art. 1 Abs. 1 GG gerecht. Denn zum Schutz der Menschenwürde gehöre auch die Freiheit, über sich selbst verfügen und sein Schicksal eigenverantwortlich gestalten zu können. Im Hinblick darauf könne dem seine Entlastung erstrebenden Beschuldigten diese Möglichkeit nicht unter Hinweis auf die allgemeine staatliche Verpflichtung zur Achtung und Schutz der Menschenwürde verwehrt werden. Ein solches Verbot bedeute einen dem Willen des Beschuldigten widersprechenden „Schutz". Dem ist zuzustimmen, zumal A den Einsatz des Gerätes selbst vorschlug, um sich zu entlasten und dies als letzte Möglichkeit des Beweises seiner Unschuld ansah.*

16 b) Es kommt ferner ein Verstoß gegen § 136a StPO in Betracht. Die geringfügigen Irreführungen, die bei polygraphischen Untersuchungen laut Angabe von Sachverständigen vorkommen können, sind jedoch von dieser Vorschrift nicht erfasst, so dass eine Täuschung iSd § 136a Abs. 1 S. 1 StPO aufgrund der gebotenen restriktiven Auslegung der Norm ausscheidet. Auch die Anwendung des § 136a Abs. 1 S. 2 StPO unter dem Gesichtspunkt des (mittelbaren) unzulässigen Zwanges, dem sich der Angeklagte dadurch ausgesetzt sehen könnte, dass die Ablehnung (oder Nichtbeantragung) des Einsatzes eines Lügendetektors als Beweis seiner Schuld gewertet werden könnte, ist nicht einschlägig, da ein solches Verhalten wegen des Rechts zu schweigen und sich nicht selbst zu belasten, ohnehin nicht verwertet werden dürfte. Ebenso liegen die Voraussetzungen für eine **entsprechende Anwendung** der Vorschrift nicht vor, wenn der Beschuldigte einer Untersuchung mittels Polygraphen zustimmt, weil es an der für eine Analogie erforderlichen Vergleichbarkeit des Falles fehlt, da der Einsatz eines Polygraphen (im Gegensatz zur Hypnose) laut BGH insgesamt nicht den Schweregrad der vom Gesetz verbotenen Vernehmungsmethoden erreicht.

17 c) A würde auch nicht zur Teilnahme an dieser Untersuchung gezwungen. Somit liegt auch kein Verstoß gegen den **Nemo-tenetur-Grundsatz** vor. Der Ablehnungsgrund des § 244 Abs. 3 S. 2 StPO greift daher nicht.

18 2. In Betracht kommt aber eine Ablehnung des Beweisantrages nach § 244 Abs. 3 S. 3 Nr. 4 StPO. Hierzu müsste es sich beim Lügendetektor um ein völlig ungeeignetes Beweismittel handeln. Nach derzeitigem Forschungsstand ist es (noch) nicht möglich, zuverlässige, intersubjektiv überprüfbare und präzise Ergebnisse bei einer Vernehmung unter Verwendung eines Lügendetektors zu erzielen. Daher nahm der BGH zu Recht an, dass das Gericht den entsprechenden Beweisantrag nach § 244 Abs. 3 S. 3 Nr. 4 StPO ablehnen konnte.

19 III. Ergebnis: Die Ablehnung des Beweisantrages war rechtmäßig.

Problem 37: Beweisantragsrecht und Ablehnung des Beweisantrages

I. Allgemeines

Den wichtigsten Teil der Hauptverhandlung bildet die Beweisaufnahme. Nach § 244 Abs. 2 StPO hat das Gericht die Beweisaufnahme von Amts wegen auf alle Beweismittel zu erstrecken, die für die Entscheidung von Bedeutung sind, dh es hat die Pflicht, den Sachverhalt vollständig aufzuklären und daher auch Beweisanträgen grds nachzukommen (vgl zum sog Untersuchungsgrundsatz Problem 5). Daraus folgt ein entsprechender Anspruch der Prozessbeteiligten, dass sämtliche tauglichen, erlaubten und für die Entscheidung bedeutsamen Beweismittel berücksichtigt werden. Das Gericht hat infolge der Amtsaufklärungspflicht dafür zu sorgen, sämtliche verfügbaren Beweismittel zu beschaffen. Daneben dürfen aber auch die Prozessbeteiligten an der Beweisführung mitwirken. Sie können daher auch selbst Beweisanträge stellen oder sonstige Anregungen geben. Diese Möglichkeit steht insb der StA und dem Angeklagten zu, des Weiteren aber auch den Verteidigern, den Privatklägern (vgl dazu Problem 48) und den Nebenklägern (vgl dazu Problem 49). Hinsichtlich der einzelnen Formen der Mitwirkung ist zwischen dem Beweisantrag, dem Beweisermittlungsantrag und der Beweisanregung zu unterscheiden.

II. Der Beweisantrag

Ein Beweisantrag liegt vor, wenn der Antragsteller ernsthaft verlangt, Beweis über eine bestimmt behauptete konkrete Tatsache, die die Schuld- oder Rechtsfolgenfrage betrifft, durch ein bestimmt bezeichnetes Beweismittel zu erheben, und dem Antrag zu entnehmen ist, weshalb das bezeichnete Beweismittel die behauptete Tatsache belegen können soll (§ 244 Abs. 3 S. 1 StPO). Der Beweisantrag hat somit vier Voraussetzungen:

1. **Antrag:** Es muss ein konkreter Antrag gestellt werden, dh es darf sich nicht nur um eine bloße Beweisanregung handeln (der Unterschied liegt in der Intensität des Verlangens nach einer Beweiserhebung). Ebenso werden Beweisbehauptungen „aufs Geratewohl" oder „ins Blaue hinein", denen es an der gebotenen Ernsthaftigkeit des Verlangens fehlt, nicht als Beweisanträge behandelt.

2. **Bestimmte Tatsache (Beweisthema):** Es muss eine konkrete, genau bestimmte Tatsache benannt werden, über welche Beweis erhoben werden soll (unzulässig ist zB der allgemein gehaltene Antrag, das Beweismittel zum Nachweis „der Unschuld" des Angeklagten herbeizuschaffen). Ebenso scheiden Werturteile als Gegenstand des Beweisantrages aus (zB der Antrag, Beweis darüber zu erheben, dass der „Zeuge unglaubwürdig" ist).

3. **Bestimmte Beweismittel:** Es kommen nur Beweismittel des **Strengbeweises** in Betracht (vgl dazu Problem 36). Das konkrete Beweismittel muss genau bezeichnet sein, bei Zeugen müssen zB Name und ladungsfähige Anschrift angegeben werden.

4. **Konnexität:** Um Beweisbehauptungen begegnen zu können, die überhaupt nicht erkennen lassen, in welcher Weise das benannte Beweismittel zur Klärung der Beweisbehauptung beitragen kann (weshalb zB ein Zeuge die Beweisbehauptung aus eigener Wahrnehmung bestätigen können soll), wurde die Rspr. zur sog „Konnexität" eines

Beweisantrags[1] mittlerweile auch ins Gesetz übernommen. Der Beweisantrag muss hiernach den erforderlichen Zusammenhang („Konnexität") zwischen Beweismittel und Beweistatsache erkennen lassen.

III. Ablehnung eines Beweisantrages

7   Das Gericht muss einem Beweisantrag grds Folge leisten. Es darf ihn nur aus den gesetzlich (in den §§ 244, 245 StPO) genannten Gründen ablehnen (Aufklärungspflicht, § 244 Abs. 2 StPO!). Lehnt das Gericht den Beweisantrag ab, obwohl kein Ablehnungsgrund vorliegt, stellt dies einen Verfahrensfehler dar, der eine Revision gem § 337 StPO begründen kann. Hinsichtlich der Ablehnungsgründe ist zwischen präsenten (zB ordnungsgemäß geladene und erschienene Zeugen und bereits herbeigeschaffte Beweise) und (noch) nicht präsenten Beweismitteln zu unterscheiden. Für nicht präsente Beweismittel gilt § 244 Abs. 3 bis 5 StPO, während für präsente Beweismittel § 245 StPO einschlägig ist. Die Ablehnung eines Beweisantrages erfolgt durch einen formellen Beschluss des Gerichts (§ 244 Abs. 6 S. 1 StPO).

8   Eines Ablehnungsbeschlusses bedarf es aber nicht, wenn die beantragte Beweiserhebung **nichts Sachdienliches** zugunsten des Antragstellers erbringen kann, der Antragsteller sich **dessen bewusst ist** und er mit dem Antrag die **Verschleppung des Verfahrens** – allein oder neben anderen verfahrensfremden Zielen – **bezweckt** (§ 244 Abs. 6 S. 2 StPO). Anders als nach der früheren Rspr. ist es für die Annahme einer Verschleppungsabsicht nicht mehr erforderlich, dass die verlangte Beweiserhebung geeignet ist, den Abschluss des Verfahrens „wesentlich" oder „erheblich" zu verzögern.[2] Der bis dahin in § 244 Abs. 3 S. 2 Var. 6 StPO aF geregelte Ablehnungsgrund der Prozessverschleppungsabsicht ist entfallen, da in diesen Fällen schon gar **kein Beweisantrag** iSd § 244 Abs. 3 S. 1 StPO vorliegt.[3] Ausreichend ist daher eine Entscheidung durch den Vorsitzenden nach Maßgabe der Amtsaufklärungspflicht (§ 244 Abs. 2 StPO), gegen die eine Beanstandung nach § 238 Abs. 2 StPO möglich ist.

9   Mit der Einfügung des § 244 Abs. 6 S. 3 wurde dem Vorsitzenden ferner eine Möglichkeit an die Hand gegeben, Verfahrensverzögerungen zu vermeiden, ohne das Beweisantragsrecht unverhältnismäßig einzuschränken: Er kann nach Abschluss der von Amts wegen vorgesehenen Beweisaufnahme eine **angemessene Frist zur Stellung von Beweisanträgen** bestimmen. Nach Ablauf der Frist gestellte Beweisanträge können im Urteil beschieden werden (§ 244 Abs. 6 S. 4 Hs. 1 StPO), es sei denn, die Stellung des Beweisantrags war vor Fristablauf nicht möglich (§ 244 Abs. 6 S. 4 Hs. 2 StPO). Ein nach Fristablauf in **Verschleppungsabsicht** gestellter Antrag ist aber schon kein Beweisantrag, so dass es einer Ablehnung durch Gerichtsbeschluss (und sei es auch im Urteil) nicht bedarf (s.o.). Wird ein Antrag nicht innerhalb der gesetzten Frist gestellt, kann dies ein **signifikantes Indiz** für die innere Tatsache der Verschleppungsabsicht darstellen, wenn der Antragsteller die Gründe für die Verspätung nicht nachvollziehbar und substanziiert darlegen kann und auch die Aufklärungspflicht (§ 244 Abs. 2 StPO) nicht zur Beweiserhebung drängt.[4]

---

1   Vgl BGH StV 2008, 9 f.; BGH StraFo 2010, 466.
2   BT-Drs. 19/14747, S. 35: dieses „unklare Erfordernis" habe dazu geführt, dass dem Ablehnungsgrund in der Praxis nur eine „geringe Bedeutung" zukam.
3   BT-Drs. 19/14747, S. 34.
4   BGH NJW 2009, 605.

Problem 37: Beweisantragsrecht und Ablehnung des Beweisantrages

1. **Zwingender Ablehnungsgrund** (§§ 244 Abs. 3 S. 2, 245 Abs. 1 S. 1, Abs. 2 S. 2 StPO): Eine Beweiserhebung, die gegen ein gesetzliches Verbot verstößt, ist unzulässig. Hier **muss** der Beweisantrag zwingend abgelehnt werden. Zu denken ist hierbei insb an die Beweiserhebungsverbote gemäß § 136a StPO (vgl dazu Problem 24 und die strafprozessuale Zusatzfrage zu Problem 36).

2. **Ablehnungsgründe mit Ermessensspielraum des Gerichts:** Der Beweisantrag **darf** in folgenden Fällen abgelehnt werden:

a) wegen **Überflüssigkeit der Beweiserhebung wegen Offenkundigkeit** (§§ 244 Abs. 3 S. 3 Nr. 1, 245 Abs. 2 S. 3 Var. 2 StPO): Es kann sich hierbei zB um allgemein oder jedenfalls dem Gericht bekannte Tatsachen handeln;

b) wegen **Bedeutungslosigkeit der zu beweisenden Tatsache** (§§ 244 Abs. 3 S. 3 Nr. 2, 245 Abs. 2 S. 3 Var. 3 StPO): Eine Tatsache ist bedeutungslos, wenn sie entweder aus tatsächlichen oder aus rechtlichen Gründen ungeeignet ist, die Entscheidung zu beeinflussen;

c) wegen **Erwiesenheit der zu beweisenden Tatsache** (§§ 244 Abs. 3 S. 3 Nr. 3, 245 Abs. 2 S. 3 Var. 1 StPO): Dieser Ablehnungsgrund greift, wenn das Gericht bereits von der behaupteten Tatsache **überzeugt** ist (zulässige Beweisantizipation), **nicht** aber, wenn das Gericht vom Gegenteil der behaupteten Tatsache überzeugt ist. Dies würde eine unzulässige Beweisantizipation darstellen;[5]

d) wegen **völliger Ungeeignetheit des Beweismittels** (§§ 244 Abs. 3 S. 3 Nr. 4, 245 Abs. 2 S. 3 Var. 4 StPO): Relevant ist dieser Ablehnungsgrund, wenn sicher ist, dass sich eine Tatsache mit diesem Beweismittel nicht beweisen lässt. Ein problematischer Fall ist der Antrag auf Verwendung eines „Lügendetektors"; dieser ist nach BGHSt 44, 308 ein völlig ungeeignetes Beweismittel (vgl dazu die strafprozessuale Zusatzfrage zu Problem 36);

e) wegen **Unerreichbarkeit des Beweismittels** (§§ 244 Abs. 3 S. 3 Nr. 5 StPO): Der Ablehnungsgrund der Unerreichbarkeit ist gegeben, wenn Bemühungen der Beweiserbringung fehlgeschlagen sind und keine begründete Aussicht besteht, dass das Beweismittel in absehbarer Zeit beizubringen ist. Dieser Ablehnungsgrund gilt somit naturgemäß nicht für präsente Beweismittel. Wichtige Fälle sind in diesem Zusammenhang V-Leute, deren Identität nicht aufgedeckt werden soll und bei denen daher eine entsprechende Sperrerklärung der Behörde vorliegt (vgl dazu Problem 21);

f) wenn eine **erhebliche Behauptung, die zur Entlastung des Angeklagten bewiesen werden soll, so behandelt werden kann, als wäre die behauptete Tatsache wahr** (§ 244 Abs. 3 S. 3 Nr. 6 StPO): Dieser Ablehnungsgrund gilt **nicht** bei präsenten Beweismitteln. Ferner gilt er nur zugunsten des Angeklagten.

3. **Sonderfälle:** In § 244 Abs. 4 und 5 StPO sind zudem Sonderfälle geregelt, in denen dem Gericht ein Ablehnungsermessen eingeräumt wird:

a) Ein **Sachverständigenbeweis kann** abgelehnt werden, wenn das Gericht selbst die erforderliche Sachkunde besitzt (§ 244 Abs. 4 S. 1 StPO);

b) ein **weiterer Sachverständigenbeweis kann** abgelehnt werden, wenn das Gegenteil der behaupteten Tatsache durch ein früheres Gutachten bereits erwiesen ist (§ 244 Abs. 4 S. 2 StPO);

---

5 Vgl BGH NJW-RR 2015, 829.

21 c) ein **Augenscheinsbeweis kann** abgelehnt werden, wenn das Gericht diesen zur Erforschung der Wahrheit nicht für erforderlich hält (§ 244 Abs. 5 S. 1 StPO);

22 d) ein **Zeugenbeweis** eines im Ausland zu ladenden Zeugen **kann** abgelehnt werden, wenn das Gericht die Vernehmung des Zeugen zur Erforschung der Wahrheit nicht für erforderlich hält (§ 244 Abs. 5 S. 2 StPO);

23 e) der Beweisantrag auf **Verlesung eines Ausgangsdokuments** (Legaldefinition in § 32e Abs. 1 S. 1 StPO; BT-Drs. 18/9416, S. 52) **kann** abgelehnt werden, wenn das Gericht keinen Anlass sieht, an der inhaltlichen Übereinstimmung mit dem übertragenen Dokument zu zweifeln (§ 244 Abs. 5 S. 3 StPO). Zweifelt der Antragsteller die Übereinstimmung des ursprünglichen, schriftlichen Ausgangsdokuments mit dem in der Akte befindlichen eingescannten Dokument an, reicht es daher nicht aus, die Diskrepanz zwischen Ausgangs- und elektronischem Dokument lediglich zu behaupten, er muss vielmehr einen bestimmten Übertragungsfehler genau bezeichnen.

IV. Beweisermittlungsantrag und Beweisanregung

24 Vom Beweisantrag zu unterscheiden sind der Beweisermittlungsantrag und die Beweisanregung. Ein **Beweisermittlungsantrag** liegt vor, wenn dem Antrag eine oder mehrere Voraussetzungen des formellen Beweisantrages fehlen, also etwa eine ladungsfähige Anschrift oder der genaue Name eines Zeugen nicht bekannt sind. Unter einer **Beweisanregung** versteht man die unbestimmte Aufforderung an das Gericht, in eine bestimmte Richtung zu ermitteln. Ebenfalls als Beweisanregung anzusehen sind Anträge, die sich auf Beweismittel des Freibeweises richten (zB auf die Berücksichtigung der Einlassung des Angeklagten). Über Beweisermittlungsanträge und Beweisanregungen entscheidet das Gericht – im Gegensatz zum Beweisantrag – ohne formellen Gerichtsbeschluss und ungeachtet der unter III. genannten Gründe nach Maßgabe seiner Aufklärungspflicht gem § 244 Abs. 2 StPO.

Zur Vertiefung:

25 Rechtsprechung: BGHSt 44, 308 – Lügendetektor IV (völlige Ungeeignetheit des Beweismittels); BGHSt 52, 284 – Beweisantrag (Konnexitätserfordernis); BGHSt 52, 355 – Prozessverschleppungsabsicht (Ablauf der Beweisantragsfrist als zulässiges Indiz); BGH NStZ 2007, 282 – Wahrunterstellung (Vorrang der Sachaufklärung); BGH NStZ 2008, 52 – Beweisantrag (schlagwortartige Tatsachenbehauptung zulässig); BGH NStZ 2010, 403 – Nichterreichbarer früherer Mitangeklagter (Erreichbarkeit des Zeugen als notwendiger Teil eines Beweisantrags); BGH NJW 2011, 2821 – Bescheidung von Beweisanträgen in der Hauptverhandlung (Antragstellung nach abgelaufener Frist); BGH NJW 2011, 1239 – Konnexität (Anforderungen an die Konnexitätsdarlegung im Beweisantrag); BGH NStZ 2014, 110 – Ablehnung wegen Bedeutungslosigkeit der Beweistatsache (Anforderungen an die Begründungstiefe); BGH NStZ-RR 2017, 21 – Prozessverschleppung (zu den objektiven Voraussetzungen der Beweisantragsablehnung); BGH NStZ 2017, 96 – Auslandszeuge (Reichweite der Aufklärungspflicht gem § 244 Abs. 2 StPO); BGH NStZ 2017, 300 – Eigene Sachkunde (Anforderungen an die Darlegung eigener Sachkunde des Gerichts); BGH NStZ 2019, 628 – Ablehnung von Beweisanträgen (Beweistatsachenbehauptung bei Antrag auf Einholung eines Sachverständigengutachtens); BGH NJW 2021, 2129 – Fristsetzung für Beweisanträge (Wiedereintritt in die Beweisaufnahme); BGH NJW 2021, 3404 – Konnexität (keine qualifizierte Konnexi-

Problem 37: Beweisantragsrecht und Ablehnung des Beweisantrages

tät erforderlich); **BGH NStZ 2022, 763** – Anforderungen an einen Beweisantrag und fehlerhafte Behandlung eines Beweisantrags als Beweisermittlungsantrag; **BGH NStZ 2022, 634** – Voraussetzungen für die Ablehnung eines Beweisantrags auf Vernehmung eines Auslandszeugen, § 244 Abs. 5 S. 2 StPO; **KG NStZ 2015, 419** – Beweisbehauptung ins „Blaue hinein" (Ablehnung erfordert einen hohen argumentativen Aufwand des Tatrichters).

Literatur/Aufsätze: *Arnoldi*, Präsente Beweismittel in der Praxis, NStZ 2018, 305; *Beulke*, Der Beweisantrag, JuS 2006, 597; *Brüning*, Beweisantragsrecht – Zum Konnexitätserfordernis bei fortgeschrittener Beweisaufnahme, ZJS 2008, 554; *Claus*, Zur Modernisierung des Strafverfahrens, NStZ 2020, 57; *Dold*, Prozessverschleppung durch Missbrauch des Beweisantragsrechts, JA 2005, 766; *Ellbogen*, Einführung in das strafprozessuale Beweisantragsrecht, JA 2007, 880; *Gerst*, Der „Auslandszeuge" gem. § 244 Abs. 5 S. 2 StPO – eine Vorschrift auf dem Prüfstand der Jetztzeit, StV 2018, 755; *Hamm*, Das Ende des formalisierten Dialogs im Beweisantragsrecht, StV 2018, 525; *v. Heintschel-Heinegg*, Beweisantragsrecht, JA 2008, 75; *Huber*, Grundwissen – Strafprozessrecht: Änderungen im Beweisantragsrecht, JuS 2022, 624; *Jahn*, Beweisantrag – Konnexitätserfordernis, JuS 2008, 1026; *Krell*, Der Beweisantrag und seine Ablehnung im Strafprozess, JURA 2012, 355; *Kudlich*, Missbrauch prozessualer Befugnisse, JuS 2005, 853; *Mosbacher*, Fristsetzung für Beweisanträge, NStZ 2018, 9; *Niemöller*, Zur Ablehnung des Sachverständigenbeweises wegen eigener Sachkunde des Tatrichters (§ 244 IV 1 StPO), NStZ 2015, 16; *Rose*, Wieso soll der benannte Zeuge dazu etwas sagen können? Der aktuelle Diskussionsstand zur Konnexität als Voraussetzung für einen strafprozessualen Beweisantrag, NStZ 2014, 128; *Schneider*, Wahrunterstellung und fair trial, NStZ 2013, 215; *ders.*, Ein reanimierter Beweisablehnungsgrund der Prozessverschleppungsabsicht?, ZRP 2019, 126; *ders.*, Bemerkungen zu einigen ausgewählten Rechtsfragen aus dem Anwendungsbereich des § 244 Abs. 6 S. 2-4 StPO, NStZ 2019, 489; *Walther*, Die Rechtsprechung des BGH zum Beweisantragsrecht, NStZ 2019, 329; *Waszczynski*, Die Ablehnung von Beweisanträgen nach § 245 Abs. 2 StPO und das Selbstladerecht des Angeklagten, ZJS 2010, 318; *Willanzheimer*, Aufklärungspflicht und Beweisantragsrecht (§ 244 StPO) im Assessorexamen, JuS 2009, 28.

Strafprozessuale Zusatzfrage:[6]

In einem Strafverfahren gegen die beiden Angeklagten A und B erscheint nur A zur Hauptverhandlung. Gegen B wird daher ein Haftbefehl erlassen. Wiederholte gezielte Bemühungen der örtlich zuständigen Polizeireviere, ihn aufzufinden, blieben indes erfolglos. Daher wird das Verfahren abgetrennt und B zur Festnahme ausgeschrieben. Ob und wann er ergriffen werden kann, ist nicht absehbar. Nachdem der Prozess bereits einige Monate angedauert hat, stellt A den „Beweisantrag", B als Zeugen zu laden, damit dieser bezeuge, dass A bei der Tat gar nicht anwesend war. Als ladungsfähige Anschrift nennt A die dem Gericht bereits bekannte Adresse des B, unter welcher er nun schon seit Monaten nicht erreichbar war. Das Gericht lehnt den Beweisantrag daher mit der Begründung ab, der Zeuge sei unerreichbar. War die Ablehnung zulässig?

---

6 Fall nach BGH NStZ 2010, 403.

Problem 37: Beweisantragsrecht und Ablehnung des Beweisantrages

Klausurmäßiger Lösungsvorschlag:

27 *Fraglich ist, ob die Ablehnung des „Beweisantrages" rechtmäßig war. Nach § 244 Abs. 2 StPO hat das Gericht die Beweisaufnahme von Amts wegen auf alle Beweismittel zu erstrecken, die für die Entscheidung von Bedeutung sind (Untersuchungsgrundsatz). Das Gericht muss einem Beweisantrag grds Folge leisten und darf ihn nur aus den gesetzlich in den §§ 244, 245 StPO genannten Gründen ablehnen.*

28 *I. Zunächst müsste ein formeller **Beweisantrag** vorliegen. Hierunter versteht man das ernsthafte Verlangen des Antragstellers, über eine bestimmte, die Schuld oder Rechtsfolgen der Tat betreffende Tatsachenbehauptung mit einem gesetzlich bestimmten Beweismittel Beweis zu erheben. Zudem muss sich aus dem Antrag ergeben, weshalb das Beweismittel die behauptete Tatsache belegen können soll (§ 244 Abs. 3 S. 1 StPO).*

29 *1. Hierzu muss zunächst ein **konkreter Antrag** vorliegen und nicht nur eine bloße Anregung zur Ermittlung in eine bestimmte Richtung. Das Verlangen muss zudem **ernsthaft** sein. Da A hier genau festlegt, dass B als Zeuge geladen werden soll und dessen Vernehmung explizit und ernsthaft verlangt, ist dieses Erfordernis erfüllt.*

30 *2. Des Weiteren begehrt er eine Beweiserhebung durch ein Beweismittel des Strengbeweises, nämlich die Vernehmung des B als Zeugen, zum Nachweis einer **konkreten Tatsache**.*

31 *3. Fraglich ist aber, ob er ein hinreichend **bestimmtes Beweismittel** benannt hat. Das konkrete Beweismittel muss hierzu genau bezeichnet sein, bei Zeugen müssen Name und ladungsfähige Anschrift angegeben werden. Hier war verfahrenskundig, dass B unter der genannten Anschrift nicht mehr erreichbar war und dass intensive Bemühungen, ihn zu verhaften, erfolglos geblieben waren. Daher ist allein die Angabe der früheren Anschrift nicht ausreichend.*

32 *4. Daher liegt schon kein ordnungsgemäßer (vollständiger) Beweisantrag vor.*

33 *II. Es wäre daran zu denken, den Antrag als Beweisermittlungsantrag zu behandeln. Hinsichtlich der Ablehnung eines solchen Antrages ist das Gericht nicht an die strengen Ablehnungsgründe gebunden. Dennoch dürfte das Gericht seine Aufklärungspflicht nach § 244 Abs. 2 StPO nicht verletzt haben. Hier ist jedoch seit Monaten versucht worden, B zu verhaften. A hat keine Tatsachen vorgetragen, warum die Behörden ihre Aufklärungspflicht verletzt hätten oder wo und warum B jetzt doch aufzufinden sein könnte. Daher scheidet auch eine Verletzung der Aufklärungspflicht des Gerichts durch die Ablehnung des Antrages aus.*

34 *III. Ergebnis: Die Ablehnung des Antrages war rechtmäßig.*

Problem 38: Unmittelbarkeitsgrundsatz

I. Allgemeines

Der Unmittelbarkeitsgrundsatz kommt insb in den §§ 250 ff. StPO zum Ausdruck. Er besagt, dass das Gericht alle Beweise selbst erheben muss und diese nicht durch Surrogate ersetzen darf. So sind etwa Zeugen persönlich zu vernehmen und es dürfen nicht schlichtweg die Protokolle über eine frühere Vernehmung verlesen und als Urkunde (§ 249 StPO) in den Prozess eingeführt werden. Insofern gilt ein grundsätzlicher **Vorrang des Personalbeweises** vor dem Urkundsbeweis. Dies schließt aber nicht aus, dass die früheren Verhörspersonen selbst über den Inhalt der Vernehmung vernommen werden (sog „**Zeugen vom Hörensagen**"), denn dies ist wiederum ein Personalbeweis. Der Unmittelbarkeitsgrundsatz verlangt also nicht zwingend, bei zwei möglichen Zeugen stets nur den Tatnächsten zu vernehmen. Allerdings kann das Gericht gegen seine Aufklärungspflicht nach § 244 Abs. 2 StPO verstoßen, wenn es nicht den Zeugen selbst hört, sondern sogleich auf einen Zeugen vom Hörensagen zurückgreift. Die §§ 251 ff. StPO enthalten ferner einige Ausnahmen von diesem Unmittelbarkeitsgrundsatz und regeln ausführlich die Möglichkeiten der Ersetzung der persönlichen Vernehmung durch eine Verlesung von Vernehmungsprotokollen. Von der Verlesung der Protokolle und ihrer Verwendung als Urkundsbeweis (!) zu unterscheiden ist die nach **BGH** zulässige **Verlesung zum Zwecke des Vorhalts**: Diese Verlesung von Vernehmungsprotokollen dient dabei nicht dem Zweck des (Urkunds-)Beweises, sondern nur der Gedächtnisanregung; es handelt sich bei der Vernehmung des Zeugen unter Vorhalt des Protokolls vielmehr weiterhin um einen Personalbeweis, bei dem nur die Reaktion des Zeugen verwertet wird. Diese Verlesung ist daher stets von den in den §§ 251 ff. StPO vorgesehenen Möglichkeiten des Urkundsbeweises durch Verlesung abzugrenzen.

II. Ausnahmen vom Vorrang des Personalbeweises

Die §§ 251 ff. StPO regeln die Möglichkeiten zur Einführung von Protokollen im Wege des Urkundsbeweises in den Prozess.

1. Verlesung von Protokollen über eine frühere Vernehmung von Zeugen, Sachverständigen und Mitbeschuldigten (§ 251 StPO): § 251 StPO enthält eine abschließende Aufzählung der Fälle, in welchen Protokolle der Vernehmung von Zeugen, Sachverständigen oder Mitbeschuldigten verlesen und als Urkundsbeweis verwendet werden dürfen. Die Vorschrift gilt im Umkehrschluss **nicht** für Protokolle über frühere Vernehmungen des Beschuldigten. Während § 251 Abs. 1 StPO Regelungen bzgl der Verlesung von nicht-richterlichen und richterlichen Protokollen enthält, finden sich in § 251 Abs. 2 StPO weitere Spezialregelungen allein hinsichtlich der Verlesung von Protokollen über richterliche Vernehmungen.

a) Die Vernehmung eines Zeugen, Sachverständigen oder Mitbeschuldigten kann gem § 251 Abs. 1 StPO durch die Verlesung eines **Protokolls über eine Vernehmung** oder einer **Urkunde**, die eine von ihm erstellte **Erklärung** enthält, ersetzt werden,

aa) wenn der Angeklagte einen Verteidiger hat und der Staatsanwalt, der Verteidiger und der Angeklagte mit der Verlesung einverstanden sind (Nr. 1) oder

bb) wenn die Verlesung lediglich der Bestätigung eines Geständnisses des Angeklagten dient und der Angeklagte, der keinen Verteidiger hat, sowie der Staatsanwalt, der Verlesung zustimmen (Nr. 2) oder cc) wenn der Zeuge, Sachverständige oder Mitbeschuldigte verstorben ist oder aus einem anderen Grund in absehbarer Zeit gerichtlich nicht vernommen werden kann (Nr. 3) oder

dd) soweit das Protokoll oder die Urkunde (nur) das Vorliegen oder die Höhe eines Vermögensschadens betrifft (Nr. 4).

b) Die Vernehmung eines Zeugen, Sachverständigen oder Mitbeschuldigten darf durch die Verlesung des **Protokolls über seine frühere richterliche Vernehmung** gem § 251 Abs. 2 StPO ersetzt werden, wenn

aa) dem Erscheinen des Zeugen, Sachverständigen oder Mitbeschuldigten in der Hauptverhandlung für eine längere oder ungewisse Zeit Krankheit, Gebrechlichkeit oder andere nicht zu beseitigende Hindernisse entgegenstehen (Nr. 1) oder

bb) dem Zeugen oder Sachverständigen das Erscheinen in der Hauptverhandlung wegen großer Entfernung unter Berücksichtigung der Bedeutung seiner Aussage nicht zugemutet werden kann (Nr. 2) oder

cc) der Staatsanwalt, der Verteidiger und der Angeklagte mit der Verlesung einverstanden sind (Nr. 3).

2. Verlesung von Protokollen zur Gedächtnisunterstützung (§ 253 StPO): Ein gewichtiger Unterschied zu der oben angesprochenen Verlesung allein zum Zwecke des Vorhalts liegt laut **BGH** darin, dass im Fall des § 253 StPO die verlesenen Protokolle gleichwohl als **Urkundsbeweis** in den Prozess eingeführt werden (vgl *Rössner/Safferling*, 16. Problem mwN). Nach einer **tvA**, die sich auf den Wortlaut des § 250 S. 2 StPO stützt, sind die in § 253 StPO genannten Protokolle hingegen allein zum Vorhalt in die Hauptverhandlung einzuführen.

3. Verlesung oder Vorführung von Aussagen des Angeklagten zum Zwecke der Beweisaufnahme über ein Geständnis und zur Behebung von Widersprüchen in der Aussage (§ 254 StPO): Die in § 254 StPO genannten Erklärungen des Angeklagten müssen allerdings in einem richterlichen Protokoll oder in einer Bild-Ton-Aufzeichnung einer Vernehmung enthalten sein.

4. Vorführung einer Videoaufzeichnung einer Zeugenvernehmung (§ 255a StPO): In § 255a Abs. 1 StPO werden die nach § 58a Abs. 1 StPO möglichen Videoaufzeichnungen früherer Vernehmungen des Zeugen den Vernehmungsprotokollen gleichgestellt. Für die Videoaufzeichnungen gelten also die §§ 251 ff. StPO. Für bestimmte Verfahren (ua Sexualdelikte, Straftaten gegen das Leben) kann die Vernehmung eines **minderjährigen Zeugen** außerdem durch die Vorführung einer Videoaufzeichnung seiner früheren **richterlichen** Vernehmung ersetzt werden, wenn der Angeklagte und sein Verteidiger Gelegenheit hatten, daran mitzuwirken. Die Möglichkeit der vernehmungsersetzenden Vorführung gilt zudem für Zeugen, die **Opfer einer Katalogstraftat iSd § 255a Abs. 2 S. 1 StPO** sind und **zur Zeit der Tat minderjährig** waren oder **Opfer eines Sexualdelikts** sind (§ 255a Abs. 2 S. 2 StPO). Gem § 58a Abs. 1 S. 3 StPO **muss** die Vernehmung aufgezeichnet werden und als richterliche Vernehmung erfolgen, wenn damit die schutzwürdigen Interessen von Personen, die durch Straftaten gegen die sexuelle Selbstbestimmung verletzt worden sind, besser gewahrt werden können und der Zeuge der Bild-Ton-Aufzeichnung vor der Vernehmung zugestimmt hat. In diesem Fall ist jedoch zusätzlich erforderlich, dass der Zeuge der vernehmungsersetzenden Vorführung der Aufzeichnung in der Hauptverhandlung nicht unmittelbar nach der Vernehmung widersprochen hat (§ 255a Abs. 2 S. 1 StPO). Die Notwendigkeit einer ergänzenden

Problem 38: Unmittelbarkeitsgrundsatz

Vernehmung des Zeugen kann sich schließlich nach Maßgabe der richterlichen Aufklärungspflicht (§ 244 Abs. 2 StPO) ergeben; diese sollte allerdings aus Gründen des Opfer- und Zeugenschutzes nur im Ausnahmefall erfolgen.[1]

5. **Verlesung von Behörden- und Ärzteerklärungen, § 256 StPO:** Ferner können gemäß § 256 StPO auch die dort aufgezählten Erklärungen oder Gutachten von Behörden und Ärzten verlesen werden. Bei ihnen nimmt der Gesetzgeber eine hohe Autorität und Objektivität und somit eine besondere Beweisqualität der Urkunde an. Probleme bereitet in diesem Zusammenhang insb § 256 Abs. 1 Nr. 5 StPO. Dieser betrifft Protokolle sowie in einer Urkunde enthaltene Erklärungen der Strafverfolgungsbehörden über Ermittlungshandlungen, soweit diese nicht eine Vernehmung zum Gegenstand haben (insoweit gilt § 251 StPO). Nicht unproblematisch ist hier, dass bei den Strafverfolgungsbehörden – anders als bei den in § 256 Nr. 1 bis 4 StPO bezeichneten Institutionen – ein stärkeres Interesse an der Überführung und Bestrafung des Beschuldigten besteht. In der Lit. wird daher ein restriktives Verständnis der Norm verlangt, so dass eine Verlesung nur bei absoluten Routinevorgängen wie zB Durchsuchungsprotokollen oder Vermerken zur Spurensicherung in Betracht kommt. Der BGH hat auch längerfristige Observationsprotokolle zu den Routinevorgängen gezählt und darüber hinaus entschieden, dass er, dem unbeschränkten Wortlaut des § 256 Nr. 5 StPO entsprechend, eine Verlesung auch jenseits von Routinevorgängen für zulässig erachtet.[2]

III. Verbot der Verlesung bei Zeugnisverweigerung

§ 252 StPO, der auch immer wieder in strafprozessualen Zusatzfragen eine Rolle spielt, regelt, dass die **Verlesung** von Protokollen von Zeugenaussagen **nicht** zulässig ist, wenn der Zeuge erst in der Hauptverhandlung von seinem Zeugnisverweigerungsrecht Gebrauch macht. Über den Wortlaut hinaus nimmt die Rspr. bei nicht-richterlichen Vernehmungen ein allgemeines **Verwertungsverbot** hinsichtlich der früheren Aussage an, so dass auch die Vernehmung der Verhörsperson in diesem Fall untersagt ist. Dies gilt aber zum einen **nicht**, wenn der Zeugnisverweigerungsberechtigte der Verwertung der früheren Vernehmung ausdrücklich **zustimmt** und zum anderen **nicht**, wenn die frühere Vernehmung von einem **Richter** durchgeführt wurde. In letzterem Fall ist die Verwertung nach der Rspr. dann zulässig, wenn der das Zeugnis Verweigernde früher als Zeuge vernommen wurde, das Zeugnisverweigerungsrecht schon bei der damaligen Vernehmung bestand, der Zeuge ordnungsgemäß darüber belehrt wurde und wirksam auf sein Recht verzichtet hat.[3] In diesem Fall kann der (Ermittlungs-)Richter über den Inhalt der früheren Aussage vernommen werden. Die Privilegierung richterlicher Vernehmungen rechtfertigt sich aus der aus § 251 StPO folgenden erhöhten Bedeutung der richterlichen gegenüber einer sonstigen Vernehmung, welche sich auch in §§ 153 ff. StGB – auch für den Zeugen erkennbar – widerspiegelt. Das Verwertungsverbot besteht auch bei vernehmungsähnlichen Situationen, **nicht** aber bei **Spontanäußerungen**. Zu beachten ist ferner, dass, sobald der Zeuge der Verwertung seiner früheren Aussage durch Vernehmung der Verhörsperson zustimmt, auch die Verlesung der früheren Aussage zur Gedächtnisunterstützung in der Form des **Vorhalts** zulässig ist. Eine Verlesung im Wege des Urkundenbeweises ist hingegen wegen § 250 StPO unzulässig.

---
1 BGH BeckRS 2004, 11562.
2 BGH NStZ 2016, 301; vgl dazu Haefke/Rabe, Observationsprotokoll-Fall, famos 7/2016.
3 Str., vgl dazu *Beulke/Swoboda*, Rn. 420 f. mwN.

IV. Verdeckte Ermittler

11 Besondere Probleme im Hinblick auf den Unmittelbarkeitsgrundsatz können sich beim Einsatz von Verdeckten Ermittlern ergeben (vgl dazu Problem 21), denn hier besteht ein besonderes staatliches Geheimhaltungsinteresse. Daher kann die Behörde ihre Ermittlungspersonen nach den §§ 110b Abs. 3, 96 StPO für die Hauptverhandlung sperren, mit der Folge, dass die Verdeckten Ermittler nicht aussagen können. Eine „Totalsperrung" ist aber nicht ohne Weiteres zulässig. Vielmehr gilt nach der Rspr. eine **Drei-Stufen-Theorie** (nicht zu verwechseln mit der Drei-Stufen-Theorie des BVerfG zum Schutz des APR; s.o. Problem 29!), nach der die Behörde eine Vernehmung von bestimmten Bedingungen abhängig machen kann (vgl zur Drei-Stufen-Theorie des BGH Problem 21).

Zur Vertiefung:

12 Rechtsprechung: **BGHSt 45, 203** – Explorationsgespräch (Verwertbarkeit der nichtrichterlichen Vernehmung trotz Gebrauchs des Zeugnisverweigerungsrechts bei entsprechender Gestattung durch den Zeugen); **BGHSt 49, 72** – Videoband I (Verwertungsverbot für Videoaufzeichnung der Vernehmung bei Gebrauchmachen vom Zeugnisverweigerungsrecht); **BGHSt 52, 148** – Videoband II (Abspielen der Videoaufzeichnung einer früheren Vernehmung zum Zwecke des Vorhalts); **BGHSt 55, 138** – Mordauftrag (Verwertungsverbot hinsichtlich der Aussage des Beschuldigten bei Nötigung durch verdeckt ermittelnden Polizeibeamten), vgl *Pohlreich*, Mordauftrag-Fall, famos 7/2010; **BGH NJW 2003, 74** – Videovernehmung (Zulässigkeit einer optisch-akustischen Abschirmung); **BGH NJW 2012, 694** – Unmittelbarkeitsgrundsatz (Verlesung eines ärztlichen Attests); **BGH NJW 2016, 1601** – Observationsprotokoll (Verlesung polizeilicher Observationsberichte in der Hauptverhandlung), vgl *Haefke/Rabe*, Observationsprotokoll-Fall, famos 7/2016; **BGH NJW 2019, 3736** – Unmittelbarkeitsgrundsatz (Einführung von durch Privatlabor erstelltem DNA-Gutachten); **BGH NStZ 2013, 247** – Freiwillig übergebene Tonbandaufzeichnung (Unverwertbarkeit bei späterer Zeugnisverweigerung), vgl *Eckoldt/Gölzer*, Tonband-Fall, famos 3/2013; **BGH NStZ 2019, 106** – Ergänzende Verlesung eines Vernehmungsprotokolls (Verstoß gegen § 250 StPO); **BGH NStZ 2020, 181** – Ersetzung einer Zeugenvernehmung durch Videoaufzeichnung (Unerheblichkeit der nachträglichen Ausübung des Zeugnisverweigerungsrechts bei Vorspielen einer Bild-Ton-Aufzeichnung nach § 255a Abs. 2 StPO); **BGH NStZ 2022, 119** – Beweiserhebung durch Vorhalt; **OLG Saarbrücken NJW 2008, 1396** – Spontanäußerung (Verwertbarkeit der Spontanäußerung einer Zeugin).

Literatur/Aufsätze: *Artkämper/Sotelsek*, Möglichkeiten und Grenzen des § 253 StPO, JURA 2008, 579; *Beulke*, Die Unmittelbarkeit der Beweisaufnahme in der Hauptverhandlung, §§ 250 ff. StPO, JA 2008, 758; *Claus*, Zur Modernisierung des Strafverfahrens, NStZ 2020, 57; *Geppert*, Die Vernehmung kindlicher Zeugen mittels Videotechnologie, JURA 1996, 550; *Gubitz/Bock*, Aus der Praxis: Die „ergänzende" Verlesung eines Vernehmungsprotokolls – Ein revisibler Verstoß gegen § 250 S. 2 StPO, JuS 2007, 130; *dies.*, Die Verlesung von Vernehmungsniederschriften in der strafrechtlichen Hauptverhandlung, NJW 2008, 958; *Jahn*, Grenzen des Zeugnisverweigerungsrechts, JuS 2012, 369; *Kloke*, Zur Zulässigkeit der ergänzenden Verlesung von Vernehmungsprotokollen, die Angaben des Angeklagten enthalten, NStZ 2019, 374; *Kraatz*, Der Verzicht auf das Verwertungsverbot des § 252 StPO –

Problem 38: Unmittelbarkeitsgrundsatz

Oder: Der Zeuge als Herr des Verfahrens?, JA 2014, 773; *Kretschmer*, Einige Eckpunkte in der Entwicklung der Videoaufzeichnung von strafprozessualen Zeugenvernehmungen, JR 2006, 453; *Kudlich*, Zeig doch nicht diesen Film von mir!, JA 2020, 229; *Meurer*, Zeugenschutzgesetz und Unmittelbarkeitsgrundsatz, JuS 1999, 937; *Meyer*, Die Vernehmung der richterlichen Verhörsperson trotz § 252 StPO, StV 2015, 319; *Mosbacher*, Zur Zulässigkeit vernehmungsergänzender Verlesung, NStZ 2014, 1; *Mitsch*, Videoaufzeichnung als Vernehmungssurrogat in der Hauptverhandlung, JuS 2005, 102; *Norouzi*, Videovernehmung unter optisch-akustischer Abschirmung, JuS 2003, 434; *Schmitt*, Zum Verzicht auf das Verwertungsverbot des § 252 StPO, NStZ 2013, 213.

Strafprozessuale Zusatzfrage:[4]

A hat seine 12-jährige Nichte N sexuell missbraucht. Die Sachverständige Psychologin P führt daraufhin ein Explorationsgespräch mit N, ohne diese zuvor auf ihr Zeugnisverweigerungsrecht hinzuweisen. Im Folgenden schildert N genau das Geschehen. In der späteren Hauptverhandlung wird N nun vom Vorsitzenden über ihr Schweigerecht belehrt, wobei sie auch darauf hingewiesen wird, dass ihre frühere Aussage ohne ihre Zustimmung nicht verwertet werden kann. Daraufhin entscheidet sie sich, von ihrem Zeugnisverweigerungsrecht Gebrauch zu machen, um nicht noch einmal alles aussagen zu müssen. Einer Befragung von P stimmt sie indes zu. Jeweils ist N die Tragweite dieser Entscheidungen genau erläutert worden und sie hat diese auch verstanden. Das Gericht vernimmt P daraufhin über das mit N geführte Gespräch. Aufgrund dieser Aussage wird A verurteilt. War die Verwertung der Aussage rechtmäßig?

Klausurmäßiger Lösungsvorschlag:

I. Die Verwertung war rechtmäßig, wenn **kein Verwertungsverbot** *bestand.*

1. Ein solches Beweisverwertungsverbot könnte sich aus § 252 StPO ergeben.

a) Nach hM ist § 252 StPO über seinen Wortlaut hinaus, welcher grds nur die Verlesung von Protokollen früherer Vernehmungen verbietet, wenn der Zeuge in der Hauptverhandlung von seinem Zeugnisverweigerungsrecht Gebrauch macht, auch ein **umfassendes allgemeines Verwertungsverbot** *zu entnehmen. Mitteilungen eines Zeugen gegenüber einem Sachverständigen über Zusatztatsachen, zu denen auch die Tatschilderung eines auf seine Glaubwürdigkeit zu begutachtenden Zeugen gehört, stehen einer Aussage iSd § 252 StPO gleich.[5] N war als Nichte des A gemäß § 52 Abs. 1 Nr. 3 StPO zeugnisverweigerungsberechtigt. Sie hat von diesem Recht in der Hauptverhandlung auch Gebrauch gemacht. Demnach wäre nicht nur eine Verlesung des Protokolls ihrer Befragung durch P, sondern auch eine spätere Vernehmung der P als „Zeugin vom Hörensagen" unzulässig. Nach der Rspr. gilt jedoch eine Ausnahme von diesem Grundsatz bei* **richterlichen Vernehmungen.** *Unter bestimmten Voraussetzungen darf der Ermittlungsrichter als Zeuge in der Hauptverhandlung aussagen. Da P jedoch keine Ermittlungsrichterin ist, greift diese Ausnahme hier nicht.*

b) Möglicherweise gilt das Verwertungsverbot aber auch dann nicht, wenn der **Zeugnisverweigerungsberechtigte der Verwertung ausdrücklich zustimmt.**

---

4 Fall nach BGHSt 45, 203.
5 BGHSt 45, 203, 205 f.

18 aa) **Dagegen** spricht, dass § 52 StPO den Schutz der Familie bezweckt, da in diesen Konstellationen der Zeuge regelmäßig Familienmitglieder belasten müsste.[6] Der Zeuge kann und muss sich also für oder gegen eine Verweigerung seines Zeugnisses entscheiden. Entscheidet er sich für ersteres aus Gründen des Familienschutzes, so könnte dieser Schutz durch die Verwertung der Aussage umgangen werden. Denn auch dann besteht der Konflikt fort. Zudem sind der Angeklagte und sein Verteidiger (in der Regel) bei der ersten Aussage nicht anwesend, so dass ihnen keine Möglichkeit bleibt, in der Hauptverhandlung durch eigene Fragen an den Zeugen auf die Aussage Einfluss zu nehmen. Soweit es um den Schutz des Opfers geht, nicht mit dem Verwandten vor Gericht konfrontiert zu werden, bestehen andere Möglichkeiten des Schutzes, wie etwa die Vernehmung außerhalb der Hauptverhandlung und Aufzeichnung derselben per Video.

19 bb) **Dafür** spricht aber, dass das in § 52 StPO eingeräumte Zeugnisverweigerungsrecht den Zeugen vor Konflikten schützen soll, die aus den Besonderheiten der Vernehmungssituation entstehen, in der sich die Wahrheitspflicht bei der Zeugenvernehmung und die aus der familiären Bindung zum Angeklagten erwachsenden sozialen Pflichten gegenüberstehen. Hat der Zeuge sich entschieden, aus diesen Gründen in der Hauptverhandlung nicht aussagen zu wollen, so muss ihm dennoch die Möglichkeit erhalten bleiben, auf andere Weise an der Wahrheitsfindung mitzuwirken. Das in § 252 StPO enthaltene Beweisverwertungsverbot soll gewährleisten, dass der zur Zeugnisverweigerung Berechtigte bis zur Hauptverhandlung frei entscheiden kann, ob seine frühere Aussage verwertet werden darf. Zwar besteht der oben geschilderte Konflikt auch dann, wenn die frühere Aussage auf andere Weise in den Prozess eingeführt wird, jedoch ist dieser deutlich reduziert. Macht ein Zeuge sein Zeugnisverweigerungsrecht geltend, bedarf er also des daran anknüpfenden Schutzes des § 252 StPO nicht, wenn er sich nach Belehrung über die Folgen des Verzichts entscheidet, die Verwertung seiner bei einer nicht-richterlichen Vernehmung gemachten Aussage bzw der Angaben gegenüber einem Sachverständigen zu gestatten. Ließe man dies nicht zu, würde der Zeuge letztlich doch zur Aussage gezwungen, sofern er als Opfer eine Verurteilung anstrebt. Es ist daher mit dem Zweck des in § 252 StPO enthaltenen Verwertungsverbotes vereinbar und im Hinblick auf den Grundsatz der Wahrheitsforschung auch sachgerecht, einen solchen isolierten Verzicht auf das Beweisverwertungsverbot zuzulassen. Somit besteht hier kein Beweisverwertungsverbot aus § 252 StPO.

20 2. Es könnte jedoch ein Beweisverwertungsverbot aufgrund einer **rechtswidrigen Beweisgewinnung** vorliegen. Das psychologische Explorationsgespräch durch P ist grds wegen der Einwilligung der N über den Wortlaut des § 81c StPO (körperliche Untersuchung) hinaus zulässig. Jedoch hat P die N vor dem Gespräch nicht ordnungsgemäß analog den §§ 81c Abs. 3 S. 2, 52 Abs. 3 S. 1 StPO belehrt. Da N aber lediglich deshalb das Zeugnis verweigerte, weil sie „nicht noch einmal" aussagen wollte, war sie aus den oben genannten Gründen nicht gehindert, die Verwertung ihrer Angaben bei der Befragung durch P zu gestatten und durch ihre nachträgliche Zustimmung zugleich den Verstoß gegen die §§ 81c Abs. 3 S. 2, 52 Abs. 3 S. 1 StPO zu heilen. Ferner liegt auch eine sog „qualifizierte Belehrung" vor.

---

6 Vgl zu dieser Ansicht Beulke/Swoboda, Rn. 420a.

Problem 38: Unmittelbarkeitsgrundsatz

*II. Ergebnis: Da insofern sämtliche Verfahrensfehler durch Zustimmung der N beseitigt bzw geheilt wurden, bestand kein Verwertungsverbot. Die Verwertung war daher **rechtmäßig**.*

21

Problem 39: Freie richterliche Beweiswürdigung

I. Grundsatz

1 Der Richter ist bei der Beweiswürdigung frei (§ 261 StPO). Er entscheidet – im Hinblick auf die Schuld oder Unschuld des Angeklagten – allein nach seiner eigenen persönlichen Überzeugung, dh insb auch danach, ob er dem Angeklagten oder den Zeugen glaubt oder nicht. Er ist also nicht, wie dies teilweise in früheren Rechtsordnungen noch der Fall war, an feste Beweisregeln gebunden (zB Pflicht zur Verurteilung, wenn drei Zeugen den Angeklagten beschuldigen, auch wenn der Richter ihren Aussagen keinen Glauben schenkt).

II. Grenzen

2 Bei der Beweiswürdigung hat der Richter allerdings folgende Grenzen zu beachten:

3 1. **Gesetze der Logik:** Die Argumentation des Richters muss klar, folgerichtig und frei von Widersprüchen sein.

4 2. **Beachtung allgemeingültiger und naturwissenschaftlicher Erfahrungssätze:** Hierunter versteht man die aufgrund allgemeiner Lebenserfahrung oder wissenschaftlicher Erkenntnis gewonnenen Regeln, die ausnahmslos gelten und eine an Sicherheit grenzende Wahrscheinlichkeit zum Inhalt haben. Diese muss der Richter bei seiner Beweiswürdigung beachten.[1]

5 3. **Gebot der erschöpfenden Beweiswürdigung:** Außerdem muss der Richter das gesamte in der Hauptverhandlung erörterte Beweismaterial erschöpfend würdigen und darf sich nicht auf einzelne Beweismittel beschränken.

6 4. **Geschriebene Beweisregeln:** In einigen (wenigen) Fällen ist dem Richter eine bestimmte Beweisregel durch das Gesetz vorgegeben. Dies ist beispielsweise der Fall in § 274 StPO (Beweiskraft des Protokolls) oder § 190 StGB (Wahrheitsbeweis durch Urteil).

7 5. **Beachtung von Beweisverwertungsverboten:** Er muss ferner die geschriebenen und ungeschriebenen Beweisverwertungsverbote beachten. Er darf also seine Entscheidung nicht auf Gründe stützen, die er ausschließlich aus nicht verwertbaren Beweismitteln erfahren hat (vgl dazu die Probleme 26 bis 33).

8 6. **Beachtung prozessualer Grundsätze:** Natürlich müssen auch die allgemeinen Prozessgrundsätze im Rahmen der Beweiswürdigung berücksichtigt werden. Nehmen Beteiligte (zB der Angeklagte oder die Zeugen) lediglich ihre Rechte wahr, so darf dies nicht in für den Angeklagten negativer Weise in die Beweiswürdigung mit einfließen. So darf zB das berechtigte Ausüben eines Zeugnisverweigerungsrechts durch einen der Zeugen nicht zulasten des Angeklagten berücksichtigt werden. Auch aus dem (zulässigen!) Schweigen des Angeklagten dürfen keine für ihn negativen Schlüsse gezogen werden (vgl hierzu noch unten IV.).

---

[1] Zur Berücksichtigung der Höhe der BAK im Rahmen der freien Beweiswürdigung nach § 261 StPO vgl BGHSt 60, 227.

Problem 39: Freie richterliche Beweiswürdigung

III. Grad der Gewissheit – In dubio pro reo

Eine absolut sichere Gewissheit wird nur in den wenigsten Fällen vorliegen. Fraglich ist daher, welchen Grad die Gewissheit des Richters erreichen muss. Hierbei ist Folgendes zu beachten:

1. **Eine lediglich theoretische Möglichkeit,** dass sich das Geschehen anders zugetragen hat, hindert die Verurteilung nicht.

2. **In dubio pro reo-Grundsatz:** Vernünftige Zweifel des Richters bzgl eines bestimmten Geschehensverlaufes schließen dagegen die Verurteilung nach dem Grundsatz **in dubio pro reo** aus. Dieser Grundsatz gilt aber nur nach Ende der gesamten Beweiserhebung und Beweiswürdigung (dh nach Berücksichtigung sämtlicher Beweismittel). Ist der Richter von der Schuld des Angeklagten nicht überzeugt, muss er ihn freisprechen. Im Umkehrschluss bedeutet dies, dass nicht jede einzelne Zeugenaussage isoliert in dubio pro reo beurteilt werden darf. Der Grundsatz in dubio pro reo gilt ferner nur für die Frage, ob dem Angeklagten ein **tatsächliches Geschehen** vorgeworfen werden kann oder nicht. Auf die **rechtliche Würdigung** eines festgestellten Sachverhaltes ist er hingegen nicht anwendbar.

IV. Sonderproblem: Einlassung des Beschuldigten/Angeklagten

Nimmt der Beschuldigte/Angeklagte lediglich die ihm durch das Gesetz garantierten Rechte wahr, so dürfen daraus keine negativen Schlüsse gezogen werden. Der Grund hierfür liegt darin, dass er ansonsten mittelbar dazu gezwungen würde, auf die Geltendmachung eben dieser Rechte zu verzichten. Zu diesen Rechten gehören:

1. **Geltendmachung des Schweigerechts:** Ein Schweigen des Angeklagten in der Hauptverhandlung darf ihm nicht angelastet werden. Dies gilt auch für **zeitweiliges Schweigen**, dh bei Angaben lediglich im Ermittlungsverfahren oder Schweigen im Ermittlungsverfahren und Leugnen der Tat in der Hauptverhandlung. Dies ist allerdings abzugrenzen vom Teilschweigen (vgl dazu unten IV. 3. a)).

2. **Geltendmachung des Aussageverweigerungsrechts:** Genauso wenig darf dem Angeklagten die Ausübung seines Auskunftsverweigerungsrechtes nach § 55 StPO in einem anderen Verfahren angelastet werden.

3. **Ausnahmen:** Es sind zwei Ausnahmen von diesem beschuldigtenfreundlichen Grundsatz anerkannt:

a) **Teilschweigen:** Lässt sich der Angeklagte teilweise zur Sache ein (dh er gibt nur auf manche Fragen eine Auskunft), so ist seine Aussage ein Beweismittel, das der freien richterlichen Beweiswürdigung zugänglich ist. Das Teilschweigen darf daher auch negativ bewertet werden, zB wenn der Angeklagte zugibt, am Tattag am Tatort gewesen zu sein, ansonsten aber von seinem Schweigerecht Gebrauch macht (das Gleiche gilt für ein Teilschweigen eines Zeugen). Kein Teilschweigen liegt jedoch vor, wenn sich der Angeklagte nur zu einem von mehreren Tatvorwürfen (also zu einer von mehreren prozessualen Taten iSd § 264 StPO) äußert.

b) **Widersprüchliche Angaben:** Macht der Beschuldigte im Ermittlungsverfahren umfangreiche geständige Angaben, die später in der Hauptverhandlung anders geschildert werden, kann dies ebenfalls negativ in die Beweiswürdigung mit einfließen.

Problem 39: Freie richterliche Beweiswürdigung

Zur Vertiefung:

Rechtsprechung: BGHSt 6, 70 – Vaterschaftstest (Bindung an wissenschaftliche Erkenntnisse); BGHSt 10, 208 – Ehegattenmord (Grad der Gewissheit); BGHSt 20, 281 – Fernsprechautomaten (zeitweises Schweigen); BGHSt 20, 298 – Anwaltsschweigen (Teilschweigen); BGHSt 22, 113 – Zuhälterei (Geltendmachung von Zeugnisverweigerungsrechten); BGHSt 32, 140 – Blutprobe (Mehrere Tatvorwürfe); BGHSt 34, 324 – Radfahrerin (Schweigen des Angeklagten); BGHSt 37, 89 – Alkoholwerte (1,1 Promille als allgemeingültiger Erfahrungssatz); BGHSt 38, 302 – Heroin (Aussageverweigerung nach § 55 StPO); BGHSt 44, 256 – Belastungszeuge (Grundsatz der erschöpfenden Beweiswürdigung); BGHSt 49, 112 – Afghanistanreise (staatliche Sperrerklärung); BGHSt 52, 78 – Erpresserbande (Glaubhaftigkeit der Aussage eines Belastungszeugen, die auf Geständnis in anderem Verfahren beruht, welches durch Deal beendet wurde, muss überprüft werden); BGHSt 60, 227 – Trunkenheitsfahrt (Berücksichtigung der BAK im Rahmen der richterlichen Beweiswürdigung); BGH NStZ 1998, 209 – Widerruf (widersprüchliche Angaben); BGH NJW 1999, 1562 – Pistazieneis (in dubio pro reo); BGH StV 2000, 69 – Bewaffnung (Erfahrungssätze); BGH StV 2008, 235 – Fluchtversuch (freie richterliche Beweiswürdigung); BGH NStZ 2013, 180 – Sachverständiger (Abweichen vom Gutachten des Sachverständigen in Aussage-gegen-Aussage-Konstellationen); BGH NJW 2013, 2612 – DNA-Vergleich (Überzeugungsbildung bei DNA-Identifizierungsmustern); BGH NStZ 2016, 59 – Schweigerecht (Würdigung des zeitweisen Schweigens); BGH NStZ-RR 2016, 54 – Freispruch (Anforderungen an die Beweiswürdigung); BGH NStZ 2019, 42 – Grundsatz der freien richterlichen Beweiswürdigung (Beweiswürdigung in Fällen von Aussage-gegen-Aussage); BGH NStZ 2019, 226 – Würdigung einer Zeugenaussage (Verfahrensabsprache zu Lasten Dritter); BGH NStZ 2019, 691 – Grundsatz der freien richterlichen Beweiswürdigung (Auseinandersetzung mit Ausführungen eines Sachverständigen bei Abweichung); BGH NStZ 2020, 240 – Anforderungen an die Beweiswürdigung (Erörterungsmangel bei der Würdigung von Zeugenaussagen); BGH NStZ-RR 2020, 90 – Fehlerhafte Beweiswürdigung (Zirkelschluss; Verstoß gegen Denkgesetze bei Berechnung einer Ausgangsgeschwindigkeit); BGH StV 2022, 367 – Beweiswürdigung (Teilschweigen des Angeklagten); BGH StV 2022, 776 – Beweiswürdigung (zeitweiliges Schweigen des Angeklagten); BGH NStZ 2023, 57 – fehlerhafte Beweiswürdigung (Geständnis des Angeklagten wurde nicht überprüft und die Verurteilung allein darauf gestützt).

Literatur/Aufsätze: *Fahl*, In dubio pro reo, JA 1999, 925; *Geppert*, Der Grundsatz der freien Beweiswürdigung (§ 261 StPO), JURA 2004, 105; *Hanack*, Maßstäbe und Grenzen richterlicher Überzeugungsbildung im Strafprozeß, JuS 1977, 727; *Kühl*, Freie Beweiswürdigung des Schweigens des Angeklagten und der Untersuchungsverweigerung eines angehörigen Zeugen, JuS 1986, 115; *Miebach*, Die freie Beweiswürdigung der Zeugenaussage in der neueren Rechtsprechung des BGH, NStZ-RR 2014, 233; *ders.*, Die Verteidigung des schweigenden Angeklagten, NStZ 2019, 318; *ders.*, Die freie richterliche Beweiswürdigung in der neueren Rechtsprechung des BGH, NStZ 2020, 72; *Schneider*, Die strafprozessuale Beweiswürdigung des Schweigens von Beschuldigten und angehörigen Zeugen, JURA 1990, 572; *Zeyher*, Grundsätze der Verwertbarkeit der von Privaten beschafften Beweismittel im Strafprozess, JA 2022, 467.

Problem 39: Freie richterliche Beweiswürdigung

Strafprozessuale Zusatzfrage:[2]

A ist angeklagt, O vergewaltigt zu haben. Es kann ihm zwar nachgewiesen werden, dass er sich zur Tatzeit tatsächlich am Tatort aufgehalten hat, im Übrigen erweist sich die Beweislage jedoch mangels objektiver Indizien als äußerst schwierig und selbst die Glaubwürdigkeit der Zeugin ist nicht sonderlich hoch. Das Gericht verurteilt A mit der Begründung, dass dieser sich erstens nachweislich wahrheitswidrig dahin gehend eingelassen habe, zur Tatzeit nicht am Tatort anwesend gewesen zu sein und zweitens versucht habe, sich dem Verfahren durch Flucht zu entziehen. War diese Beweiswürdigung rechtmäßig?

Klausurmäßiger Lösungsvorschlag:

Fraglich ist, ob das Gericht die Grenzen der freien richterlichen Beweiswürdigung überschritten hat.

I. Grds ist das Gericht gemäß § 261 StPO bei der Beweiswürdigung frei.

II. Es ist allerdings zu beachten, dass ein Angeklagter nicht verpflichtet ist, an seiner Überführung mitzuwirken. Es gilt der Grundsatz des nemo tenetur se ipsum accusare. Es steht ihm aber auch insgesamt frei, Angaben zur Sache zu machen oder nicht.

1. A hat nachweislich unwahre Angaben gemacht, um sich zu entlasten. Aus einem solchen Prozessverhalten darf ebenfalls noch nicht auf seine Schuld geschlossen werden. Denn auch ein Unschuldiger kann schließlich versuchen, bei unklarer Beweislage durch unwahre Angaben seine Situation zu verbessern. Allein die Lüge über den Aufenthaltsort ist demnach kein ausreichender Grund, um die Beweiswürdigung einseitig zu seinen Lasten zu verschieben und lässt keine tragfähigen Schlüsse dahingehend zu, was wirklich passiert ist.

2. Gleiches gilt aber auch für den Fluchtversuch. Denn auch ein Unschuldiger kann aus Angst vor einer Verurteilung die Flucht ergreifen. Dies allein rechtfertigt nicht den Schluss auf seine Schuld.

III. Ergebnis: Die Beweiswürdigung war daher rechtsfehlerhaft.

---

2 Fall nach BGH StV 2008, 235.

Problem 40: Die Verständigung im Strafverfahren

I. Allgemeines

1 In der Praxis sind Absprachen über den weiteren Verfahrensablauf zwischen dem Vorsitzenden, dem Sitzungsvertreter der StA und dem Verteidiger sowie dem Angeklagten nicht mehr wegzudenken. Inhalt eines solchen „Deals" ist oft die Zusage einer Strafmilderung oder einer bestimmten Strafobergrenze durch das Gericht, wenn der Angeklagte im Gegenzug ein Voll- oder Teilgeständnis abgibt. Besonders bei komplizierten Sachverhalten wird durch die so ersparte aufwändige Beweisaufnahme eine spürbar verfahrensbeschleunigende Wirkung erreicht. Der Gesetzgeber hat im **Gesetz zur Regelung der Verständigung im Strafverfahren** durch die **Einführung von § 257c StPO** den Deal – gemäß den Vorgaben des **BGH** (vgl unten III.) – gesetzlich geregelt.[1] Dadurch wurde der Streit um die generelle Zulässigkeit von Absprachen zwar gegenstandslos. Insb im Hinblick auf mündliche Prüfungen, aber auch als Grundlage für das Verständnis der Problematik werden die wesentlichen Argumente für und gegen die Zulässigkeit eines solchen Deals im Folgenden aber noch einmal aufgeführt (vgl dazu *Beulke/Swoboda*, Rn. 394a; *Heger/Pohlreich*, Rn. 228 ff.; *Rössner/Safferling*, 12. Problem mwN). Aus den im Folgenden genannten rechtsstaatlichen Bedenken auf der einen und den Bedürfnissen der Praxis auf der anderen Seite ergibt sich ein Spannungsverhältnis, das durch die gesetzliche Regelung aufgelöst werden sollte.

II. Bedenken bzgl der Verständigung im Strafeverfahren

2 Absprachen im Strafprozess sind rechtsstaatlichen Bedenken ausgesetzt, v. a. hinsichtlich der den Rechtsstaat prägenden Prozessgrundsätze (zu den einzelnen Prozessmaximen vgl Problem 5). So lässt sich an mehreren Anknüpfungspunkten eine Gefahr für ein rechtsstaatliches Strafverfahren ausmachen:[2]

3 **1. Legalitätsprinzip:** Zunächst besteht durch die Absprache die Gefahr der Preisgabe des an sich indisponiblen staatlichen Strafanspruchs. Dies ist insb dann der Fall, wenn bei gravierenden Straftaten Rechtsfolgen in Aussicht gestellt werden, die in einem groben Missverhältnis zum Tatvorwurf stehen.

4 **2. Ermittlungsgrundsatz:** Ferner besteht die Gefahr, dass das Gericht das Geständnis akzeptiert und sich somit eine langwierige Beweisaufnahme erspart, obwohl eigentlich Zweifel an der Täterschaft und der Schuld des Angeklagten bestehen. Zwar kann man hier einwenden, dass ein Unschuldiger eher selten freiwillig ein Geständnis ablegen wird, auch wenn dies zu einer Strafmilderung führt, praktisch relevant ist dies jedoch bei bestimmten Tatserien: Werden dem Angeklagten zB 24 Taten vorgeworfen, von denen er aber nur 20 begangen hat, kann es für ihn mitunter besser sein, alle 24 Taten zu „gestehen" und dafür eine Strafmilderung zu bekommen als lediglich die begangenen 20 Taten zu gestehen mit der Folge, dass sich das Gericht dann nicht auf den „Deal" einlässt.

5 **3. Grundsätze der Öffentlichkeit, der Mündlichkeit und der Unmittelbarkeit:** Auch ist bedenklich, dass Absprachen regelmäßig außerhalb der Hauptverhandlung erfolgen, so dass keine wirksame Kontrolle durch die Öffentlichkeit gewährleistet ist.

---

1 Vgl BT-Drs. 16/13095.
2 Vgl *Beulke/Swoboda*, Rn. 394a.

4. Grundsätze des rechtlichen Gehörs und des gesetzlichen Richters: Zudem besteht die Gefahr, dass bei außerhalb der Hauptverhandlung geführten Absprachen die Anwesenheits- und Mitwirkungsrechte der Prozessbeteiligten (so etwa der Nebenkläger) unterlaufen werden.

5. Fair-trial-Prinzip: Abgesehen davon erscheint es ungünstig, dass bei einer späteren Nichteinhaltung der Absprache durch die Strafverfolgungsorgane das beim Angeklagten entstandene Vertrauen in den Richter und somit auch in den Rechtsstaat zerstört wird (vgl aber § 257c Abs. 4 StPO sowie unten IV.).

6. Unschuldsvermutung und Grundsatz „in dubio pro reo": Die Absprache basiert auf der Vermutung der Schuld des Angeklagten und daher könnte der Angeklagte im Rahmen des Deals unter Druck geraten, sich selbst zu belasten (vgl oben das unter II. 2. genannte Beispiel).

7. Befangenheit des Richters (§ 24 Abs. 2 StPO): Schließlich bleibt die Gefahr, dass der Richter durch die Absprache – va auch bei gescheiterten Absprachverhandlungen – voreingenommen ist. Dies gilt in verschiedener Hinsicht. Einerseits wird das Gericht nur dann in Verhandlungen über einen Deal einsteigen, wenn es bereits davon ausgeht, dass der Angeklagte schuldig ist, andererseits kann eine gescheiterte Absprache durchaus negative Folgen für den Angeklagten haben.

III. Voraussetzungen der Verständigung nach § 257c StPO und der Rspr.

Trotz der soeben ausgeführten Bedenken hat der Gesetzgeber sich zur gesetzlichen Regelung der Absprachen entschlossen. In der Rspr. waren Absprachen zuvor nur unter Beachtung gewisser Grundsätze als zulässig erachtet worden. Diese Grundsätze sind nun im Wesentlichen durch § 257c StPO Gesetz geworden. Der Gesetzgeber orientierte sich maßgeblich an der höchstrichterlichen Rspr., welche daher weiterhin von Bedeutung ist. Das BVerfG[3] hat sich bereits mit § 257c StPO befasst. Zwar hat es die Norm an sich für verfassungsgemäß, die derzeitige Praxis diesbzgl allerdings für defizitär gehalten.

Beim Deal müssen insb die folgenden **Maßgaben** beachtet werden:

1. Mit den gesetzlichen Vorschriften hat die Zulässigkeit von Verständigungen im Strafverfahren eine abschließende Regelung erfahren. Sog „informelle Absprachen" außerhalb des gesetzlichen Regelungskonzepts sind daher unzulässig.[4]

2. Nach § 257c Abs. 1 S. 2 StPO bleibt § 244 Abs. 2 StPO unberührt. Das bedeutet, dass die gerichtliche Aufklärungspflicht erhalten bleibt.[5] Daher ist ein vorschnelles Ausweichen auf die Absprache unzulässig.[6] Vielmehr muss das Gericht die Anklage anhand der Akten in **tatsächlicher und rechtlicher Hinsicht** überprüfen. § 257c Abs. 1 S. 1 StPO lässt den Deal auch nur in „geeigneten Fällen" zu.

3. Gegenstand der Verständigung dürfen gemäß § 257c Abs. 2 S. 1 StPO nur die **Rechtsfolgen** sein, die Inhalt des Urteils und der dazugehörigen Beschlüsse sein können, sowie sonstige verfahrensbezogene Maßnahmen im zugrundeliegenden Erkenntnisverfahren und das Prozessverhalten der Verfahrensbeteiligten. So kann etwa verein-

---
3 NJW 2013, 1058, vgl *Dorr/Schrader*, Verständigungs-Fall, famos 7/2013.
4 BVerfG NJW 2013, 1058, 1064.
5 BVerfG NJW 2013, 1058, 1063.
6 Vgl bereits BGHSt 50, 40, vgl *Marxen/Voigt*, Deal-Fall, famos 6/2005.

bart werden, dass auf Beweisanträge verzichtet wird. Nicht zulässig wäre hingegen eine Absprache dahingehend, dass eine unter Gewaltanwendung vollzogene Wegnahme nur als Diebstahl, nicht aber als Raub angesehen wird, da hier eine Absprache über die rechtliche Bewertung vorläge. Als zulässigen Verständigungsgegenstand und damit als Rechtsfolge iSd § 257 Abs. 2 S. 1 StPO hat der BGH auch die Höhe des als vollstreckt anzuerkennenden Teils der Strafe bei einer rechtsstaatswidrigen Verfahrensverzögerung im Rahmen der sog Vollstreckungslösung (vgl dazu Problem 5) angesehen.[7] Dies gilt allerdings nur unter der Voraussetzung, dass die Verfahrensverzögerung als solche zuvor prozessordnungsgemäß festgestellt worden ist.[8]

15   4. Das **Geständnis** des Angeklagten „soll" Bestandteil der Verständigung sein (§ 257c Abs. 2 S. 2 StPO). Das Gericht muss es aber auf seine Glaubwürdigkeit hin überprüfen. Insb darf es sich nicht um ein reines „inhaltsleeres Formalgeständnis" handeln.[9] Vielmehr muss der Aufklärungspflicht des Gerichts Genüge getan werden, so dass das Geständnis auch inhaltliche Ausführungen enthalten muss.

16   5. Der **Schuldspruch** an sich darf nicht Gegenstand der Absprache sein (§ 257c Abs. 2 S. 3 StPO). Nach Auffassung des BVerfG gilt dies auch für eine **Strafrahmenverschiebung**.[10] Inhalt eines Deals kann es also nicht sein, dass statt eines angeklagten Raubes nur auf einen besonders schweren Fall des Diebstahls oder statt eines besonders schweren Falls des Diebstahls nur auf einen einfachen Diebstahl erkannt wird (vgl bereits oben Rn. 14).

17   6. Es sind keine festen Zusagen zum **Strafmaß** zulässig,[11] allerdings kann eine Strafobergrenze festgesetzt werden (§ 257c Abs. 3 S. 2 StPO).

18   7. Die aus der Absprache folgende Strafe muss **schuldangemessen** sein (§ 257c Abs. 4 StPO). Insb darf dem Angeklagten keine Strafmilderung in Aussicht gestellt werden, die wesentlich vom herkömmlichen Strafmaß abweicht, so dass dieser durch eine unverhältnismäßige „**Sanktionsschere**" zu einem Geständnis gedrängt wird.[12]

19   8. Ferner muss allen **Verfahrensbeteiligten** Gelegenheit zur Äußerung gegeben werden und der Angeklagte sowie die StA müssen zustimmen (§ 257c Abs. 3 S. 3, 4 StPO).

20   9. Zudem ist nach § 302 Abs. 1 S. 2 StPO ein **Rechtsmittelverzicht** nach einer Verständigung grds **ausgeschlossen**.

21   10. Der Inhalt der Verständigung ist schließlich ins **Protokoll** aufzunehmen (§ 273 Abs. 1a S. 1 StPO). Erfasst ist hiervon im Übrigen auch die Tatsache, dass **keine** Absprachen getroffen wurden (§ 273 Abs. 1a S. 3 StPO, sog Negativattest). Fehlt das Negativattest, ist das Protokoll widersprüchlich und verliert seine Beweiskraft, sodass im Freibeweisverfahren zu klären ist, ob eine Verständigung vorliegt.

IV. Bindungswirkung hinsichtlich der Verständigung

22   Aus **§ 257c Abs. 4 StPO** folgt eine **Bindungswirkung** für das Gericht. Nach § 257c Abs. 4 S. 1 StPO entfällt die Bindung des Gerichts an eine Verständigung, wenn rechtlich oder tatsächlich bedeutsame Umstände übersehen worden sind oder sich neu erge-

---

7   BGH NStZ 2016, 428, vgl *Mähler/Möller*, Kompensationsverständigungs-Fall, famos 9/2016.
8   BGH StV 2011, 74, 75.
9   BVerfG NJW 2013, 1058, 1071.
10 BVerfG NJW 2013, 1058, 1063.
11 BGH NStZ 2011, 321.
12 BVerfG NJW 2013, 1058, 1071.

ben haben und das Gericht deswegen zu der Überzeugung gelangt, dass der in Aussicht gestellte Strafrahmen nicht mehr tat- oder schuldangemessen ist (Bsp.: Es wurde ein Diebstahl angeklagt, das Gericht stellt eine Strafobergrenze von einem Jahr Freiheitsstrafe in Aussicht, der Angeklagte gesteht später aber einen Raub, für den die Strafe zu mild wäre; dies gilt erst recht, wenn der Angeklagte einen besonders schweren Fall des Raubes gesteht, da hier schon die gesetzliche Mindeststrafe unterschritten würde). Gleiches gilt, wenn das weitere Prozessverhalten des Angeklagten nicht dem Verhalten entspricht, das der Prognose des Gerichts zugrunde gelegt wurde.

Entfällt die Bindungswirkung, darf das Geständnis des Angeklagten nicht verwertet werden (§ 257c Abs. 4 S. 3 StPO). Zudem muss das Gericht den Angeklagten gemäß § 257c Abs. 5 StPO ausdrücklich darauf hinweisen, unter welchen Voraussetzungen es von einer getroffenen Absprache abweichen kann. Hierbei handelt es sich nicht um eine bloße Ordnungsvorschrift, sondern das Gericht verletzt den Angeklagten in seinem Recht auf ein faires Verfahren und in seiner Selbstbelastungsfreiheit, wenn es dies unterlässt.[13] Fließt eine Verständigung, die unter Verstoß gegen diese Belehrungspflicht zustande gekommen ist, in ein Urteil ein, so „beruht" dieses regelmäßig auf diesem Fehler im Sinne von § 337 Abs. 1 StPO, so dass eine Revision begründet ist.[14] Allerdings hat der BGH darauf hingewiesen, dass die Ursächlichkeit des Belehrungsfehlers für das Geständnis ausnahmsweise auszuschließen sein kann, wenn dem Angeklagten die Voraussetzungen für den Wegfall der Bindungswirkung bereits bekannt waren.[15] Die Hinweispflichten nach § 265 StPO bleiben bestehen.[16] Liegt ein Dissens zwischen der StA und dem Angeklagten über die Reichweite der Absprache vor, so gebietet es das Fair-trial-Prinzip, dass hinsichtlich des Geständnisses ein Beweisverwertungsgebot (vgl dazu Problem 26) greift. Im Übrigen gilt die Bindungswirkung des § 257c Abs. 4 S. 1 StPO nur für das **erkennende Tatgericht**. Die Rechtsmittelgerichte und das Gericht nach Zurückverweisung (§ 354 Abs. 2, 3 StPO) sind an die Verständigung – mit Ausnahme des generellen Verbots der reformatio in peius (§§ 331, 358 StPO) – nicht gebunden. Hält das Berufungsgericht den Angeklagten aber an seinem im Rahmen der erstinstanzlichen Verständigung abgegebenen Geständnis fest, bindet es sich nach dem Rechtsgedanken des fairen Verfahrens und des Vertrauensschutzes (Art. 6 Abs. 1 EMRK, Art. 20 Abs. 3 GG), der innerhalb der Instanz in § 257c Abs. 4 S. 3 StPO einfachgesetzlichen Ausdruck findet, im Gegenzug auch selbst an die Bedingungen der Verständigung. Macht umgekehrt das Berufungsgericht von seiner fehlenden Bindung an die erstinstanzlich erzielte Verständigung Gebrauch, unterliegt im Gegenzug das auf der Verständigung beruhende Geständnis in erster Instanz einem Verwertungsverbot.[17]

Zu Vertiefung:

Rechtsprechung: BVerfG NJW 2013, 1058 – Verständigung (Verfassungsmäßigkeit der Absprache im Strafprozess), vgl *Dorr/Schrader*, Verständigungs-Fall, famos 7/2013; **BGHSt 37, 10** – Zusage der StA (Fair-trial-Prinzip); **BGHSt 42, 191** – Fehlgeschlagene Absprache (kein Verstoß gegen Fair-trial-Prinzip, da Geständnis nicht verwertet wurde); **BGHSt 43, 195** – Zulässigkeit der Verständigung (Leitlinien zur Absprache); **BGHSt 50, 40** – Rechtsmittelverzicht II (Unwirksamkeit eines Rechtsmit-

---

13 BVerfG NJW 2013, 1058, 1071.
14 BVerfG NJW 2013, 1058, 1071.
15 BGH StV 2018, 11.
16 BGH NJW 2011, 2377.
17 OLG Karlsruhe NStZ 2014, 294, 295.

telverzichts ohne qualifizierte Belehrung), vgl *Marxen/Voigt*, Deal-Fall, famos 6/2005; **BGHSt 52, 165** – Rechtsmittelverzicht III (keine Unwirksamkeit der gesamten Absprache bei rechtswidrigem Rechtsmittelverzicht); **BGHSt 54, 167** – Rechtsmittelverzicht IV (Fortgeltung der alten Rechtslage bei rechtskräftigem Abschluss des Verfahrens); **BGHSt 59, 172** – Faires Verfahren und Verständigung (Hinweis auf Bewährungsauflagen); **BGH NStZ 2003, 563** – Absprache außerhalb der Verhandlung (Besorgnis der Befangenheit); **BGH NJW 2004, 1885** – Rechtsmittelverzicht I (unstatthafte Willensbeeinflussung durch Staatsanwaltschaft); **BGH JuS 2006, 1136** – Qualifizierte Belehrung nach Absprache (Anforderungen die Rechtsmittelbelehrung); **BGH NJW 2011, 2377** – Verständigung (Umfang richterlicher Hinweispflichten); **BGH NStZ 2011, 231** – Punktstrafe (Verständigung auf eine bestimmte Strafe ist unzulässig); **BGH NStZ 2016, 428** – Verfahrensdauer (Kompensation überlanger Verfahrensdauer als Gegenstand einer Verständigung), vgl *Mähler/Möller*, Kompensationsverständigungs-Fall, famos 09/2016; **BGH BeckRS 2016, 09444** – Belehrungspflicht bei der Verständigung (kein Beruhen des Urteils bei Kenntnis des Angeklagten vom Wegfall der Bindungswirkung); **BGH NStZ 2017, 244** – Mitteilung über Inhalt der Verständigung (Verfahrensbeschränkung als Gegenstand der Verständigung); **BGH NStZ 2019, 684** – Abgrenzung von mitteilungspflichtigen Verständigungsgesprächen von sonstigen Erörterungen (hier: zur Frage einer Einstellung gem. § 154 Abs. 2 StPO); **BGH NStZ 2019, 688** – Zustandekommen einer Verständigung (zum Erfordernis einer ausdrücklichen und eindeutigen Zustimmung des Angeklagten); **BGH NStZ 2020, 93** – Mitteilungsdefizit (fehlendes Beruhen beim Verstoß gegen Mitteilungspflichten über Verständigungsgespräche nach § 243 Abs. 4 S. 1 StPO); **BGH NStZ-RR 2019, 27** – Verständigung (verspätete Belehrung über Möglichkeit des Entfallens der Bindung des Gerichts); **BGH NStZ-RR 2022, 79** – Mitteilungspflicht nach § 243 Abs. 4 StPO (Umfang); **BGH NStZ 2022, 570** – (erneute) Erörterungen mit dem Ziel der Verständigung im Zusammenhang mit der Mitteilung nach § 243 Abs. 4 S. 1 StPO (keine vorherige Belehrung über Schweigerecht nach § 243 Abs. 5 StPO erforderlich); **BGH NStZ 2022, 761** – Zeitpunkt der Mitteilung nach § 243 Abs. 4 S. 2; **BGH NStZ 2023, 56** – rechtliche Grenzen eines Verständigungsvorschlages; **BGH NStZ-RR 2023, 58** – § 257c Abs. 2 S. 1 StPO schließt „verfahrensübergreifende Gesamtlösung" aus; **OLG Brandenburg NStZ-RR 2020, 88** – Verständigungsgegenstand (teilweise Berufungsrücknahme in Form einer nachträglichen Beschränkung des Rechtsmittels auf den Rechtsfolgenausspruch kann zulässiger Gegenstand einer Verständigung sein).

Literatur/Aufsätze: *Beulke/Satzger*, Der fehlgeschlagene Deal und seine prozessualen Folgen – BGHSt 42, 191, JuS 1997, 1072; *Beulke/Stoffer*, Bewährung für den Deal?, JZ 2013, 662; *Beulke/Swoboda*, Zur Verletzung des Fair-trial-Grundsatzes bei Absprachen im Strafprozess, JZ 2005, 67; *Bittmann*, Das Verständigungsgesetz in der gerichtlichen Praxis, NStZ-RR 2011, 102; *Brand/Petermann*, Der „Deal" im Strafverfahren, das Negativattest und die Beweiskraft des Protokolls, NJW 2010, 268; *Brodowski*, Die verfassungsrechtliche Legitimation des US-amerikanischen „plea bargaining" – Lehren für Verfahrensabsprachen nach § 257c StPO?, ZStW 124 (2012), 733; *Eckstein*, Die Einstellung des Verfahrens gem. § 154 I StPO im Rahmen einer Verständigung gem. § 257c StPO, NStZ 2017, 609; *Eschelbach*, Absprachen in der strafrechtlichen Hauptverhandlung, JA 1999, 694; *Fahl/Geraats*, Absprachen im Strafprozess, JA 2009, 791; *Jahn/Müller*, Der Widerspenstigen Zähmung – Aktuelle Gesetzgebungsvorschläge zu den Urteilsabsprachen im Strafprozess, JA 2006, 681; *Kölbel*, Geständnisverwertung bei missglückter Absprache, NStZ 2003, 232; *Kudlich*, Wir können ja mal reden – Fehlerquellen bei der Verständigung im Strafverfahren, JA 2011, 634; *Küpper/Bode*, Absprachen im Strafverfahren – Bilanz einer zehnjährigen Diskussion, JURA 1999, 351, 393; *Moldenhauer/Wenske*, Aktuelle Entwicklungen der Rechtsprechung zur Verständigung, JA 2019, 698; *Niemöller*, Rechtsmittelverzicht und -zurücknahme nach Verständigung, NStZ 2013, 19; *Nistler*, Der Deal – Das Gesetz zur Regelung der Verständigung im Strafverfahren, JuS 2009, 916; *Pfister*, Die Verständigung im Strafverfahren, DRiZ 2004, 178; *Rönnau*, Grundwissen Strafprozessrecht: Verständigung im Strafverfahren, JuS 2018, 114; *Saliger*, Absprachen im Strafprozess an den Grenzen der Rechtsfortbildung, JuS 2006, 8; *Satzger*, Zulässigkeit von Absprachen im Strafprozeß, JA 1998, 98; *Schmidt-Hieber*, Absprachen im Strafprozeß – Privileg der Wohlstandskriminellen, NJW 1990, 1884; *Schreiber-Klein*, Schuld gegen Effizienz? – Deal or No deal?, JA 2015, 888; *Wenske*, Das Verständigungsgesetz und das Rechtsmittel der Berufung, NStZ 2015, 137.

Strafprozessuale Zusatzfrage:[18]

A ist wegen Raubes angeklagt. Das Gericht, die StA und die Verteidigung treten in Gespräche über eine Verständigung ein. Der vorsitzende Richter erklärt, dass er bei einem Geständnis des A bereit sei, eine mildere Strafe zu verhängen. Alle Beteiligten stimmen einer entsprechenden Verständigung zu. Eine weitere Belehrung über Folgen und Bindungswirkung der Absprache findet allerdings nicht statt. A erklärt daraufhin im Rahmen der Hauptverhandlung schlicht, dem Anklagesatz „nicht entgegenzutreten". Er wird aufgrund dieser Einlassung gemäß der Absprache verurteilt. Der Deal wird entsprechend protokolliert. Hätte eine in zulässiger Weise eingelegte Revision gegen das Urteil Aussicht auf Erfolg, wenn A doch nicht mit der Höhe der Strafe einverstanden ist?

Klausurmäßiger Lösungsvorschlag:

Die Revision des A müsste begründet sein, um Aussicht auf Erfolg zu haben.

I. Ein absoluter Revisionsgrund iSd § 338 StPO liegt nicht vor.

II. Es kommt jedoch ein relativer Revisionsgrund nach § 337 Abs. 1 StPO in Betracht.

1. Hierzu müsste zunächst ein Verfahrensfehler vorliegen. Dieser könnte in einer rechtswidrigen Verständigung liegen. Während bislang in der Praxis auch sog „informelle Absprachen" (dh Absprachen ohne Einhaltung der erforderlichen Form) an der Tagesordnung waren, hat das BVerfG diesen nun einen Riegel vorgeschoben, indem es erklärte, dass nur Verständigungen, die unter Einhaltung der gesetzlichen Voraussetzungen zustande gekommen sind, rechtmäßig sind.

a) Zunächst ist problematisch, dass A der Anklage lediglich „nicht entgegengetreten" ist. Hierbei handelt es sich um ein „inhaltsleeres Formalgeständnis" ohne weitere Schilderung des Tatherganges. Ein solches ist für sich nicht ausreichend, um der Aufklärungspflicht des Gerichts nach § 244 Abs. 2 StPO Genüge zu tun, wie es § 257c Abs. 1 S. 2 StPO gebietet. Dadurch hat das Gericht schon deshalb gegen den verfas-

---

18 Fall nach BVerfG NJW 2013, vgl *Dorr/Schrader*, Verständigungs-Fall, famos 7/2013.

sungsrechtlichen Schuldgrundsatz und die darin verankerte Pflicht zur bestmöglichen Erforschung der materiellen Wahrheit verstoßen.

31 b) Ferner hat keine Belehrung gemäß § 257c Abs. 5 StPO über die Möglichkeiten des Gerichts, von der Verständigung abzuweichen, stattgefunden. Während die Praxis offenbar davon ausging, es handle sich hierbei um eine reine Ordnungsvorschrift, hat das BVerfG klargestellt, dass die Vorgaben des § 257c StPO zwingend beachtet werden müssen. Außerhalb der gesetzlichen Vorgaben darf es keine „informellen Absprachen" mehr geben. Gerade die Belehrung nach § 257c Abs. 5 StPO hat die grundlegende Funktion, den Angeklagten über die Folgen der Absprache aufzuklären. Es verstößt gegen den Grundsatz eines fairen Verfahrens und gegen die Selbstbelastungsfreiheit, wenn er nicht zuvor umfassende Kenntnis darüber erhält, dass das Gericht auch von der Absprache abweichen kann. Daher war das Verfahren auch aus diesem Grunde fehlerhaft.

32 2. Nach § 337 Abs. 1 StPO muss das Urteil auch auf diesen Fehlern „beruhen". Der BGH stand noch auf dem Standpunkt, das Urteil beruhe nicht auf dem Verstoß gegen § 257c Abs. 5 StPO, da der Angeklagte so verurteilt wurde wie in der Absprache festgelegt. Dem ist das BVerfG entgegengetreten. Fließe das auf der Verständigung basierende Geständnis in das Urteil ein, so beruhe dieses grds auf der mit dem Verstoß einhergehenden Grundrechtsverletzung, es sei denn eine Ursächlichkeit des Belehrungsfehlers für das Geständnis könne ausgeschlossen werden, weil der Angeklagte dieses auch bei ordnungsgemäßer Belehrung abgegeben hätte. Dazu müssen aber konkrete Feststellungen getroffen werden. Ist es hingegen nicht ausgeschlossen, dass der Angeklagte sich bei einer Kenntnis der Möglichkeiten des Gerichts, sich von der Verständigung zu lösen, anders entschieden hätte, so beruht das Urteil auf diesem Fehler. Dem ist – schon wegen der oben geäußerten Bedenken hinsichtlich des Deals – zuzustimmen.

33 III. Ergebnis: Eine Revision wäre daher begründet.

Problem 41: Das Urteil

I. Allgemeines

Als Urteil werden nur die Entscheidungen des erkennenden Gerichts bezeichnet, die an bestimmte **formelle Voraussetzungen** gebunden sind und eine **prozesserledigende Wirkung** nach sich ziehen. Dem Urteil muss immer eine Hauptverhandlung zugrunde liegen. Es schließt den entsprechenden Verfahrensabschnitt oder Verfahrensteil ab. Abzugrenzen ist das Urteil vom **Beschluss** (prozessbegleitende oder prozessbeendende Entscheidung des Gerichts) und der bloßen **Verfügung** (prozessbegleitende Einzelanordnung des Vorsitzenden). Ferner sind **zwei Formen** des Urteils zu unterscheiden:

1. Prozessurteil: Das Prozessurteil erklärt die weitere Fortsetzung des Verfahrens für unzulässig (Bsp.: Vorliegen eines Verfahrenshindernisses).

2. Sachurteil: Im Sachurteil wird hingegen über den materiellen Anklagevorwurf entschieden. Das kann ein Freispruch oder eine Verurteilung sein.

II. Grundsätze in Bezug auf das Zustandekommen eines Urteils

Im Rahmen der Urteilsfindung sind bestimmte Grundsätze zu berücksichtigen.

1. Umfang: Zunächst ist die Beschränkung der Urteilsfindung durch die Anklage (§§ 264 Abs. 1, 200 StPO) und den darauf bezogenen Eröffnungsbeschluss des Gerichts (§§ 207 StPO, 264 Abs. 2, 265 StPO) zu berücksichtigen. Den Gegenstand des Urteils bildet die hierin beschriebene „Tat", die dem in der Anklage beschriebenen **einheitlichen Lebensvorgang** entspricht (vgl. zum prozessualen Tatbegriff Problem 51). Soll wegen einer anderen „Tat" verurteilt werden, bedarf es einer Nachtragsanklage (§ 266 StPO). Soll die Tat im Vergleich zur Anklage lediglich rechtlich anders bewertet werden, genügt ein richterlicher Hinweis nach § 265 StPO.

2. Grundsatz der freien richterlichen Beweiswürdigung: Vgl zu diesem Grundsatz gem § 261 StPO das gesonderte Problem 39.

3. Vorfragen: Nach § 262 Abs. 1 StPO hat das Gericht auch über zivilrechtliche Vorfragen nach den für das Strafrecht geltenden Verfahrens- und Beweisregeln zu urteilen. Für öffentlich-rechtliche Vorfragen gilt § 262 Abs. 1 StPO analog.

III. Beratung und Abstimmung (§ 260 StPO)

Soweit das Gesetz nichts anderes bestimmt, entscheidet das Gericht nach Beratung mit absoluter Mehrheit der Stimmen (§ 196 Abs. 1 GVG). Wichtigste Ausnahme hiervon ist die Entscheidung über die Schuldfrage und die Rechtsfolgen der Tat, für die es einer Mehrheit von zwei Dritteln der Stimmen bedarf (§ 263 Abs. 1 StPO).

IV. Urteilsverkündung (§ 268 StPO)

Das Urteil wird am Schluss der Verhandlung durch den vorsitzenden Richter (§ 238 Abs. 1 StPO) verkündet. Dabei wird der Tenor verlesen und die Urteilsgründe werden ihrem wesentlichen Inhalt nach (mündlich) mitgeteilt. Anschließend werden die urteilsbegleitenden Beschlüsse verkündet (Bsp.: Bewährungsbeschluss; § 268a Abs. 1 Hs. 2 StPO). Am Ende erfolgt die Rechtsmittelbelehrung (§ 35a StPO).

V. Der Inhalt des Strafurteils

10 Zu den Bestandteilen der Urteilsurkunde, dh nicht der mündlichen Begründung iSd § 268 Abs. 2 S. 2 StPO, gehören:

11 **1. Rubrum (Urteilskopf):** Im Rubrum wird die Urkunde „als Urteil" bezeichnet. Das Urteil ergeht „im Namen des Volkes" (§ 268 Abs. 1 StPO). Es folgen Name und Personalien des Angeklagten, ferner sind der Sitzungstag (§ 275 Abs. 3 StPO) und die Namen der an der Sitzung teilnehmenden Personen aufzunehmen.

12 **2. Tenor (Urteilsformel, § 260 Abs. 4 StPO):** Der Tenor enthält in kurz gefasster Form den Ausspruch des Gerichts über die Schuld oder Unschuld des Angeklagten sowie die Rechtsfolgen. Nicht aufgenommen werden hier gesetzliche Strafzumessungsgründe (zB § 243 StGB).

13 **3. Liste der angewendeten Vorschriften (§ 260 Abs. 5 StPO):** Diese Auflistung enthält alle Paragrafen, welche dem Urteil zugrunde liegen.

14 **4. Urteilsgründe (§ 267 StPO):** In den Urteilsgründen wird dargelegt, ob und warum die im Eröffnungsbeschluss bestimmte Tat als erwiesen angesehen wird (tatsächliche Würdigung = Schilderung des Tatbestandes und Beweiswürdigung) und ob sie tatsächlich eine Straftat darstellt (rechtliche Würdigung).

15 **5. Unterschrift (§ 275 Abs. 2 S. 1, S. 3 StPO):** Das Urteil ist von den Berufsrichtern, die bei der Entscheidung mitgewirkt haben, zu unterschreiben. Die Schöffen unterschreiben hingegen nicht.

VI. Die Rechtskraft des Urteils

16 Erwächst das Urteil in Rechtskraft, so ist es in der Regel nicht mehr abänderbar, es sei denn es sind offensichtliche Schreib- und Fassungsfehler vorhanden. Durch die Rechtskraft entfaltet das Urteil seine verfahrensabschließende Wirkung und wird vollstreckbar. Urteile erwachsen auch dann in Rechtskraft, wenn sie inhaltlich falsch oder prozessual fehlerhaft zustande gekommen sind. In Extremfällen bestehen jedoch Ausnahmen, dann liegen sog nichtige Urteile oder Nicht-Urteile vor. Umstritten ist hierbei, ob ein Urteil nichtig ist, wenn es auf einer Identitätsverwechslung des Angeklagten beruht (vgl dazu die strafprozessuale Zusatzfrage).

17 **1. Formelle Rechtskraft:** Die formelle Rechtskraft bewirkt eine Unanfechtbarkeit des Urteils im selben Verfahren. Sie tritt ein

a) nach Ablauf der Rechtsmittelfrist, ohne dass ein Rechtsmittel eingelegt wurde, oder

b) nach wirksamem Verzicht aller Beteiligten auf Rechtsmittel oder

c) wenn das Revisionsgericht – unanfechtbar – entschieden hat.

18 Die formelle Rechtskraft **bewirkt** die Vollstreckbarkeit des Urteils (§ 449 StPO) und den Eintritt der materiellen Rechtskraft, die sog Sperrwirkung.

19 **2. Materielle Rechtskraft:** Die materielle Rechtskraft **bewirkt**, dass die Tat im prozessualen Sinn (§ 264 StPO), die Gegenstand des abgeschlossenen Verfahrens war, nicht noch einmal Gegenstand eines weiteren Strafverfahrens werden kann (sog **Sperrwirkung**). Das Doppelbestrafungsverbot (**ne bis in idem**) ist in Art. 103 Abs. 3 S. 1 GG verankert (vgl dazu Problem 51), wobei sich der Begriff der Tat in § 264 StPO und derjenige in Art. 103 Abs. 3 GG entsprechen. Daher tritt im Umfang des Urteilstenors ein

Problem 41: Das Urteil

Strafklageverbrauch ein und es besteht ein Verfahrenshindernis im Hinblick auf weitere Verfahren.

3. **Wesen der Rechtskraft:** Während nach der früher vertretenen materiellrechtlichen Rechtskrafttheorie angenommen wurde, dass das Urteil neues materielles Recht schaffe, geht die heute **hM** (**prozessrechtliche Rechtskrafttheorie**) von einer rein prozessualen Auswirkung des Urteils aus, dh dieses hat (lediglich) prozessrechtliche Verbindlichkeit.[1]

Umstritten ist, ob der mit dem Urteil verbundene Strafklageverbrauch (dh die Sperrwirkung) für die abgeurteilte prozessuale Tat auch dann eintritt, wenn im Urteil der Unwertgehalt der Tat grob verkannt wurde (vgl *Rössner/Safferling*, 28. Problem mwN). Während eine **tvA** dennoch einen umfassenden Strafklageverbrauch annimmt, da schließlich die prozessuale Tat, dh der einheitliche Lebensvorgang, abgeurteilt wurde, lassen **BGH** und die **hL** eine Durchbrechung der Sperrwirkung zu, wenn das Urteil nicht den wesentlichen Unwertgehalt erfasst hat, da der prozessuale Tatbegriff sich auch auf normative Aspekte beziehe. Ferner stehe Art. 103 Abs. 3 GG einer solchen „Doppelbestrafung" nicht entgegen, da die Tat beim ersten Urteil nicht umfassend unter Berücksichtigung der konkreten Angriffsrichtung des Täters rechtlich gewürdigt worden sei. So ließ der **BGH** die nachträgliche Verurteilung wegen Tötungsdelikten zu, obwohl die Täter bereits wegen der Beteiligung an einer kriminellen Vereinigung für den Tatzeitraum rechtskräftig verurteilt worden waren (BGHSt 29, 288). Art. 103 Abs. 3 GG hindere diese Verurteilung nicht, da der geschichtliche Vorgang, der den Begriff „Tat" im verfahrensrechtlichen Sinne kennzeichnet, tatsächlich noch gar nicht Gegenstand der Strafverfolgung gewesen sei.

Ferner ist **fraglich**, wie mit der Situation umzugehen ist, wenn schwere Folgen der Tat erst nachträglich eintreten, so dass der Täter zB nach den §§ 249, 250 StGB verurteilt wird, das Opfer des Raubes aber erst nach der Rechtskraft der Verurteilung an den Folgen der Gewaltanwendung beim Raub verstirbt.[2] Nach einer **tvA** soll eine sog „Ergänzungsklage" möglich sein, um diese neue Entwicklung berücksichtigen zu können. **Rspr.** und **hL** lehnen dies jedoch zu Recht ab, denn die Rechtskraft erstreckt sich auf die Tat im prozessualen Sinne, dh auf den einheitlichen Lebensvorgang, welcher bereits abgeurteilt ist. Eine Durchbrechung ist nur in sehr eng umgrenzten Fällen möglich (dazu sogleich VI. 4.).

4. **Beseitigung der Rechtskraft:** Eine Beseitigung der Rechtskraft ist (nur) unter den Voraussetzungen der §§ 44 ff. StPO (Wiedereinsetzung), des § 357 StPO (Revisionsurteil bzgl Mitangeklagten), der § 359 ff. StPO (Wiederaufnahme, vgl hierzu Problem 50) oder des § 95 Abs. 2 BVerfGG (stattgebende Verfassungsbeschwerde) möglich.

Zur Vertiefung:

Rechtsprechung: BVerfGE 65, 377 – Späterer Opfertod (Rechtskraft eines Strafbefehls); BGHSt 5, 5 – Lastkraftwagen (Urteilsberichtigung); BGHSt 5, 323 – Wiederaufnahme (Verfahrenshindernis bei materieller Rechtskraft); BGHSt 29, 288 – RAF I (nachträgliche Verurteilung wegen Tötungsdelikten trotz Aburteilung gemäß § 129 StGB); BGHSt 52, 275 – Schmuggelfahrt (Strafklageverbrauch bei Verurteilung in einem anderen EU-Mitgliedstaat); BGHSt 66, 20 – Rechtlicher Hinweis auf

---
1 Vgl *Beulke/Swoboda*, Rn. 504; *Roxin/Schünemann*, § 52 Rn. 9.
2 Vgl dazu *Beulke/Swoboda*, Rn. 509 mwN.

Einziehung (Anknüpfungstatsachen in Anklage); **BGH NStZ-RR 2021, 292** – Einstellung im Ausland (kein Strafklageverbrauch im zwischenstaatlichen Rechtsverkehr außerhalb der EU).

Literatur/Aufsätze: *Bosch*, Frist zur Urteilsverkündung, JA 2007, 232; *Ellbogen*, Grundzüge der strafrechtlichen Urteilsfindung, JA 2010, 137; *Eschelbach*, Sachlich-rechtliche Fehler in Strafurteilen nach aktueller BGH-Rechtsprechung, JA 1998, 498; *Georgy/Kretschmer/Lorenz*, Das erstinstanzliche Strafurteil im Assessorexamen, JA 2013, 623, 691; *Jahn*, Grundlagen der Beweiswürdigung und Glaubhaftigkeitsbeurteilung, JURA 2001, 450; *ders.*, Urteilsgründe bei Freispruch, JuS 2008, 930; *Mansdörfer/Timmerbeil*, Grundfälle zur Tenorierung strafrechtlicher Entscheidungen, JuS 2001, 1102, 1209; *Martis*, Die Urteilsformel im Strafurteil bei Verurteilung, JA 1996, 416; *ders.*, Die Urteilsformel im Strafurteil bei Freispruch und Verfahrenseinstellung, JA 1996, 494; *Münzenberg*, Aufbauhinweise zum Urteil in Strafsachen 1. Instanz, JA 2001, 425; *Schuster/Weitner*, Das Staatsanwaltsplädoyer/Strafurteil, JA 2015, 302.

Strafprozessuale Zusatzfrage:[3]

25 A wurde einer gefährlichen Körperverletzung gemäß § 224 Abs. 1 Nr. 2, 5 StGB überführt. In der Hauptverhandlung erscheint allerdings sein Zwillingsbruder B, der seinem Bruder „noch etwas schuldig war", vor Gericht. Aufgrund der Ähnlichkeit von A und B wird der anwesende B, der sich erfolgreich für A ausgibt, zu einer Freiheitsstrafe verurteilt. Welche Folge hat die Identitätsverwechslung des Angeklagten auf das Urteil?

Klausurmäßiger Lösungsvorschlag:

26 *Fraglich ist, wie sich die Personenverwechslung auf das Urteil auswirkt.*

27 *I. Grds erwächst ein Urteil auch dann in Rechtskraft, wenn es inhaltlich unrichtig ist oder prozessuale Fehler aufweist. Nur in sehr wenigen Ausnahmefällen kommt es zur Nichtigkeit des Urteils.*

28 *II. Ob der Fall der Identitätsverwechslung des Angeklagten dazugehört, ist umstritten.*

29 *1. Hier ließe sich zunächst vertreten, dass das Urteil **gegenüber B** rechtskräftig wird, da dieser in der Hauptverhandlung erschienen ist und diese auch nur auf ihn bezogen geführt wurde.*

30 *2. Dagegen lässt sich anführen, dass sich die Anklage tatsächlich gegen A richtete. Nur dieser war gemeint, als die Anklage verlesen wurde. Auch war das Verfahren von vorneherein nur gegen A rechtshängig. Daher nimmt insb die **Rspr.** an, dass das Urteil **nur gegenüber dem eigentlich Gemeinten, hier also A**, wirksam sei. Schließlich sei auch nur gegen diesen Anklage erhoben worden. Allerdings stehe ihm ein Revisionsgrund oder nach Ablauf der Rechtsmittelfrist ein Wiederaufnahmegrund gemäß § 359 Nr. 5 StPO zur Verfügung.*

31 *3. Eine in der Lit. vertretene Meinung nimmt hier indes zu Recht die **Nichtigkeit des Urteils** an. Denn weder gegenüber A noch gegenüber B ist ein fehlerfreies Urteil ergan-*

---

3 Vgl *Beulke/Swoboda*, Rn. 507 mwN.

Problem 41: Das Urteil

gen. Hinsichtlich A fehlt nämlich eine wirksame Hauptverhandlung und bezüglich B mangelt es bereits an einem gegen ihn gerichteten Eröffnungsbeschluss.

III. Ergebnis: Das Urteil ist nichtig. 32

Problem 42: Rechtsbehelfe – Überblick

I. Arten der Rechtsbehelfe

1 Die Rechtsbehelfe der StPO lassen sich in zwei Gruppen einteilen.

2 **1. Ordentliche Rechtsbehelfe:** Die ordentlichen Rechtsbehelfe werden bis auf den Einspruch gegen den Strafbefehl auch als „Rechtsmittel" bezeichnet (vgl §§ 296 ff. StPO).

3 a) **Beschwerde** (§§ 304-311a StPO): Im Rahmen der Beschwerde erfolgt eine Überprüfung von bestimmten (vgl die §§ 304, 305 StPO) **Beschlüssen** des Gerichts und **Verfügungen** des Vorsitzenden in rechtlicher und tatsächlicher Hinsicht.

4 b) **Berufung** (§§ 312-332 StPO): Durch eine Berufung kann eine Überprüfung erstinstanzlicher **Urteile** des **Amtsgerichts** (des Strafrichters oder des Schöffengerichts) in tatsächlicher und rechtlicher Hinsicht bewirkt werden. Es handelt sich mithin um eine zweite Tatsacheninstanz, bei der auch neue Tatsachen und Beweismittel eingeführt werden können.

5 c) **Revision** (§§ 333-358 StPO): Die Revision kann gegen **erstinstanzliche Urteile** sowie gegen **zweitinstanzliche Berufungsurteile** eingelegt werden. Sie kann nur darauf gestützt werden, dass das Urteil in rechtlicher Hinsicht fehlerhaft ist.

6 d) **Einspruch gegen den Strafbefehl** (§ 410 StPO): Ferner kann gegen einen Strafbefehl gemäß § 410 StPO innerhalb einer Frist von zwei Wochen Einspruch eingelegt werden.

7 **2. Außerordentliche Rechtsbehelfe:** Die außerordentlichen Rechtsbehelfe zeichnen sich dadurch aus, dass sie die Rechtskraft durchbrechen. Dem Angeklagten stehen verschiedene Möglichkeiten zur Verfügung:

a) **Wiedereinsetzung** in den vorigen Stand (§§ 44-47 StPO)
b) **Wiederaufnahme** des Verfahrens (§§ 359-373a StPO)
c) **Verfassungsbeschwerde** gemäß Art. 93 Abs. 1 Nr. 4a GG, §§ 90 ff. BVerfGG
d) **Individualbeschwerde** gemäß den Art. 34 f. EMRK

II. Gemeinsamkeiten der Rechtsmittel

8 Die Rechtsmittel Berufung, Revision und Beschwerde haben trotz ihrer unterschiedlichen Anwendungsbereiche bestimmte Gemeinsamkeiten.

9 **1. Devolutiveffekt:** Zunächst besitzen all diese Rechtsmittel einen Devolutiveffekt, dh sie bringen das Verfahren in eine höhere Instanz (anders als etwa der außerordentliche Rechtsbehelf der Wiederaufnahme des Verfahrens).

10 **2. Suspensiveffekt:** Weiterhin haben die Berufung und die Revision (nicht aber die Beschwerde) auch einen Suspensiveffekt, dh durch ihre rechtzeitige Einlegung wird der Eintritt der Rechtskraft des Urteils gehemmt und das Urteil darf nicht vollstreckt werden.

11 **3. Verbot der reformatio in peius** (§§ 331 Abs. 1; 358 Abs. 2 S. 1 StPO): Legt lediglich der Angeklagte, sein gesetzlicher Vertreter oder die StA zu seinen Gunsten (§ 296 Abs. 2 StPO) gegen ein Urteil Berufung oder Revision ein, darf dieses in **Art und Höhe** nicht **zum Nachteil** des Angeklagten abgeändert werden. Jedoch bestehen **Ausnahmen** von diesem Verbot:

Problem 42: Rechtsbehelfe – Überblick

a) Die reformatio in peius betrifft nur Art und Höhe der Rechtsfolgen der Tat. Eine Änderung des Schuldspruches (zB Mord statt Totschlag; sog Schuldspruchberichtigung) bleibt somit zulässig.

b) Zudem ist auch die Unterbringung in einem psychiatrischen Krankenhaus oder einer Entziehungsanstalt immer möglich (§§ 331 Abs. 2, 358 Abs. 2 StPO).

4. Teilanfechtung: Eine Teilanfechtung ist sowohl bei der Berufung (§ 318 S. 1 StPO) als auch bei der Revision (§ 344 Abs. 1 StPO) möglich, wenn der angefochtene Teil logisch und getrennt vom nicht angefochtenen Teil eine selbstständige Prüfung und Beurteilung zulässt. Dies ist zB dann der Fall, wenn eine Beschränkung auf einzelne Taten im prozessualen Sinn oder auf das Strafmaß vorliegt oder nur ein Mittäter die Entscheidung anficht oder die Anfechtung nur Bewährungsfragen betrifft. Voraussetzung ist aber die **Abtrennbarkeit** des angefochtenen Teils.

5. Teilrechtskraft: Im Falle einer Teilanfechtung erwächst der nicht angefochtene Teil in **Teilrechtskraft**.

6. Rücknahme und Verzicht (§ 302 StPO): Sowohl die Rücknahme (nach Einlegung) als auch der Verzicht auf ein Rechtsmittel (vor Einlegung) sind möglich. Allerdings sind gewisse Einschränkungen zu beachten (§§ 302 Abs. 1 S. 2, 303 StPO). Die Rücknahme und der Verzicht sind allerdings als Prozesshandlungen bedingungsfeindlich und können somit selbst nicht widerrufen werden.

III. Allgemeine Zulässigkeitsvoraussetzungen (Prüfungsschema)

Die allgemeinen Zulässigkeitsvoraussetzungen der Rechtsmittel sind nur teilweise in den §§ 296-303 StPO geregelt.

1. Statthaftigkeit: Gegen die Entscheidung muss ein Rechtsmittel zunächst statthaft sein. Ergeht eine Entscheidung in falscher Form (Bsp.: Urteil statt Beschluss), so ist die falsche Bezeichnung des eingelegten Rechtsmittels (Bsp.: Berufung statt Beschwerde) unbeachtlich (§ 300 StPO). Dem Betroffenen steht nach Ansicht des **BGH** dann das Rechtsmittel zur Verfügung, welches für die ordnungsgemäße Entscheidung statthaft gewesen wäre.[1]

2. Beschwer: Grds muss der Betreffende geltend machen, dass er durch die Entscheidung beschwert ist, dh dass sie zu seinem Nachteil ergangen ist (zB bei einer Verurteilung). Diese Beschwer muss sich aus dem Tenor der Entscheidung ergeben. Ein Nachteil, der nur aus den Urteilsgründen erwächst, genügt nach **BGH** und **hL** nicht (vgl *Rössner/Safferling*, 27. Problem mwN). Fehlt die Beschwer, so ist das Rechtsmittel bereits **unzulässig** und nicht erst unbegründet.

3. Anfechtungsberechtigung: Anfechtungsberechtigt sind die StA (§ 296 Abs. 1, Abs. 2 StPO), der Beschuldigte (§ 296 Abs. 1 StPO), der Verteidiger (§ 297 StPO – aber nicht gegen den ausdrücklichen Willen des Beschuldigten), der gesetzliche Vertreter (§ 298 Abs. 1 StPO – auch gegen den Willen des Beschuldigten), der Privatkläger im Privatklageverfahren (§ 390 Abs. 1 StPO) und der Nebenkläger, soweit er beschwert ist (§§ 395 Abs. 4 S. 2, 400, 401 StPO).

4. Frist: Die sofortige Beschwerde (§ 311 Abs. 2 Hs. 1 StPO), die Berufung (§ 314 Abs. 1 StPO) und die Revision (§ 341 Abs. 1 StPO) müssen innerhalb der Frist von

---
1 Str., vgl dazu *Beulke/Swoboda*, Rn. 536.

einer Woche eingelegt werden. Die Revision muss ferner binnen **eines Monats** ab Ablauf der Einlegungsfrist bzw Urteilszustellung begründet werden (§§ 344, 345 StPO). Die einfache Beschwerde ist hingegen unbefristet möglich.

22 5. **Adressat:** Adressat des Rechtsmittels ist das Gericht, dessen Entscheidung angefochten wurde.

23 6. **Form:** Schließlich muss ein Rechtsmittel stets schriftlich oder zu Protokoll der Geschäftsstelle eingelegt werden (§§ 314 Abs. 1, 341 Abs. 1 StPO). Während die Berufung lediglich begründet werden kann (§ 317 StPO), **muss** die Revision zwingend begründet werden (§ 344 StPO).

Zur Vertiefung:

24 **Rechtsprechung: BGHSt 7, 153** – Freispruch (keine Beschwer bei Freispruch wegen eines Mangels an Beweisen); **BGHSt 8, 383** – „Revision" (falsche Form); **BGHSt 10, 100** – Unzuständigkeit (Teilanfechtung); **BGHSt 10, 245** – Revisionsrücknahme (Rücknahme eines Rechtsmittels ist unwiderruflich); **BGHSt 11, 319** – Zurechnungsunfähigkeit (Verbot der reformatio in peius); **BGHSt 14, 5** – Gesamtstrafe (Verbot der reformatio in peius bei neuer Gesamtstrafenbildung); **BGHSt 16, 374** – Geisteskrankheit (keine Beschwer bei Freispruch wegen Schuldunfähigkeit); **BGHSt 19, 46** – Trunkenheit (Teilanfechtung, Strafmaß); **BGHSt 25, 242** – Unzuständigkeitserklärung (falsche Form der Entscheidung); **BGHSt 28, 327** – Unterbringung (Unzulässigkeit des Rechtsmittels mangels Beschwer); **BGHSt 45, 51** – Rechtsmittelverzicht (Wirksamkeit der Verzichtserklärung); **BGHSt 47, 32** – Bewährungsfrage (Teilanfechtung bei doppelrelevanten Feststellungen); **BGH NJW 2016, 728** – Fall Mollath (Unzulässige Revision des Angeklagten nach Freispruch); **BGH NJW 2019, 1008** – Einziehung in der Rechtsmittelinstanz (Schlechterstellungsverbot); **BGH BeckRS 2022, 21052** und **BeckRS 2022, 37986** – Revisionseinlegung (Einlegung per Telefax genügt nicht den Formerfordernissen); **BGH BeckRS 2022, 30193** – Revisionsbegründung (Wiedereinsetzung in den vorherigen Stand bei nicht formgerechter Revisionsbegründung durch den Verteidiger).

Literatur/Aufsätze: *Altmann*, Die Teilanfechtung von Urteilen im Strafprozess, JuS 2008, 790; *Biernat*, Rechtsschutz gegen Zwangsmaßnahmen im Ermittlungsverfahren, JuS 2004, 401; *Bischoff*, Aus der Praxis: Rücknahme und Verzicht bei strafprozessualen Rechtsmitteln, JuS 2018, 670; *Bloy*, Die Ausgestaltung der Rechtsmittel im deutschen Strafprozessrecht, JuS 1986, 585; *Burghardt*, Der Rechtsschutz gegen Zwangsmittel im Ermittlungsverfahren, JuS 2010, 606; *Engländer*, Die Rechtsbehelfe gegen strafprozessuale Zwangsmaßnahmen, JURA 2010, 414; *Knauer*, Vom Wesen und Zweck der Revision, NStZ 2016, 1; *Wankel*, Rechtsmittel- und Rechtsbehelfsbeschränkung in der StPO, JA 1998, 65; *Werkmüller*, Einschränkungsmöglichkeiten von Rechtsmitteln im Strafprozeß, JA 2000, 55.

Strafprozessuale Zusatzfrage:[2]

25 Der anwaltlich nicht vertretene A wird in der ersten Instanz wegen einer Körperverletzung zu einer Freiheitsstrafe verurteilt. Zwar ist er unschuldig, der Prozess hat ihn jedoch so mitgenommen, dass er bei der Urteilsverkündung sehr frustriert ist. Er glaubt, durch ein Rechtsmittel nichts mehr erreichen zu können, da das Gericht ohne-

---

2 Vgl *Beulke/Swoboda*, Rn. 301 mwN.

Problem 42: Rechtsbehelfe – Überblick

hin gegen ihn voreingenommen sei. Er nimmt nämlich an, dass dasselbe Gericht später auch über seine Berufung entscheide. Daher erklärt er einen Rechtsmittelverzicht. Als er am nächsten Tag Rechtsanwalt R davon berichtet, ist dieser entsetzt und erklärt gegenüber dem Gericht eine Anfechtung der Verzichtserklärung wegen Irrtums und legt – innerhalb der gesetzmäßigen Frist – Berufung ein. Kann der Rechtsmittelverzicht angefochten werden?

Klausurmäßiger Lösungsvorschlag:

Fraglich ist, ob der Rechtsmittelverzicht wegen Irrtums angefochten werden kann.

I. Es ließe sich daran denken, die Regeln des BGB über die Anfechtung von Willenserklärungen entsprechend anzuwenden und es grds zuzulassen, dass der Angeklagte sich von einer solchen Verzichtserklärung später noch einmal lösen kann. Dafür spricht, dass er durch den Rechtsmittelverzicht schwer belastet wird. Unterliegt er dabei Willensmängeln, so könnte es dem Fair-trial-Prinzip widersprechen, wenn es nicht mehr möglich wäre, nachträgliche Korrekturen vorzunehmen. Hier hat A die Rechtslage verkannt, indem er davon ausging, das Rechtsmittel werde von dem Gericht überprüft, das auch in der ersten Instanz entschieden hat, und sei daher zwecklos.

II. BGH und hL lehnen jedoch eine nachträgliche Anfechtung des Rechtsmittelverzichts zu Recht ab. Die Rechtskraft des Urteils führt zu einer gewissen Rechtssicherheit. Der Vertrauensschutz gebietet es dabei, ein einmal in Rechtskraft erwachsenes Urteil nur unter den engen Voraussetzungen der §§ 359 ff. StPO noch einmal aufzugreifen. Zudem ist das Fair-trial-Prinzip nicht verletzt, da es dem Angeklagten freisteht, sich innerhalb der gesetzlichen Frist über die Chancen eines Rechtsmittels zu erkundigen. Er ist nicht gezwungen, diese Entscheidung sofort vor Gericht zu treffen. Etwas anderes gilt nur, wenn das Gericht oder die StA ihn gezielt täuscht.

III. Ergebnis: A hat wirksam auf Rechtsmittel verzichtet. Daher kann er keine Berufung mehr einlegen.

Problem 43: Die Beschwerde

I. Gesetzliche Regelung

1   Die Beschwerde ist geregelt in den §§ 304-311a StPO.

II. Regelungsgegenstand (§ 304 Abs. 1 StPO)

2   Die Beschwerde ist zulässig gegen

3   1. **Beschlüsse** (dh Entscheidungen des Gerichts, die nicht in der Form eines Urteils ergehen und insoweit mit einer Berufung oder Revision anfechtbar sind), die von den Gerichten des ersten Rechtszuges oder im Berufungsverfahren erlassen wurden oder

4   2. **Verfügungen** des Vorsitzenden (sowie des Richters im Vorverfahren und eines beauftragten oder ersuchten Richters),

5   soweit das Gesetz nicht ausdrücklich etwas anderes bestimmt (vgl sogleich unter III.).

III. Ausnahmen

6   Die Beschwerde ist allerdings ausgeschlossen bei

7   1. bestimmten **Kostenentscheidungen** (vgl im Einzelnen § 304 Abs. 3 StPO);

8   2. **Beschlüssen und Verfügungen des BGH und des OLG** (sofern dieses nicht erstinstanzlich tätig wird, vgl § 304 Abs. 4 S. 2 StPO);

9   3. bestimmten **Verfügungen des Ermittlungsrichters des BGH und des OLG** (§ 304 Abs. 5 StPO);

10 4. bestimmten **Entscheidungen der erkennenden Gerichte, die der Urteilsfindung vorausgehen** (§ 305 S. 1 StPO): Die Entscheidungen müssen in einem inneren, sachlichen Zusammenhang mit der Urteilsfindung stehen und diese vorbereiten. Dies ist insb der Fall bei der Ablehnung eines Beweisantrages oder eines Sachverständigen. Hier genügt es, wenn das Urteil insgesamt mit einem Rechtsmittel angefochten wird. **Ausnahmen** von dieser (Ausnahme-)Regelung finden sich allerdings in § 305 S. 2 StPO, wonach gegen eine Verhaftung, einstweilige Unterbringung, Beschlagnahme oder vorläufige Entziehung der Fahrerlaubnis bzw gegen ein vorläufiges Berufsverbot, gegen die Festsetzung von Ordnungs- und Zwangsmitteln sowie gegen Entscheidungen mit Drittbezug dennoch eine Beschwerde zulässig ist (auch wenn diese Entscheidungen der Urteilsfindung vorausgehen). Der Grund liegt darin, dass der Angeklagte bereits unmittelbar durch diese Maßnahmen beschwert wird, so dass selbst die spätere Anfechtung des Urteils diese Beschwer nicht beseitigen kann. Diese Aufzählung des § 305 S. 2 ist nach der **Rspr.** nicht abschließend.[1] Allerdings muss die angefochtene Maßnahme einen mit den genannten Beispielen vergleichbaren Schweregrad erreichen. Daher ist zB neben der Beschlagnahme auch die Anordnung einer **Durchsuchung** durch das erkennende Gericht von Satz 2 erfasst, so dass eine Beschwerde zulässig ist.

11 5. **gesonderten gesetzlichen Ausschlussregelungen** (vgl §§ 28 Abs. 1, 46 Abs. 2, 153 Abs. 2 S. 4, 201 Abs. 2 S. 2, 310 Abs. 2 StPO).

---

1   Vgl dazu *Roxin/Schünemann*, § 56 Rn. 5.

IV. Regelungsumfang

Im Rahmen der Beschwerde findet eine Überprüfung in rechtlicher und tatsächlicher Hinsicht statt.

V. Arten

Man unterscheidet folgende Arten von Beschwerden:

1. **die einfache Beschwerde** (§ 304 StPO)

2. **die sofortige Beschwerde** (§ 311 StPO): Um eine solche handelt es sich nur, wenn das Gesetz ausdrücklich bestimmt, dass eine Entscheidung (nur) mit einer sofortigen Beschwerde angefochten werden kann (so zB in § 28 Abs. 2 S. 1 StPO). Der Unterschied zur einfachen Beschwerde liegt darin, dass (1) die sofortige Beschwerde **befristet** ist (Einlegung binnen einer Woche, § 311 Abs. 2 StPO) und (2) das Gericht zu einer Abänderung seiner durch die sofortige Beschwerde angefochtenen Entscheidung nicht befugt ist (§ 311 Abs. 3 S. 1 StPO). Es hilft jedoch der Beschwerde ab, wenn es zum Nachteil des Beschwerdeführers Tatsachen oder Beweisergebnisse verwertet hat, zu denen dieser noch nicht gehört worden ist, und es aufgrund des nachträglichen Vorbringens die Beschwerde für begründet erachtet (§ 311 Abs. 3 S. 2 StPO).

3. **die weitere Beschwerde** (§ 310 StPO): Eine weitere Beschwerde gegen Entscheidungen des Beschwerdegerichts ist nur in Ausnahmefällen zulässig. Sie kann nur gegen Beschwerdeentscheidungen des LG oder des nach § 120 Abs. 3 GVG zuständigen OLG eingelegt werden, sofern sie **Verhaftungen**, die einstweilige **Unterbringung** oder einen Vermögensarrest (nach § 111e StPO über einen Betrag von mehr als 20.000 Euro) betreffen.

4. **Eine außerordentliche Beschwerde:** Auch bei „greifbarer Gesetzeswidrigkeit" kennt das Strafprozessrecht – im Gegensatz zum Zivilprozess – eine solche außerordentliche Beschwerde **nicht**.

VI. Beschwerdebefugnis

Zur Beschwerde befugt sind der Angeklagte und die StA, darüber hinaus aber auch Zeugen, Sachverständige und andere Personen, soweit sie von der Ausgangsentscheidung „betroffen" sind, dh Personen, die durch die Entscheidung in der Wahrnehmung geschützter Rechte und Interessen beschränkt werden (§ 304 Abs. 2 StPO).

VII. Zuständigkeit

Die Zuständigkeit ist abhängig davon, welches Gericht die angefochtene Maßnahme erlassen hat. Zuständig ist entweder die große Strafkammer des LG (§§ 73 Abs. 1 S. 1 Hs. 1, 76 Abs. 1 GVG), das OLG (§§ 120 Abs. 3, Abs. 4, 121 Abs. 1 Nr. 2 GVG) oder der BGH (§ 135 Abs. 2 Nr. 1, 2 GVG). Dabei ist die Beschwerde jeweils **beim Ausgangsgericht** einzulegen (§ 306 Abs. 1 StPO), welches die Beschwerde dem höheren Gericht vorlegt, sofern es der einfachen Beschwerde nicht selbst abhilft (§ 306 Abs. 2 StPO).

VIII. Form

20 Die Beschwerde ist zu Protokoll der Geschäftsstelle oder schriftlich einzulegen (§ 306 Abs. 1 StPO). Eine Begründung ist hierbei zulässig, aber nicht erforderlich.

IX. Frist

21 Die einfache Beschwerde gemäß § 304 StPO ist fristlos möglich, die sofortige Beschwerde muss binnen einer Frist von einer Woche eingelegt werden (§ 311 Abs. 2 StPO).

X. Rechtswirkungen

22 Die erfolgreiche Beschwerde hat bestimmte Rechtswirkungen. Zunächst ist zu beachten, dass die Beschwerde – anders als die Berufung und die Revision – gerade keinen Suspensiveffekt (§ 307 Abs. 1 StPO) hat, sofern dies nicht ausdrücklich gesetzlich angeordnet ist (wie zB in § 81 Abs. 4 S. 2 StPO). Allerdings kann der Vollzug der Entscheidung sowohl vom Ausgangs- als auch vom Beschwerdegericht ausgesetzt werden (§ 307 Abs. 2 StPO). Die Beschwerde besitzt grds einen Devolutiveffekt, dh sie bringt die Sache in die nächsthöhere Instanz. Der einfachen Beschwerde muss das Ausgangsgericht indes selbst abhelfen, wenn es sie für begründet hält, dh der Devolutiveffekt tritt nur ein, wenn es sie für unbegründet erachtet (vgl § 306 Abs. 2 StPO).

XI. Ablauf

23 Bei einfachen Beschwerden kann das Ausgangsgericht oder der Vorsitzende der Beschwerde abhelfen, ansonsten muss sie sofort, spätestens aber vor Ablauf von drei Tagen dem Beschwerdegericht vorgelegt werden (§ 306 Abs. 2 StPO). Das Beschwerdegericht kann ferner vor der Entscheidung Ermittlungen anordnen oder diese selbst vornehmen (§ 308 Abs. 2 StPO). Die Entscheidung ergeht regelmäßig **ohne mündliche Verhandlung**, die StA kann allerdings in geeigneten Fällen angehört werden (§ 309 Abs. 1 StPO), was insb dann der Fall ist, wenn es sich um eine aus Sicht der StA nachteilige Entscheidung handelt. Erachtet das Beschwerdegericht die Beschwerde für begründet, kann es zugleich auch in der Sache entscheiden (§ 309 Abs. 2 StPO).

XII. Besonderheiten

24 Zwar besteht im Rahmen der Beschwerde kein Verbot der **reformatio in peius**, allerdings sind bestimmte Förmlichkeiten einzuhalten (vgl § 308 Abs. 1 StPO).

Zur Vertiefung:

25 Rechtsprechung: **BGHSt 27, 175** – Besucher (Beschwerdeberechtigung Drittbetroffener); **BGHSt 45, 37** – Letzte Ablehnung (keine „außerordentliche Beschwerde" gegen Ablehnung des Wiederaufnahmeantrags); **BGH NJW 2015, 3671** – Unzulässige Beschwerde (keine Anfechtung sitzungspolizeilicher Maßnahmen iSd § 176 GVG); **OLG Hamburg StV 1998, 639** – Blutentnahme (§ 305 S. 2 StPO ist nicht abschließend); **OLG Bremen NStZ-RR 2019, 314** – Ablehnung der nachträglichen Gewährung rechtlichen Gehörs nach § 33a StPO (zur Unzulässigkeit einer Beschwerde nach § 304 StPO); **OLG Frankfurt a.M. NStZ-RR 2020, 123** – (Nicht-) Erlass eines

Problem 43: Die Beschwerde

Europäischen Haftbefehls (zur Unzulässigkeit einer weiteren Beschwerde gem § 310 Abs. 2 StPO).

Literatur/Aufsätze: *Bloy*, Die Ausgestaltung der Rechtsmittel im deutschen Strafprozessrecht, JuS 1986, 585 (587 ff.); *Jahn*, Verwirkung des Rechtsschutzbedürfnisses bei erledigter Ermittlungsmaßnahme, JuS 2008, 554; *Schmidt*, Zur Bindungswirkung strafprozessualer Beschwerdeentscheidungen für das erkennende Gericht, NStZ 2009, 243.

Strafprozessuale Zusatzfrage:[2]

A ist wegen Betruges gem § 263 StGB angeklagt. Seine Verlobte V wird im Hauptverfahren als Zeugin geladen. Vor Gericht erklärt sie, keine Aussage machen zu wollen. Der Vorsitzende R ärgert sich darüber, da sich „ja jeder kurz vor der Ladung als Zeuge verloben" könne, und weist sie an, dennoch auszusagen. Als V sich weiterhin weigert, erlässt R ein Ordnungsgeld iHv 250 Euro. Innerhalb von drei Tagen legt V schriftlich eine Beschwerde ein. Hat diese Beschwerde Aussicht auf Erfolg?

Klausurmäßiger Lösungsvorschlag:

Die Beschwerde hat Aussicht auf Erfolg, wenn sie zulässig und begründet ist.

I. Zulässigkeit

1. Die Beschwerde ist gemäß § 304 StPO **statthaft** *gegen alle richterlichen Beschlüsse, also nicht gegen Urteile. Nach § 305 S. 1 StPO sind allerdings Beschlüsse ausgenommen, welche ein Urteil vorbereiten, da in diesen Fällen die Anfechtung des Urteils im Wege der Berufung oder Revision ausreichend ist. Dies gilt nach § 305 S. 2 StPO aber gerade nicht in solchen Fällen, in denen der Beschluss eine selbstständige Beschwer enthält, die durch die Anfechtung des Urteils gerade nicht mehr beseitigt werden kann. Dies ist insb der Fall, wenn, wie hier, Dritte betroffen sind. Die Festsetzung eines Ordnungsgeldes ist zudem in § 305 S. 2 StPO ausdrücklich als mit der Beschwerde angreifbare Entscheidung genannt. Daher ist die Beschwerde statthaft.*

2. V ist zudem durch den Beschluss über das Ordnungsgeld selbst betroffen, sodass sie als Zeugin gem § 304 Abs. 2 StPO **beschwerdebefugt** *ist.*

3. Zudem müsste V durch den Beschluss auch **beschwert** *sein. Da sie durch das ihr gegenüber festgesetzte Ordnungsgeld unmittelbar in ihrem Vermögen beeinträchtigt wird, ist auch diese Voraussetzung erfüllt.*

4. Schließlich müsste die Beschwerde auch form- und fristgerecht eingereicht worden sein. Für die **Form** *gilt gemäß § 306 Abs. 1 StPO, dass die Beschwerde zu Protokoll der Geschäftsstelle oder schriftlich einzulegen ist. V hat letzteres Formerfordernis erfüllt. Eine Begründung ist keine zwingende Voraussetzung für die Zulässigkeit der Beschwerde. Daher ist es unschädlich, dass sie keine Begründung genannt hat. Die hier von V eingelegte einfache Beschwerde ist ferner gemäß § 304 StPO* **nicht fristgebunden**. *Da V aber bereits nach drei Tagen gehandelt hat, hätte sie sogar die Wochenfrist der sofortigen Beschwerde gemäß § 311 Abs. 2 StPO eingehalten.*

5. Die Beschwerde ist somit zulässig.

II. Begründetheit

---

[2] Vgl die Lösung des Übungsfalles bei *Mitsch/Ellbogen*, S. 55 ff.

43 Problem 43: Die Beschwerde

33 *Die Beschwerde müsste auch begründet sein. Dies ist der Fall, wenn der Erlass des Ordnungsgeldes unzulässig war. Gemäß § 70 Abs. 1 S. 1 StPO kann ein Ordnungsgeld verhängt werden, wenn ein Zeuge die Aussage „ohne gesetzlichen Grund" verweigert. Allerdings kann sich V als Verlobte des Beschuldigten A auf ihr Zeugnisverweigerungsrecht gem § 52 Abs. 1 Nr. 1 StPO berufen. Sie hat somit ihr Zeugnis nicht ohne gesetzlichen Grund verweigert. Daher war der Vorsitzende nicht zur Festsetzung eines Ordnungsgeldes berechtigt. Der angegriffene Beschluss war folglich rechtswidrig und die Beschwerde der V begründet.*

34 *III. Ergebnis: Die Beschwerde hat Aussicht auf Erfolg.*

Problem 44: Die Berufung

I. Gesetzliche Regelung

Die Berufung ist in den §§ 312-332 StPO geregelt.

II. Regelungsgegenstand (§ 312 StPO)

Die Berufung ist auf die Überprüfung von **Urteilen**, die das AG (der Strafrichter als Einzelrichter oder das Schöffengericht) gefällt hat, gerichtet (§ 312 StPO). Eine Überprüfung von erstinstanzlichen Urteilen des LG oder des OLG kann **nicht** durch die Berufung, sondern nur im Wege der Revision erreicht werden. In der Berufung wird der Sachverhalt in tatsächlicher und rechtlicher Hinsicht neu untersucht. Sie ist somit eine zweite Tatsacheninstanz.

III. Einschränkung

In gesondert geregelten Fällen bedarf es einer **Annahme der Berufung** (§ 313 StPO). Dies ist der Fall bei
1. einer Verurteilung zu einer Geldstrafe von nicht mehr als 15 Tagessätzen;
2. einer Verwarnung (§ 59 StGB) mit vorbehaltener Strafe von nicht mehr als 15 Tagessätzen;
3. einer Verurteilung zu einer Geldbuße nach dem OWiG;
4. einem Freispruch des Angeklagten, wenn die StA nicht mehr als 30 Tagessätze Geldstrafe beantragt hatte und
5. einer Einstellung des Verfahrens, wenn die StA nicht mehr als 30 Tagessätze Geldstrafe beantragt hatte.

Die Berufung wird angenommen, wenn sie nicht offensichtlich unbegründet ist (§ 313 Abs. 2 S. 1 StPO). Ansonsten ist sie **als unzulässig zu verwerfen** (§ 313 Abs. 2 S. 2 StPO). Die Entscheidung erfolgt durch Beschluss (§ 322a S. 1 StPO) und ist nicht anfechtbar (§ 322a S. 2 StPO). Im Falle der Annahme der Berufung bedarf der Beschluss keiner Begründung (§ 322a S. 3 StPO).

IV. Regelungsumfang

Im Rahmen der Berufung findet eine Überprüfung in tatsächlicher und rechtlicher Hinsicht statt. Wie oben erwähnt, handelt es sich um eine zweite Tatsacheninstanz, so dass auch neue Tatsachen und Beweismittel eingeführt werden können (§ 323 Abs. 3 StPO).

V. Zuständigkeit

Zuständig für die Berufungsentscheidung ist die **kleine Strafkammer** des LG (§§ 74 Abs. 3, 76 Abs. 1 S. 1 GVG). In Verfahren über Berufungen gegen ein Urteil des erweiterten Schöffengerichts (§ 29 Abs. 2 GVG) ist ein zweiter Richter hinzuzuziehen (§ 76 Abs. 6 S. 1 GVG).

VI. Rechtsmittelberechtigung

Zur Einlegung der Berufung berechtigt sind der Beschuldigte (§ 296 Abs. 1 StPO), die StA (§ 296 Abs. 1 StPO), der Verteidiger (§ 297 StPO – aber nicht gegen den Willen des Beschuldigten), der gesetzliche Vertreter (§ 298 Abs. 1 StPO), der Nebenkläger (§§ 395 Abs. 4 S. 2, 401 Abs. 1 S. 1 StPO) und der Privatkläger (§ 390 Abs. 1 StPO).

VII. Form

8   Die Berufung ist beim Ausgangsgericht zu Protokoll der Geschäftsstelle oder schriftlich einzulegen (§ 314 Abs. 1 StPO). Eine Begründung ist nicht erforderlich (§ 317 StPO), eine solche ist in der Praxis jedoch üblich. Ferner muss das Rechtsmittel nicht als „Berufung" bezeichnet werden. Im Zweifel geht das Gericht von einer Berufung aus, da sie im Hinblick auf die Revision das umfassendere Rechtsmittel darstellt. Innerhalb der Revisionsbegründungsfrist kann der Beschwerdeführer eine Berufung allerdings in eine Revision umändern.

VIII. Frist

9   Die Berufung muss binnen einer Woche nach Verkündung des Urteils eingelegt werden (§ 314 Abs. 1 StPO). Hat die Verkündung des Urteils nicht in Anwesenheit des Angeklagten stattgefunden, so beginnt für diesen die Frist mit der Zustellung, sofern nicht in den Fällen der §§ 234, 387 Abs. 1, 411 Abs. 2 und § 428 Abs. 1 S. 1 StPO die Verkündung in Anwesenheit des mit schriftlicher Vollmacht versehenen Verteidigers stattgefunden hat (§ 314 Abs. 2 StPO).

IX. Beschränkung

10 Eine Beschränkung der Berufung auf einzelne Punkte ist zulässig (§ 318 S. 1 StPO). Sofern keine Beschränkung stattfindet oder die Beschränkung unwirksam ist, wird das gesamte Urteil überprüft.

X. Rechtswirkungen

11 Die Einlegung der Berufung hat sowohl einen Suspensiveffekt (§ 316 Abs. 1 StPO), dh die Rechtskraft des angefochtenen Urteils wird gehemmt, als auch einen Devolutiveffekt, dh die Berufung bringt die Sache in die nächsthöhere Instanz.

XI. Ablauf des Verfahrens

12 Das Verfahren lässt sich in vier Schritte unterteilen.

13 **1. Ausgangsinstanz:** Zunächst prüft das Ausgangsgericht, also das erkennende AG, die **Rechtzeitigkeit** der Einlegung und leitet die Berufung sodann weiter. Ist die Berufung verspätet eingelegt, so **verwirft** es die Berufung **als unzulässig**, § 319 Abs. 1 StPO.

14 **2. Zulässigkeitsprüfung:** Erachtet das **Berufungsgericht** die Berufung als **unzulässig**, dh die Vorschriften über die Einlegung der Berufung für nicht beachtet, so kann es sie nach § 322 Abs. 1 S. 1 StPO ohne mündliche Verhandlung durch Beschluss als **unzulässig verwerfen.** Hierdurch kann also auch das Berufungsgericht noch einmal prüfen, ob das Rechtsmittel in zulässiger Weise eingelegt und zB auch die Rechtsmittelfrist beachtet wurde und ggf die entsprechende Entscheidung des AG korrigieren. Ist die Berufung zulässig, so wird ferner in den oben genannten Fällen über eine Annahme (§§ 313, 322a StPO) entschieden.

15 **3. Hauptverhandlung:** Die Hauptverhandlung entspricht im Wesentlichen derjenigen der ersten Instanz (vgl §§ 323 ff. StPO). Besonderheiten bestehen im Fall des unent-

schuldigten **Ausbleibens des Angeklagten** (§ 329 StPO). § 329 StPO ist eine Ausnahmevorschrift, die der **Verfahrensbeschleunigung** dient. Im Rahmen der Auslegung ist stets zu beachten, dass sich zwei widerstreitende Grundsätze entgegenstehen und zueinander ins Verhältnis gesetzt werden müssen: das Bedürfnis nach einer Beschleunigung des Verfahrens und das Streben nach einer möglichst gerechten Einzelfallentscheidung. Die Rechtslage wurde im Jahr 2015 grundlegend reformiert. Früher bestand nach § 329 Abs. 1 S. 1 StPO aF die Möglichkeit, die Berufung – bei Einlegung der Berufung durch den Angeklagten – ohne Verhandlung zur Sache durch **Prozessurteil zu verwerfen**, auch wenn der zur Vertretung ermächtigte Verteidiger im Berufungsverfahren anwesend war. Der **EGMR**[1] sah in dieser Rechtslage jedoch eine Verletzung des Rechts, sich in jeder Lage des Verfahrens durch einen Verteidiger vertreten zu lassen, vgl **Art. 6 Abs. 1 iVm Abs. 3 lit. c) EMRK**. Nachdem sich einige Oberlandesgerichte[2] wegen des Wortlauts und der Systematik des § 329 StPO aF daran gehindert sahen, dieser Rspr. des EGMR zu folgen, hat der Gesetzgeber reagiert. Nunmehr findet die Hauptverhandlung gem § 329 Abs. 2 S. 1 Alt. 1 StPO auch in Abwesenheit des Angeklagten statt, wenn seine Anwesenheit nicht erforderlich ist und er durch einen Verteidiger mit nachgewiesener Vertretungsvollmacht vertreten wird. Die Vertretungsvollmacht muss den Verteidiger hierbei zur Abwesenheitsvertretung in einer (bestimmt bezeichneten) Berufungshauptverhandlung ermächtigen; die allgemeine Verteidigervollmacht reicht insoweit nicht aus. Bei einer Berufung der StA ist eine Verhandlung in Abwesenheit des unentschuldigt ausgebliebenen Angeklagten auch ohne dessen Verteidiger möglich, soweit die Anwesenheit des Angeklagten nicht erforderlich ist, § 329 Abs. 2 S. 1 Alt. 2 StPO. Ob die Anwesenheit des Angeklagten erforderlich ist, richtet sich insb nach der Amtsermittlungspflicht (§ 244 Abs. 2 StPO). Wenn etwa vom Angeklagten eine weitere Sachverhaltsaufklärung zu erwarten ist oder sich das Berufungsgericht, wie zB bei Gegenüberstellungen, einen persönlichen Eindruck vom Angeklagten machen muss, kann die Anwesenheit erforderlich sein. Dagegen ist dies jedenfalls dann nicht der Fall, wenn nur Verfahrenshindernisse oder reine Rechtsfragen erörtert werden sollen. Ohnehin wird man in konventionsfreundlicher Auslegung voraussetzen müssen, dass die Anwesenheit zur Urteilsfindung wirklich unerlässlich ist.

16 Umgekehrt ist nach der Neuregelung auch die Möglichkeit zur Verwerfung der Berufung durch Prozessurteil (ohne Verhandlung zur Sache) erweitert worden. Voraussetzung ist hier jedoch stets die Beachtung der Hinweispflicht in der Ladung (§ 323 Abs. 1 S. 2 StPO). Im Falle der Berufung des Angeklagten ist die Berufung zu verwerfen, wenn ohne zureichende Entschuldigung weder der Angeklagte noch sein Verteidiger erschienen sind, § 329 Abs. 1 S. 1 StPO. Gleiches gilt gem § 329 Abs. 1 S. 2 StPO, wenn die Fortsetzung der Verhandlung dadurch verhindert wird, dass 1. sich der Verteidiger ohne genügende Entschuldigung entfernt und eine Abwesenheit des Angeklagten nicht genügend entschuldigt ist oder der Verteidiger den ohne genügende Entschuldigung abwesenden Angeklagten nicht weiter vertritt oder 2. sich der Angeklagte selbst ohne genügende Entschuldigung entfernt und kein Verteidiger anwesend ist oder 3. der Angeklagte sich vorsätzlich und schuldhaft in einen Zustand der Verhandlungsunfähigkeit versetzt und kein Verteidiger anwesend ist. Ferner ist die Berufung des Angeklagten zu verwerfen, wenn zwar sein Verteidiger anwesend ist, die Anwesen-

---

1 EGMR NStZ 2013, 350 – Neziraj.
2 Vgl OLG München NStZ 2013, 358; OLG Celle NStZ 2013, 615.

heit des Angeklagten aber dennoch erforderlich ist und dieser nach ordnungsgemäßer Ladung ohne genügende Entschuldigung nicht erscheint, § 329 Abs. 4 StPO.

4. **Entscheidung:** Wird die Unzulässigkeit erst zu einem späteren Zeitpunkt während der Hauptverhandlung bekannt, so kann die Berufung (durch Prozessurteil) auch jetzt noch als unzulässig verworfen werden. Ist die Berufung begründet, so hebt das Berufungsgericht die erstinstanzliche Entscheidung auf und erlässt eine neue Sachentscheidung. Ist die Berufung lediglich teilweise begründet, so wird das Urteil auch nur teilweise aufgehoben. Es ergeht also teilweise eine neue Sachentscheidung, im Übrigen wird die Berufung verworfen. Soweit die Berufung für begründet befunden wird, erkennt das Berufungsgericht unter Aufhebung des Urteils in der Sache selbst (§ 328 Abs. 1 StPO). Ist die Berufung hingegen unbegründet, so wird sie als unbegründet verworfen. Im Übrigen bleibt auch in der Berufungsinstanz eine Einstellung nach den §§ 153 ff. StPO möglich.

Zur Vertiefung:

Rechtsprechung: EGMR NStZ 2013, 350 – Neziraj (Konventionswidrigkeit des § 329 Abs. 1 StPO); **BVerfGE 74, 358** – Unschuldsvermutung (Berücksichtigung der EMRK bei der Auslegung des GG); **BVerfGE 111, 307** – Görgülü (fehlende Berücksichtigung der EMRK bei der Auslegung des einfachen Rechts kann gegen Grundrechte iVm dem Rechtsstaatsprinzip verstoßen); **BVerfG NJW 1996, 2785** – Zwillingsbruder (Annahmeberufung); **BGHSt 2, 63** – Vorbehalt (Zulässigkeit der Einlegung eines nicht genau bezeichneten Rechtsmittels); **BGHSt 5, 338** – Sprungrevision (Zulässigkeit des Übergangs von Berufung in Revision); **BGHSt 40, 395** – Vollrausch (Anforderungen an den Übergang von Berufung zur Sprungrevision); **BGHSt 47, 32** – Führerschein (keine Berufungsbeschränkung bei enger Verbundenheit der getroffenen Entscheidungen); **OLG Hamburg JR 1999, 479** – Hanfsamen (Anfechtung des Nichtannahmebeschlusses); **BayObLG NStZ-RR 2000, 307** – Ausbleiben des Angeklagten (§ 329 Abs. 1 StPO verstößt nicht gegen Art. 6 Abs. 3 lit. c) EMRK); **OLG Celle NStZ 2013, 615** – Nichterscheinen zur Berufung (Verbindlichkeit des Wortlauts des § 329 Abs. 1 StPO); **OLG München NStZ 2013, 358** – Nichterscheinen zur Berufung (Verbindlichkeit des Wortlauts des § 329 Abs. 1 StPO); **OLG Karlsruhe NStZ 2014, 294** – Erstinstanzliche Verständigung (Folgewirkungen in der Berufungsinstanz); **OLG Nürnberg NStZ 2017, 494** – Wirksamkeit einer Berufungseinlegung (für die Wahrung der Schriftform gem § 314 Abs. 1 StPO ist eine handschriftliche Unterzeichnung der Berufungsschrift nicht unbedingt erforderlich); **OLG Hamburg NStZ 2017, 607** – Anwesenheitserfordernis im Berufungsverfahren (zur weiten Auslegung des Begriffs der „Erforderlichkeit" in § 329 Abs. 2 S. 1 und Abs. 4 S. 1 StPO).

Literatur/Aufsätze: *Böhm*, Die strafrechtliche Abwesenheitsverhandlung im Berufungsverfahren, NJW 2015, 3132; *Engel*, Die Berufungsverwerfung aufgrund Säumnis des Angeklagten im Lichte der jüngsten Rechtsprechung des EGMR sowie des OLG München, ZJS 2013, 339; *Esser*, (Nichts) Neues aus Straßburg – Effektive Verteidigung bei Nichterscheinen des Angeklagten zu Beginn der Hauptverhandlung in der Berufungsinstanz (§ 329 Abs. 1 S. 1 StPO), StV 2013, 331; *Esser/Gaede/Tsambikakis*, Übersicht zur Rechtsprechung des EGMR in den Jahren 2008 bis Mitte 2010 – Teil II, NStZ 2011, 140; *Frisch*, Verwerfung der Berufung ohne Sachverhandlung und Recht auf Verteidigung – Zur Änderung des § 329 StPO, NStZ 2015, 69;

Problem 44: Die Berufung

Gerst, Die Konventionsgarantie des Art. 6 IIIc und die Abwesenheitsverwerfung gemäß § 329 I 1 StPO – Ein kleiner Schritt für Straßburg, ein zu großer für Deutschland?, NStZ 2013, 310; *Jansen*, Verwerfung der Berufung trotz Verteidigung des abwesenden Angeklagten nach § 329 StPO n.F. – nunmehr konventionskonform?, StV 2020, 59; *Kudlich*, Aktuelle Probleme der strafprozessualen Berufung, JA 2000, 588; *ders.*, Zur Wirksamkeit einer telefonisch eingelegten Berufung, JuS 2005, 660; *Mansdörfer/Timmerbeil*, Grundfälle zur Tenorierung strafrechtlicher Entscheidungen, JuS 2001, 1209; *Meyer-Mews*, Die Völkerrechts- und Konventionswidrigkeit des Verwerfungsurteils gem § 329 I 1 StPO, NJW 2002, 1928; *Mosbacher*, Straßburg locuta – § 329 I StPO finita?, NStZ 2013, 312; *Ullenboom*, Die Berufungsverhandlung in Abwesenheit des Angeklagten gem § 329 StPO, StV 2019, 543.

Literatur/Übungsfälle: *Welp*, Eine verspätete Berufung, JuS 2001, 589.

Strafprozessuale Zusatzfrage:[3]

Gegen A ergeht ein Urteil wegen Diebstahls. Er wird vom zuständigen Amtsgericht zu einer Geldstrafe iHv 25 Tagessätzen verurteilt. Daraufhin gibt A drei Tage nach Urteilsverkündung ein schriftliches Dokument mit den Worten „Dieses Urteil kann ich nicht akzeptieren – hiermit remonstriere ich!" ab. Das LG beraumt einen Termin „zur Hauptverhandlung" an, zu dem aber nur ein inzwischen eingeschalteter Verteidiger des A erscheint, der eine schriftliche Vollmacht zur Abwesenheitsvertretung vorlegt und angibt, gegen seinen sich im Ausland befindenden Mandanten liege in anderer Sache ein Haftbefehl vor, so dass diesem ein Erscheinen nicht zugemutet werden könne. Die Mitwirkung seines Mandanten sei zudem auch nicht erforderlich, da er sich nicht zur Tat äußern wolle. Hat A ein zulässiges Rechtmittel eingelegt und welche Entscheidungsmöglichkeiten hat das zuständige Gericht? Darf das Gericht auch in Abwesenheit des A entscheiden?

Klausurmäßiger Lösungsvorschlag:

I. Frage:

Fraglich ist zunächst, welches Rechtsmittel A eingelegt hat.

1. Er richtet sich zwar erkennbar gegen das verkündete Urteil und möchte dagegen mit den ihm zur Verfügung stehenden Mitteln vorgehen. Allerdings bezeichnet er das eingelegte Rechtsmittel nicht konkret. Auch liegt keine Begründung vor. Da sich A gegen ein erstinstanzliches Urteil wendet, kommt als Rechtsmittel sowohl eine Berufung gemäß den §§ 312 ff. StPO als auch eine Sprungrevision gemäß § 335 StPO in Betracht. Wenn der Angeklagte sein Rechtsmittel nicht genau bezeichnet, ist auf das umfassendere Rechtsmittel, dh auf die Berufung, zurückzugreifen. Denn dadurch wird dem Beschwerdeführer die Möglichkeit einer zweiten Tatsacheninstanz gewährt. Auch wurde das Formerfordernis der schriftlichen Einlegung gemäß § 314 Abs. 1 StPO eingehalten. Nähme man hingegen eine Sprungrevision an, so hätte eine Begründung erfolgen müssen, die im Fall der schriftlichen Abgabe von einem Rechtsanwalt hätte unterzeichnet werden müssen (§ 345 Abs. 2 StPO). Somit wäre eine Revision unzulässig, soweit nicht noch eine entsprechende Begründung innerhalb der Monatsfrist eingereicht wor-

---

3 Fall nach EGMR NStZ 2013, 350 – Neziraj.

den wäre. Eine Begründung wurde durch A allerdings nicht geliefert, dies ist aber nach § 317 StPO für eine Berufung auch nicht zwingend erforderlich. Zudem hat A die Wochenfrist des § 314 Abs. 1 StPO gewahrt. Somit hat A eine Berufung gegen das Urteil eingelegt.

22   2. Dem Berufungsgericht stehen nun verschiedene Entscheidungsmöglichkeiten zur Verfügung. Zunächst müssen alle Zulässigkeitsvoraussetzungen der Berufung vorliegen. Ist das nicht der Fall, weil zB die Wochenfrist nach § 314 Abs. 1 StPO nicht eingehalten wurde, so wird die Berufung als unzulässig verworfen (§ 322 Abs. 1 S. 1 StPO). Sofern die Zulässigkeit der Berufung festgestellt wird, kann eine Hauptverhandlung durchgeführt werden. Hier kann es die Berufung entweder als unbegründet verwerfen oder das Urteil aufheben und in der Sache selbst entscheiden. Dies kann auch nur hinsichtlich einzelner Teile geschehen, sofern die Berufung nur teilweise begründet ist.

II. Frage:

23   Fraglich ist, ob im vorliegenden Fall auch ohne A verhandelt werden kann.

24   Früher bestand nach § 329 Abs. 1 S. 1 StPO aF die Möglichkeit, die Berufung – bei Einlegung der Berufung durch den Angeklagten – ohne Verhandlung zur Sache durch **Prozessurteil zu verwerfen,** auch wenn der zur Vertretung ermächtigte Verteidiger im Berufungsverfahren anwesend war. Der EGMR hat aber entschieden, dass eine zwingende Verwerfung der Berufung in Ausnahmefällen gegen das Recht des Angeklagten aus Art. 6 Abs. 3 lit. c) EMRK, sich durch einen Verteidiger seiner Wahl verteidigen zu lassen, verstoße. Daraufhin hat der Gesetzgeber § 329 StPO reformiert. Nach aktueller Fassung findet die Hauptverhandlung gem § 329 Abs. 2 S. 1 Alt. 1 StPO dementsprechend auch in Abwesenheit des Angeklagten statt, wenn seine Anwesenheit nicht erforderlich ist und er durch einen Verteidiger mit nachgewiesener Vertretungsvollmacht vertreten wird. A wird hier durch seinen Verteidiger mit nachgewiesener Vertretungsvollmacht vertreten. Fraglich ist aber, ob die Anwesenheit des Angeklagten trotzdem erforderlich war. Dies richtet sich insb nach der Amtsermittlungspflicht (§ 244 Abs. 2 StPO). Wegen konventionsfreundlicher Auslegung (Art. 6 Abs. 3 lit. c EMRK) ist die Erforderlichkeit jedoch nur dann zu bejahen, wenn die Anwesenheit des Angeklagten zur Urteilsfällung wirklich unerlässlich ist. A will die Aussage verweigern, so dass von ihm eine weitere Sachverhaltsaufklärung nur schwerlich zu erwarten ist. Hier war es A ohnehin auch deshalb unzumutbar, zur Verhandlung zu erscheinen, da er mit seiner Verhaftung rechnen musste, so dass es ihm freistehen musste, stattdessen seinen ordnungsgemäß bevollmächtigten Verteidiger zum Termin zu schicken, um sein Recht aus Art. 6 Abs. 3 lit. c) EMRK zur Geltung zu bringen. Daher ist die Anwesenheit von A nicht erforderlich ist, so dass eine Verhandlung auch ohne ihn möglich ist, solange er sich durch einen ordnungsgemäß bevollmächtigten Verteidiger vertreten lässt.

Problem 45: Die Revision

I. Gesetzliche Regelung

Die Revision ist geregelt in den §§ 333-358 StPO.

II. Regelungsgegenstand (Statthaftigkeit des Rechtsmittels, §§ 333, 335 StPO) und Zuständigkeit

Die Revision ist gerichtet auf die Überprüfung von

1. **erstinstanzlichen Urteilen des LG und des OLG:** Hier ist in der Regel der BGH zuständig (§ 135 Abs. 1 GVG). Wenn die Revision jedoch ausschließlich auf eine Verletzung von Landesrecht gestützt wird (was selten der Fall ist), ist das OLG zuständig (§ 121 Abs. 1 Nr. 1c GVG);

2. **Berufungsurteilen (der kleinen Strafkammer des LG):** Für eine Überprüfung von Berufungsurteilen des LG ist das OLG zuständig (§ 121 Abs. 1 Nr. 1b GVG). Hierbei ist auch die Vorlagepflicht an den BGH zu beachten, wenn von der Entscheidung eines anderen OLG abgewichen werden soll (§ 121 Abs. 2 GVG);

3. **erstinstanzlichen Urteilen des AG:** Im Rahmen der sog Sprungrevision (§ 335 StPO) ist eine Revision gegen erstinstanzliche Urteile des AG statthaft. Zuständig ist hierfür das OLG (§ 121 Abs. 1 Nr. 1a GVG). Auch dabei ist wiederum die Vorlagepflicht gemäß § 121 Abs. 2 GVG zu beachten.

Das **OLG** entscheidet dabei gemäß § 122 Abs. 1 GVG mit drei, der **BGH** gemäß § 139 Abs. 1 GVG mit fünf Berufsrichtern. Nach § 9 EGGVG können die Länder Strafsachen, die zur Zuständigkeit des OLG gehören, einem (anderen) obersten Landesgericht zuweisen. Dies ist bisher nur in Bayern durch die Schaffung des **BayObLG** geschehen.

III. Regelungsumfang

Anders als im Rahmen der Berufung findet bei der Revision nur eine Überprüfung in rechtlicher Hinsicht statt. Somit handelt es sich nicht um eine zweite Tatsacheninstanz, so dass auch keine erneute Beweisaufnahme bzw Zeugenvernehmung stattfindet. Das Revisionsgericht prüft nur, ob das Urteil verfahrensrechtlich ordnungsgemäß zustande gekommen und ob das materielle Recht aufgrund des festgestellten Sachverhalts richtig angewandt worden ist. Die Revision dient einerseits der Wahrung der Rechtseinheit und andererseits der Einzelfallgerechtigkeit.

IV. Rechtsmittelberechtigung

Grds sind die StA und der Beschuldigte, der Verteidiger und gesetzlicher Vertreter berechtigt, eine Revision einzulegen (§§ 296 ff. StPO). Dabei ist aber stets die ungeschriebene Voraussetzung der Beschwer zu beachten (vgl dazu Problem 43). Auch der gesetzliche Vertreter (§ 298 I StPO), der Nebenkläger (§§ 395 Abs. 4 S. 2, 401 Abs. 1 S. 1 StPO) und der Privatkläger (§ 390 StPO) sind berechtigt, Revision einzulegen.

V. Form

Die Revision ist beim Ausgangsgericht zu Protokoll der Geschäftsstelle oder schriftlich einzulegen (§ 341 Abs. 1 StPO). Dabei müssen Revisionsanträge gestellt und diese begründet werden (§ 344 StPO). Dabei muss deutlich werden, ob die Revision auf Verfahrensfehler (Verfahrensrüge) oder auf die Verletzung materiellen Rechts (Sachrüge) gestützt wird. Während im ersteren Fall die genaue Darstellung der den Mangel begründenden Tatsachen erforderlich ist (§ 344 Abs. 2 S. 1 StPO), reicht bei einer Verletzung materiellen Rechts zur formgerechten Revisionsbegründung der Satz „Ich rüge die Verletzung materiellen Rechts"; freilich aber ist auch bei der Sachrüge eine ausführliche Begründung üblich und sinnvoll. Die Begründung kann wiederum zu Protokoll der Geschäftsstelle oder schriftlich eingelegt werden, in letzterem Fall muss allerdings ein Rechtsanwalt unterzeichnen (§ 345 Abs. 2 StPO).

VI. Frist

10 Die Einlegung der Revision muss binnen **einer Woche** nach Verkündung des Urteils beim **Ausgangsgericht** erfolgen (§ 341 Abs. 1 StPO). War der Angeklagte bei der Verkündung nicht dabei, beginnt die Frist mit der Zustellung (§ 341 Abs. 2 StPO). Die Revisionsanträge samt Begründung müssen sodann binnen eines Monats nach Ablauf der Rechtsmittelfrist ebenfalls beim Ausgangsgericht angebracht werden (§ 345 Abs. 1 S. 1 StPO). **Problematisch** ist in diesem Zusammenhang, dass oftmals die Fristen zur Absetzung des schriftlichen Urteils (§ 275 StPO) länger sind. Die Revisionsbegründungsfrist verlängert sich, wenn das Urteil später als 21 Wochen nach der Verkündung zu den Akten gebracht worden ist, um einen Monat und, wenn es später als 35 Wochen nach der Verkündung zu den Akten gebracht worden ist, um einen weiteren Monat (§ 345 Abs. 1 S. 2 StPO). Die Frist beginnt mit der Mitteilung des Zeitpunktes, zu dem das Urteil zu den Akten gebracht ist. Wenn bei Ablauf der Frist zur Einlegung des Rechtsmittels nach § 341 StPO das Urteil noch nicht zugestellt war, beginnt die Frist mit der Zustellung des Urteils (§ 345 Abs. 1 S. 3 StPO. Die Frist berechnet sich nach § 43 StPO.

VII. Rechtswirkungen

11 Genauso wie die Berufung hat eine Revision einen Suspensiveffekt (§ 343 Abs. 1 StPO), dh sie bewirkt eine Hemmung der Rechtskraft, sowie einen Devolutiveffekt, dh die Revision bringt die Sache in die nächsthöhere Instanz.

VIII. Revisionsgründe

12 Zu den Revisionsgründen vgl noch ausführlich Problem 46.

IX. Verfahren

13 Die Revision lässt sich in verschiedene Verfahrensschritte untergliedern:

14 **1. Vorprüfung:** Zunächst prüft das Ausgangsgericht, bei dem die Revision eingelegt wurde, die Beachtung der Form des § 345 Abs. 2 StPO und der Frist der Revision. Sind diese nicht eingehalten, so erfolgt eine Verwerfung als unzulässig durch einen Beschluss des Ausgangsgerichts (§ 346 Abs. 1 StPO). Hiergegen kann der Beschwerdeführer nach § 346 Abs. 2 StPO vorgehen (= Rechtsbehelf eigener Art). Ansonsten wird die Revision an das Revisionsgericht weitergeleitet.

15 **2. Zulässigkeitsprüfung:** Erachtet das Revisionsgericht die Vorschriften über die Zulässigkeit der Revision nicht für beachtet, so kann es das Rechtsmittel durch Beschluss als unzulässig verwerfen (§ 349 Abs. 1 StPO).

Problem 45: Die Revision

3. **Offensichtliche Unbegründetheit:** Ferner kann das Revisionsgericht auf Antrag der StA die Revision **einstimmig** durch Beschluss (ohne mündliche Verhandlung) als offensichtlich unbegründet verwerfen (§ 349 Abs. 2 StPO), insb wenn die Rechtsfragen bereits hinreichend geklärt sind und keine neuen Gesichtspunkte mehr zu erwarten sind.

4. **Offensichtliche Begründetheit:** Das Revisionsgericht kann die Revision aber auch **einstimmig** durch Beschluss (ohne mündliche Verhandlung) für offensichtlich begründet erachten (§ 349 Abs. 4 StPO). Dann wird das Urteil aufgehoben.

5. **Einstellung:** Nach den §§ 153 Abs. 2, 154 Abs. 2 StPO (nicht jedoch nach § 153a StPO!) kann das Gericht das Verfahren außerhalb der Hauptverhandlung jederzeit einstellen bzw nach § 154a Abs. 2 StPO die Verfolgung beschränken. Auch bei einem Verfahrenshindernis ist nach § 206a StPO eine Einstellung möglich.

6. **Durchführung der Hauptverhandlung (§§ 350, 351 StPO):** In der Hauptverhandlung sind folgende Entscheidungen möglich:
a) Verwerfung als unzulässig durch Urteil (vgl § 349 Abs. 5 StPO);
b) Einstellung des Verfahrens, insb nach den §§ 153 ff. StPO (nicht: § 153a StPO);
c) Verwerfung als unbegründet durch Urteil (vgl § 349 Abs. 5 StPO), wenn das angefochtene Urteil fehlerfrei ist;
d) Aufhebung des angefochtenen Urteils (bei erfolgreicher Verfahrensrüge mitsamt der vom Fehler betroffenen tatsächlichen Feststellungen) nach § 353 Abs. 1, 2 StPO, wenn die Revision begründet ist; gleichzeitig erfolgt dann entweder eine Zurückverweisung an die Vorinstanz (§ 354 Abs. 2 StPO) oder (ausnahmsweise) eine eigene Sachentscheidung nach § 354 Abs. 1 StPO (wenn die Aufhebung nur auf einer Gesetzesverletzung beruht und die tatsächlichen Feststellungen zugrunde gelegt werden, sofern ohne weitere tatsächliche Erörterungen nur auf Freisprechung oder auf Einstellung oder auf eine absolut bestimmte Strafe zu erkennen ist oder das Revisionsgericht in Übereinstimmung mit dem Antrag der Staatsanwaltschaft die gesetzlich niedrigste Strafe oder das Absehen von Strafe für angemessen erachtet); ist die Revision nur zum Teil begründet, so wird das angefochtene Urteil in entsprechendem Umfang teilweise aufgehoben, das Rechtsmittel im übrigen Teil aber verworfen;
e) Schuldspruchberichtigung (analog § 354 Abs. 1 StPO).

7. **Revisionserstreckung auf Mitangeklagte:** Soweit die Voraussetzungen des § 357 StPO vorliegen, kann sich die Revision auch auf Mitangeklagte erstrecken.

Zur Vertiefung:

Rechtsprechung: BVerfG StV 2001, 151 – Revision (selbst angeregte offensichtliche Unbegründetheit); **BGHSt 25, 272** – Revisionseinlegung (Revisionsbegründung durch Rechtsanwalt); **BGHSt 49, 371** – Sachentscheidung des Revisionsgerichts (zur Auslegung des § 354 Abs. 1a StPO), vgl *Marxen/Bressem*, Justizmodernisierungs-Fall, famos 3/2005; **BGHSt 50, 272** – Rügepräklusion (Geltendmachung von Fehlern der Beschuldigtenvernehmung im Ermittlungsverfahren nach Zurückverweisung der Sache durch das Revisionsgericht); **BGHSt 55, 65** – Nicht anerkanntes Verlöbnis (Rüge der Verletzung des § 252 StPO im Rahmen der Revision); **BGHSt 59, 130** – Revision (Rüge zur Belehrungsprotokollierung bei Verfahrensverständigung); **BGHSt 59, 187** – Abwesenheitsverhandlung gegen einen inhaftierten Angeklagten (Pflicht zur zwangsweisen Vorführung besteht grds, aber nicht ausnahmslos); **BGH NJW 2006, 3579** – Protokollrüge (Behandlung eines Beschwerdeführers, der bewusst wahrheitswidrig einen Verfahrensverstoß behauptet).

Literatur/Aufsätze: *Barton*, Die Abgrenzung der Sach- von der Verfahrensrüge bei der klassischen und der erweiterten Revision in Strafsachen, JuS 2007, 977; *Bertheau*, Rügeverkümmerung – Verkümmerung der Revision in Strafsachen, NJW 2010, 973; *Bick*, Die Verfahrensrüge in der Revision in Strafsachen, JA 2001, 691; *Bloy*, Die Ausgestaltung der Rechtsmittel im deutschen Strafprozeßrecht, JuS 1986, 585; *Bock*, Die Entscheidungen des Revisionsgerichts in Strafsachen, JA 2011, 134; *Dallmeyer*, Substantiierungsanforderungen bei Verfahrensrüge, JA 2005, 768; *Dehne-Niemann*, Examensrelevante Rechtsprechung zur „Rügeverkümmerung", JA 2012, 59; *Fuhrmann*, Zahlen in der strafrechtlichen Revisionsklausur, JA 2022, 321; *v. Heintschel-Heinegg*, Rügepräklusion bei fehlerhafter Gewährung eines Auskunftsverweigerungsrechts, JA 2007, 312; *Knauer*, Vom Wesen und Zweck der Revision, NStZ 2016, 1; *Kudlich*, Rügeverkümmerung – Beweiskraft des Protokolls bei Protokollberichtigung, JA 2007, 822; *Linke*, Die Strafprozessuale Revision – Ein Klausurleitfaden, JA 2022, 948, 1027; *Lips*, Die strafprozessuale Verfahrensrüge, JA 2006, 719; *Mansdörfer/Timmerbeil*, Grundfälle zur Tenorierung strafrechtlicher Entscheidungen, JuS 2001, 1209; *Momsen/Moldenhauer*, Absprachen im Strafprozess aus revisionsrechtlicher Sicht, JA 2002, 415; *Niemöller*, Beruhensprüfung bei Verfahrensfehlern, NStZ 2015, 489; *Ranft*, Die auf Verletzung des § 252 StPO gestützte Revisionsrüge bei Verzicht des Zeugen auf das Verwertungsverbot, JURA 2000, 628; *Stolz*, Die Abgrenzung zwischen Sach- und Verfahrensrüge bei Revisionsangriffen gegen die Beweiswürdigung, JuS 2003, 71; *v. Stülpnagel*, Die wesentlichen Voraussetzungen des Einlegens und der Begründung der strafprozessualen Revision, JA 2004, 231; *Titz*, Die Revisionsklausur im Strafrecht, JA 2002, 65.

Literatur/Übungsfälle: *Eger*, Eine Nebenklägerin aus der Ukraine, JURA 2005, 64; *Kroiß*, Rüge von Verfahrensfehlern und Verstößen gegen materielles Recht, JuS 2003, 1204; *Weidemann*, Fälle mit Lösungen zur strafprozessualen Revision – Zulässigkeit und von Amts wegen zu prüfende Verfahrensvoraussetzungen, JA 2002, 964; *ders.*, Fälle mit Lösungen zur strafprozessualen Revision – Absolute Revisionsgründe, JA 2003, 62; *ders.*, Fälle mit Lösungen zur strafprozessualen Revision – Verfahrens- und Verwertungsfragen, JA 2003, 328; 400; *ders.*, Fälle mit Lösungen zur strafprozessualen Revision – Zulässigkeit und von Amts wegen zu prüfende Verfahrensvoraussetzungen, JA 2004, 917; *ders.*, Fälle mit Lösungen zur strafprozessualen Revision – Von Amts wegen zu berücksichtigende Verfahrensvoraussetzungen und absolute Revisionsgründe, JA 2005, 637; *ders.*, Fälle mit Lösungen zur strafprozessualen Revision – Verfahrens- und Verwertungsfragen, JA 2008, 129; *ders.*, Fälle mit Lösungen zur strafprozessualen Revision – Zulässigkeit und von Amts wegen zu prüfende Verfahrensvoraussetzungen, JA 2010, 52; *ders.*, Fälle mit Lösungen zur strafprozessualen Revision – Absolute Revisionsgründe und Verfahrensfragen, JA 2011, 457; *ders.*, Fälle mit Lösungen zur strafprozessualen Revision – Absolute Revisionsgründe, JA 2017, 380; *ders.*, Fälle mit Lösungen zur strafprozessualen Revision – Verfahrens- und Verwertungsfragen, JA 2018, 460; *ders.*, Fälle mit Lösungen zur strafprozessualen Revision – Sachlich-rechtliche und Strafzumessungsfragen, JA 2018, 702; *ders.*, Fälle mit Lösungen zur strafprozessualen Revision – Zulässigkeitsfragen, JA 2019, 222.

Problem 45: Die Revision

Strafprozessuale Zusatzfrage:[1]

A wird die Tötung des O zur Last gelegt und er sitzt deshalb in U-Haft. Ihm wird mit R ein Pflichtverteidiger bestellt. Zur näheren Aufklärung soll A von Kriminalkommissar K vernommen werden. Der Termin zur Anhörung und Verkündung der Haft soll um 13 Uhr stattfinden. R wird von diesem Termin informiert. A wird aber bereits um 12.30 Uhr zu K gebracht und dort ordnungsgemäß belehrt. Er erklärt, ohne Hinzuziehung eines Verteidigers zur Aussage bereit zu sein und gesteht die Tat. Weder A noch K wissen zu diesem Zeitpunkt von der Bestellung des R als Pflichtverteidiger, sie gehen vielmehr beide davon aus, A habe noch keinen Verteidiger. Als es zum ersten Kontakt von A und R kommt, rät R dem A, fortan im Ermittlungsverfahren zu schweigen, was dieser auch tut. Gegenüber der StA macht R in einem Schriftsatz ein Verwertungsverbot in Bezug auf die Aussage des A vor der Polizei geltend. Dennoch wird A wegen Mordes angeklagt. In der Hauptverhandlung wird sein Geständnis vor der Polizei erörtert, ein Widerspruch von R gegen die Verwertung findet nicht statt. Im Gegenteil: A lässt durch R seine Aussagen im Wesentlichen bestätigen und wiederholt sie selbst noch einmal. Das Gericht verurteilt A wegen Totschlages, wobei es sich auf das Geständnis stützt. Auf die Revision der StA, die eine Verurteilung wegen Mordes erstrebt, wird das Urteil aufgehoben und die Sache zurückverwiesen. In der erneuten Hauptverhandlung widerruft A sein Geständnis auf Anraten seines neuen Verteidigers V, welcher der Verwertung des bei der Polizei abgegebenen Geständnisses ausdrücklich widerspricht. Dennoch wird A nun wegen Mordes verurteilt, wobei das Gericht die Verurteilung wiederum im Wesentlichen auf das Geständnis in der ersten Verhandlung stützt, welches durch Vernehmung des damaligen vorsitzenden Richters eingeführt wird. Ist diese Verwertung der Aussage rechtmäßig?

Klausurmäßiger Lösungsvorschlag:

*I. Das Geständnis durfte nicht durch eine Vernehmung des Vorsitzenden in den Prozess eingeführt werden, wenn diesbezüglich ein **Beweisverwertungsverbot** bestand.*

*1. Es könnte zunächst ein **Verfahrensfehler** in Form einer Täuschung des A über die Bestellung des R als Pflichtverteidiger vorliegen, welcher über § 136a Abs. 3 S. 2 StPO zwingend zu einem (geschriebenen) Beweisverwertungsverbot führen würde. § 136a StPO erfasst indes nur die bewusste Irreführung durch eine **aktive** Lüge. Hier liegt jedoch eine unbewusste Täuschung vor, da auch K nichts von der Pflichtverteidigerbestellung wusste. Daher scheidet eine Täuschung iSd § 136a StPO aus.*

2. Ferner kommt ein Verstoß gegen die Belehrungspflichten des § 136 Abs. 1 S. 2 StPO in Betracht. Die Pflicht, den Angeklagten darauf hinzuweisen, dass er einen Verteidiger konsultieren darf, enthält auch die Pflicht, ihn darüber aufzuklären, dass ihm bereits ein Verteidiger bestellt wurde, mit dem er sich beraten kann. Somit liegt objektiv ein Verfahrensfehler vor. Fraglich ist aber, ob deshalb auch ein Beweisverwertungsverbot anzunehmen ist. Dies ist anhand einer Abwägung zu entscheiden.

***Dafür** spricht, dass objektiv ein Verstoß vorlag, da A tatsächlich nicht auf das Vorhandensein eines Pflichtverteidigers hingewiesen wurde, und es sich um ein wichtiges Recht des Angeklagten handelt, welches seinem Rechtskreis zuzuordnen ist.*

***Gegen** ein Verwertungsverbot spricht jedoch*

---

1 Fall nach BGHSt 50, 272.

28 (1) dass A die Kenntnis über die Bestellung eines Pflichtverteidigers **nicht bewusst** vorenthalten worden ist; (2) dass A die Tatsachen, die er im ersten Geständnis vor der Polizei geäußert hat, auch **in der ersten Hauptverhandlung** durch R bestätigen ließ und sie selbst noch einmal wiederholt hat und (3) dass R den (möglichen) Verstoß gegen die Belehrungsvorschriften in der ersten Hauptverhandlung nicht mehr gerügt und ihrer Verwertung **nicht widersprochen** hat.

29 Nach Ansicht des **BGH** werden durch den nicht erhobenen Widerspruch evtl. bestehende Verfahrensverstöße geheilt, so dass kein Verwertungsverbot besteht (sog **Widerspruchslösung**). Der Widerspruch im Ermittlungsverfahren ist insofern unerheblich, als A die Angaben in der Hauptverhandlung unwidersprochen bestätigen ließ. Es ließe sich höchstens annehmen, dass der **Widerspruch** des K **in der zweiten Hauptverhandlung** der Verwertung entgegensteht. Allerdings ist der Verwertung einer Aussage, die unter Verstoß gegen die Verfahrensgrundsätze des § 136 Abs. 1 S. 2 StPO oder sonstige Belehrungspflichten aus dem Grundsatz des fairen Verfahrens im Ermittlungsverfahren erlangt worden ist, nach der Rspr. bis zu dem in § **257 StPO** genannten Zeitpunkt zu widersprechen (vgl dazu Problem 26). Die Nichtausübung des Widerspruchsrechts innerhalb dieser Frist führt hingegen zum endgültigen **Rechtsverlust**. Dies ergibt sich daraus, dass es sich um ein prozessuales Gestaltungsrecht handelt, das nicht auf einen bestimmten Verfahrensabschnitt beschränkt ist. Daher ist hier eine **Rügepräklusion** eingetreten, so dass auch die (nachträgliche) Rüge im zweiten Hauptverfahren nichts mehr nützt.

30 II. Ergebnis: Das Geständnis kann also in den Prozess eingeführt werden.

Problem 46: Die Revisionsgründe

I. Allgemeines

In der Revision wird nur die „Verletzung des Gesetzes" überprüft, nicht hingegen Tatsachen ermittelt und festgestellt (§ 337 Abs. 1 StPO). Die Revision ist somit keine erneute Tatsacheninstanz (vgl dazu Problem 45). Eine Verletzung des Gesetzes ist gemäß § 337 Abs. 2 StPO dann anzunehmen, wenn eine Rechtsnorm nicht oder nicht richtig angewendet wurde. Es kann sich dabei sowohl um Verletzungen des Verfahrensrechts als auch des materiellen Rechts handeln. Man unterscheidet daher zwischen **Verfahrensrügen** und **Sachrügen**.

II. Verfahrensrügen

Mit einer Verfahrensrüge werden Verfahrensfehler beanstandet. Die als verletzt gerügte Norm des Verfahrensrechts muss in der Revisionsbegründung genau bezeichnet werden. Die Überprüfung durch das Revisionsgericht erstreckt sich allein auf die hier bezeichneten Verstöße gegen das Verfahrensrecht (§ 352 Abs. 1 StPO). Außerdem müssen in der Revisionsbegründung die den Verfahrensfehler begründenden Tatsachen genau geschildert (§ 344 Abs. 2 S. 2 StPO) und auch bewiesen werden. Handelt es sich um Fehler im Hauptverfahren, so sind diese regelmäßig anhand des Verhandlungsprotokolls nachzuweisen. Bei sonstigen Verfahrensmängeln, etwa solchen im Ermittlungsverfahren, steht ferner der Freibeweis zur Verfügung. In der Praxis scheitern viele Verfahrensrügen an den sehr hohen Anforderungen, welche die Rspr. an die Begründung einer solchen Verfahrensrüge stellt.

1. Relative Revisionsgründe (§ 337 StPO): Das bloße Vorliegen eines Fehlers genügt bei den sog „relativen" Revisionsgründen noch nicht für die Begründetheit der Revision. Sie ist bei diesen nur dann begründet, wenn das Urteil auch tatsächlich auf dem Verfahrensfehler „beruhte" (§ 337 Abs. 1 StPO). Hierfür ist allerdings nicht der genaue Nachweis erforderlich, dass dieser Fehler tatsächlich kausal wurde, sondern nur, dass die Ursächlichkeit des Mangels nicht ausgeschlossen werden kann.

2. Absolute Revisionsgründe (§ 338 StPO): Bei bestimmten „absoluten" Revisionsgründen entfällt eine solche Überprüfung der Möglichkeit der Kausalität des Fehlers. Denn diese Verstöße werden als so gravierend eingestuft, dass bei ihrem Vorliegen das Beruhen des Urteils auf diesem Verfahrensmangel unwiderleglich vermutet wird, die Revision also automatisch begründet ist. Der Katalog des § 338 StPO enthält folgende absolute Revisionsgründe:

a) die nicht vorschriftsmäßige Besetzung des Gerichts (Nr. 1) (zu beachten ist hier aber auch die Neuregelung des § 222a StPO über die Mitteilung der Besetzung; in diesem Fall ist eine auf die vorschriftswidrige Besetzung gestützte Revision von weiteren Voraussetzungen abhängig),

b) die Mitwirkung von ausgeschlossenen oder wegen Befangenheit abgelehnten Richtern oder Schöffen (Nr. 2 und 3),

c) die Unzuständigkeit des Gerichts (Nr. 4),

d) die (auch zeitweise!) Abwesenheit der StA oder sonstiger notwendiger Beteiligter (zB des Angeklagten, des Nebenklägers usw) (Nr. 5),

e) die Verletzung der Vorschriften über die Öffentlichkeit (Nr. 6),

f) das Fehlen der Entscheidungsgründe (Nr. 7) und
g) die unzulässige Beschränkung der Verteidigung in einem für die Entscheidung wesentlichen Punkt durch einen Beschluss des Gerichts (Nr. 8). Einen solchen Beschluss muss der Angeklagte gegebenenfalls durch die Beanstandung einer Anordnung herbeiführen (§ 238 Abs. 2 StPO).

5   Zu beachten ist jedoch, dass die absoluten Revisionsgründe durch die Rspr. sehr restriktiv interpretiert werden. So wird etwa die Nr. 5 auf die Abwesenheit **in wesentlichen Teilen** der Hauptverhandlung beschränkt und für die Nr. 8 gefordert, dass die Sachentscheidung **in engem Zusammenhang** mit der Beschränkung der Verteidigerrechte stehen muss. Ferner ist umstritten, ob auch die rechtswidrige Erweiterung der Öffentlichkeit (dh nicht nur die Beschränkung derselben) in der Hauptverhandlung einen absoluten Revisionsgrund iSd § 338 Nr. 6 StPO darstellt (vgl dazu die strafprozessuale Zusatzfrage).

III. Sachrügen

6   Mit der Sachrüge wird hingegen vorgebracht, dass das materielle Recht fehlerhaft angewandt wurde. Im Gegensatz zur Verfahrensrüge ist hier eine generelle allgemeine Rüge zulässig, ohne dass der konkrete Fehler bezeichnet wird. Es muss sich aus der Revisionsbegründung nur ergeben, dass das Urteil wegen einer Verletzung des materiellen Rechts angefochten wird (§ 344 Abs. 2 S. 1 StPO). Denn das Revisionsgericht nimmt dann stets eine vollständige Überprüfung des materiellen Rechts vor. In der Praxis wird regelmäßig der folgende Satz verwendet: „Gerügt wird die Verletzung materiellen Rechts". Die Überprüfung des materiellen Rechts kann einerseits Rechtsfragen und die Auslegung des Gesetzes, andererseits aber auch die Würdigung der Beweise umfassen.

Zur Vertiefung:

7   **Rechtsprechung: BVerfGE 122, 248** – Rügeverkümmerung III (Zulässigkeit nachträglicher Protokollberichtigung); **BGHSt 16, 164** – Verbotene Vernehmungsmethoden (Freibeweis im Revisionsverfahren, keine Geltung des Grundsatzes in dubio pro reo); **BGHSt 19, 273** – Grundrechtsverletzung (Rüge der Grundrechtsverletzung im Ermittlungsverfahren als Verfahrensrüge); **BGHSt 51, 88** – Protokollrüge (Missbrauchsverbot); **BGHSt 51, 298** – Rügeverkümmerung I (Rügeverkümmerung bei nachträglicher Protokolländerung); **BGHSt 54, 37** – Rügeverkümmerung II (Rügeverkümmerung bei nachträglicher Protokollberichtigung); **BGHSt 54, 184** – In-Augenscheinnahme (kein absoluter Revisionsgrund nach § 338 Nr. 5 StPO, wenn eine In-Augenscheinnahme in Abwesenheit des Angeklagten stattfand); **BGHSt 55, 87** – Abwesenheit des Angeklagten (absoluter Revisionsgrund nach § 338 Nr. 5 StPO, wenn Angeklagter bei der Verhandlung über die Entlassung eines Zeugen nicht anwesend war); **BGHSt 64, 64** – absoluter Revisionsgrund nach § 338 Nr. 6 StPO (Ausschluss der Öffentlichkeit bei Schlussvorträgen und fehlender Anordnungsbeschluss); **BGH NStZ 2006, 713** – Abwesenheit bei der Zeugenvereidigung (ausnahmsweise kein absoluter Revisionsgrund bei offensichtlicher Unerheblichkeit); **BGH NStZ 2008, 354** – Öffentlichkeitsausschluss (Beruhen des Urteils auf dem fehlerhaften Öffentlichkeitsausschluss); **BGH NStZ 2009, 168** – unterbliebene Richterbelehrung (Unzulässigkeit der Verfahrensrüge des Verstoßes gegen Fair-trial-Prinzip); **BGH NStZ 2012, 173** – absoluter Revisionsgrund nach § 338 Nr. 6 StPO

Problem 46: Die Revisionsgründe 46

(Verfahrensöffentlichkeit bei geändertem Zugang zum Gerichtsgebäude); **BGH NStZ 2014, 347** – absoluter Revisionsgrund nach § 338 Nr. 8 StPO (Rüge unzulänglicher Akteneinsicht); **BGH NJW 2014, 2372** – absoluter Revisionsgrund nach § 338 Nr. 3 StPO (Befangenheitsablehnung nach Haftbefehl); **BGH NJW 2015, 2986** – absoluter Revisionsgrund nach § 338 Nr. 3 StPO (Richterablehnung wegen privater Handy-Nutzung in der Hauptverhandlung); **BGH NJW 2019, 692** – absoluter Revisionsgrund nach § 338 Nr. 5 StPO (Urkundenverlesung in Abwesenheit des Angeklagten); **BGH NStZ 2015, 181** – absoluter Revisionsgrund nach § 338 Nr. 5 StPO (Inaugenscheinnahme von Lichtbildern während des Ausschlusses des Angeklagten wegen Ungehorsams); **BGH NStZ 2017, 303** – absoluter Revisionsgrund nach § 338 Nr. 5 StPO (Führung des Protokolls durch einen Rechtsreferendar); **BGH NStZ 2019, 106** – absoluter Revisionsgrund nach § 338 Nr. 1 (Erfolgsaussichten einer Verfahrensrüge wegen nicht vorschriftsmäßiger Besetzung des Gerichts durch Übermüdung eines Schöffen); **BGH NStZ 2019, 297** – absoluter Revisionsgrund nach § 338 Nr. 8 (keine unzulässige Beschränkung der Verteidigung bei fehlender frontaler Sicht des Angeklagten auf Gesicht einer Zeugin); **BGH NStZ 2020, 242** – absoluter Revisionsgrund nach § 338 Nr. 5 (Klärung der Frage, wie beim Ausbleiben eines Verteidigers verfahren werden soll, betrifft keinen wesentlichen Teil der Hauptverhandlung); **BGH wistra 2010, 413** – Protokollberichtigung (keine Nachholung des Protokollberichtigungsverfahrens durch das Revisionsgericht); **BGH NJW 2022, 1111** – absoluter Revisionsgrund nach § 338 Nr. 1 StPO (Mutterschutz einer Schöffin); **OLG Bamberg NStZ 2016, 375** – absoluter Revisionsgrund nach § 338 Nr. 8 StPO (Beschränkung der Verteidigung durch Nichtverbescheidung eines Antrags auf Beiziehung von Unterlagen).

Literatur/Aufsätze/Übungsfälle: Vgl dazu Problem 45.

Strafprozessuale Zusatzfrage:[1]

A ist angeklagt, als Mitglied einer terroristischen Vereinigung Mittäter an verschiedenen Mordtaten gewesen zu sein. Da im Vorfeld in den Medien über diesen Fall ausführlich berichtet wurde, ist das Interesse an dem Verfahren in der Öffentlichkeit sehr groß. Um diesem Interesse gerecht zu werden, entscheidet das Gericht, die Hauptverhandlung im Fernsehen live übertragen zu lassen. Das Gericht fühlt sich durch den Medienrummel allerdings unter besonderen Druck gesetzt, ein das Volk zufriedenstellendes Urteil zu fällen, zumal die Stimmung der Öffentlichkeit sehr stark gegen A voreingenommen ist. A wird zu einer lebenslangen Freiheitsstrafe verurteilt. Er ist der Ansicht, dass die Verhandlung nicht hätte ausgestrahlt werden dürfen. Daher möchte er wissen, ob eine hierauf gestützte (zulässige) Revision begründet wäre.

Klausurmäßiger Lösungsvorschlag:

Fraglich ist, ob die zulässige Revision des A begründet wäre.

I. Er richtet sich mit seiner Revision gegen einen möglichen Verfahrensfehler, dh er erhebt eine **Verfahrensrüge**. *Die Revision ist begründet, soweit ein Revisionsgrund vorliegt.*

---

1 Vgl *Beulke/Swoboda*, Rn. 576; *Rössner/Safferling*, 26. Problem mwN.

11 1. Zunächst könnte ein absoluter Revisionsgrund in Betracht kommen. Einschlägig könnte hier § 338 Nr. 6 StPO sein. Hiernach liegt ein **absoluter Revisionsgrund** vor, wenn das Urteil aufgrund einer mündlichen Verhandlung ergangen ist, bei der die **Vorschriften über die Öffentlichkeit** des Verfahrens verletzt sind. Nach § 169 S. 2 GVG sind Ton- und Fernseh-Rundfunkaufnahmen sowie Ton- und Filmaufnahmen zum Zwecke der öffentlichen Vorführung oder Veröffentlichung ihres Inhalts unzulässig. Daher könnte ein Verstoß gegen die „Vorschriften über die Öffentlichkeit des Verfahrens" vorliegen.

12 Fraglich ist jedoch, ob auch die rechtswidrige **Erweiterung** der Öffentlichkeit in der Hauptverhandlung unter § 338 Nr. 6 StPO fällt.

13 a) Nach einer in der **Lit.** vertretenen Auffassung liegt auch hierin ein Verstoß gegen die Vorschriften über die Öffentlichkeit des Verfahrens vor, da § 169 Abs. 1 S. 2 GVG verletzt wurde. Danach dürfen in der Hauptverhandlung eben gerade keine Fernsehaufnahmen getätigt werden, auch wenn diese „nur" für eine Übertragung in einen anderen Saal oder zur Ausstrahlung im Fernsehen genutzt werden. Dafür spricht, dass der Wortlaut des § 338 Nr. 6 StPO diese Konstellation ohne Weiteres deckt. Es lässt sich zudem argumentieren, dass der Gesetzgeber gerade eine weite Formulierung wählte, um jede Beeinträchtigung des Verfahrens zu erfassen. Hiernach läge der absolute Revisionsgrund des § 338 Nr. 6 StPO vor und ein Beruhen des Urteils auf diesem Verfahrensfehler würde unwiderleglich vermutet.

14 b) Die **Rspr.** und **Teile der Lit.** sind hingegen anderer Auffassung. Es liege gerade kein absoluter Revisionsgrund vor, da § 338 Nr. 6 StPO nur eine unzulässige **Beschränkung** der Öffentlichkeit meine. Eine nicht erlaubte **Erweiterung** der Öffentlichkeit sei zwar auch ein Verstoß gegen die Vorschriften über die Öffentlichkeit. Allerdings müsse beachtet werden, dass der Öffentlichkeitsgrundsatz v. a. gebiete, dass die Gerichte nicht im Geheimen unter Ausschluss der Öffentlichkeit verhandeln. Wenn hingegen „zu viel" Öffentlichkeit an der Verhandlung teilnimmt, sei diese Hauptschutzrichtung nicht tangiert, so dass ein solcher Verstoß nicht vergleichbar schwer wiege. Tatsächlich erscheint es sachgerechter, lediglich einen relativen Revisionsgrund iSd § 337 StPO anzunehmen. Denn hiernach kann und muss zusätzlich geprüft werden, ob das Urteil auch auf der unzulässigen Erweiterung der Öffentlichkeit beruht. Dies ermöglicht eine gerechte Entscheidung im Einzelfall.

15 2. Da sich das Gericht durch den Medienrummel unter Druck gesetzt fühlte, und die Öffentlichkeit gegen A gestimmt war, ist nicht auszuschließen, dass der Verfahrensfehler kausal für die konkrete Urteilsfindung wurde, so dass das Urteil auch auf dem Verfahrensfehler beruht.

16 II. Ergebnis: Somit hat die zulässige Revision des A Aussicht auf Erfolg.

Problem 47: Das Strafbefehlsverfahren

I. Allgemeines

Das Strafbefehlsverfahren (§§ 407 ff. StPO) ist ein verkürztes Verfahren, mit dem Fälle minder schwerer Kriminalität ohne Hauptverhandlung schriftlich nach Aktenlage schnell und unkompliziert abgehandelt werden können. Das Verfahren ist nichtöffentlich und findet ohne Beteiligung von Laienrichtern statt. Dies erspart dem Beschuldigten die seelische, zeitliche und finanzielle Belastung einer Hauptverhandlung. Die Mehrzahl aller Strafverfahren endet inzwischen mit einem Strafbefehl.

II. Zulässigkeit

1. Jugendliche: Zunächst ist zu beachten, dass gegen einen Jugendlichen kein Strafbefehl erlassen werden darf (§ 79 Abs. 1 JGG). Gegen Heranwachsende darf hingegen ein Strafbefehl beantragt und erlassen werden, allerdings nur, sofern Erwachsenenstrafrecht Anwendung findet. Eine Freiheitsstrafe darf jedoch auch dann nicht verhängt werden (§ 109 Abs. 3 JGG).

2. Vergehen: Weiterhin muss es sich um vor dem Strafrichter abzuurteilende Vergehen (§ 12 Abs. 2 StGB) handeln (§ 407 Abs. 1 S. 1 Alt. 1 StPO).

3. Rechtsfolgen: Schließlich dürfen nur die in § 407 Abs. 2 StPO genannten Rechtsfolgen verhängt werden, also nur

(1) Geldstrafe, Verwarnung mit Strafvorbehalt, Fahrverbot, Einziehung, Vernichtung, Unbrauchbarmachung, Bekanntgabe der Verurteilung und Geldbuße gegen eine juristische Person oder Personenvereinigung (S. 1 Nr. 1),

(2) Entziehung der Fahrerlaubnis, bei der die Sperre nicht mehr als zwei Jahre beträgt (S. 1 Nr. 2),

(3) Verbot des Haltens oder Betreuens von sowie des Handels oder des sonstigen berufsmäßigen Umgangs mit Tieren jeder oder einer bestimmten Art für die Dauer von einem Jahr bis zu drei Jahren (S. 1 Nr. 2a)

(4) Absehen von Strafe (S. 1 Nr. 3) sowie

(5) Freiheitsstrafe bis zu einem Jahr, wenn deren Vollstreckung zur Bewährung ausgesetzt wird, sofern es sich um einen verteidigten Angeklagten handelt (S. 2).

III. Das Verfahren

1. Antrag: Bei hinreichendem Tatverdacht gemäß § 170 Abs. 1 StPO (vgl dazu Problem 2) stellt die StA einen Strafbefehlsantrag als besondere Form der Anklage (§ 407 Abs. 1 StPO). Dieser Antrag muss inhaltlich – mit Ausnahme der Belehrung nach Nr. 7 – schon die Anforderungen an den Strafbefehl (§ 409 Abs. 1 StPO) erfüllen. Der Antrag kann auch noch nach der Eröffnung des Hauptverfahrens gestellt werden, wenn der Durchführung der Hauptverhandlung das Ausbleiben oder die Abwesenheit des Angeklagten oder ein anderer wichtiger Grund entgegenstehen (§ 408a StPO).

2. Richterliche Entscheidungsmöglichkeiten: Im Rahmen des Strafbefehlsverfahrens hat der Richter nur bestimmte Möglichkeiten:

7 a) Wird ein hinreichender Tatverdacht verneint, ist der Erlass des Strafbefehls durch Beschluss **abzulehnen** (§ 408 Abs. 2 StPO). Nach der **Rspr.**[1] und **hL** ist auch eine Teilablehnung bzgl einzelner Taten im prozessualen Sinne möglich. Die StA kann die Teilablehnung sodann entsprechend § 210 Abs. 2 StPO mit der sofortigen Beschwerde anfechten.

8 b) Liegt ein hinreichender Tatverdacht vor, will der zuständige Richter von der rechtlichen Beurteilung nicht abweichen und hält er das Strafbefehlsverfahren für geeignet, so muss er **den Strafbefehl erlassen**, soweit keine Bedenken entgegenstehen (§ 408 Abs. 3 S. 1 StPO). Eine Abweichung vom Strafbefehlsantrag darf dabei nicht erfolgen. Der Beschluss ist dem Beschuldigten anschließend zuzustellen.

9 c) Der Richter muss hingegen eine **Hauptverhandlung anberaumen**, wenn er Bedenken hat, ohne eine solche zu entscheiden, oder wenn er von der rechtlichen Beurteilung im Strafbefehlsantrag abweichen oder eine andere als die beantragte Rechtsfolge festsetzen will und die StA auf ihrem Antrag beharrt (§ 408 Abs. 3 S. 2 StPO).

10 3. **Rechtskraft:** Soweit kein rechtzeitiger Einspruch eingelegt wird, steht der Strafbefehl einem rechtskräftigen Urteil gleich (§ 410 Abs. 3 StPO). Allerdings ist die Rechtskraft leichter zu durchbrechen, da es sich lediglich um eine summarische Prüfung des Falles handelt. So erlaubt § 373a StPO, abweichend von § 362 StPO, die **Wiederaufnahme** (vgl dazu Problem 50) zulasten des Verurteilten oder Freigesprochenen, wenn neue Tatsachen oder Beweise vorliegen, die die Tat nunmehr zum Verbrechen erheben.

IV. Der Einspruch gegen den Strafbefehl

11 1. **Zulässigkeit und Frist:** Der Einspruch gegen den Strafbefehl kann innerhalb von zwei Wochen nach Zustellung eingelegt werden (§ 410 Abs. 1 S. 1 StPO). Über die Möglichkeit dieses Rechtsbefehls ist der Angeklagte stets zu belehren (§ 409 Abs. 1 Nr. 7 StPO). Wenn der Einspruch verspätet oder sonst unzulässig ist, wird er durch Beschluss ohne Hauptverhandlung verworfen. Dagegen ist wiederum eine sofortige Beschwerde möglich (§ 411 Abs. 1 S. 1 StPO).

12 2. **Verfahren nach rechtzeitigem Einspruch:** Sofern der Einspruch rechtzeitig erfolgt, wird ein Termin zur Hauptverhandlung anberaumt (§ 411 Abs. 1 S. 2 StPO), welche grds den allgemeinen Regeln folgt, allerdings gelten Beschränkungen hinsichtlich der Unmittelbarkeit der Beweisaufnahme und des Beweisantragsrechts (§§ 411 Abs. 2 S. 2, 420 StPO). Am Ende der Hauptverhandlung ergeht ein Sachurteil, das grds anders lauten kann als der Strafbefehl. **Umstritten** ist jedoch, ob das Verbot der reformatio in peius hier – ebenso wie im Rechtsmittelverfahren (vgl dazu Problem 42) – Geltung beansprucht (vgl dazu die strafprozessuale Zusatzfrage). Die **Rspr.** und **hL** lehnen dies ab, so dass das Urteil auch strenger ausfallen kann als im Strafbefehl vorgegeben und der Einspruch gegen den Strafbefehl somit durchaus nicht ohne Risiko ist. Jedoch kann der Angeklagte, wenn er Schlimmeres befürchtet, seinen Einspruch – wie ein Rechtsmittel – bis zur Verkündung des Urteils zurücknehmen (§ 411 Abs. 3 S. 1 StPO). Bei einer Rücknahme des Einspruchs nach Beginn der Verhandlung ist allerdings die Zustimmung der StA erforderlich (§ 411 Abs. 3 S. 2 iVm § 303 StPO). Das unentschuldigte Nichterscheinen des Angeklagten und seines Vertreters in der Hauptverhandlung gilt nicht als Rücknahme des Einspruchs, jedoch berechtigt es das Gericht uU, den Einspruch ohne Verhandlung zur Sache durch Urteil zu verwerfen (§§ 412 iVm

---

1 vgl LG München NStZ 1990, 452.

Problem 47: Das Strafbefehlsverfahren

329 Abs. 1, Abs. 3, Abs. 6, Abs. 7 bzw 330 StPO). Hier ist allerdings die im Anschluss an die Entscheidung des EGMR getroffene Neufassung des § 329 StPO zu beachten, so dass sich der Angeklagte, wie in der Berufung, unter den in § 329 Abs. 1 S. 2 StPO genannten Voraussetzungen von einem vertretungsbevollmächtigten Verteidiger vertreten lassen kann (vgl dazu Problem 44, insb die dortige strafprozessuale Zusatzfrage).

Zur Vertiefung:

Rechtsprechung: BGH NStZ-RR 2019, 187 – Strafbefehlsantrag (keine anderweitige Rechtshängigkeit bei mangels Konkretisierung unwirksamen Strafbefehls); **OLG Oldenburg JA 2006, 902** – Mangel des Strafbefehls (Prozesshindernis für das folgende Verfahren bei Fehlen der Tatbezeichnung im Strafbefehl); **OLG Stuttgart StV 2009, 12** – Verwerfung des Einspruchs trotz notwendiger Verteidigerbestellung (Anforderungen an eine genügende Entschuldigung gemäß §§ 412 S. 1, 329 Abs. 1 S. 1 StPO); **LG München NStZ 1990, 452** – Teilablehnung (Zulässigkeit der Teilablehnung eines Strafbefehls).

Literatur/Aufsätze: *Ambos*, Verfahrensverkürzung zwischen Prozeßökonomie und „fair trial" – Eine Untersuchung zum Strafbefehlsverfahren und zum beschleunigten Verfahren, JURA 1998, 281; *Dinter/David*, Das Strafbefehlsverfahren in der mündlichen Prüfung des Assessorexamens, JA 2012, 281; *Huber*, Grundwissen – Strafprozessrecht: Verfahren bei Strafbefehlen, JuS 2019, 666; *Ranft*, Grundzüge des Strafbefehlsverfahrens, JuS 2000, 633; *Mosbacher*, Straßburg locuta – § 329 I StPO finita?, NStZ 2013, 312; *Ranft*, Grundzüge des Strafbefehlsverfahrens, JuS 2000, 633; *Rau/Zschieschack*, Reaktionsmöglichkeiten der Staatsanwaltschaft auf „verfahrenswidrige" Strafbefehle, JuS 2005, 803; *Schmuck/Leipner*, § 411 II 1 StPO und Befangenheitsantrag, NJOZ 2012, 2153; *Staudinger*, Das (gescheiterte) Strafbefehlsverfahren, JA 2021, 159.

Literatur/Übungsfälle: *Proppe*, Manipulierter Einzahlungsbeleg?, JA 2000, 491.

Strafprozessuale Zusatzfrage: (vgl *Rössner/Safferling*, 25. Problem mwN)

Gegen A wird ein Strafbefehlsverfahren wegen Beleidigung gemäß § 185 StGB durchgeführt. Im Strafbefehl ist bestimmt, dass A eine geringe Geldstrafe zahlen muss. Hiergegen möchte A nun Einspruch einlegen. Da allerdings im Strafbefehlsverfahren noch nicht seine gesamte Schuld im Zusammenhang mit der Tat aufgedeckt wurde, macht er sich Sorgen, dass ihm im anschließenden Urteil eine höhere Strafe droht. Er fragt Rechtsanwalt R um Rat. Ist eine solche Erhöhung der Strafe möglich und was wird R ihm raten?

Klausurmäßiger Lösungsvorschlag:

Fraglich ist, ob bei Einspruch gegen den Strafbefehl seitens des Angeklagten in der Hauptverhandlung auf eine höhere Strafe erkannt werden kann als auf diejenige, die im Strafbefehl festgelegt wurde.

I. Grds gilt für alle Rechtsmittelverfahren das Verbot der **reformatio in peius** (vgl dazu Problem 42). Fraglich ist jedoch, ob dies für den Einspruch gegen einen Strafbefehl anders zu bewerten ist.

Die **Rspr.** und **hL** bejahen dies. Danach würde das Verbot der reformatio in peius hier nicht gelten, so dass eine höhere Strafe für A durchaus möglich wäre. Dafür spricht, dass § 411 Abs. 4 StPO gerade keine Bindung des Gerichts an den im Strafbefehl enthaltenen Ausspruch verlangt.

18 Eine **andere Ansicht** stimmt dem zwar grds zu, macht jedoch eine Ausnahme, wenn anstelle des Angeklagten sein gesetzlicher Vertreter den Einspruch einlegt, da der Einspruch gegen den Strafbefehl in diesem Fall nach §§ 410 Abs. 1 S. 2, 298 Abs. 1 StPO vollständig wie ein Rechtsmittel zu behandeln sei. Da hier allerdings A selbst oder sein Rechtsanwalt R, nicht aber ein gesetzlicher Vertreter iSd BGB, den Einspruch einlegen würde, wirkt sich diese Differenzierung hier nicht aus.

19 Eine wiederum **abweichende Auffassung** will das Verbot der reformatio in peius hingegen auch im Strafbefehlsverfahren grds gelten lassen, allerdings nur soweit sich nicht in der Hauptverhandlung die Tatsachengrundlage so verändert, dass im Gegensatz zu dem im Strafbefehl angenommenen Sachverhalt eine Schuldsteigerung vorliegt. Danach ist entscheidend, ob weitere Tatsachen über die Straftat des A festgestellt werden können. Da der Sachverhalt hier noch nicht zur Gänze aufgeklärt wurde, besteht auch nach dieser Ansicht die Gefahr, dass für A eine höhere Strafe festgesetzt wird.

20 II. Ergebnis: Somit wird R dem A von dem Einlegen eines Einspruchs abraten, da ihm letztlich nach allen Meinungen eine höhere Strafe drohen könnte. Sofern A den Einspruch trotzdem einlegen möchte, steht ihm gemäß § 411 Abs. 3 S. 1 StPO immerhin die Möglichkeit der Rücknahme des Einspruches bis zur Urteilsverkündung zu. Dies gilt gemäß § 411 Abs. 3 S. 2 iVm § 303 StPO aber nur mit Zustimmung der StA, die diese wohl kaum erteilen wird, wenn sich in der Verhandlung herausstellt, dass das Verhalten des Täters schwerwiegender war.

21 (Beachte: Dies gilt selbstverständlich nur dann, wenn die befürchteten Strafschärfungen dieselbe prozessuale Tat iSd § 264 StPO betreffen, die hier in Rechtskraft erwachsen würde. Werden „andere" Taten des A bekannt, können diese stets neu verhandelt werden, A könnte insofern eine neue Anklage in keinem Fall verhindern.)

Problem 48: Die Privatklage

I. Allgemeines

Mit der Privatklage gemäß den §§ 374 ff. StPO kann im Gegensatz zum Offizialverfahren (vgl dazu Problem 5) eine weniger gravierende Straftat (auch direkt) von Privatpersonen vor Gericht gebracht werden. In diesen Fällen übernehmen sie selbst die Rolle des „Anklägers". Die Privatklage steht zunächst den Verletzten zu (§ 374 Abs. 1 StPO). Die Privatklage kann aber auch erheben, wer neben dem Verletzten oder an seiner Stelle berechtigt ist, Strafantrag zu stellen (§ 374 Abs. 2 S. 1 StPO). Die StA kann bei den sog Privatklagedelikten (Katalog in § 374 Abs. 1 StPO) hingegen nur dann die öffentliche Klage erheben, wenn dies im öffentlichen Interesse liegt (§ 376 StPO). Lehnt die StA bei Offizialdelikten die Erhebung der öffentlichen Klage ab, so kann der Geschädigte ein Klageerzwingungsverfahren anstrengen. Bei Privatklagedelikten ist hingegen eine solche Klageerzwingung nicht möglich, da in diesen Fällen regelmäßig eine Verweisung auf den Privatklageweg erfolgt und der Verletzte das Verfahren selbst betreiben kann. Die Privatklage wird allerdings nur sehr selten erhoben und endet noch seltener mit einer Verurteilung.

II. Verfahren

1. Einleitung: Der Privatklageweg ist nur bei den in § 374 Abs. 1 StPO aufgeführten Straftaten möglich. Die Privatklagedelikte sind in der Regel zugleich Antragsdelikte (Ausnahme: § 241 StGB). Da eine Privatklage mit einigen Nachteilen verbunden ist, kann der Verletzte zunächst Anzeige erstatten und abwarten, ob die StA ein öffentliches Interesse an der Strafverfolgung bejaht und die öffentliche Klage erhebt. Er kann aber auch sofort den Privatklageweg beschreiten. Ein öffentliches Interesse wird in der Regel vorliegen, wenn der Rechtsfrieden über den Lebenskreis des Verletzten hinaus gestört ist und die Strafverfolgung ein gegenwärtiges Anliegen der Allgemeinheit darstellt (vgl Nr. 86 Abs. 2 RiStBV). Eine Privatklage ist allerdings ausgeschlossen, wenn ein Privatklagedelikt mit einem Offizialdelikt im Rahmen einer Tat im prozessualen Sinn zusammentrifft. Privatklageberechtigt sind nur der Verletzte und die in § 374 Abs. 2 und 3 StPO bezeichneten Berechtigten.

2. Erfolgloser Sühneversuch: In den Fallgruppen des § 380 Abs. 1 StPO (Hausfriedensbruch, Beleidigung, Verletzung des Briefgeheimnisses, Körperverletzung [§§ 223 und 229 StGB], Bedrohung und Sachbeschädigung sowie beim Vollrausch gem § 323a StGB, wenn die Rauschtat ein Vergehen ist) ist die Privatklage nur zulässig, nachdem von einer durch die Landesjustizverwaltung zu bezeichnenden Vergleichsbehörde die Sühne erfolglos versucht worden ist. Der Sühneversuch ist aber keine Prozess-, sondern nur eine Zulässigkeitsvoraussetzung, dh es besteht bei dessen Nichtvorliegen kein Verfahrenshindernis (zu den Folgen vgl Problem 10). Die Klage wird in diesen Fällen als unzulässig zurückgewiesen.

3. Widerklage: Der Beschuldigte einer Privatklage kann gemäß § 388 StPO eine Widerklage erheben. Dies ist insb deshalb relevant, weil die Privatklagedelikte häufig wechselseitige Straftaten darstellen (zB Beleidigungen und Körperverletzungen). Die Rücknahme der Privatklage hat auf die Widerklage allerdings keinen Einfluss, so dass diese als eigenständige Privatklage fortgeführt werden kann.

5   4. **Verfahrensbeendigung:** Die Privatklage kann jederzeit zurückgenommen werden (§ 391 Abs. 1 S. 1 StPO). Nach Beginn der Vernehmung des Angeklagten zur Sache in der Hauptverhandlung ist jedoch dessen Zustimmung erforderlich (§ 391 Abs. 1 StPO). Denn dann hat der Angeklagte wegen des bereits erlittenen Imageverlusts ein „Recht auf Freispruch erster Klasse". Ein Vergleich führt ebenfalls zur Beendigung des Verfahrens, entweder noch vor der Eröffnung des Hauptverfahrens durch eine Zurückweisung oder ab Eröffnung des Hauptverfahrens durch Einstellung des Verfahrens. Beim Tod des Privatklägers wird das Verfahren eingestellt (§ 393 Abs. 1 StPO), sofern es nicht von den Angehörigen fortgesetzt wird (§ 393 Abs. 2 iVm § 374 Abs. 2 StPO). Die StA kann das Verfahren in jeder Lage durch ausdrückliche Erklärung übernehmen (§ 377 Abs. 2 StPO), wodurch das Privatklageverfahren endet. Stellt sich später heraus, dass es sich bei der verfolgten Tat um ein Offizialdelikt handelt, wird das Privatklageverfahren ebenfalls eingestellt (§ 389 StPO) und das Verfahren wird durch die StA weitergeführt. Das Gericht entscheidet schließlich durch Sachurteil.

6   5. **Rechtsmittel:** Gegen dieses Urteil stehen dem Privatkläger die Rechtsmittel zu, die im Verfahren auf eine erhobene öffentliche Klage der StA zustehen (§ 390 Abs. 1 S. 1 StPO). Anders als der StA (§ 296 Abs. 2 StPO) ist es ihm aber nicht möglich, ein Rechtsmittel zugunsten des Angeklagten einzulegen. Macht der Privatkläger jedoch von einem Rechtsmittel Gebrauch, hat dies nach §§ 390 Abs. 1 S. 3, 301 StPO zur Folge, dass die angefochtene Entscheidung auch zugunsten des Beschuldigten abgeändert oder aufgehoben werden kann.

III. Nachteile für die Privatkläger

7   Das Privatklageverfahren bringt für den Privatkläger aber auch eine Reihe von Nachteilen mit sich:

a) Zunächst muss er Sicherheitsleistungen für die dem Beschuldigten voraussichtlich erwachsenden Kosten erbringen (§ 379 StPO iVm §§ 108 ff. ZPO);

b) zudem muss er einen Prozesskostenvorschuss leisten (§ 379a StPO);

c) im Falle der Zurückweisung der Klage, des Freispruchs oder der Verfahrenseinstellung hat der Privatkläger die Kosten des Verfahrens sowie die dem Beschuldigten erwachsenen notwendigen Kosten zu tragen (§ 471 Abs. 2 StPO);

d) außerdem wird ein Nichterscheinen des Privatklägers in der Hauptverhandlung als Zurücknahme der Privatklage gewertet (§ 391 Abs. 2 StPO);

e) auch bestimmt allein das Gericht unbeschadet des § 244 Abs. 2 StPO den Umfang der Beweisaufnahme (§ 384 Abs. 3 StPO);

f) schließlich ist zu erwähnen, dass der Privatkläger selbst aktiv werden muss, dh er muss selbst „ermitteln" und auch selbst als „Kläger" auftreten. Er hat dabei allerdings nicht die Zwangsbefugnisse, die der Polizei und der StA üblicherweise offen stehen, dh er ist in der Effektivität seiner „Ermittlungshandlungen" sehr beschränkt.

Zur Vertiefung:

8   **Rechtsprechung:** BVerfG NStZ-RR 2002, 169 – Verhasster Arzt (kein verfassungsrechtlicher Anspruch auf Strafverfolgung eines anderen durch den Staat); **LG Krefeld NJW** 2005, 3438 – Privatklageschrift (formelle Anforderungen an die Privatklage).

Problem 48: Die Privatklage

Literatur/Aufsätze: *Eicker*, Das öffentliche Interesse in der Strafrechtsklausur – warum sich Referendare dafür interessieren sollten!, JA 2019, 375; *Kuschnik*, Erklärungspflicht der Staatsanwaltschaft bei Anklageerhebung eines zuvor unter Einstellung verwiesenen Privatklageverfahrens, JA 2010, 814.

Strafprozessuale Zusatzfrage:

A fühlt sich durch die Äußerung seines Nachbarn N, er sei ein „fauler Lump", zutiefst gekränkt. Er teilt diesen Umstand der Polizei mit und gibt zu Protokoll, er wolle, dass N wegen dieser Äußerung „hinter Gitter" komme. Wenig später erhält er eine Verfügung der StA, in welcher diese das Verfahren einstellt und A auf den Privatklageweg verweist. Erbost wendet sich A an seinen Rechtsanwalt R und möchte wissen,

(1) ob nicht grundlegende Prinzipien des Strafprozesses durch diese Verweisung auf den Privatklageweg durchbrochen werden und

(2) worin eigentlich der Unterschied zwischen Privatklagedelikten und Antragsdelikten liege, denn immerhin habe er doch auf die Bestrafung des N schon bei der Protokollierung im Polizeirevier höchsten Wert gelegt. Was wird R ihm antworten?

Klausurmäßiger Lösungsvorschlag:

I. Die Privatklage könnte das Offizialprinzip verletzen, nach welchem die strafrechtliche Verfolgung dem Staat vorbehalten ist (vgl dazu Problem 5). Sie gibt stattdessen dem Verletzten, dh dem Opfer einer Straftat, die Möglichkeit, eine Anklage zu erheben. Dabei ist der Privatkläger unabhängig von der StA, dh er kann auch eine Anklage in Form einer Privatklage erheben, wenn die StA mangels hinreichenden öffentlichen Interesses gemäß § 376 StPO eine Anklage nicht für nötig hält. Folglich ist das Institut der Privatklage eine Durchbrechung des Offizialprinzips. Insofern wird zwar in der Tat eines der Grundprinzipien des Strafverfahrensrechts eingeschränkt, diese Einschränkung erfolgt aber durch eindeutige gesetzliche Regelung und ist daher als zulässig anzusehen, insb, weil der Rechtsfrieden in diesen Konstellationen über den Lebenskreis des Verletzten hinaus nicht gestört ist.

II. Der Katalog der Privatklagedelikte findet sich in § 374 StPO. Es gibt Privatklagedelikte, die keine Antragsdelikte sind (zB § 241 StGB), genauso wie auch nicht alle Antragsdelikte (zB § 248b StGB) zugleich Privatklagedelikte sind. Somit muss zwischen den beiden Ansätzen unterschieden werden.

1. Das Institut der Privatklage soll dem Verletzten die Möglichkeit geben, trotz fehlenden öffentlichen Interesses gegen den Täter vorzugehen. Für das einzelne Opfer kann die Tat nämlich auch ohne ein entsprechendes öffentliches Interesse von großem Gewicht sein.

2. Die Idee des Antragserfordernisses ist hingegen, dass der Staat nicht tätig werden muss, wenn der Verletzte selbst bereits kein Interesse an der Strafverfolgung hat (teilweise allerdings einschränkend: soweit kein öffentliches Interesse vorliegt). So wird dem Verletzten die Gelegenheit gegeben, sein Interesse am Unterlassen der Strafverfolgung zum Ausdruck zu bringen.

Ist ein Delikt sowohl Antrags- als auch Privatklagedelikt (zB § 123 StGB oder die hier betroffene Straftat des § 185 StGB), so muss für die Zulässigkeit der Privatklage ein wirksamer Strafantrag vorliegen. Allerdings beinhaltet das Erheben einer Privatklage innerhalb der Antragsfrist zugleich den Strafantrag. Im vorliegenden Fall hat A zwar

Problem 48: Die Privatklage

durch seine zu Protokoll gegebene Äußerung bei der Polizei seinen Willen kundgetan, eine Bestrafung des N herbeiführen zu wollen (und insofern einen Strafantrag gestellt), dies steht aber mit der späteren Durchführung des Privatklageverfahrens, wenn die StA das öffentliche Interesse an der Strafverfolgung verneint, in keinerlei Verbindung.

Problem 49: Die Nebenklage

I. Allgemeines

Bei bestimmten, in § 395 StPO einzeln aufgezählten Delikten kann der Verletzte neben der StA als Nebenkläger auftreten. Der Nebenkläger kann – anders als bei der Privatklage (vgl dazu Problem 48) – das Verfahren nicht von sich aus betreiben, sondern er kann sich lediglich einem bereits eingeleiteten Offizialverfahren (vgl dazu Problem 5) anschließen. Der Nebenkläger kann als Verfahrensbeteiligter jedoch selbstständig seine in § 397 StPO aufgeführten Rechte ausüben. Die Nebenklage ist in den §§ 395-402 StPO geregelt.

II. Funktionen

Das Institut der Nebenklage dient insb zwei Hauptzwecken.

1. **Genugtuungsfunktion:** Da der Nebenkläger von der Tat persönlich betroffen ist (dies ist im Übrigen die Voraussetzung für die Beteiligung als Nebenkläger), kann er auf diese Weise neben der StA die Bestrafung des Angeklagten vorantreiben.

2. **Kontrollfunktion:** Dadurch, dass der Gesetzgeber dem Nebenkläger verschiedene Rechte zugestanden hat, dient die Nebenklage auch gleichzeitig der Kontrolle der staatsanwaltlichen Tätigkeit.

III. Anschluss als Nebenkläger

1. **Nebenklageberechtigung:** Die Personen, die berechtigt sind, als Nebenkläger neben der StA aufzutreten, sind in § 395 StPO genannt. Dies sind:

   a) der Verletzte einer der in § 395 Abs. 1 StPO genannten schwerwiegenden und rechtswidrigen Straftaten (vgl den dortigen Katalog);

   b) die in § 395 Abs. 2 Nr. 1 StPO abschließend aufgezählten Angehörigen eines getöteten Opfers;

   c) gemäß § 395 Abs. 2 Nr. 2 StPO der erfolgreiche Antragsteller eines Klageerzwingungsverfahrens (dieses Anschlussrecht ist deliktsunabhängig und erfasst daher auch Delikte außerhalb des Kataloges nach § 395 Abs. 1 StPO; zum Klageerzwingungsverfahren vgl Problem 35);

   d) gemäß § 395 Abs. 3 StPO ferner die Verletzten einer rechtswidrigen Tat (wiederum außerhalb des Kataloges nach § 395 Abs. 1 StPO), wenn dies aus besonderen Gründen, insb wegen der schweren Folgen der Tat, zur Wahrnehmung ihrer Interessen geboten erscheint.

2. **Anschlusserklärung:** Der Anschluss ist in jeder Lage des Verfahrens zulässig (§ 395 Abs. 4 S. 1 StPO). Die Anschlusserklärung ist beim Gericht schriftlich einzureichen (§ 396 Abs. 1 S. 1 StPO).

3. **Entscheidung des Gerichts über Anschluss:** Das Gericht, bei dem das Verfahren anhängig ist (bei einem Anschluss durch Rechtsmitteleinlegung ist dies das Rechtsmittelgericht), prüft die Nebenklageberechtigung und entscheidet nach Anhörung der StA (§ 396 Abs. 2 S. 1 StPO). Diesen Beschluss kann die StA (nicht aber der Angeklagte!) mit einer Beschwerde anfechten. In den Fällen des § 395 Abs. 3 StPO entscheidet das Gericht nach Anhörung auch des Angeschuldigten darüber, ob der Anschluss aus den

Problem 49: Die Nebenklage

dort genannten Gründen geboten ist (§ 396 Abs. 2 S. 2 StPO). Diese Entscheidung über das Vorliegen der besonderen Gründe nach § 395 Abs. 3 StPO ist nicht anfechtbar.

IV. Wesentliche Rechte des Nebenklägers

8 Aufgrund seiner besonderen Stellung im Verfahren stehen dem Nebenkläger besondere Rechte zu. So hat er insb

a) die Befugnis, an der Hauptverhandlung teilzunehmen, selbst wenn er als Zeuge vernommen werden soll (§ 397 Abs. 1 S. 1 StPO);

b) die Möglichkeit, in Beistand eines Rechtsanwalts zu erscheinen oder sich durch einen Rechtsanwalt vertreten zu lassen (§ 397 Abs. 2 S. 1 StPO), bei bestimmten schweren Delikten ist ein Rechtsanwalt als Beistand sogar zwingend zu bestellen (§ 397a Abs. 1 StPO);

c) das Recht, durch Abgabe von Erklärungen und das Stellen von Fragen aktiv an der Verhandlung teilzunehmen (§ 397 Abs. 1 S. 3 iVm §§ 240 Abs. 2, 257, 258 StPO);

d) das Recht zur Beanstandung von Anordnungen des Vorsitzenden und von Fragen (§ 397 Abs. 1 S. 3 iVm §§ 238 Abs. 2, 242 StPO);

f) die Befugnis zur Stellung von Beweisanträgen (§ 397 Abs. 1 S. 3 iVm § 244 Abs. 3 bis 6 StPO);

g) die Befugnis, einen Richter oder Sachverständigen abzulehnen (§ 397 Abs. 1 S. 3 iVm §§ 24, 31, 74 StPO);

h) ein Recht auf Prozesskostenhilfe (§ 397a Abs. 2 StPO) und

i) die Möglichkeit zur Einlegung von Rechtsmitteln (§§ 400, 401 StPO).

9 Vor der Anklageerhebung stehen dem nebenklagebefugten Verletzten außerdem bereits die Rechte aus § 406h StPO zur Seite. Der Nebenkläger darf bei der Verhandlung anwesend sein, muss aber nicht, so dass er kein notwendiger Beteiligter iSv § 338 Nr. 5 StPO ist.

Zur Vertiefung:

10 **Rechtsprechung:** BGHSt 37, 136 – Nebenkläger (eine Revision ist mangels Beschwer nicht zugunsten des Angeklagten möglich); BGHSt 47, 202 – Sicherungsverfahren (Nebenklage ist auch im Sicherungsverfahren grds zulässig); BGHSt 65, 145 – Nebenklage mit dem Ziel eines Freispruchs; BGH NStZ 2009, 174 – Mordopfer (eine nicht existente Person kann nicht Nebenkläger sein; bestehen Zweifel daran, dass der Nebenkläger noch lebt, muss das Gericht sich daher von seiner Existenz positiv überzeugen); BGH NJW 2012, 2601 – Untreue (ein durch die Tat verursachter wirtschaftlicher Engpass ist kein besonderer Grund iSd § 395 Abs. 3 StPO); BGH NJW 2012, 3524 – Reichweite und Grenzen der Nebenklagebefugnis (Ehescheidung nach türkischem Recht); BGH NStZ-RR 2018, 256 – Schwere körperliche oder seelische Schäden als Voraussetzung der Gewährung eines kostenlosen Opferanwalts (Beeinträchtigung durch unmittelbar gegen das Opfer gerichtete Aggressionsdelikte, mittelbar verursachte posttraumatische Belastungsstörung); BGH NStZ-RR 2019, 353 – Nebenklage bei Vollrausch (§ 323a berechtigt zur Nebenklage, wenn eines der in § 395 Abs. 1 StPO bezeichneten Delikte die Rauschtat ist und der Nebenkläger eine Verurteilung wegen dieses Delikts erstrebt); LG Hamburg NStZ-RR 2018, 322 – Versagung von Akteneinsicht (Gefährdung des Untersuchungszwecks).

Problem 49: Die Nebenklage

Literatur/Aufsätze: *Altenhain*, Angreifende und verteidigende Nebenklage, JZ 2001, 791; *Barton*, Die Reform der Nebenklage: Opferschutz als Herausforderung für das Strafverfahren, JA 2009, 753; *Baumhöfener*, Aktenkenntnis des Nebenklägers – Gefährdung des Untersuchungszwecks bei der Konstellation Aussage-gegen-Aussage, NStZ 2014, 135; *Eicker*, Die Revision des Nebenklägers – Eine Anleitung für die Klausur, JA 2018, 298; *Ferber*, Stärkung der Opferrechte im Strafverfahren – Das 3. Opferrechtsreformgesetz, NJW 2016, 279; *Gössel*, Zur Zulässigkeit der Nebenklage im Sicherungsverfahren, JR 2002, 437; *Huber*, Grundwissen – Strafprozessrecht: Beteiligung des Verletzten durch Nebenklage, JuS 2018, 1044; *Jahn/Bung*, Die Grenzen der Nebenklagebefugnis, StV 2012, 754; *Noak*, Nebenklage gegen Jugendliche und Heranwachsende, ZRP 2009, 15; *Rieks*, Die Nebenklage – Terra Incognita des Wirtschaftsstrafverfahrens, NStZ 2019, 643; *Schork*, Die Stellung des Opfers im Strafverfahren, Jura 2003, 304.

Strafprozessuale Zusatzfrage:

A hat B überfallen und ausgeraubt und ihn dabei auch mit einem Messer verletzt. B wurde deswegen kurzzeitig stationär behandelt. A wird wegen eines schweren Raubes gemäß § 250 Abs. 2 Nr. 1 StGB angeklagt. B möchte nun am Verfahren beteiligt werden, damit A „seine gerechte Strafe bekommt". Er wendet sich an Rechtsanwalt R mit den Fragen, in welcher Form er sich am Verfahren beteiligen kann und welche Rechte ihm im Einzelnen zustehen. Was wird ihm R antworten, wenn er sich auf die wichtigsten Rechte beschränken möchte?

Klausurmäßiger Lösungsvorschlag:

I. B kann einerseits als Zeuge geladen werden. Diesbezüglich stehen ihm die Rechte und Pflichten eines Zeugen iS der §§ 48 ff. StPO zu. Unter den Voraussetzungen der §§ 52 ff. StPO hat er das Recht, das Zeugnis zu verweigern, nach § 55 StPO kann er zumindest die Auskunft über solche Fragen verweigern, mit deren Beantwortung er sich selbst belasten würde. Ein Recht zur Anwesenheit oder der aktiven Beteiligung am Verfahren hat er in diesem Falle allerdings nicht, da Zeugen nach § 243 Abs. 2 StPO kein unbegrenztes Anwesenheitsrecht gewährt wird.

*II. Will er aktiv mitwirken, so steht ihm die Möglichkeit zu, sich dem Verfahren als Nebenkläger anzuschließen. Da es sich beim schweren Raub nicht um eine Katalogtat nach § 395 Abs. 1 StPO handelt, ist dies indes nur unter den Voraussetzungen des § 395 Abs. 3 StPO möglich. Die Raubdelikte sind hier sogar explizit als Beispiel aufgeführt. Allerdings genügt das reine Vorliegen einer rechtswidrigen Tat, die hier gegeben ist, nicht für den Anschluss. Vielmehr muss ein solcher Anschluss aus besonderen Gründen, insb wegen der schweren Folgen der Tat, zur Wahrnehmung seiner Interessen geboten erscheinen. Da B mit einem Messer nicht unerheblich verletzt wurde und deswegen sogar stationär behandelt werden musste, sind diese Voraussetzungen erfüllt. In diesem Fall hat B als Nebenkläger eine besondere Stellung inne, aus welcher auch besondere Rechte folgen. Zunächst ist das **Recht auf Anwesenheit** zu nennen, das auch dann besteht, wenn er zusätzlich als Zeuge geladen ist, § 397 Abs. 1 S. 1 StPO. Hierin liegt eine Privilegierung gegenüber den anderen Zeugen. Zudem könnte B nach § 397a Abs. 1 StPO einen Anspruch auf einen **Rechtsbeistand** haben, sofern es sich um eine der in dieser Vorschrift genannten Taten handelt. Wäre dies der Fall, dann würde B, unabhängig von seinen finanziellen Verhältnissen, ein Rechtsanwalt auf Staatskosten* zur Seite gestellt werden. Allerdings ist der schwere Raub nach § 250 StGB zwar im Katalog des § 397a Abs. 1 StPO aufgeführt, jedoch muss die Tat dabei zu schweren körperlichen oder seelischen Schäden geführt haben. Eine schwere Körperverletzung iSd § 226 StGB liegt hier indes nicht vor. Auch wenn man davon ausgeht, dass der Begriff etwas weiter zu verstehen und nicht auf schwere Körperverletzungen iSd § 226 StGB beschränkt ist, genügt eine nur kurzzeitige stationäre ärztliche Behandlung nicht. Daher kann B lediglich unter den Voraussetzungen des § 397a Abs. 2 StPO Prozesskostenhilfe beantragen. Die wichtigsten Rechte des Nebenklägers liegen darin, dass er das Recht hat, durch die Abgabe von Erklärungen und das Stellen von Fragen aktiv an der Verhandlung teilzunehmen und dass er Beweisanträge stellen darf (§ 397 Abs. 1 S. 3 StPO). Ferner ist die **Möglichkeit zur Einlegung von Rechtsmitteln** (§§ 400, 401 StPO) zu nennen.

Problem 50: Wiederaufnahme des Verfahrens

I. Gesetzliche Regelung

Die Wiederaufnahme rechtskräftig abgeschlossener Verfahren ist in den §§ 359–373a StPO geregelt.

II. Bedeutung

Die Wiederaufnahme ist eine der wenigen Ausnahmen, die es ermöglichen, die Rechtskraft eines strafgerichtlichen Urteils (vgl dazu Problem 41) zu durchbrechen. Da die Durchbrechung der Rechtskraft den Rechtsfrieden erheblich gefährdet, kann die Wiederaufnahme nur in eng begrenzten Ausnahmefällen zugelassen werden, in denen sie dringend erforderlich erscheint, um dem Gesichtspunkt der Gerechtigkeit Geltung zu verschaffen.

III. Regelungsgegenstand

Den Gegenstand der Wiederaufnahme können bilden:
1. ein durch Urteil rechtskräftig abgeschlossenes Verfahren (§§ 359, 362 StPO);
2. ein durch Strafbefehl rechtskräftig abgeschlossenes Verfahren zulasten des Angeklagten (§ 373a Abs. 1 StPO); im Übrigen gelten hier gemäß § 373a Abs. 2 StPO die §§ 359–373 StPO entsprechend;
3. ein durch Beschluss abgeschlossenes Verfahren.[1] Diese Möglichkeit ist zwar nicht ausdrücklich geregelt, allerdings werden nach hM die §§ 359 ff. StPO analog angewendet.[2]

IV. Wiederaufnahmegründe

Hinsichtlich der Wiederaufnahmegründe ist zu unterscheiden, ob es sich um eine Wiederaufnahme zugunsten (§ 359 StPO) oder zulasten (§ 362 StPO) des Angeklagten handeln soll. Daraus ergeben sich drei Untergruppen der Wiederaufnahmegründe: 1.) zugunsten und zulasten, 2.) nur zugunsten und 3.) nur zulasten des Angeklagten.

1. Wiederaufnahme zugunsten und zulasten des Angeklagten

a) §§ 359 Nr. 1, 362 Nr. 1 StPO: Zunächst ist eine Wiederaufnahme im Fall der Verwendung einer unechten oder verfälschten Urkunde in der Hauptverhandlung zugunsten oder zulasten des Angeklagten möglich.

b) §§ 359 Nr. 2, 362 Nr. 2 StPO: Auch bei Falschaussagen oder Meineiden von Zeugen oder Sachverständigen besteht ein Wiederaufnahmegrund zugunsten oder zulasten des Angeklagten. Nach § 364 S. 1 StPO ist jedoch erforderlich, dass wegen dieser Tat eine rechtskräftige Verurteilung vorliegt. Fraglich ist, ob dies auch gilt, wenn der einzige Belastungszeuge von Dritten zu einer Falschaussage zugunsten des Angeklagten gezwungen wurde und das Gericht den Angeklagten aufgrund dieser Aussage freispricht. Obwohl sich der Zeuge insoweit in einem entschuldigenden Nötigungsnotstand (§ 35

---

[1] Str., vgl dazu *Beulke/Swoboda*, Rn. 585 mwN.
[2] Vgl auch BGH NStZ 1985, 496 bzgl der Wiederaufnahme des Revisionsverfahrens, wenn die Revision durch Beschluss als unbegründet verworfen worden war.

StGB) befand und daher nicht rechtskräftig verurteilt werden kann, muss eine Wiederaufnahme auch in diesen Fällen zulässig sein, da der Angeklagte hier nicht schutzwürdig ist.³

7   c) §§ 359 Nr. 3, 362 Nr. 3 StPO: Weiterhin kann bei Feststellung einer Amtspflichtwidrigkeit eines Richters oder eines Schöffen das Verfahren zugunsten oder zulasten des Angeklagten wiederaufgenommen werden.

8   d) §§ 359 Nr. 5, 362 Nr. 5 StPO: Wenn neue Tatsachen und Beweismittel vorliegen, besteht ein Wiederaufnahmegrund, sowohl zugunsten als auch zu Lasten des Angeklagten. Zu Lasten des Angeklagten ist eine Wiederaufnahme aufgrund des neu eingeführten § 362 Nr. 5 StPO allerdings nur möglich, wenn die neuen Tatsachen oder Beweismittel dringende Gründe dafür bilden, dass eine Verurteilung wegen der genannten schweren Straftaten in Betracht kommt. Diese Vorschrift begegnet jedoch im Hinblick auf den Grundsatz „ne bis in idem" (Doppelbestrafungsverbot, Art. 103 Abs. 3 GG; vgl Problem 51) erheblichen verfassungsrechtlichen Bedenken. Eine Verfassungsbeschwerde ist deshalb derzeit beim BVerfG anhängig.⁴

Unter **Tatsachen** versteht man dabei nur konkrete Vorgänge der Gegenwart oder der Vergangenheit, die dem Beweis zugänglich sind, nicht hingegen Änderungen von Gesetzen oder der Rspr. Mit den **Beweismitteln** sind nur die förmlichen Beweismittel der StPO gemeint. **Neu** sind diese Tatsachen und Beweismittel, wenn sie im ursprünglichen Verfahren nicht berücksichtigt wurden. Dies gilt unabhängig davon, ob sie dem Gericht (oder dem Angeklagten) vorher bekannt waren oder nicht. Entscheidend ist, dass das erkennende Gericht von diesen Beweismitteln keinen Gebrauch gemacht hat. Daher sind Tatsachen entweder dann neu, wenn sie erst später eingetreten sind oder bekannt wurden oder wenn das Gericht sie erkennbar nicht berücksichtigt hat (etwa, weil es sie falsch verstanden oder schlichtweg vergessen hat). **Bsp.:** ein neuer Entlastungszeuge (aber auch der Wegfall eines ursprünglichen Belastungszeugen durch Widerruf seiner Aussage), ein Geständnis eines Dritten oder ein neues Sachverständigengutachten mit neuen Befundtatsachen.

2. Wiederaufnahme nur zugunsten des Angeklagten

9   a) § 359 Nr. 4 StPO: Bei Aufhebung eines dem Urteil zugrunde liegenden Zivilurteils ist eine Wiederaufnahme nur zugunsten des Angeklagten möglich.

10 b) § 359 Nr. 6 StPO: Zugunsten des Angeklagten ist eine Wiederaufnahme auch bei Feststellung eines Verstoßes gegen die EMRK durch den EGMR möglich.

11 c) § 79 Abs. 1 BVerfGG: Außerhalb der in den §§ 359, 362 StPO genannten Fälle ist ferner zu berücksichtigen, dass bei **Verfassungswidrigkeit** einer der Verurteilung zugrunde liegenden Norm eine Wiederaufnahme geboten ist.

3. Wiederaufnahme nur zulasten des Angeklagten

12 § 362 Nr. 4 StPO: Bei Vorliegen eines (glaubwürdigen) späteren Geständnisses des Angeklagten besteht ein Wiederaufnahmegrund ausschließlich zulasten des Angeklagten.

---

3 AA KG JZ 1997, 629 mAnm *Marxen*.
4 Vgl OLG Celle StV 2022, 492 und das Verfahren zur einstweiligen Anordnung BVerfG 2 BvR 900/22.

V. Zuständigkeit

Die Zuständigkeit des Gerichts für die Entscheidungen im Wiederaufnahmeverfahren und über den Antrag zur Vorbereitung eines Wiederaufnahmeverfahrens richtet sich gemäß § 367 Abs. 1 S. 1 StPO nach den besonderen Vorschriften des GVG. Nach § 140a Abs. 1 S. 1 GVG entscheidet im Wiederaufnahmeverfahren ein anderes Gericht mit gleicher sachlicher Zuständigkeit als das Gericht, gegen dessen Entscheidung sich der Antrag auf Wiederaufnahme des Verfahrens richtet.

VI. Form

Notwendig ist die Angabe des Wiederaufnahmegrundes und der Beweismittel (§ 366 Abs. 1 StPO). Der Antrag muss nach § 366 Abs. 2 StPO vom Angeklagten mittels einer vom Verteidiger oder einem Rechtsanwalt unterzeichneten Schrift oder zu Protokoll der Geschäftsstelle angebracht werden.

VII. Frist

Es besteht keine Frist für die Wiederaufnahme. Sie ist somit jederzeit möglich.

VIII. Verfahren

1. Zulässigkeit (§ 368 StPO): Im Rahmen der Zulässigkeit werden Form sowie Vorliegen eines gesetzlichen Grundes zur Wiederaufnahme und ggf von geeigneten Beweismitteln geprüft. Liegen diese nicht vor, so wird der Antrag als unzulässig verworfen (§ 368 Abs. 1 StPO). Der Antrag ist ebenso unzulässig, wenn nur eine andere Strafzumessung oder eine Strafmilderung nach § 21 StGB erstrebt wird (§ 363 StPO). Ist der Antrag aber zulässig, so ergeht ein Zulassungsbeschluss (§ 368 Abs. 2 StPO).

2. Begründetheit (§§ 369, 370 StPO): Ist der Antrag zulässig, so wird vom Gericht ein Richter mit der Beweisaufnahme über den Wiederaufnahmegrund beauftragt, sofern dies erforderlich ist (§ 369 Abs. 1 StPO). Nach § 370 Abs. 1 StPO ergeht die Entscheidung ohne mündliche Verhandlung. Darin erfolgt entweder eine Verwerfung als unbegründet, wenn die aufgestellten Behauptungen keine Bestätigung gefunden haben oder wenn in den Fällen des § 359 Nr. 1 und 2 oder des § 362 Nr. 1 und 2 nach Lage der Sache die Annahme ausgeschlossen ist, dass die dort bezeichnete Handlung auf die Entscheidung Einfluss hatte. In den in § 371 StPO genannten Fällen, insb wenn der Verurteilte bereits gestorben ist, kann dieser auch ohne erneute Hauptverhandlung freigesprochen werden.

3. Neue Hauptverhandlung (§§ 370 Abs. 2, 373 StPO): Erachtet das Gericht die Wiederaufnahme für begründet, ist nach § 370 Abs. 2 StPO die Durchführung einer neuen Hauptverhandlung anzuordnen. Hier erfolgt zwar eine völlig neue Verhandlung, in der aber das Verbot der **reformatio in peius** gilt, wenn lediglich der Verurteilte, die StA zu seinen Gunsten oder sein gesetzlicher Vertreter die Wiederaufnahme des Verfahrens beantragt hat (§ 373 Abs. 2 StPO).

Zur Vertiefung:

Rechtsprechung: **BVerfGE 12, 338** – Sowjetzone (Entscheidung des BVerfG als neue Beweistatsache); **BVerfG NJW 2019, 1590** – Wiederaufnahme eines Strafverfahrens nach gütlicher Einigung vor dem EGMR (kein Wiederaufnahmegrund nach § 359

Nr. 6 StPO); **BGHSt 39, 75** – Ossietzky (Gesetzesänderung ist keine neue Beweistatsache); **BGH NJW 1977, 59** – Neues Gutachten (Anforderungen an das Wiederaufnahmevorbringen im Probationsverfahren); **KG JZ 1997, 629** – Nötigungsnotstand (keine Wiederaufnahme bei Zwang des Zeugen zur Falschaussage); **OLG Düsseldorf, NStZ-RR 2014, 22** – Neues Beweismittel (Fehlwahrnehmung des erkennenden Gerichts bei Inaugenscheinnahme); **OLG Frankfurt StV 1996, 138** – Fall Weimar (Erheblichkeit eines neuen Gutachtens über Indizien); **OLG Nürnberg NJW 2013, 2692** – Fall Mollath (Wiederaufnahme wegen Verwertung einer unechten Urkunde); **OLG Nürnberg NStZ-RR 2015, 318** – Wiederaufnahme (weder § 47 Abs. 1 StGB noch § 56 StGB sind mildere Strafgesetze iSd § 395 Nr. 5 StPO); **OLG Celle StV 2022, 492** – Verfassungsmäßigkeit des § 362 Nr. 5 StPO („Mordfall Friederike"), vgl *Schimkat/Wagenhöfer*, famos 09/2022; **LG Hannover JR 1997, 123** – US-Exequaturbeschluss (analoge Anwendung der §§ 359 ff. StPO auf Beschlüsse); **LG Mannheim NZWiSt 2019, 440** – Wiederaufnahmeverfahren nach Vorabentscheidungsverfahren des EuGH (keine entsprechende Anwendung des § 79 BVerfGG auf Vorabentscheidungsverfahren des EuGH).

Literatur/Aufsätze: *Geipel/Eschelbach/Hettinger/Wille/Meller*, Plädoyer gegen die Abschaffung der Wiederaufnahme des Strafverfahrens, GA 2018, 238; *Grübl*, Die strafprozessuale Wiederaufnahme in malam partem und das Verfassungsrecht, ZJS 2022, 1; *Frister/Müller*, Reform der Wiederaufnahme in Strafsachen, ZRP 2019, 101; *Jahn*, „Wiederaufnahmebeschluss" nach arglistig herbeigeführter Verfahrenseinstellung, JuS 2008, 459; *ders.*, Innerstaatliche Wiederaufnahme und EMRK, JuS 2013, 273; *Ruhs*, Aktuelle Reformbestrebungen der Wiederaufnahme in Strafsachen, ZRP 2021, 88; *Waßmer*, Die Wiederaufnahme in Strafsachen – Bestandsaufnahme und Reform, JURA 2002, 454.

Strafprozessuale Zusatzfrage:

20 A ist rechtskräftig wegen Mordes verurteilt worden, da auch seine Rechtsmittel keinen Erfolg hatten. Kann A eine Wiederaufnahme des Verfahrens erreichen, wenn der Zeuge Z sich nun im Gegensatz zu früher nicht mehr weigert, auszusagen, sondern bereit ist, A zu entlasten und zu bestätigen, dass dieser zum Tatzeitpunkt nicht am Tatort gewesen sein kann? Was muss A dafür tun?

Klausurmäßiger Lösungsvorschlag:

21 *Fraglich ist, ob A eine Wiederaufnahme des Verfahrens erreichen kann.*

I. Bezüglich der Zulässigkeit muss er Folgendes beachten:

22 *1. Er muss sich dazu an das zuständige Gericht wenden. Die Zuständigkeit richtet sich gemäß § 367 Abs. 1 S. 1 StPO nach den besonderen Vorschriften des GVG (§ 140a GVG).*

23 *2. Eine besondere Frist muss A nicht beachten.*

24 *3. Der Antrag ist schriftlich durch seinen Verteidiger oder einen (anderen) Rechtsanwalt oder zu Protokoll der Geschäftsstelle einzureichen.*

25 *4. Dabei müssen der Wiederaufnahmegrund und das Beweismittel benannt werden. Hier kommt der Wiederaufnahmegrund nach § 359 Nr. 5 StPO in Betracht. Hiernach kann eine Wiederaufnahme des Verfahrens erfolgen, wenn neue Tatsachen oder Be-*

Problem 50: Wiederaufnahme des Verfahrens

weismittel beigebracht sind, die allein oder in Verbindung mit den früher erhobenen Beweisen die Freisprechung des Angeklagten zu begründen geeignet sind. Dies ist hier an sich der Fall, da A einen neuen Zeugen benennen will, der ihn entlasten soll, indem er über Tatsachen Auskunft gibt, nämlich den Aufenthaltsort des A zur Tatzeit. Fraglich ist aber, ob er dazu nur den Wiederaufnahmegrund schlüssig vortragen muss oder ob das Gericht bereits im Rahmen der Zulässigkeitsprüfung die Beweismittel werten darf. Es ist allgemein anerkannt, dass die konkrete Beweiswürdigung erst im erneuten Hauptverfahren erfolgen darf. Allerdings trifft die Rspr. bereits im Rahmen der Zulässigkeit eine Wertung der Beweismittel im Hinblick auf ihre Eignung zur Entlastung des Verurteilten, soweit dies möglich ist.[5] Dafür spricht der Wortlaut des § 368 Abs. 1 StPO, der die Anführung eines „geeigneten Beweismittels" fordert. Ebendiese Eignung kann auch schon vorab überprüft werden, damit das Gericht nicht mit absurden oder erfundenen Beweisen belastet wird, obwohl das Verfahren bereits rechtskräftig abgeschlossen und es kaum wahrscheinlich ist, dass das Gericht in einer neuen Verhandlung zu einem anderen Ergebnis kommt. Liegt kein geeignetes Beweismittel vor, so ist der Antrag nach § 368 Abs. 1 StPO bereits unzulässig, daher erfolgt die Prüfung im Rahmen der Zulässigkeit. In der Lit. wird zwar teilweise eine entsprechende Anwendung des § 244 StPO gefordert, die Rspr. folgt diesem Vorschlag jedoch aus den genannten Gründen nicht. Der Antragsteller erstrebe keine verspätete Beweisaufnahme, sondern das neue Aufrollen eines abgeschlossenen Verfahrens. Daher genügt nicht stets das schlüssige Vortragen eines Wiederaufnahmegrundes. Vielmehr muss A auch die Gründe vortragen, warum der Zeuge damals nicht ausgesagt hat und warum er sich nun anders entschieden hat. Sonst läuft er Gefahr, dass der Antrag als unzulässig verworfen wird.

II. Hinsichtlich der Begründetheitsprüfung kann nach § 369 Abs. 1 StPO ein Richter mit der Beweisaufnahme beauftragt werden. Hier kann Z also durch den Richter befragt werden. Bestätigt er glaubwürdig die Abwesenheit des A zum Tatzeitpunkt, so wird das Verfahren neu eröffnet.

---

5 Vgl BGH NJW 1977, 59.

Problem 51: Ne bis in idem

I. Allgemeines

1 Schon im älteren römischen Prozessrecht war der Grundsatz „ne bis in idem" (lat., „nicht zweimal wegen derselben Tat") anerkannt, welcher besagt, dass die doppelte Bestrafung (und Verfolgung) des Täters wegen derselben Tat ausgeschlossen ist. Art. 103 Abs. 3 GG verbietet dem Wortlaut nach nur die Doppel*bestrafung*, jedoch muss dieser Grundsatz für jede rechtskräftige Entscheidung, also auch für einen Freispruch, gelten, da dem Betroffenen die doppelte Belastung durch ein Verfahren erspart werden soll. Daraus folgt das Verfahrenshindernis des **Strafklageverbrauchs** (die sog **Sperrwirkung**), das in allen Instanzen von Amts wegen zu beachten ist.

II. Begründung

2 Die Sperrwirkung findet ihre Rechtfertigung im Gedanken der materiellen Gerechtigkeit und der Verhältnismäßigkeit. Es ist anerkannt, dass die individuelle Schuld durch die Strafe getilgt wird. Eine erneute Verfolgung eines Freigesprochenen wäre zudem mit dem Gebot der Rechtssicherheit nicht vereinbar. Dies kann allerdings fraglich sein, wenn im Urteil der Unwertgehalt der Tat in grober Weise verkannt wurde, weil dann die Schuld gerade nicht getilgt wurde. Daher lassen **BGH** und **hL** hier eine Durchbrechung der Sperrwirkung und eine erneute Verurteilung zu (vgl dazu Problem 41).

III. Tatbegriff

3 Es muss sich bei der bereits abgeurteilten Tat um eine **Tat im prozessualen Sinne** handeln. Darunter fällt **das gesamte Verhalten des Beschuldigten, soweit es mit dem durch die Strafverfolgungsorgane bezeichneten geschichtlichen Vorkommnis nach allgemeiner Lebensauffassung einen einheitlichen Vorgang** bildet. Zur Bestimmung eines solchen einheitlichen geschichtlichen Vorgangs sind Kriterien wie der Tatort, die Tatzeit, das Tatobjekt und die Angriffsrichtung entscheidend. Dieser Tatbegriff ist **nicht** identisch mit dem Begriff der Tat im materiellen Sinne, der im Rahmen der Konkurrenzen (§§ 52, 53 StGB) maßgeblich ist. Der prozessuale Tatbegriff ist weiter, so dass eine Tat im prozessualen Sinne auch bei Tatmehrheit iSd § 53 StGB vorliegen kann. Der Tatbegriff bestimmt nicht nur den Prozessgegenstand, sondern auch den Umfang der materiellen **Rechtskraft** eines Urteils.

IV. Durchbrechung des Grundsatzes

4 Die Rechtskraft kann insb durch die Aufhebung des Urteils zugunsten eines Mitangeklagten in der Revision gemäß § 357 StPO oder durch das BVerfG im Fall einer erfolgreichen Verfassungsbeschwerde gemäß § 95 Abs. 2 BVerfGG durchbrochen werden. Ist nach Ausschöpfung der Rechtsmittel einmal Rechtskraft eingetreten, so kann sie zwar im Wege der **Wiederaufnahme** des Verfahrens (vgl dazu Problem 50) beseitigt werden. Allerdings ist dies zulasten des Angeklagten nur in den engen Grenzen des § 362 StPO möglich.

5 Im Übrigen bezieht Art. 103 Abs. 3 GG sich nur auf kriminalstrafrechtliche Verurteilungen und ist daher bei **Disziplinarmaßnahmen** nicht anwendbar (dies ist st. Rspr. des

BVerfG). Daher kann etwa trotz eines Arrests im Rahmen des Wehrdisziplinarrechts später wegen desselben Verhaltens auch auf eine Kriminalstrafe erkannt werden.[1]

V. Ausländische Gerichtsurteile

Auch wenn der Grundsatz „ne bis in idem" zu den allgemeinen Regeln des Völkerrechts gehört, verhindert er grds nur die Doppelbestrafung **innerhalb eines Staates**. Auch Art. 103 Abs. 3 GG bezieht sich nur auf innerstaatliche Verurteilungen. Aufgrund der zunehmenden Bedeutung des Internationalen Strafrechts werden die durch zwischenstaatliche Vereinbarungen getroffenen Ausnahmen jedoch immer wichtiger und häufiger. Insb innerhalb der EU gelten Sonderregeln.

1. Art. 54 Schengener Durchführungsübereinkommen (SDÜ): Danach darf ein Straftäter nicht in einem Vertragsstaat wegen derselben Tat verfolgt werden, die in einem anderen Vertragsstaat bereits rechtskräftig abgeurteilt worden ist. Im Fall einer Verurteilung muss die Sanktion allerdings bereits vollstreckt worden sein, gerade vollstreckt werden oder nach dem Recht des Urteilsstaats nicht mehr vollstreckt werden können. Auch verfahrensabschließende Entscheidungen der StA verbrauchen die Strafklage.

2. Art. 50 EU-Grundrechtscharta (GRC): Auch die EU-Grundrechtscharta sieht vor, dass niemand wegen einer Straftat, derentwegen er bereits in der EU nach dem Gesetz rechtskräftig verurteilt oder freigesprochen worden ist, in einem Strafverfahren erneut verfolgt oder bestraft werden darf. Im Gegensatz zu Art. 54 SDÜ fehlt hier das Vollstreckungselement. Nach Ansicht von **BGH**[2] und der **hL** wird Art. 54 SDÜ jedoch als **Schranke** iSd Art. 52 Abs. 1 GRC interpretiert.[3]

3. Art. VII (8) NATO-Truppenstatut: Wenn ein Angeklagter in einem Strafverfahren, das nach diesem Artikel von den Behörden einer Vertragspartei gegen ihn durchgeführt wurde, freigesprochen worden ist oder wenn er in einem solchen Verfahren verurteilt worden ist und seine Strafe verbüßt oder verbüßt hat oder begnadigt worden ist, kann er nicht wegen derselben Handlung innerhalb desselben Hoheitsgebietes von den Behörden einer anderen Vertragspartei erneut vor Gericht gestellt werden. Diese Bestimmung bezieht sich allerdings auf Straftaten ausländischer Truppenangehöriger und schließt deshalb nach Satz 2 nicht aus, dass die Militärbehörden des Entsendestaates ein Mitglied der Truppe dieses Staates wegen eines Dienstvergehens belangen, das in einer Handlung oder Unterlassung liegt, wegen welcher von den Behörden einer anderen Vertragspartei ein Strafverfahren bereits durchgeführt wurde.

4. Art. 20 IStGH-Statut: Auch für das Verhältnis des Internationalen Strafgerichtshofes zu anderen Gerichten findet sich eine „ne bis in idem"-Bestimmung in Art. 20 des Statuts.

Zur Vertiefung:

Rechtsprechung: EuGH NJW 2003, 1173 – Gözütok (Einstellung nach § 153a StPO als Aburteilung iSd Art. 54 SDÜ); **EuGH NJW 2006, 1781** – van Esbroeck (Auslegung des Begriffs der „Tat" in Art. 54 SDÜ); **EuGH NStZ 2011, 466** – Gaetano Mantello (Europäischer Haftbefehl und Doppelbestrafungsverbot); **EuGH NJW 2014, 3010** – M. (SDÜ-Doppelbestrafungsverbot, Transnationaler Strafklage-

---

1 BVerfGE 21, 378, 384.
2 BGHSt 56, 11, 15.
3 Str., vgl *Kindhäuser/Schumann*, § 35 Rn. 36 ff.

verbrauch bei Einstellung); **BVerfG NJW 2012, 1202** – Unterbliebene Vorlage an den EuGH (Auslegung des Doppelbestrafungsverbots nach Art. 50 GRC); **BGHSt 5, 329** – Verfolgung des NS-Unrechts (Mehrmalige Aburteilung eines Freigesprochenen); **BGHSt 35, 60** – Doppelbestrafung (prozessualer Tatbegriff); **BGHSt 48, 331** – Kapitalanlagebetrug (Strafklageverbrauch nach Einstellung gemäß § 153 II StPO); **BGHSt 52, 275** – Schmuggelfahrt (Strafklageverbrauch zwischen mehreren EU-Mitgliedstaaten); **BGHSt 56, 11** – Ne bis in idem in der EU (Verhältnis von Art. 50 GRC und Art. 54 SDÜ); **BGHSt 59, 120** – SDÜ-Doppelbestrafungsverbot (Auslegung des Begriffs „derselben Tat" nach Art. 54 SDÜ); **BGH NStZ-RR 2009, 289** – Geldwechsel (deliktsimmanente Verbindung mehrerer Taten), vgl *Marxen/Hannemann*, Graben-Fall, famos 12/2009; **OLG Frankfurt NStZ-RR 2014, 27** – Doppelbestrafungsverbot mit grenzüberschreitender Wirkung (keine allgemeine Regelung des Völkerrechts; Geltung im Auslieferungsverkehr mit Drittstaaten nur für Länder, die dem Art. 54 SDÜ und Art. 50 GRCh unterfallen); **OLG Stuttgart NStZ-RR 2015, 387** – Reichweite des Doppelbestrafungsverbots (Art. 103 Abs. 3 GG hindert keine Beschuldigtenvernehmung im Rahmen der Rechtshilfe für die Türkei); **OLG Stuttgart NJW 2021, 2596** – Rechtskraft und Doppelverfolgungsverbot (Widerstand nach Trunkenheitsfahrt).

Literatur/Aufsätze: *Aust/Schmidt*, Ne bis in idem und Wiederaufnahme, ZRP 2020, 251; *Bechtel*, Der prozessuale Tatbegriff und seine Bedeutung für die Bestimmung wichtiger Verfahrenshindernisse, JA 2022, 199; *Burchard/Brodowski*, Art. 50 Charta der Grundrechte der Europäischen Union und das europäische ne bis in idem nach dem Vertrag von Lissabon, StraFo 2010, 179; *Gaede*, Transnationales „ne bis in idem" auf schwachem grundrechtlichem Fundament, NJW 2014, 2990; *Heger*, Die Auswirkungen des europäischen Doppelbestrafungsverbots auf die deutsche Strafrechtsprechung, HRRS 2008, 413; *Hoppen/Jansen*, Strafklageverbrauch, JuS 2021, 1132; *Kraatz*, Strafklageverbrauch beim Unterlassungsdelikt, JURA 2007, 854; *Kudlich*, Tat im prozessualen Sinn, JA 2006, 902; *Neuefeind*, Prozessualer und materieller Tatbegriff, JA 2000, 791; *Ranft*, Der Tatbegriff des Strafprozessrechts, JuS 2003, 417; *Schomburg/Suominen-Picht*, Verbot der mehrfachen Strafverfolgung, Kompetenzkonflikte und Verfahrenstransfer, NJW 2012, 1190; *Wankel*, Strafklageverbrauch und materiellrechtliche Konkurrenzlehre, JA 1997, 231.

Literatur/Übungsfälle: *Mitsch*, Ede hat ausgepackt, JURA 1993, 381.

Strafprozessuale Zusatzfrage: (Fall nach BGHSt 35, 60)

12 A hat einen Raub (§ 249 StGB) begangen. Nach Abschluss der Ermittlungen fehlen der StA jedoch die nötigen Beweise, um ihn wegen Raubes anzuklagen. Stattdessen liegen genügend Beweismomente vor, dass A wegen einer später erfolgten Hehlerei (§ 259 StGB) hinsichtlich der Beute aus dem Raub angeklagt werden kann. Dementsprechend wird er schließlich auch rechtskräftig wegen Hehlerei verurteilt. Inzwischen ist die StA aber in den Besitz neuer Beweise gelangt, welche die Beteiligung des A am Raub belegen. Kann er nun noch nachträglich wegen eines Raubes verurteilt werden?

Klausurmäßiger Lösungsvorschlag:

13 *Es ist fraglich, ob A wegen Raubes verurteilt werden kann. Denn diesbezüglich könnte die Strafklage durch die Verurteilung wegen Hehlerei bereits verbraucht sein.*

Problem 51: Ne bis in idem

I. Da das ursprüngliche Urteil sich nachträglich als falsch herausgestellt hat, könnte man zunächst an eine **Wiederaufnahme des Verfahrens** nach den §§ 359 ff. StPO denken. Die eng begrenzten Wiederaufnahmegründe sind in § 359 StPO (zugunsten des Angeklagten) und in § 362 StPO (zulasten des Angeklagten) abschließend aufgezählt. Das Auffinden neuer Beweismittel ist **lediglich** als Wiederaufnahmegrund **zugunsten des Angeklagten** vorgesehen (§ 359 Nr. 5 StPO), nicht aber zu seinen Lasten. Daher scheidet eine Wiederaufnahme des Verfahrens – jedenfalls zulasten des A im Hinblick auf den Raub – aus.

II. In Betracht kämen aber eine **neue Anklage** und eine Verurteilung in einem **neuen Verfahren**. Dies wäre aber nur dann möglich, wenn dem kein **Strafklageverbrauch** entgegenstünde. Art. 103 Abs. 3 GG legt fest, dass niemand wegen **derselben Tat** mehrmals bestraft werden darf.

Fraglich ist, ob hier der vorgeworfene Raub und die Hehlerei eine **einheitliche prozessuale Tat** bilden. Der verfahrensrechtliche Tatbegriff umfasst den von der zugelassenen Anklage betroffenen **einheitlichen geschichtlichen Vorgang**, innerhalb dessen der Straftatbestand verwirklicht worden sein soll. Dazu gehört das gesamte Verhalten des Angeklagten, soweit es mit dem durch die Anklage bezeichneten geschichtlichen Vorgang wegen eines zeitlich und örtlich engen Zusammenhanges nach allgemeiner Lebensauffassung eine **Einheit** bildet. Erfasst sind alle Handlungen des Täters, für die es unnatürlich erscheinen würde, sie vom einheitlichen Geschehen abzutrennen.

Raub und Hehlerei **können** zwar grds einen einheitlichen geschichtlichen Vorgang bilden, dies ist jedoch nicht zwingend der Fall, wenn nur einer der alternativen Handlungsvorgänge angeklagt wurde. Zwar waren die hier angeklagte Hehlerei und der Raub hinsichtlich des Tatobjektes identisch, jedoch war das sonstige Tatverhalten des Angeklagten nach den Handlungsalternativen in zeitlicher und sachlicher Hinsicht völlig anders. Damit handelt es sich **nicht** um eine Tat im prozessualen Sinne.

III. Die Strafklage wegen Raubes ist daher **nicht** durch die Verurteilung wegen Hehlerei verbraucht und somit kann die StA eine neue Anklage erheben. Es ist allerdings zu beachten, dass die bereits verhängte Strafe wegen Hehlerei bei der neuen Entscheidung im Rahmen der Strafzumessung zu berücksichtigen ist. Auch kommt im Hinblick auf die nunmehr zu Unrecht angenommene Hehlerei eine Wiederaufnahme zugunsten des Angeklagten nach § 359 Abs. 1 Nr. 5 StPO in Frage.

Stichwortverzeichnis

Die Angaben verweisen auf die vorgestellten Probleme (**fette Zahlen**) sowie deren Randnummern (magere Zahlen).
Beispiel: § 9 Rn. 10 = **9** 10

Abgeurteilter **1** 5
Abwägungslehre **14** 15, **26** 12, 21, **28** 7 f.
Adhäsionsverfahren **9** 11
Agent provocateur **10** 16
Akkusationsprinzip **5** 4
Amtsgericht **6** 5, **7** 1 ff.
Anfangsverdacht **2** 7, **17** 10 ff., 17 ff.
Angeklagter **1** 5, **9** 5
– Tod **10** 15
Angeschuldigter **1** 4, **3** 1
Anklageschrift **3** 1 ff., **4** 14 f.
Antragsdelikt **2** 4
Aufklärungspflicht **4** 9, **37** 1, **38** 1
Ausschließung und Ablehnungsgründe
   11 1 ff.

Befragung, informatorische **9** 2, **27** 5
Belehrung, qualifizierte **9** 4, **24** 4, **27** 6,
   28 4, **32** 7, 11
Berufung **1** 6, **42** 4, **44** 1 ff.
Beschlagnahme
– Allgemeines **15** 1
– Führerschein **15** 13
– Postbeschlagnahme **15** 14
– Sicherstellung von Beweismitteln **15** 2 ff.
– Sicherstellung von Verfalls- und Einzie-
   hungsgegenständen **15** 12
– Verbote **15** 5 ff., 17 ff.
Beschleunigungsgebot **5** 8, **10** 18
Beschuldigter **2** 1, **5** 7
– Allgemeines **1** 3
– begrenzte Lebenserwartung **10** 17
– Belehrung **24** 2 ff., **26** 17, **27** 3
– Eigenschaft **9** 1, **17** 10 ff.
– Entfernung **9** 13
– Recht auf Verteidigung **24** 2, **27** 1, 4
– Recht zu Schweigen **27** 1
– Schweigerecht **31** 9, **39** 13
– Status **9** 1, **17** 10 ff.
– verbotene Vernehmungsmethoden
   24 5 ff., **17** ff., **26** 5
– Vernehmung **2** 10, **9** 3, **24** 1 ff., **27** 1 ff.
Beschwerde **42** 3, **43** 1 ff.
Beweisanregung **37** 24

Beweisantrag
– Ablehnung **37** 7 ff., 26 ff.
– Allgemeines **37** 1 ff.
– Konnexität **37** 6
Beweisaufnahme **4** 9, **37** 1
Beweisbefugnislehre **26** 11
Beweiserhebungsverbot **26** 4 ff.
Beweisermittlungsantrag **37** 24
Beweismittel
– Allgemeines **36** 4 ff.
– Augenscheinsbeweis **36** 7
– Einlassung des Angeklagten **36** 8
– Sachverständige **36** 5
– Urkundsbeweis **36** 6
– Zeugen **36** 4
Beweisverfahren
– Freibeweisverfahren **36** 3
– Strengbeweisverfahren **36** 2
Beweisverwertungsverbot **17** 15 ff.
– Allgemeines **26** 1 ff.
– Beschuldigtenvernehmung **32** 9 ff.,
   45 22 ff.
– Hörfalle **31** 16 ff.
– im Hinblick auf das Zeugnisverweige-
   rungsrecht **28** 3 ff.
– im Hinblick auf die Beschuldigtenverneh-
   mung **24** 17 ff., **27** 2 ff., 8 ff.
– im Hinblick auf die Hörfalle **31** 1 ff.
– im Hinblick auf die Intimsphäre
   20 16 ff., **29** 1 ff.
– im Hinblick auf die körperliche Untersu-
   chung **30** 1 ff.
– im Hinblick auf Verdeckte Ermittler **21** 15
– Privatpersonen **33** 1 ff.
– Zeugnisverweigerungsrecht **38** 10, 15 ff.
Beweiswürdigung, freie richterliche **5** 14,
   39 1 ff.
Brechmitteleinsatz **16** 11, **23** ff., **30** 4
Deal
– Allgemeines **40** 1
– Bedenken **40** 2 ff.
– Bindungswirkung **40** 22 f.
– Voraussetzungen **40** 10 ff.

Devolutiveffekt 42 9, 43 22, 44 11, 45 11
DNA-Analyse 12 9, 17 7, 30 5 f.
- Allgemeines 17 1
DNA-Reihenuntersuchung 12 10, 17 5 f., 9 ff.
Drei-Stufen-Theorie des BVerfG 29 1 ff., 11
Durchsuchung
- Allgemeines 14 1 f.
- bei anderen Personen 14 4
- beim Verdächtigen 14 3
- Verbote 14 5
- Verfahren 14 7
- Verstoß gegen Richtervorbehalt 14 8, 10 ff.
Einstellung
- Allgemeines 34 1
- nach § 153a StPO 34 15 ff.
- nach § 153 StPO 34 2 ff.
- nach § 170 Abs. 2 StPO 2 15
- nach § 153 StPO 34 29 ff.
- sonstige Einstellungsmöglichkeiten 34 23 ff.
Erkenntnisverfahren 1 2 ff.
Ermittlungsgrundsatz 5 6
Ermittlungspersonen 8 9
Ermittlungsrichter 2 12, 8 6
Ermittlungsverfahren
- Allgemeines 1 3
- Durchführung 2 8 ff.
- Einleitung 2 2
Eröffnungsbeschluss 3 5, 9 ff., 10 9
Ersatzeingriff, hypothetischer 32 4, 13
EU-Grundrechtecharta 51 8
Fahndung 12 18
Fair-trial-Prinzip 5 9, 21 25, 24 15, 30 4, 31 10, 26, 32 6, 16
Fernwirkung 18 23 ff., 27 6, 32 1 ff., 12
Festnahme, vorläufige 12 17, 22 1 ff., 20 ff.
Fortwirkung 32 7, 11
Fruit-of-the-poisonous-tree-doctrine 18 24, 32 4, 13
Gerichtsaufbau 6 1 ff.
- Allgemeines 6 1
- Art der Zuständigkeit 6 2 ff.
- örtliche Zuständigkeit 6 11 ff.
- Rechtsfolgen bei Verstößen 6 16
- sachliche Zuständigkeit in erster Instanz 6 5 ff., 7 1 ff.

- Zuständigkeit in Rechtsmittelsachen bei Urteilen 6 8 ff.
Gesetzlicher Richter 5 5
Hauptverfahren
- Ablauf 4 4 ff.
- Abschluss 4 11
- Allgemeines 1 5, 4 1
- Vorbereitung 4 3
Hörfalle 18 13, 24 10, 31 1 ff., 15 ff.
Identitätsfeststellung 12 19
In dubio pro reo 5 15, 39 9 ff.
IStGH-Statut 51 10
Klageerzwingungsverfahren 35 1 ff.
Landgericht 6 6, 7 5 ff.
Lauschangriff
- Großer 20 2 ff.
- Kleiner 20 6 ff.
- Verwertungsverbot 29 9
Legalitätsprinzip 2 1, 5 3, 8 2
Letztes Wort 4 10
Lichtbilder/Bildaufzeichnungen 20 10 f.
Lichtbilder und Fingerabdrücke 12 7, 16 14 ff.
Lügendetektor 36 10 ff., 37 15
Mündlichkeitsprinzip 4 1, 5 17
Nachtragsanklage 4 11, 41 5
Nato-Truppenstatut 51 9
Nebenklage 9 11, 49 1 ff.
Ne bis in idem 51 1 ff.
Nemo-tenetur-Grundsatz 5 10 f., 9 3 ff., 17 12 f., 24 15, 27 1 ff., 31 23, 33 14 ff., 39 22
Normative Fehlerfolgenlehre 26 12
Oberlandesgericht 6 7, 7 8
Observation
- längerfristige 12 21
- sonstige 20 12 f.
- sonstige nach § 100h StPO 29 10
Öffentlichkeitsgrundsatz 4 1 f., 5 16, 46 11 ff.
Offizialprinzip 5 2, 48 1
Online-Durchsuchung
- Allgemeines 19 1
- Neuregelung 19 3 ff.
Opportunitätsprinzip 5 3, 23, 34 1 ff.

284

Stichwortverzeichnis

Polizei
- Allgemeines 8 7 ff.
- Ermittlungsgeneralklausel 12 23 f., 21 23, 29 11

Privatklage 34 8, 48 1 ff.

Prozessmaximen 5 1 ff.
- Allgemeines 5 1
- Beweisgrundsätze 5 12 ff.
- Grundsätze der Durchführung des Verfahrens 5 6 ff.
- Grundsätze der Einleitung des Strafverfahrens 5 2 ff.
- Grundsätze der Form 5 16 f.

Prozessvoraussetzungen 10 1 ff.

Quellen-TKÜ 19 2 ff.
- Allgemeines 19 1

Rasterfahndung 12 11

Rechtliches Gehör 5 7

Rechtsbehelfe 42 1 ff.
- allgemeine Zulässigkeitsvoraussetzungen 42 17 ff.
- außerordentliche 42 7
- ordentliche 42 2 ff.

Rechtshängigkeit 10 12

Rechtskraft
- eines Urteils 41 16 ff.
- entgegenstehende 10 13, 34 29 ff.

Rechtskreistheorie 26 9, 20, 28 8

Rechtsmittelverfahren 1 6

Rechtsmittelverzicht 42 25 ff.

Reformatio in peius 42 11 ff., 47 16 ff.

Revision
- Allgemeines 42 5, 45 1 ff., 46 1
- Sachrügen 46 6
- Verfahrensrügen 46 2 ff.

Richter
- Ablehnung/Besorgnis der Befangenheit 11 8 f.
- Ausschließung und Ablehnungsgründe 11 1 ff.

Sachverständiger 9 10

Schengener Durchführungsübereinkommen 51 7

Schleppnetzfahndung 12 20

Schlussvortrag 4 10

Schöffengericht 6 5, 7 3 f.

Schutzweck der Norm 26 10

Spontanäußerung 24 1, 27 5, 38 10

Staatsanwaltschaft
- Allgemeines 8 2
- außerdienstliche Kenntnisnahme 2 6, 17 f.
- Befangenheit 8 4, 11 16, 18 ff.
- Bindung an höchstrichterliche Rspr. 8 3, 12 ff.

Stille SMS 18 16

Strafantrag 2 4, 10 8

Strafanzeige 2 3

Strafbefehlsverfahren 42 6, 47 1 ff.

Strafkammer 6 6, 7 6 f.

Strafmündigkeit 10 6

Strafrichter 6 5, 7 2

Suspensiveffekt 42 10, 43 22, 44 11, 45 11

Tagebuch 29 11, 13 ff.

Tat, prozessuale 51 3, 16

TKÜ 18 1, 2

Überwachung der Telekommunikation
- Allgemeines 12 12, 18 1
- Sonderprobleme 18 11 ff.
- Verwertungsverbot 29 6
- Voraussetzungenf. 18 2
- Zufallsfunde 18 11, 23 ff., 29 7

Unmittelbarkeitsgrundsatz 4 9, 5 13, 21 9 ff., 38 1 ff.

Unschuldsvermutung 5 15

Unterbringung zur Beobachtung 12 5, 16 1 ff.

Untersuchung, körperliche
- des Beschuldigten 16 7 ff., 30 2 ff.
- eines Dritten 12 8, 16 18 ff.

Untersuchung, molekulargenetische 17 2 ff., 30 5 f.

Untersuchungshaft
- Allgemeines 13 1
- Flucht/Fluchtgefahr 13 5
- Haftbefehl 13 2 ff.
- Haftbeschwerde 13 10, 23 9 f.
- Haftprüfung 13 10, 23 9 f.
- Verdacht eines Schwerstverbrechens 13 7, 19
- Verdunkelungsgefahr 13 6
- Verhältnismäßigkeit 13 9
- Wiederholungsgefahr 13 8

Urteil
- Allgemeines 41 1 ff.
- Rechtskraft 41 16 ff.

Verdacht
- Anfangsverdacht 2 1, 7
- dringender 2 1, 13 3, 17
- hinreichender 2 1, 14, 3 5

Verdeckt operierende Personen
- Informant 21 5, 8
- nicht öffentlich ermittelnde Polizeibeamte (NOEP) 21 3
- Verdeckte Ermittler 12 15, 21 2, 6 f., 9 ff., 18 ff., 33 7 ff., 38 11
- Vertrauenspersonen 21 4, 8

Verfahrensdauer 10 18, 21 f.

Verhandlungsfähigkeit 10 7

Verjährung 10 14

Verlesung
- nach § 251 StPO 38 3 ff.
- nach § 254 StPO (Geständnis) 38 7
- nach § 253 StPO (zur Gedächtnisunterstützung) 38 6
- Verbot der Verlesung bei Zeugnisverweigerung 38 10, 13 ff.

Verletzter 8 1, 9 11, 35 4, 49 1

Verteidigung 9 6 f.

Verurteilter 1 5

Vollstreckungsverfahren 1 7 ff.

Vorverfahren
- Allgemeines 1 3, 2 1
- Durchführung 2 8 ff.
- Einleitung 2 2 ff.

- Klageerhebung 2 14

Widerspruchslösung 14 8, 24 4, 26 13, 24, 27 3, 29 8, 30 3, 45 29

Wiederaufnahme 42 7, 50 1 ff., 51 14

Wiedereinsetzung in den vorigen Stand 42 7

Zeuge
- Aussageverweigerungsrecht 9 9, 25 21, 28 5 ff.
- vom Hörensagen 2 12, 4 9, 36 4, 38 1
- Zeugnisverweigerungsrecht 4 9, 9 9, 25 1 ff., 28 1 ff., 17

Zufallserkenntnisse 18 11, 20 14, 21 16, 29 7

Zufallsfunde 12 13, 14 6, 20 14, 21 16

Zuständigkeit
- bewegliche 6 19 ff.
- funktionelle 6 4
- örtliche des Gerichts 6 3, 11 ff.
- sachliche des Gerichts 6 2, 7 1 ff.

Zwangsmaßnahmen
- Rechtsschutz gegen Zwangsmaßnahmen 23 1 ff.
- Überblick 12 1 ff.

Zwischenverfahren
- Ablauf 3 3
- Abschluss 3 4 ff.
- Allgemeines 1 4, 3 1
- Einleitung 3 2